Pélerinage aux Champs de bataille français d'Italie

DE MONTENOTTE
AU PONT D'ARCOLE

PAR

EUGÈNE TROLARD

Illustré de 40 dessins
d'Ariste Boulineau

DEUXIÈME ÉDITION

PARIS
NOUVELLE LIBRAIRIE PARISIENNE
ALBERT SAVINE, ÉDITEUR
12, rue des Pyramides, 12

Tous droits réservés

DE MONTENOTTE
AU PONT D'ARCOLE

PROCHAINEMENT

———

DU MÊME AUTEUR

Pèlerinage aux champs de bataille français d'Italie.

DEUXIÈME SÉRIE

DE RIVOLI A SOLFÉRINO

Illustrations par ARISTE BOULINEAU.

IMP. CH. LÉPICE, 10, RUE DES CÔTES, MAISONS-LAFFITTE.

BONAPARTE

Général en chef de l'armée d'Italie

Pèlerinage aux champs de bataille français d'Italie

DE MONTENOTTE
AU PONT D'ARCOLE

PAR

EUGÈNE TROLARD

Illustré de 40 dessins d'Ariste Boulineau

PARIS
NOUVELLE LIBRAIRIE PARISIENNE
ALBERT SAVINE, ÉDITEUR
12, RUE DES PYRAMIDES, 12

1893
Tous droits réservés

INTRODUCTION

Ce livre est de l'espèce des spontanés. L'auteur se proposait depuis longtemps de visiter l'Italie, comme tout le monde, pour ses monuments et ses ruines, mais il voulait surtout parcourir en pèlerin, voir de ses yeux et fouler de son pied, les lieux où se sont déroulés les fastes les plus éblouissants qu'une nation puisse inscrire sur ses drapeaux. De livre il n'en était pas question ; tout au plus entrevoyait-il l'occasion de prendre quelques notes pour un article de *Revue*.

La destruction de la plupart des monuments que Bonaparte, comme président de la République italienne et, plus tard, le prince Eugène de Beauharnais, comme vice-roi d'Italie, avaient fait élever sur les principaux champs de bataille, déconcerte le touriste ; et l'ignorance des habitants, surtout à un siècle de distance, n'est point pour corriger cet inconvénient. De là, nécessité absolue pour celui qui veut savoir, d'en appeler aux écrits de l'époque. L'auteur s'adressa donc aux bibliothèques, aux archives nationales et locales, aux municipes, aux presbytères, partout, en un mot, où il espérait puiser une indication. C'est alors qu'il se trouva, à sa grande surprise, en présence d'un grand nombre de documents présentant l'intérêt le plus piquant pour l'histoire des armées de la première République. Ces livres, imprimés en Italie à une date contemporaine des faits qu'ils racontent, n'ont pas reçu de publicité sérieuse ; ces manuscrits, conservés soigneusement dans des armoires d'où ils ne sont extraits qu'accompagnés de toute sorte d'acquits-à-caution, ne sont connus que d'un très petit nombre d'érudits.

Il y avait donc — il y a encore là — une récolte abondante à la disposition du faucheur ; à Milan, les bibliothèques Saint-Ambroise et de Bréra possèdent plus de douze mille manuscrits ; celles de Vérone, Mantoue, Parme, en ont également un grand nombre, mais il faudrait, pour en tirer profit, un an d'application, sinon davantage ; c'est dire que le ministère de l'Instruction publique, ou celui de la Guerre, peuvent seuls se charger des frais d'une si vaste entreprise.

En dehors des manuscrits déposés dans les établissements publics, il en est d'autres, en petit nombre, il est vrai, mais d'un intérêt direct pour notre sujet, qui sont restés entre les mains des familles, et n'en sortiront peut-être jamais. Tels sont, par exemple, à Milan, les manuscrits de Fenini et de Minola concernant, le premier, le pillage de Pavie en 1796, l'autre, la vie intérieure à Milan pendant l'occupation de la Lombardie par les armées républicaines. Un archiviste ayant des attaches officielles obtiendrait facilement communication, près des héritiers, des manuscrits de cette catégorie, puisque l'auteur de ce livre, qui n'avait pas la moindre recommandation de personne, a rencontré partout, chez MM. les maires, archivistes et bibliothécaires, le meilleur accueil et le plus grand empressement pour lui fournir les documents qu'il leur demandait. Les curés, dans les villages, les seigneurs, dans les châteaux, n'ont pas été moins hospitaliers. Que tous, laïcs ou ecclésiastiques, reçoivent ici l'hommage de sa profonde gratitude.

Alexandre Dumas avait créé le roman historique; M. Thiers inventa l'histoire romantique. Non que les faits racontés par lui soient imaginaires — ils ne le sont pas toujours non plus dans Dumas — mais M. Thiers amplifie ou supprime, selon qu'il veut favoriser ou perdre certains personnages dans l'opinion de ses lecteurs. Sa partialité envers Bonaparte l'a couvert de ridicule dans les deux mondes; on verra qu'elle l'a conduit à dénaturer sciemment des faits historiques de la plus haute portée. Après Bonaparte, ses préférés étaient Masséna et Lannes. A propos de la bataille de Montebello, qui valut au général Lannes le titre de duc, M. Thiers croit devoir féliciter les fils de ce dernier de la façon dont ils portent un si grand nom. Que ce soit le rôle d'un historien, on peut en douter, mais passons. Voici que, retraçant à sa manière les péripéties de la bataille de Marengo — cinq jours après Montebello — il met de nouveau Lannes en relief, comme s'il avait arrêté seul la marche victorieuse de l'ennemi. Où M. Thiers a-t-il pris cela? Le rapport officiel n'en dit pas un mot. Est-ce que Victor, est-ce que Carra Saint-Cyr n'ont pas été, eux aussi, admirables de fermeté et de bravoure? Est-ce que le premier sabre d'honneur, pour Marengo, n'a pas été décerné au général Victor?

Augereau lui déplaît, tant pis pour Augereau ; le maître lui infligera des *pensums* ; il ne parlera pas de lui dans son récit de l'affaire de Lodi ; devant Castiglione, le déni de justice sera plus criant encore. Et pourquoi M. Thiers n'aime-t-il pas Augereau ? S'il avait des défauts, Masséna, de son côté, en avait d'autres et surtout de plus bruyants. Mais Augereau était jacobin, et l'on sait que M. Thiers ne fut jamais *autoritaire,* ce gros péché du jacobinisme.

Le lecteur sera surpris des erreurs commises par M. Thiers, rien que dans les chapitres consacrés à la campagne de 1796-1797, et aux deux batailles de Montebello et de Marengo — seules pages que l'auteur ait eu l'occasion de consulter et de contrôler sur le terrain. La carte même du champ de bataille de Marengo porte une sottise colossale qui rend le récit incompréhensible. M. Thiers, avant de jouer à l'écrivain militaire, aurait dû faire comme nous — qui ne voulions pourtant rien écrire — visiter les champs de bataille, et en rapporter la topographie. Cela lui eût évité, en ce qui concerne Marengo, de confondre un petit ruisseau près duquel plusieurs engagements avaient eu lieu, avec un ravin très profond et très large, qui est resté en dehors des opérations qu'il raconte. *L'Atlas* de M. Thiers ne contient que cette carte de Marengo, pour toutes les campagnes d'Italie ; souhaitons que les autres cartes, relatives à l'Autriche, à l'Allemagne, etc., aient été mieux orientées.

Il n'entre pas dans notre plan, cela va sans dire, de refaire l'histoire des campagnes de 1796 et de 1800. L'histoire entière des guerres de la Révolution et de l'Empire est à recommencer, depuis la publication de la *Correspondance de Napoléon*, et en raison des *Mémoires* et autres écrits de même nature parus depuis vingt-cinq ou trente ans, et qui projettent sur cette époque — qu'on pourrait appeler *géologique* si ce mot n'était trop spécial — des clartés inattendues. Jusqu'à ce que cette Bible sacrée soit écrite — si elle doit l'être jamais — il est intéressant d'étudier les campagnes d'Italie à un point de vue auquel les historiens ne se sont jamais placés, celui des rapports de l'armée française — généraux et soldats — avec les populations conquises. Et si nous parlons spécialement de l'Italie, c'est parce qu'un semblable travail n'est possible que dans ce pays — à cause de l'abondance de ses documents — et qu'il serait sans objet ailleurs, en Espagne, en Russie, en Autriche, où l'armée française s'est beaucoup battue, mais n'avait rien à organiser. Allemands ou Espagnols n'ont pas, comme les Italiens, salué avec enthousiasme les idées de la Révolution, ni accueilli les Français comme des libérateurs. Sur les pas des soldats de Bonaparte, de Masséna et d'Augereau, les Italiens semèrent des fleurs, des arbres de la liberté, des arcs-de-triomphe ; les plus grandes villes, Milan, Brescia, Bologne, devinrent françaises de sentiments autant qu'elles sont aujourd'hui italiennes ; la République cisalpine ne fut que la sœur cadette de la République française. Dans quels termes l'armée a-t-elle vécu avec ces populations dévouées, comme belligérante d'abord, comme autorité suprême ensuite ? voilà ce qu'il nous a paru intéressant de raconter. Si personne ne l'a fait encore, parmi tant d'écrivains qui se sont occupés de choses italiennes, c'est que les documents faisaient défaut, ou se trouvaient à trop longue portée, ou même étaient complètement ignorés. Le hasard seul nous a mis sur leur piste ; c'est donc à lui que le lecteur sera redevable du charme que, sans nul doute, il trouvera à parcourir certains manuscrits, à savourer des anecdotes et des faits, marqués au coin du plus pur génie gaulois.

N'écrivant pas un roman — et quel roman plus dramatique pourrait-on écrire ! — l'auteur indique les sources, fort diverses d'ailleurs, auxquelles il a puisé. De cette façon, l'invraisemblance de certaines choses ne fera point d'incrédules. Les manuscrits étant, les uns anonymes, les autres inédits, on ne peut accuser les auteurs ou leurs familles d'avoir cherché à faire parler d'eux-mêmes ; leur modestie est la meilleure caution de leur sincérité. Les premiers témoins à consulter étaient les journaux italiens de l'époque ; ils n'étaient pas nombreux avant l'arrivée des Français, mais les promesses de liberté faites par Bonaparte pendant son premier séjour à Milan électrisèrent les âmes, et l'on vit éclore bientôt après de nouveaux organes de publicité, sous des titres généralement empruntés à la presse de Paris, dans les villes de Brescia, Bologne, Ferrare, Modène, Mantoue, sans parler de Milan, qui en fut inondé. Mais ces feuilles éphémères, très utiles en leur temps, pour servir les desseins d'une politique — ou pour les desservir — offrent beaucoup moins d'intérêt historique, surtout pour nous, que les anciens journaux qui, ne faisant point de politique transcendante, mais se bornant à renseigner sur les évènements au jour le jour, sont à la fois plus curieux et plus dignes de foi.

Malheureusement, même dans ce cercle étroit, la presse avait encore à compter avec l'autorité militaire, à qui elle devait soumettre toutes les *épreuves*, avant de procéder au tirage. Un imprimeur de Milan, dont le petit-fils exerce encore aujourd'hui dans cette ville la profession paternelle, fut — non pas condamné — mais astreint à payer à titre d'amende une somme exorbitante pour avoir, à dessein il est vrai, imprimé sans *visa*. Ce que les journaux ne pouvaient raconter se publiait à l'étranger ; plusieurs des livres que nous avons consultés ont été imprimés à Zurich ou à Lausanne, de 1797 à 1800 ; d'autres le furent en Italie, mais en cachette. C'est la deuxième cloche et le deuxième son. Il est permis, sans doute, de soupçonner *à priori* ces écrivains mystérieux, de partialité et d'exagération ; mais, en réalité, ce qu'ils disent est le plus souvent confirmé soit par les manuscrits, soit par des documents irréfutables. Beccatini, par exemple, raconte en témoin que Masséna se serait approprié une somme considérable sur celle que contenait la caisse du Mont-de-Piété de Milan ; mais Beccatini est un sceptique et, au fond, un ennemi sincère des Français ; il semble donc que son témoignage doive être écarté. Or, en 1863, parut à Milan un livre magistral : les *Mémoires* de Francesco Melzi d'Eril, que Bonaparte nomma vice-président de la République italienne, et que Napoléon fit ensuite duc de Lodi, en récompense de ses grands services. Eh bien, Melzi d'Eril non seulement rapporte le fait attribué à Masséna, mais cite la réponse véritablement olympienne de ce dernier aux personnes qui s'en plaignaient à lui. Il eût donc été puéril, dans nos recherches, de laisser de côté les publications clandestines, parce qu'elles contiennent des imputations désagréables. Mais nous devions les contrôler, et nous l'avons fait, comme on en trouvera la preuve dans maint chapitre.

Il n'était point possible à l'auteur de s'arrêter à Milan sans visiter le champ de bataille de Magenta, — à Lodi sans traverser celui de Melegnano, — à Castiglione sans aller jusqu'à Solferino et San Martino. C'est ainsi que la campagne de 1859 a pris naturellement place, dans ses recherches et dans son livre, à côté de celles de 1796 et de 1800. Mais l'objectif était bien différent. L'armée française, en 1859, n'a fait que passer en Italie ; elle n'a rien organisé, même rien administré, et, à part un certain nombre d'anecdotes — de celles que les soldats, même les généraux, ont l'habitude de laisser sur leur route — les rapports de l'autorité militaire avec les populations italiennes ne présentent aucun intérêt pour l'histoire. Seulement, après le départ des français et surtout depuis 1870, il s'est produit, de la part du nouveau royaume d'Italie, une série d'actes agressifs contre la France qui dénotent, chez les gouvernants de cette monarchie, une méconnaissance effrontée des convenances les plus ordinaires. Ces actes ne sont point connus en France, mais on ne pourra les contester en Italie, puisque notre récit repose sur des écrits authentiques — que nous avons lus — ou sur des monuments qui sont debout — et que nous avons vus.

1.

« A beau mentir qui vient de loin, » mais, encore une fois, ce livre, qui vient en effet de loin, défie toute contradiction, car il indique pour chaque alinéa, le journal, le livre, la source, quelle qu'elle soit, où les faits ont été puisés. Nous craignons plutôt qu'on ne le trouve trop « documenté », suivant l'expression reçue, mais cet inconvénient, si c'en est un, aura du moins pour avantage de faire connaître à ceux qui voudraient faire mieux ou plus grand que nous, les sentiers où nous avons passé.

Dans tous les cas, on ne trouvera dans ce livre aucune allusion aux choses politiques du temps présent, bien que l'occasion d'en faire s'y rencontre à chaque pas. Disons seulement qu'il n'appartient à aucune coterie de revendiquer pour elle seule le général qui a conduit les Français à la victoire dans cent batailles rangées — pas plus qu'il n'est au pouvoir d'aucune autre de le rabaisser ou même de l'atteindre. C'est peine perdue que d'écrire des livres contre Napoléon, ces livres fussent-ils signés Taine ou Lanfrey. On ne juge pas Napoléon, il veut être raconté. La pitoyable Odyssée du second empire a pu, un instant, jeter une certaine confusion dans les cœurs les plus dévoués à l'homme qui avait si bien incarné le génie de la France, mais en y réfléchissant, qu'y a-t-il de commun entre l'oncle et celui qui, dit-on, n'était même pas son neveu ? Ce nuage est aujourd'hui dissipé. Les détracteurs de Napoléon se sont eux-mêmes chargés du soin de le venger, soit en montrant au peuple leur propre impuissance, soit en vivant politiquement — et pécuniairement — des institutions mêmes que, pendant vingt ans, ils lui imputèrent à crime d'avoir fondées dans ce pays.

En présence d'éventualités redoutables, la pensée des Français se reporte, inquiète, anxieuse, vers l'époque qui vit naître tant de héros. A défaut d'un Bonaparte, aurons-nous du moins un Masséna pour commander à nos quinze cent mille hommes ? — C'est le secret terrible de demain. Les soldats de l'armée d'Italie se battaient au cri de : « Vive la République ! » — un cri qui ne signifie plus rien aujourd'hui, si ce n'est peut-être le contraire de ce qu'il signifiait alors. C'étaient de pauvres diables, pleins de passion pour la gloire de la France, bien qu'ils n'y possédassent pas un sou, et ayant fait un « pacte avec la mort ». De nos jours, on compte sérieusement sur le sentiment de la conservation personnelle, pour entraîner au combat nos pères de famille et nos propriétaires fonciers. Pure imbécillité ! L'homme ne puise pas le mépris de la mort dans les raisons mêmes qui le rattachent à la vie. Pourtant, ils seront braves, quoique pères et quoique propriétaires ; ils seront braves parce que le premier moment d'hésitation passé, l'instinct guerrier de la race prenant le dessus, affaiblira rapidement l'image de ce qu'ils auront laissé derrière eux.

Parmi les récits déposés dans ce livre, plusieurs rapportent des faits où le merveilleux dépasse celui des combats de l'Iliade, bien que les héros d'Homère fussent doublés de demi-dieux et de dieux. L'amour de la gloire et le besoin de piller, deux passions que l'armée d'Italie mena de front tambour battant, ne suffisent point pour expliquer son œuvre gigantesque. Il fallut le souffle de la Révolution, le sentiment d'une longue servitude et d'impitoyables misères faisant place à un ordre de choses fondé sur la liberté et la justice. Les « bons bougres » couraient à la mort à l'air du *Ça ira*, mais une fois maîtres du champ de bataille, ils revendiquaient hautement — cela est vrai — jusqu'aux excès de la victoire. Pourtant, les contrées de l'Italie qui en ont le plus souffert sont également, comme on le verra, celles qui ont le plus regretté — sinon pleuré — leur départ. C'est à ce jugement qu'il faut s'en tenir. Que celle des armées étrangères qui possède un semblable certificat signé des peuples foulés par elle, jette aux pillards de Bonaparte la première pierre!

Champ de bataille de Montenotte.

CHAPITRE PREMIER

DE PARIS A MONTENOTTE

Sensations de voyage. — La Savoie. — La Corniche. — Savone et la prison de Pie VII.— Voltri.— La veillée des armes.— Remise solennelle du drapeau voté par la Convention pour l'armée d'Italie. — Les généraux de Bonaparte.— Son arrivée à Savone. — Des prières publiques ont lieu dans toute l'Italie. — Premières appréciations des journaux italiens sur Bonaparte. — L'émigré Moulin. — Effectif et composition de l'armée. — Avis de Miot de Melito sur la campagne. — La caisse de l'armée sans un sou. — Bonaparte fait un emprunt à des particuliers. — Les commissaires du Directoire — L'administration de l'armée. — Le pillage organisé, non la victoire. — Mœurs italiennes à l'époque de Bonaparte. — Cavaliers-servants. — Les nouvelles Lucrèces.

On accède à Montenotte de trois côtés : par Vintimille et Savone, ligne de Paris à Nice ; par Turin et Alexandrie, ligne de Paris à Modane ou de Paris à Milan par le Saint-Gothard ; enfin, par Pise et Gênes, en venant de Naples ou de Florence ; mais ces trois routes ont un trait commun : le tunnel à perpétuité. Cependant, voici une différence. Les tunnels de la Savoie, par leurs nombreuses solutions de continuité d'Aix-les-Bains à Modane, vous laissent constamment en présence d'une nature incomparable. Ces pics qui touchent au ciel, vous les croiriez volontiers l'empire de quelque Titan échappé à la destruction, et les cascades éblouissantes qui se précipitent de ces hauteurs où l'aigle lui-même n'oserait porter son nid, s'emparent de votre imagination, l'étreignent et la domineront pendant plusieurs jours.

Une impression toute différente, mais non moins vive, attend le touriste qui arrive par la ligne de Naples et Pise. Près de Massa — aux carrières de marbre — c'est-à-dire deux heures avant Gênes, le train pénètre dans la *Corniche*, ou, si l'on aime mieux, dans une série interminable de grands et de petits tunnels. Par un brûlant soleil d'août, le tunnel est un *refrigerium* délicieux, bien supérieur encore aux thermes de Néron et de Caracalla que l'on voit à Rome. Ces grands maîtres dans l'art des jouissances corporelles n'avaient pas tout deviné. Bref, nous voici entrés à toute vapeur dans le souterrain ; une demi-heure, trois quarts d'heure s'écoulent dans l'obscurité la plus complète ; à la première sensation de bien-être succède une indéfinissable gêne ; vos yeux se fatiguent à ne rien voir, vos oreilles sont assourdies par le crépitement infernal de tout un monde de fer et de feu retourné, secoué, lorsque, tout à coup, le compartiment est inondé de soleil, et sous vos yeux éblouis, ahuris, se déroule, presque à la portée de la main, le tapis bleu de la Méditerranée. Un cri d'admiration s'échappe de toutes les poitrines ; la mer, on ne la savait pas si proche ; c'est la première fois qu'elle se montre sur le parcours du train ; on ne demandait qu'un peu de lumière, et voici que la nature elle-même se dresse à la portière du wagon dans toute sa splendeur ! Cette vision sublime dure à peine vingt secondes, car Vulcain n'a point ralenti sa forge, et déjà vous êtes retombés dans la nuit. Mais l'émotion n'en a été que plus violente ; une chaleur suave vous envahit ; il semble que les dieux vous aient pour un instant passé la coupe dans laquelle ils boivent l'ambroisie.

Sur la ligne de Nice à Montenotte se trouvent Albenga et Savone, deux villes où fut le quartier général de Bonaparte au moment où il allait entreprendre l'immortelle campagne de 1796. Savone est de plus célèbre par la captivité du pape Pie VII. C'est la ville paisible par excellence, dans son épaisse ceinture de citronniers et d'orangers ; ville bourgeoise, épiscopale, où, malgré un port admirablement situé, il n'y a pour ainsi dire point de commerce. L'été y attire beaucoup de monde — des Italiens exclusivement — pour les bains de mer. C'est aussi la ville des panoramas éblouissants, soit qu'on la regarde de la mer, élevant jusqu'en haut de Monticello ses assises de monuments et de constructions élégantes ; soit que, sortant du sanctuaire de la *Madone des Anges,* il vous plaise d'égarer vos yeux sur ces longues files de maisons qui descendent en pente douce jusqu'aux bords du *Letimbro*, entre la mer et les pittoresques promontoires de Monturbano et des Capucins, laissant émerger par dessus leurs toits en ardoises, la façade du théâtre, celle du palais municipal, le dôme, la grandiose bâtisse de l'hôpital civil et, à l'embouchure du torrent, le cimetière.

Les monuments de Savone qui intéressent notre sujet sont : la *Madonna di Savona*, à 7 kilomètres, point auquel s'appuyait le centre de l'armée la veille de Montenotte ; le palais Samsoni où Pie VII fut interné provisoirement lors de son arrivée à Savone ; l'ancien palais de La Rovère ou Jules II, qui servit de préfecture sous Napoléon et de prison à Pie VII. C'est aujourd'hui l'hôtel de la sous-préfecture.

En 1795, une épidémie s'était déclarée à Savone, et la 21ᵉ demi-brigade avait perdu 600 hommes en 20 jours. Les privations de toute sorte, que l'incurie du Directoire et de Carnot en particulier infligeait aux soldats, donnèrent à la mortalité un caractère effrayant. Avec ce qui restait de la 21ᵉ et un bataillon de Toulouse, on forma la 32ᵉ qui allait bientôt s'immortaliser sous les ordres du chef de brigade Dupuy. Celui-ci établit un camp en vue de Savone, entre Vado et Finale, qu'il nomma le *camp invincible*. Les tentes des officiers étaient entourées de jardins anglais que les soldats avaient construits pendant les heures de repos ; pour chacun des trois bataillons, il y avait une tonnelle formée avec des arbres déplantés dans la forêt voisine. Malgré leur affreuse misère, les hommes trouvaient le moyen de s'amuser. Dupuy, à qui ses parents envoyaient de Toulouse un peu d'argent, donnait des fêtes auxquelles assistait la bonne société de Savone. Quand sa solde était épuisée, il envoyait vendre sa montre et ses bagues à Savone pour donner un bal. La musique, il est vrai, ne lui coûtait rien, mais l'on s'imagine aisément que le substantiel de ces fêtes devait surtout consister dans le pittoresque et l'imprévu.

Cependant Dupuy y gagna d'entrer en relations avec une des meilleures familles de Savone, et de faire la connaissance d'une femme de grande beauté, qui ne tarda point à lui varier ses loisirs. Tout le camp savait cette intrigue, alors que Dupuy la croyait enveloppée de mystère. Un jour, il fit placer sa tente sur une hauteur de laquelle il pouvait apercevoir la maison de l'ange consolateur. « C'est pour découvrir l'horizon de plus loin » dit-il..... et les soldats qui plantaient les piquets, de rire sous cape. A peu de jours de là, soit que les piquets eussent été mal assujettis, soit que le vent eût soufflé avec plus de violence que d'habitude, la tente fut emportée au loin, laissant Mars et Vénus face à face avec le firmament. Les soldats baptisèrent alors le camp du nom de *Camp de l'amour invincible* ([1]).

Le 31 mars, bien avant l'aube, la diane annonça le départ du régiment, et le camp fut levé. Mais quelques jours plus tard, Dupuy atteint de trois blessures graves dans la cruelle affaire de Dego, était évacué sur Savone, où il resta en traitement jusqu'au 10 juillet, pour se rendre ensuite aux eaux d'Acqui, entre Savone et Alexandrie. Dans les lettres qu'il écrivait alors à sa famille, lettres qui ont été rachetées par la ville de Toulouse, et que nous avons lues aux *Archives municipales*, il s'emporte en termes d'une

---

1. *Mémoires militaires du lieutenant-général comte Roguet*, tome I. — Roguet était à ce camp, en qualité d'adjudant-major de la 32ᵉ.

violence toute soldatesque contre la maladie qui l'empêche de rejoindre ses camarades et « de partager leurs lauriers. » Ensuite, il annonce à la municipalité « des bons bougres » (Toulouse) que le Pape va livrer le buste de Brutus, et il s'écrie : « Ah! qu'il me tarde de le voir pour l'admirer, et lui demander de m'inspirer son énergie dans pareille occasion ! »

Mais voici que Bonaparte lui dit qu'il le proposera pour le grade de général de brigade, et il s'empresse d'en faire part à sa famille, qui lui conseille de refuser « parce que ce sont des dépenses inutiles. » On juge de sa fureur. « Veille sur ma mère, écrit-il à son ami Deville, il n'y a qu'elle qui m'inquiète. Quant à mon bien, je m'en f.....; qu'il reste à mes sœurs et à mes aristocrates de beaux-frères! Je sais bien que je ne vivrai pas longtemps. Des hommes comme moi sont destinés à mourir par le canon ou sur l'échafaud (1). — A propos, sais-tu ce qu'est devenue ma ci-devant femme ? »

Mais le fougueux soldat avait ses accalmies : « Envoie-moi une douzaine de mouchoirs en fil de Béarn, tout ce qu'il y aura de plus beau. Dis que c'est pour un homme qui prend du tabac. Ne regarde pas à l'argent. Je veux ce qu'il y a de mieux et j'attends après. Je tiens à ce qu'ils soient brodés par Marguerite, et je l'embrasse sur les deux yeux pour la remercier. » — A l'armée d'Italie, les hommes de la trempe de Dupuy, pour la bravoure militaire et le courage civique — c'est à ce point de vue que nous

---

2. En cela il se trompait, car il mourut assassiné au Caire.

avons insisté sur son caractère — s'appelaient légion (¹).

Voltri est un bourg considérable à peu de distance de Montenotte, dans la direction de Gênes. On y remarque le tombeau de la famille de Galliera. C'est à Voltri que fut tiré le premier coup de canon de la campagne, dans un engagement partiel entre une brigade française commandée par le général Cervoni, et une division autrichienne.

Bonaparte, nommé général en chef de l'armée d'Italie, le 3 mars 1796 (²), arriva au quartier-général à Nice le 25 mars, pour prendre le commandement suprême. Il s'était marié quelques jours seulement avant de quitter Paris — le 9 mars — et, comme on le verra plus amplement par la suite, il éprouvait pour sa femme une violente passion. Cependant Joséphine a raconté au général de Ségur que, s'il lui arrivait de frapper à la porte de son cabinet de travail quand il était occupé, il répondait, sans ouvrir : « Il faut ajourner l'amour après la victoire. » Il lui écrivit de Châtillon, où il avait couché dans la maison des parents de Marmont : « Que mon bon génie qui ne m'a jamais abandonné dans mes plus graves dangers, t'environne! (³) »

L'armée d'Italie, il l'avait quittée dix-huit mois auparavant sous les plus mauvais présages. C'était après Thermidor. Bonaparte, général de brigade,

---

1. Bonaparte devenu empereur, parlant un jour de l'ancien chef de la 32ᵉ, disait : « C'était un héros, un grand cœur, mais une très mauvaise tête ! » (*Mémoires de Roguet*, etc.)
2. *Procès-verbaux des séances du Directoire*, Arch. nat. AF III.
3. *Mémoires du général comte de Ségur*, I.

commandait l'artillerie de l'armée, lorsqu'il fut arrêté, sur la dénonciation du commissaire de la Convention, Albitte, pour ses relations avec les deux Robespierre. Le général en chef, qui était à ce moment Dumerbion, se contenta de le faire garder à vue en attendant son transfèrement à Paris : il s'agissait — rien de moins! — de le traduire devant le tribunal révolutionnaire où, comme tant d'autres généraux qui n'étaient pas plus coupables que lui, il eût fatalement laissé sa tête[1]. Les officiers d'artillerie, que cette arrestation avait indignés, jurèrent de le sauver. Tuer les gendarmes de l'escorte et fuir avec lui à l'étranger, en attendant que les haines fussent assoupies, tel fut, au dire de Marmont, le plan concerté par lui et Junot. Les services que Bonaparte avait rendus devant Toulon, et à l'armée d'Italie, plaidèrent sans doute en sa faveur dans l'esprit des farouches Thermidoriens ; la poursuite fut abandonnée, mais Dubois-Crancé, jugeant que l'armée d'Italie comptait un trop grand nombre de Corses, venus à la suite du précédent commissaire de la Convention, Saliceti, les dissémina dans les autres armées, et envoya Bonaparte commander l'artillerie à celle de l'Ouest. Aubry, un rageur, lui offrit pis encore : le commandement d'une brigade

---

1. On sait la triste fin du brave général Houchard. Traduit devant le tribunal révolutionnaire sous l'inculpation de s'être laissé battre sur la frontière du Nord, il produisit la preuve authentique du contraire. Non seulement il avait vaincu l'ennemi, mais le général en chef lui avait reproché d'avoir mis trop d'ardeur à le poursuivre. — « Alors, lui dit le président Dumas, tu es coupable d'avoir trop vaincu! » — Houchard fut guillotiné le même jour. — (Wallon, *Histoire du tribunal révolutionnaire*, II).

d'infanterie, et, sur son refus, le mit sans emploi. Le 13 vendémiaire vint réparer la brèche faite à sa fortune de soldat, et Barras, en le nommant général en chef de l'armée d'Italie, ne fit que payer sa dette de reconnaissance envers l'homme qui, dans cette journée célèbre, avait sauvé la Convention et son général improvisé, d'un sérieux péril.

En arrivant à Albenga, Bonaparte choisit pour ses aides de camp Marmont et Junot — en souvenir du dévouement qu'ils lui avaient témoigné lors de son arrestation — Muiron, Murat et son frère Louis, âgé de 17 ans environ, et qu'il fit officier de chasseurs. Ses généraux étaient sensiblement plus âgés que lui ; Masséna, que M. Thiers, bien informé, appelle « un jeune Nissard » avait trente-huit ans, et Augereau trente-neuf ans. Masséna vit de mauvais œil l'arrivée de ce général en chef de vingt-sept ans, et ne se soumit d'abord que malgré lui. « Il était brave, dit Marmont [1], mais pas organisateur. Avare, il s'était compromis dans beaucoup de petites affaires en se faisant allouer des commissions. Il avait pour les femmes une extrême passion. — Augereau, ancien maître d'armes, avait servi en France, en Autriche, en Espagne, en Portugal et à Naples. Sa haute stature et ses manières triviales le faisaient aisément remarquer. Il aimait l'argent comme Masséna, mais se montrait fort généreux. Ni l'un ni l'autre n'étaient aptes à commander une armée, mais tous deux excellaient pour exécuter des ordres bien donnés » [2].

1. *Mémoires*, I.
2. Cependant ils surent commander et vaincre, l'un devant Castiglione, l'autre à Zurich.

Lors de son arrivée et de la visite qui lui fut faite par les généraux, la tenue de Bonaparte produisit une forte impression. Il étudiait ses cartes et prenait connaissance de la situation des deux armées. On annonça les trois divisionnaires; Bonaparte, en grand uniforme de général en chef, fit un pas vers son sabre qu'il serra sur lui, mit son chapeau. En ce moment, sa contenance était simple, mais digne et assurée. La manière dont il questionna sur les divers corps, sur l'état de l'armée et ses besoins, le peu qu'il laissa deviner, parut d'un homme prenant les choses de haut et né pour le commandement. Chacun comprit qu'il n'y avait plus qu'à obéir ([1]). Augereau dit à Masséna en sortant: « Ce petit b.... de général m'a fait peur, et je ne puis comprendre l'ascendant dont j'ai été écrasé du premier coup d'œil ([2]). »

Dès 1794, Bonaparte avait proposé au général Dumerbion le plan de campagne qu'il va exécuter lui-même et, le 21 septembre de cette année, l'armée française remportait une victoire au Cairo, près de Montenotte. Malheureusement, le représentant Albitte, homme sans intelligence et sans courage, eut peur pour sa sécurité personnelle, et l'armée dut battre en retraite. Au général Dumerbion succède le vieux et incapable Schérer qui, après une brillante victoire, remportée sans doute malgré lui près de Loano, refuse à son tour d'aller plus loin. Le Directoire n'eût pas demandé mieux que d'approuver un plan si facile. L'armée d'Italie, c'était bon sur

---

1. *Mémoires militaires de Roguet*, I.
2. *Mémoires du général comte de Ségur*, I.

le papier pour faire nombre, mais on ne voulait point la payer ni même la nourrir ; qu'elle vécût de brigandages et de vols, au lieu de succès, les grands hommes du Luxembourg n'y trouvaient point à redire. Mais voilà ; Schérer, tout en demeurant immobile comme un dieu Terme, les importunait de ses récriminations, et, pour y mettre fin, on l'invita à passer la main au général Bonaparte. Supprimez la mauvaise humeur de ce vieillard, et la colonne Vendôme n'eût jamais été fondue !

A la nouvelle que les hostilités allaient recommencer, des prières publiques furent dites dans toute l'Italie, le Saint-Sacrement exposé, et les reliques des Saints portées processionnellement à Milan, Mantoue, Bologne, Ferrare. Le nom de Bonaparte n'inspirait pas de frayeur particulière; on plaisantait, au contraire, ce jeune guerrier, « protégé de Barras et des femmes. » Avoir mitraillé les sections, la belle affaire ! Puis, où était son armée ? Ces soldats sans vêtements ni chaussures, pâles, hâves, crevant de faim et de misère, manquant même de fusils et de munitions, hordes de bandits plutôt que troupes disciplinées ? Allons donc ! Mais on priait quand même, on priait partout : l'heure, en effet, était à Dieu.

Un journal de Milan — *Il Corriere milanese* — que nous citerons bien des fois — publiant une lettre datée de Savone, où se trouvait le quartier général de Bonaparte, disait : « C'est un homme de taille plutôt petite, aux regards pleins de feu, maigre, pâle, le corps presque diaphane. » Après Montenotte et Millesimo, on veut bien lui reconnaître certaines qualités : « Le général Bonaparte, écrit la *Gazzetta universale di Genova*, du 28 avril 1796, inspire grande confiance pour cette guerre. Quoique jeune, il joint au courage et au sang-froid la prudence, chose si précieuse dans un général en chef. »

Au quartier général d'Albenga, Bonaparte est informé que le général Colli a envoyé comme parlementaire au camp de Sérurier un sieur Moulin, émigré français, dans le but apparent de faire des propositions, mais en réalité pour espionner. Il écrit immédiatement au Directoire : « ..... Moulin a été arrêté, et je le fais traduire à une commission militaire. Il n'est point de caractère qui puisse rendre sacré un fils parricide. » ([1]) Les prières, les menaces de Colli le trouvèrent insensible. Toutefois, il attendit la réponse du Directoire avant de donner suite à son projet. Le Directoire décida que Moulin serait retenu comme ôtage, mais non traduit devant un conseil de guerre ([2]).

Au moment où va s'ouvrir la campagne, les rapports du général en chef avec le gouvernement sont réglés de la façon suivante : toute sa correspondance doit être adressée « au Directoire. » Parmi les directeurs, Barras est spécialement chargé de nommer aux emplois militaires, tandis que Carnot dirige le mouvement et les opérations des armées. Carnot est secondé à Paris par le général Lacuée, et par un autre général peu connu alors — le général Dupont ([3])

---

1. *Corresp. Nap. Ier*, I, 204.
2. V. sa lettre dans la *Correspondance inédite, officielle et confidentielle de Napoléon Bonaparte*, I, 64.
3. Sur la situation qu'il occupait près de Carnot, voir *Lettre à un représentant du peuple sur la réponse de Carnot à J.-C. Bailleul*, p. 24, Paris, 1799.

— qui capitula à Baylen. Le général en chef peut, en cas d'urgence, nommer jusqu'au grade de chef de brigade ou colonel. Il peut conclure un armistice, mais non une suspension d'armes.

De même que la Convention déléguait un certain nombre de ses membres près les armées, le Directoire à son tour y envoya ses commissaires. Les commissaires envoyés par la Convention à l'armée d'Italie furent, par ordre alphabétique : Albitte, Baille, Barras (Paul), Bayle, Beauvais, Beffroy, Béguin, Boisset, Bréart, Cassanyes, Chambon, Charbonnier, Delbril, Delcher, Despinassy, Duport, Fréron, Fouché, Gasparin, Grégoire, Jagot, Lacombe-Saint-Michel, Lejeune, L'hommière, Maignet, Mariette, Moltedo, Petitjean, Pomme, Poultier, Prost, Ricord, Ritter, Robespierre jeune, Roubeau, Saliceti, Servières, Turreau. Ces commissaires ne restaient que peu de mois en fonctions ; ils recevaient, outre les 6,000 francs attachés à leur titre de représentant du peuple, des frais de déplacement qui ne paraissent pas avoir été considérables, à en juger par le traitement de leur personnel — car tout se lie en cette matière. Les deux représentants en service employaient trois secrétaires aux appointements de 290, 240, 200 livres par mois, payables en assignats.

Leur volumineuse correspondance avec le Comité de Salut public atteste de leur part une fiévreuse activité.

Le style, l'orthographe surtout, font généralement défaut. Dans un de ses arrêtés, Ricord s'exprime ainsi : « La compagnie des transports rappellera à l'armée d'Italie les employés et les bestiaux qui s'y trouvaient antérieurement » (¹). Les commissaires de la Convention avaient des pouvoirs considérables; ils nommaient aux grades et emplois militaires en cas d'urgence, et autorisaient les dépenses en se conformant aux lois; ils s'attachaient surtout à assurer le ravitaillement des troupes.

La Convention avait décrété qu'il serait remis un drapeau à chacune des armées de la République, et que ce drapeau serait confié à la garde du général en chef; celui destiné à l'armée d'Italie fut expédié à Nice, et provisoirement déposé au domicile du plus ancien des commissaires, qui étaient alors Ritter et Turreau. Il portait cette inscription : A L'ARMÉE D'ITALIE LA PATRIE RECONNAISSANTE! Chaque corps de l'armée envoya des députés qui se rassemblèrent avec la garnison sur la place de la République; de là, un peloton composé d'un homme par corps et commandé par le plus ancien sans distinction de grade, alla chercher le drapeau. Il était porté par ceux qui avaient été blessés, entourés eux aussi d'autres frères d'armes blessés; les représentants du peuple l'accompagnèrent jusqu'à l'autel de la Patrie, où le plus ancien des commissaires prononça une harangue pour remercier, au nom de la République, l'armée d'Italie de son dévouement et de ses victoires. Puis, l'accolade donnée aux armées par le président de la Convention, fut rendue par le plus ancien des représentants au plus ancien des soldats blessés, au nom de l'armée entière. Le drapeau fut porté ensuite au quartier-général au bruit de l'artillerie, au son des tambours et des musiques militaires, et la solennité

---

1. *Archives nationales*, Série AF_{II}, carton n° 259.

se termina par des chants civiques sur la place, et par la représentation d'un drame révolutionnaire au théâtre (¹).

Les commissaires du Directoire étaient, à l'époque de l'arrivée de Bonaparte à l'armée d'Italie, Saliceti et Garreau. Leur nomination remontait à peine à deux mois(²).

Leurs pouvoirs n'étaient point illimités, comme ceux des anciens conventionnels; ils ne devaient jamais s'immiscer dans la direction des opérations militaires, tout en étant chargés, parallèlement au général en chef, d'en rendre compte au gouvernement. Leur mission, suffisamment vaste déjà par elle-même, comprenait les mesures politiques et d'administration; encore leurs arrêtés devaient-ils être contresignés par le général en chef, lorsqu'il s'agissait de choses mixtes. D'autre part, c'était à Bonaparte, et non à eux, que les grandes cités, comme Milan et Bologne, prêtaient serment de fidélité à la République française. L'institution des municipalités était chose mixte. La perception des impôts, la mise sous séquestre de certains biens, la mainmise sur les monts-de-piété, sur l'argenterie des églises et les caisses publiques, étaient de leur ressort exclusif.

Si les commissaires du Directoire avaient de moins grandes attributions que ceux de la Convention, en revanche ils étaient traités avec un luxe qui n'avait non plus rien de conventionnel. Pour ses frais

---

1. *Archives nationales*, AF_{II}, n° 253.
2. *Procès-verbaux des séances du Directoire*, 15 pluviôse an IV. *Arch. nat.* AF_{III}, n° 1.

de séjour pendant quatre mois à l'armée de Sambre-et-Meuse, le commissaire Garreau reçut la modeste somme de 60,000 livres [1].

En réalité, cette organisation, par les fruits qu'elle porta, mit en relief la profonde incapacité des membres du Directoire, et la non moins grande immoralité des agents qu'ils envoyèrent à l'armée. Le général Clarke, chargé de faire un rapport secret sur les affaires d'Italie, rendit hommage au désintéressement de Bonaparte et de Garreau, mais fut cruel pour la réputation de Saliceti et de beaucoup d'autres. Il faut lire les trois premiers volumes de la *Correspondance de Napoléon* pour entrevoir — entrevoir seulement! — ce que dut être la gestion des commissaires. Bonaparte avait moins de peine à gagner une bataille rangée qu'à faire rendre gorge à un fournisseur, à des ordonnateurs bien apparentés ou vus avec faveur par le Directoire. Non seulement ce gouvernement laissait l'armée d'Italie sans argent, sans pain, sans souliers ; non seulement il la fait entrer en campagne et va tirer, du sang des soldats, une vingtaine de millions en beaux écus sonnants, mais il enverra une nuée de corbeaux s'abattre sur ce qui reste : agents véreux, fils de famille décavés, courtiers opérant de compte à demi avec Barras et Barrabas! Tout ce monde puisera dans les caisses publiques, soit en volant tout simplement, soit avec des mandats délivrés par les commissaires ; et l'armée sera sur la paille, et Bonaparte criera vainement à tous les échos : « De l'ar-

---

1. *Procès-verbaux des séances du Directoire*, 10 ventôse an IV.

ALEXANDRE BERTHIER
Chef de l'état-major général de l'armée d'Italie

gent! de l'argent! »(¹) et Masséna se mettra en fureur en disant à Berthier : « Point de pain, point de vinaigre, ni vêtements, ni chaussures; que veut-on que je fasse? » (²) Voilà en deux mots de quelle façon Carnot va « organiser la victoire ! »

Les Piémontais étaient alors — comme aujourd'hui — alliés aux Autrichiens contre la France. Suivant les *Mémoires de Sainte-Hélène*, les Piémontais étaient 20,000 et les Autrichiens 32,000, au total 52,000 hommes, pourvus d'une nombreuse artillerie, tandis que Bonaparte n'avait sous la main que 28,000 soldats et... 62 canons! (³)

Après Mondovi, les troupes sont concentrées et l'effectif des combattants s'élève à 34,000 fantassins et 3,500 chevaux. En quittant l'Italie, après la paix de Campo-Formio, Bonaparte laissait 600 pièces de campagne et 6,000 de siège! (⁴)

Le général Colli, sur le compte de qui nous aurons à revenir, commandait le contingent piémontais sous les ordres du général Beaulieu, commandant en chef de l'armée d'opérations. Beaulieu, âgé de 72 ans, mais très vert et très actif, avait fait la guerre avec distinction contre les Turcs, et obtenu contre nous quelques succès en 1792 sur la frontière de Flandre.

Le colonel Graham, commissaire anglais près l'armée autrichienne d'Italie, dit : « En rendant justice aux talents militaires du général Beaulieu, nous devons cependant reconnaître qu'il ne possédait pas toutes les qualités que doit avoir un général

---

1. *Corresp. Nap. I*ᵉʳ, *passim*.
2. *Mémoires de Masséna*, II, 150.
3. *Corresp. Nap. I*ᵉʳ, I, 208.
4. *Corresp. Nap. I*ᵉʳ, III, 520.

en chef ; il lui manquait surtout cette sagacité et ces manières conciliantes, si nécessaires à un homme qui a sous ses ordres des troupes de différentes nations, ou qui se trouve obligé d'agir conjointement avec elles. L'harmonie et cette confiance mutuelle qui seules pouvaient assurer le succès et donner de de l'ensemble aux opérations, paraissent n'avoir pas existé entre lui et les généraux piémontais (1). »

Les autres généraux autrichiens dont il sera le plus parlé dans la première partie de la campagne, sont Wurmser, Alvinzy, d'Argenteau, Liptay, Provera, Melcalm et de Lusignan.

Masséna, dans ses *Mémoires*, fait connaître la composition de l'armée d'Italie à la veille de l'offensive, et ses indications — qu'on chercherait vainement ailleurs — méritent d'être reproduites ici pour l'intelligence de ce qui va suivre.

Au 4 avril 1796 :

Le général de division Bonaparte, commandant en chef ; — le général de division Berthier, chef de l'état-major général ; — l'adjudant général Vignolle, sous-chef d'état-major ; — le général de brigade Dujard, commandant l'artillerie.

AVANT-GARDE

Commandant : le général de division Masséna.

Division La Harpe : brigades Pijon, Ménard, Cervoni . . . . 11.000 hommes.
Division Meynier : brigades
Dommartin, Joubert. . . . . 5.000 —

        A reporter. . 16.000 hommes.

---

1. *Histoire des Campagnes d'Allemagne, d'Italie, de Suisse, etc.*, en anglais, I, 217.

	CORPS DE BATAILLE	
	Report. . .	16.000 hommes.
Division Augereau : brigades Beÿrand, Victor, Banel. . . .		8.000 —
Division Sérurier : brigades Guieu, Pelletier.		7.000 —
Division Macquart : brigades David, Dallemagne.		3.000 —
Division Garnier		3.500 —
	CAVALERIE	
Divisions Stengel et Kilmaine.		4.000 —
	Total . . .	41.500 hommes.

Ce chiffre se rapproche de celui de 45,000 hommes qui est relaté dans une lettre de Bonaparte au Directoire([1]), mais il faut en déduire les garnisons.

Marmont ([2]) fixe l'effectif de l'armée d'Italie à 28,820 hommes. Il ne paraît point connaître les généraux Macquart et Garnier.

A la même date, le Directoire publiait des états d'effectifs où l'armée d'Italie figurait pour 120.000 hommes! « On oubliait de dire que 36.000 étaient prisonniers, morts ou désertés, 27.000 retenus dans les garnisons de la Provence et du comté de Nice, et 10,000 dans les hôpitaux ([3]). »

La cavalerie de l'armée se composait des régiments suivants : 1er et 7e hussards ; — 10e, 13e, 22e, 24e, 25e chasseurs ; — 5e, 8e, 15e, 20e dragons — ce

---

1. *Correspondance inédite, officielle et confidentielle*, etc., I, 11.
2. *Mémoires*, I, 147.
3. *Mémorial de Sainte-Hélène*, IV.

dernier commandé par Murat(¹). Le 10ᵉ chasseurs était sous les ordres du colonel Leclerc. Le 5ᵉ chasseurs et le 9ᵉ dragons rejoignirent l'armée le 8 juillet 1796 (²). Le colonel du 7ᵒ hussards était Landrieux qui, après Lodi, fut chargé du bureau secret à Milan.

L'administrateur général des finances près l'armée d'Italie était un Bernois, Haller, que nous devons faire connaître ici à cause du rôle important qu'on lui verra jouer par la suite. Haller, jacobin fougueux, entretenait des relations étroites avec les deux Robespierre, mais surtout avec Robespierre jeune qu'il fréquentait à Toulon. Haller était, à cette époque, inspecteur du service des vivres de l'armée d'Italie. Après le 9 thermidor, Saliceti essaya de le faire arrêter sous prétexte de malversations, mais, en réalité, comme ami du « tyran ». Haller se sauva de Nice par mer; on apposa les scellés chez sa maîtresse, qui fut incarcérée pendant quelque temps, et l'on saisit chez un de ses amis une somme de 154,000 francs qu'il y avait déposée. Saliceti, dans ses rapports au Comité, le traita de « fripon », mais aucune charge ne put être relevée contre lui. Or, à l'arrivée de Bonaparte, le même Saliceti étant de nouveau commissaire, Haller était rentré en grâce et monté en grade, puisqu'il occupait, après les commissaires, la plus haute situation administrative de l'armée.

Le général Clarke, dans le rapport secret qu'il adressa à Carnot en décembre 1796, s'indigne de la présence de Haller dans l'entourage de Bonaparte,

1. *Corresp. Nap. Iᵉʳ*, tome I, préface.
2. *Corresp. Nap. Iᵉʳ*, I, 578.

mais en ajoutant que celui-ci, après avoir résolu de le faire arrêter, y renonça parce que Haller avait toute la confiance des commissaires du Directoire. Clarke accuse enfin Haller d'avoir reçu de l'argent pour chaque ordonnance de payement qu'il faisait signer par Garreau. Quoi qu'il en soit de ces accusations, la gestion de Haller fut irréprochable, et l'on verra, par l'importance exceptionnelle des missions qui lui furent confiées par Bonaparte, qu'il est difficile d'admettre comme sérieuses les accusations du général Clarke [1].

Les frais de bureau de Bonaparte furent réglés à 1,800 livres par mois, ceux de Berthier à 1,200 livres; ceux du payeur général de la trésorerie à 2,000 livres [2].

L'ordonnateur général des dépenses était Chauvet, homme de grande valeur administrative et morale, qui nommé deux mois avant l'ouverture de la campagne, mourut presque aussitôt après.

Comme gratification d'entrée en campagne, chaque chef de brigade et de bataillon reçut un habit complet, une paire de bottes, et une paire de souliers tous les deux mois. L'adjudant-major Hugo (père du poète) ayant réclamé une paire de souliers à laquelle son grade lui donnait droit, se la vit refuser par le commissaire des guerres. Ce fonctionnaire fut destitué sur-le-champ [3].

Les ouvriers employés à l'armée recevaient; bou-

---

1. *Manuscrit italien, Bibl. nat. Fonds italien*, n° 1574. — *Arch. nat.*, série AF II, n° 252.
2. *Arch. nat., ibid.*, n° 254.
3. *Procès-verbaux des séances du Directoire*, 14 pluviôse an IV.

langers, bouchers, forgerons, 4 livres; les autres, 3 livres 10 sols; les femmes et les enfants 2 livres. Il était en outre alloué à chacun 2 rations de pain (1).

Dès son arrivée à Nice, Bonaparte avait écrit à Miot de Mélito, ambassadeur de la République française à Florence, lui demandant, sur l'état de l'Italie, tous les renseignements propres à l'éclairer sur la conduite qu'il devait tenir : « Je reconnus dans son style concis et plein de mouvement, quoique inégal et incorrect, dans la nature des questions qu'il m'adressait, un homme qui ne ressemblait pas aux autres. Je fus frappé de l'étendue et de la profondeur des vues politiques et militaires qu'il indiquait, et que je n'avais aperçues dans aucune des correspondances que j'avais jusque-là entretenues avec les généraux de notre armée d'Italie. Je prévis donc ou de grands succès ou de grands revers (2).

Après l'opinion du diplomate, citons celle d'un soldat de la première heure : « Là où l'empereur a été le plus grand, c'est à la campagne d'Italie. Là il était un héros; actuellement c'est un empereur ; en Italie il avait peu d'hommes, presque sans armes, sans argent, sans administration, sans pain, sans souliers; point de secours de personne, l'anarchie dans le gouvernement, une réputation de mathématicien et de rêveur, point encore d'action pour lui, pas un ami, regardé comme un ours, parce qu'il était toujours seul à penser. Il fallait tout créer, il a tout créé. Voilà où il a été le plus admirable... (3) »

---

1. *Arch. nat.*, AF<small>II</small>, n° 253.
2. *Mémoires du comte Miot de Melito*, p. 25.
3. Lasalle, *Correspondance recueillie par M. Robinet de Cléry*, p. 11.

Pour entrer en campagne, il fallait de l'argent; le Directoire, c'est-à-dire Carnot, avait bien remis un plan à Bonaparte, mais non les moyens de l'exécuter, car on ne saurait appeler de ce nom les 2,000 louis qu'apportait le général en chef (1). L'état de misère dans lequel il trouva son armée est légendaire. Les relations avec Gênes n'étaient pas mauvaises; il essaya d'en profiter, il fit proposer au sénat un emprunt de trois millions. Le sénat tergiversa, invoquant les lois de la neutralité, et réussit à écarter de lui le calice. L'emprunt fut rejeté par 129 voix contre 43 (2). Mais Bonaparte ne se découragea point et, par l'entremise du ministre de France à Gênes, il put se procurer six millions près des capitalistes de cette ville, au moyen de lettres de change qui furent cautionnées par d'autres maisons importantes (3).

Le Directoire laissait protester couramment les traites tirées sur le Trésor, de même que le caissier du Trésor émettait, sans avoir provision, des traites qui étaient protestées. Aux généraux d'armée de se tirer d'affaire comme ils pouvaient! On verra par la suite que Bonaparte dut rembourser les emprunts de Gênes sur les premières ressources qu'il se fit en Lombardie.

Bonaparte, dans une conversation qu'il eut un mois plus tard à Cherasco, avec les plénipotentiaires du roi de Sardaigne, dit qu'il avait reçu de Gênes

---

1. *Mémoires du général comte de Ségur*, I.
2. *Gazzetta del Veladini*, 2 avril 1796.
3. *Mémoires de Victor Perrin, duc de Bellune*, I, iv. — *Mémoires du général comte de Ségur*, I. — *Archives nationales*, série AF iii n° 185.

700,000 livres que des révolutionnaires lombards et piémontais avaient cachées dans cette ville, pour aider l'armée française dans sa lutte contre les Austro-Sardes. Le fait était-il exact, ou Bonaparte a-t-il voulu seulement intimider le roi de Sardaigne(1)?

L'abandon dans lequel le Directoire tenait l'armée d'Italie avait amené de nombreuses désertions. Le cours forcé des assignats pour la paie des soldats fut le premier et, sans doute, le plus grave de leurs griefs. Le général en chef fit valoir que les troupes dans la montagne n'en tireraient point le vingtième de leur valeur, et que ce serait encourager le pillage. « Le soldat, disait-il, tient à son prêt autant qu'à son ordinaire, parce qu'il en a besoin pour acheter du tabac, un peu de vin et beaucoup de petites choses. » Il proposait donc, ou de continuer par exception le prêt en espèces, ou de charger les vivandières à la suite de l'armée de fournir aux soldats le tabac, le vin, etc., contre des assignats. Le Directoire ne répondit même point au général en chef. Les commissaires arrêtèrent alors que les payements en assignats seraient faits de telle façon que le soldat eût, chaque jour, 10 sols 10 deniers libres, pour ses menues dépenses (2). A partir du 1er prairial, le prêt fut payé en promesses de mandats de 25 francs (3).

Une autre cause de désertion fut la réduction de la ration de pain qui, de 28 onces, avait été fixée à

---

1. V. *Quelques détails sur la suspension d'armes signée à Cherasco*, par le marquis Costa de Beauregard, un des plénipotentiaires piémontais. Paris 1854. Ouvrage très rare.
2. *Arch. nat.*, série AFII, n° 250.
3. *Procès-verbaux des séances du Directoire*, 19 floréal an IV.

24 onces. Le pain n'en était pas meilleur, et les commissaires, par un arrêté, décidèrent : 1º que le pain devrait être cuit à 56 onces de manière à peser 48 onces, rassis ; 2º que le pain pour les malades et les blessés, dans les hôpitaux militaires, serait fait avec une farine dont il aurait été extrait 30 livres de son par quintal (1).

Pour arrêter la désertion, l'armée d'Italie fit une « adresse à ses frères d'armes qui ont quitté momentanément leurs drapeaux. » D'autre part, elle abandonna à la République la partie de la solde en numéraire qui lui était due. Le 1er bataillon de la 20e de ligne fit un don patriotique de 20,975 livres (2).

Ce n'est pas tout. Les soldats manquaient le plus souvent de pain, bon ou mauvais. Au moment même où Bonaparte arrive à Nice, un membre des Cinq-Cents, Daubermesnil, écrit à Carnot : « ..... Au nom de l'humanité, faites donc du pain pour ces braves gens, ce qui vous est d'autant plus facile qu'il i(sic) a du blé pour nourrir 60,000 hommes pendant trois ans et au delà !..... » Il y en avait, en réalité, pour six mois, rien que dans Gênes, comme l'écrivait Saliceti au Directoire, ce qui n'empêchait point les « bons bougres » de crever de faim (3). On verra au chapitre suivant les conséquences épouvantables de cette incurie.

L'approvisionnement en légumes, dans ce coin de l'Italie, était difficile. On le remplaça éventuellement dans l'ordinaire par un sol de paie en supplément.

---

1. *Arch. nat.*, série AFii, nos 252 à 254.
2. *Procès-verbaux des séances du Directoire*, 5 et 15 nivôse et 30 germinal an IV.
3. *Arch. nat.*, série AFiii, nº 185.

Trois fois par décade, il était distribué 2 onces de riz ou 4 de légumes, et une demi-once d'huile. L'approvisionnement en vinaigre ne se faisait pas facilement non plus. Il était interdit aux soldats de boire de l'eau non mélangée de vinaigre, l'expérience ayant prouvé que les imprudences de ce genre avaient fait un grand nombre de malades [1].

D'autres mesures générales furent prises à titre provisoire au départ de l'armée. D'abord on fit appel aux pharmaciens, et l'on admit comme tels ceux qui justifièrent d'un certificat de civisme et de quelques notions pratiques, devant le pharmacien en chef de l'armée, Lacour.

Dans les hôpitaux et les ambulances qui manquaient de bancs pour permettre aux malades de se reposer pendant leurs sorties, il fut ordonné de prendre les bancs des églises. Toutes gargotes furent interdites autour des ambulances; les vénériens ne pouvaient obtenir de sortie avant leur entière guérison [2].

Le pays de Nice était sans doute, dès cette époque, la petite Grèce de l'Italie. Les tripots y étaient nombreux, et il s'y jouait des sommes importantes. Onze officiers surpris dans un de ces tripots furent chassés en bloc de l'armée [3].

La difficulté de placer les assignats devint bientôt si grande que l'on essaya de les faire accepter dans Savone; mais la municipalité appela le gouvernement génois à son secours, et il fallut renoncer à ce

---

1. *Arch. nat.*, série AF II, nos 250 à 254. — *Manuscrit Bibl. nat.* F. FR., n° 11277.
2. *Arch. nat.* ibid.
3. *Arch. nat.* ibid., n° 252.

débouché. La dépréciation du papier peut s'apprécier ainsi : la bouteille de vin de 5 sous se vendait 45 sous, et un pain de munition était coté 4 lires ! (¹)

Il n'est pas sans intérêt, à cette place, de dire un mot des mœurs générales des peuples avec lesquels l'armée française va entrer en contact, puis en relations suivies. Bonaparte écrivant à Faypoult, ambassadeur à Gênes (²), lors de l'insurrection de cette ville, lui dit : « Ménagez cette population ; de toute l'Italie, c'est elle qui porte le plus haut le sentiment national. » Le gouvernement génois voyait d'un mauvais œil l'armée française, et il était servi, dans sa haine, par des éléments qui faisaient défaut à l'aristocratie des autres villes, même à Venise : par la sujétion absolue de certaines classes de la population, toujours prêtes à se dévouer pour tenter un mauvais coup. Durant la crise que l'ouverture des hostilités prépare pour le sénat, il s'appuiera sur une corporation redoutable, les charbonniers, qui ne seront autre chose que ses janissaires. Les superstitions les plus grossières régnaient dans ce coin de l'Italie, où l'on rencontrait à chaque détour de route une *Madonna*, c'est-à-dire un temple destiné à perpétuer le souvenir d'une apparition de la Vierge. Venise seule pouvait rivaliser avec Gênes en fait de crédulité plastique ; aujourd'hui encore, à Venise, on peut voir dans beaucoup de boutiques de détaillants, mais notamment chez les bouchers, une sta-

---

1. *Arch. nat.*, séries AF_{II}, n° 252 et AF_{III}, n° 185.
2. Faypoult était entré dans l'administration avec l'appui de Mme Roland. Il venait d'occuper le ministère des finances avec distinction.

tuette de saint ou de la Vierge, exposée au-dessus du comptoir, entre deux bougies allumées.

A Milan et à Florence, la religion était respectée, ce qui n'empêchait point le peuple d'être, au fond, *indévotieux*. Les contes à faire rire, les histoires grasses, les aventures d'amoureux, ont tous ou presque tous, en Lombardie et en Toscane, pour héros un abbé. Si les soldats français n'avaient été que débauchés, ils n'auraient point soulevé tant de colères ; malheureusement, ils pillaient les églises pour leur compte personnel, quand ce n'était pour celui des commissaires du Directoire ; ils tournaient en ridicule les choses sacrées, et s'amusaient à boire dans les calices où il n'y a point de lie : cela a suffi pour les mettre au ban de l'humanité.

En Romagne, pays pontifical par excellence, les gauloiseries faisaient fort bon ménage avec les sacrements. Au repas qui suivait la sortie de l'église, un des parents des jeunes époux plaçait sur la table, en un plat bien couvert, et devant le marié, des orties, du genre appelé *insalata*. Si le mari s'en apercevait sur-le-champ, il devait jeter les orties à la figure de celui qui les lui avait offertes, et toute l'assistance applaudissait. Si, au contraire, il laissait le plat devant lui pendant quelque temps sans le remarquer, les rieurs étaient contre lui [1].

Sur la pureté des mœurs italiennes, à l'époque de l'invasion française, il existe des témoignages que ne peuvent récuser ceux des écrivains de ce pays qui, aujourd'hui encore, reprochent aux soldats de Bonaparte d'avoir violé Lucrèce.

1. *Archivio per lo studio delle tradizioni popolari*, fasc. I.

« Durant la domination espagnole, dit Cantu [1], les femmes étaient restées séparées de la société des hommes. Le duc d'Ossuna, à Milan, ayant réuni une fois la noblesse des deux sexes, provoqua tant de critiques, qu'il n'osa plus renouveler cet essai ; mais le prince de Vaudemont, dernier gouverneur de la Lombardie, au nom de l'Espagne, élevé dans les coutumes françaises, réunissait souvent les nobles dans sa villa suburbaine, qui devint célèbre par les galanteries de ceux qui la fréquentaient. Puis, vinrent les Français, et leurs usages se répandirent ; passant rapidement de la gravité espagnole à la légèreté française, les Italiens perdirent leur ancienne bonhomie pour adopter la frivole impiété, et cette galanterie qui est un amour sans passion. Autrefois, le beau sexe allait à l'église de dix à onze heures du matin, les femmes nobles accompagnées de leurs serviteurs et de leurs sigisbées [2]. Un sigisbée qui conduit la dame doit, en entrant dans l'église, la précéder de quelques pas, soulever la portière, tremper le doigt dans l'eau bénite et l'offrir à la dame, qui la prend, le remercie par une légère inclination et se signe. Les bedeaux présentent le siège à la dame et à son sigisbée. La messe terminée, elle remet son livre d'offices à son domestique ou au galant, prend son éventail, se lève, se signe, fait une

---

1. *Storia dei Italiani*, liv. XV, ch. CLXXI.
2. Le sigisbée est un cavalier-servant. Suivant l'usage espagnol, toute femme mariée devait avoir un « cavalier » pour l'accompagner. Avoir avec elle son mari était un signe de pauvreté. Il fallait que le mari fût absent... pour de grandes affaires. Le contrat de mariage, quand cela se pouvait, indiquait le nom du cavalier-servant choisi par le mari.

révérence au grand-autel, et se retire, précédée du sigisbée qui lui donne le bras pour retourner au logis. »

Cet état de choses, que Cantu, dans sa haine pour les Français, leur reproche d'avoir compromis, existait dans toute l'Italie — bien plus rigoureux encore à Gênes, Rome et Naples qu'à Milan. Il ne datait point de la veille, et les mœurs espagnoles n'en étaient même pas seules responsables. En effet, dès l'an 1475, Galeas-Maria Sforza, duc de Milan, avait par acte notarié promis à une femme galante, Lucia Marliani, d'être son « perpétuel et fidèle cavalier [1] ».
— Mais écoutons la contre-partie.

« ...... Quant aux femmes, dit Miot de Melito, que nous avons déjà cité, un mélange de dévotion et de galanterie faisait le trait principal de leur caractère. Les mœurs étaient extrêmement relâchées, mais comme ce relâchement était universel et, ce qu'il y a de plus singulier, le résultat d'une convention sociale généralement admise, il ne donnait lieu à aucune critique, et pourvu qu'une femme vécût bien avec son cavalier-servant (sigisbée), et qu'elle mît du mystère et une sorte de décence dans les infidélités qu'elle lui faisait, elle jouissait d'une réputation intacte. Aussi, trouvait-on les habitudes domestiques des Français passablement ridicules, et si le bruit de la dissolution et de l'absence de toute pudeur dans nos manières, depuis le commencement de la Révolution, si ce bruit qui nous précéda en Italie avait mal disposé pour nous les esprits, à la grande surprise de tous, on trouva nos femmes

---

1. Melzi d'Eril, *Memorie e documenti*. Introduction, p. LX.

d'une pruderie insoutenable, et l'on ne pouvait pardonner à leurs maris de se montrer avec elles en public, contrairement aux usages du pays. Mais, si les dames étaient peu scrupuleuses sur la fidélité conjugale, elles l'étaient d'autant plus sur les pratiques religieuses, et telle femme qui, en sûreté de conscience, manquait à des devoirs partout ailleurs regardés comme les plus sacrés, n'aurait pas consenti à manger de la viande le jour maigre. Et les autres pratiques de la religion ne s'observaient pas moins rigoureusement. Elles interrompaient seulement pour quelques instants les plaisirs de la galanterie, mais elles servaient aussi de prétexte pour se dérober à des chaînes dont le poids commençait à fatiguer, et c'était ordinairement à Pâques que se faisaient les ruptures entre les dames et leurs sigisbées, et que se formaient de nouvelles liaisons. C'est aussi à cette époque que le consentement du mari se demandait et s'obtenait pour changer de cavalier-servant. »

Botta (1) n'est pas moins sévère pour le sigisbéisme. Cette mode singulière amena de nombreuses rivalités entre les cavaliers-servants et les officiers français. Elle ne fut abolie qu'en 1809, par un décret de Napoléon.

A propos d'une mission à Rome que lui confia Bonaparte, Marmont (2), de son côté, s'exprime ainsi : « Je trouvai la société extrêmement animée et livrée exclusivement aux plaisirs. La facilité des dames romaines, autorisée par les maris, passe toute

1. *Storia d'Italia*, IV.
2. *Mémoires*, I.

croyance; un mari parlait des amants de sa femme sans embarras et sans mécontentement, et j'ai entendu de la bouche de M. Falconieri les choses les plus incroyables sur la sienne, sans que sa tendresse en parût alarmée. Il savait faire une distinction singulière entre la possession et le sentiment, et le dernier avait seul du prix pour lui. »

A Venise, toute femme obtenait facilement de son confesseur la permission de prendre avec ses amants tous les plaisirs qui sont dans le code de la nature, l'adultère excepté. « Aussi, dit Ch. de Brosses([1]), n'y a-t-il point dans Venise cinquante femmes qui couchent avec leurs amants. »

On voit ce que pèsent devant ces témoignages les envolées de style de Cantu. La femme italienne était bel et bien corrompue lorsqu'elle vit, pour la première fois, passer sous ses fenêtres le coq gaulois, étincelant de gloire, à la hampe des drapeaux républicains.

---

1. *L'Italie galante et familière au dix-huitième siècle*, p. 110.

Le serment de Rampon à Monte-Legino.

CHAPITRE DEUXIÈME

MONTENOTTE

Serment du colonel Rampon à Monte-Legino. — Accident de voiture du général Beaulieu. — Millesimo. — Capitulation de l'armée piémontaise. — La sanglante surprise de Dego. — Masséna et Briséis. — Ivresse générale. — Le récit d'un capucin. — Les « braves » de M. Thiers. — Lannes entre dans l'histoire. — Beaulieu fait arrêter le général d'Argenteau. — Sa lettre au conseil aulique. — La terre française de Ceva. — Lettre de Berthier sur la bravoure des soldats piémontais. — Victoire de Mondovi. — Les 24,000 lires de l'évêque. — Le premier arbre de la liberté planté à Mondovi. — Convention de Cherasco. — Un dîner d'armistice. — Abaissement de la royauté sarde. — Lettre indignée de l'empereur d'Autriche. — Les Français acclamés. — Adresse du peuple d'Alba à Bonaparte. — Premières contributions de guerre. — Les monts-de-piété. — L'argenterie des églises. — La jeune fille d'Oneille. — Les 160 chevaux d'Augereau. — Les cachettes de Masséna. — Les troupes reçoivent pour la première fois un peu d'argent. — Le roi Humbert à Mondovi, le 23 août 1891. — Sa harangue aux régiments assemblés. — Comment un roi interprète l'histoire.

O Mont de la Nuit, salut ! Sur tes cîmes se leva, le 10 avril 1796, le soleil qui ne devait point se coucher pendant plus de quinze ans, et dont le crépuscule éclairera, éblouissant encore, jusqu'à la postérité la plus reculée !

Cairo-Montenotte est la première station sur la ligne de Gênes à Alexandrie, par Acqui, après la bifurcation de San-Giuseppe. Cairo est un bourg, sur la Bormida ; Montenotte, une de ses dépendances. On remarque aux environs les restes d'une chaussée romaine qui fit, dit-on, partie de la voie Emilienne ; des fouilles amenèrent la découverte, en 1832, d'un certain nombre de médailles remontant à la même époque. Dans les ruines d'une vieille abbaye, se trouve un sarcophage portant une inscription en vers dits *léonins*, dont l'explication a mis à la torture l'esprit des savants. C'est, paraît-il, le tombeau d'Agnès de Poitiers, fille de Guillaume, duc d'Aquitaine et comte d'Anjou, et veuve d'un fils d'Odon, duc de Savoie.

Le 2 juillet 1625, les Français, commandés par Créqui, assiégèrent Cairo-Montenotte, alors ville fortifiée, et la démantelèrent. Nous avons dit au chapitre précédent que le général Dumerbion y avait remporté, le 21 septembre 1794, un avantage signalé sur les Autrichiens.

La contrée est toute en hauteurs ; il n'y a, pour ainsi dire, point de culture ; mais le pittoresque y abonde, et l'imagination, autant que l'esprit, trouve son compte dans une excursion où les panoramas se succèdent à la façon d'une féerie.

Lazare Carnot, en sa qualité de directeur des opérations militaires, avait prescrit à Bonaparte de négliger le contingent piémontais, et d'employer toutes ses forces contre l'autre allié. Bonaparte fit précisément le contraire, parce qu'il lui parut — avec raison ce semble — plus judicieux d'en finir de suite avec le plus faible. Les événements justifièrent en tout cas ses prévisions, mais Carnot lui tint rancune, et ne tarda point à le montrer.

L'observateur placé sur les hauteurs de Savone, a presque sous les yeux le champ de bataille de Montenotte. A sa droite, Voltri, où la brigade Cervoni reçut le baptême du feu dans la journée du 10 avril; en face, Monte-Legino, où, comme Cervoni, le colonel Rampon dut rétrograder devant des forces supérieures; Montenotte et Dego; enfin, à gauche, Cairo et Millesimo. On remarque sur le Monte-Legino, à la source de trois ruisseaux et à 710 mètres d'altitude au-dessus du niveau de la mer, les vestiges de trois petites redoutes que les Français y avaient construites en 1794, pour les abandonner ensuite; l'une d'elles fut témoin d'un fait des plus glorieux, qui montre de quel esprit étaient animés, malgré la misère et la faim, les soldats de la Révolution. Le colonel Rampon, refoulé de Montenotte, s'enferma dans cette redoute avec deux bataillons — environ 1,500 hommes — et leur fit jurer de mourir tous plutôt que de se rendre. Trois assauts furieux du général d'Argenteau, à la tête de 5,000 combattants, furent repoussés, et d'Argenteau dut passer la nuit sous les armes en face de l'ouvrage, persuadé qu'il en aurait facilement raison le lendemain matin avec des renforts. « Il y eut ce jour-là, chez les Français, quelque chose de plus grand encore que le mépris de la mort ([1]). »

Le 12 avril, à cinq heures du matin, au moment où il s'apprêtait à donner l'assaut définitif, d'Argenteau se voit entouré de trois côtés par Masséna, Augereau et La Harpe, que Bonaparte, du quartier général de Savone, avait fait marcher toute la nuit. Suivant l'expression de Jomini, « il était impossible que d'Argenteau pût résister à une telle combinaison. » Mais il est également vrai que Bonaparte, au lieu du succès, aurait trouvé la défaite, sans l'héroïque défense de Rampon qui, en lui donnant un répit de quinze heures, rendit possible la concentration de trois divisions sur le point menacé. D'Argenteau fit tête au péril, mais en vain, et, après avoir perdu un millier d'hommes, blessé lui-même grièvement, il battit en retraite dans un désordre indescriptible.

Bonaparte demanda au Directoire le grade de général de brigade pour le colonel Rampon, à qui cette action d'éclat valut beaucoup d'envieux. Les uns nièrent purement et simplement le fait du serment, d'autres l'amoindrirent ; et le tableau même qui représente Rampon, entouré de ses braves, au moment où ils élèvent leurs fusils pour jurer, eut ses détracteurs, parce que le peintre y a placé une pièce de canon, alors, paraît-il, que la redoute n'était pas armée. Mais l'historien italien Botta, qui suivait l'armée d'Italie à cette époque, comme médecin militaire, est très affirmatif, et la *Gazzetta di Genova*, du 17 avril 1796, ne l'est pas moins. Enfin, l'adjudant-

---

1. Botta, *Storia d'Italia*, VI.

major Roguet, qui était enfermé dans la redoute avec un des bataillons de la 32e, dit, avec la simplicité du témoin qui raconte : « Le chef de brigade Rampon nous fit jurer de vaincre ou de mourir; nous le jurâmes tous (¹). » En ce qui touche la pièce de canon, le général Landrieux, dans ses *Mémoires*(²), dit que Rampon monta sur un affût pour haranguer ses soldats.

Le Directoire nomma le chef de brigade Rampon général de brigade et lui adressa, avec le décret de nomination, une lettre de félicitations qui parut au *Moniteur* du 3 mai (³).

« Le général en chef Beaulieu n'assistait point à ces graves événements, et voici pourquoi. Il se rendait en voiture avec deux officiers à La Bocchetta, lorsque, en contournant Rivarola, deux des roues se rompirent; le général fut projeté sur la route mais non blessé. Il dut rester là jusqu'à deux heures du matin, loin des deux ailes de son armée, dont la droite se trouvait déjà engagée avec les Français. Il éclate en plaintes amères et bruyantes : « Le général « Beaulieu, s'écriait-il, sera déshonoré sans sa faute, « s'il arrive quelque mauvaise affaire du côté d'Acqui, « alors qu'il n'est point à la tête de ses troupes. » Enfin, à deux heures, une voiture envoyée par le comte Girola (⁴) vient le chercher et lui permet d'achever sa route (⁵).

---

1. *Mémoires militaires*, etc., I.
2. *Manuscrit de la Bibliothèque nationale*, FFı, R., n° 7981.
3. V. Antonio Litta Biumi, *Della Battaglia di Montenotte*. Milano, 1846. — Le général Rampon, fait comte de l'Empire, mourut à Paris en 1842, âgé de 86 ans.
4. C'était le ministre d'Autriche à Gênes.
5. *Gazzetta di Genova*, 25 avril 1796.

A quelque distance de Montenotte, dans une gorge qui mène à Céva, et sur la Bormida occidentale, se trouve le petit village de Millesimo. Aucune des trois voies ferrées qui traversent la région n'y accède ; il faut s'y rendre en voiture. Son nom ancien était Melesino. Il est ceint de vieux murs, témoins de maints combats au moyen-âge. Les Romains paraissent y avoir établi une colonie ou un poste militaire, comme l'indique une pierre votive au dieu Mars, trouvée vers 1845, et qui a été déposée dans l'église paroissiale. La contrée est sillonnée par de nombreux cours d'eau susceptibles de lui donner une certaine fertilité; mais il n'a été rien tenté pour en faire usage; la plus grande partie du sol est même restée inculte.

Suivant les *Mémoires de Sainte-Hélène*, la bataille de Millesimo doit compter parmi les plus acharnées de cette campagne. Elle dura deux jours, 14 et 15 avril. La première journée se passe à livrer trois assauts inutiles, autant que sanglants, contre le *castello* de Cosseria, assis sur une des sommités les plus élevées de l'Apennin, et dans lequel s'étaient enfermés 1,500 Autrichiens commandés par le général Provera; les assiégés font rouler des blocs de pierre sur nos colonnes, les déciment et tuent ou blessent trois généraux : Banel, Quentin et Joubert. Augereau somma le général Provera de capituler, puisque toute résistance était inutile, et les troupes criaient : « Posez les armes ! Rendez-vous aux soldats de la liberté ! » Provera répondit qu'il se défendrait jusqu'à la mort[1].

1. Le P. Piuma, aumônier, *Récit historique de la campa-*

Mais le lendemain, à la pointe du jour, les alliés se voyaient cernés de tous les côtés à la fois, n'ayant ni la possibilité de se battre ni même le temps de capituler. La nouvelle de la défaite de Provera fut reçue le 16 avril, aux cris de : « Vive la République ! A l'ennemi ! A l'ennemi ([1]) ! »

Bonaparte, dans son rapport au Directoire ([2]), dit qu'il a été fait, sur le champ de bataille de Millesimo, 9,000 prisonniers ; que, parmi les troupes piémontaises, des régiments entiers ont abaissé leurs armes, notamment ceux de Suze ; de Montferrat, de la Marine, et trois compagnies de grenadiers appartenant à la garde royale. M. Thiers ne souffle pas mot de ces brillants résultats. Il commet, en outre, une erreur, en écrivant que les 1,500 hommes retranchés à Cosseria étaient des Piémontais. Bonaparte, et après lui Botta, qui eut à sa disposition les relations de Beaulieu, disent formellement que c'étaient des Autrichiens. Zevi ([3]) donne même la composition de cette troupe : 1,728 hommes appartenant au régiment autrichien Belgiojoso, et à un régiment de Croates. ([4]) Capituler là où ils se trouvent, passe encore, mais les faire capituler là où ils ne sont jamais allés, n'est-ce pas dépasser toute mesure, même pour des Piémontais ([5]) ?

---

gne de Bonaparte en Italie, par un témoin oculaire. Londres, 1808, p. 39.
1. *Mémoires de Masséna*, II, 31.
2. *Moniteur*, 27 et 28 avril 1796.
3. *La guerra in Italia dal 1742 al 1815*, tome I, p. 210.
4. V. également *Mémoires de Masséna*, II, 81,
5. M. Thiers a été induit en erreur par le nom italien Provera. Nous retrouverons plus tard le général Provera à la tête d'une division autrichienne sous les murs de Mantone.

La résistance désespérée du général autrichien Provera, dans le *castello* de Cosseria, infligea aux troupes de la division Augereau des pertes sensibles. Augereau, furieux de cette hécatombe des siens, refusa de l'eau pour les blessés de Provera; mais Bonaparte instruit du fait par Provera lui-même, leva l'ordre d'Augereau et fit adresser à celui-ci, pour cet acte d'inhumanité, un blâme violent. ([1])

Marmont, dans ses *Mémoires*, dit que Masséna avait la fâcheuse habitude de se tenir éloigné de sa division. La critique paraît juste, comme on va le voir.

Parmi les positions occupées par les Français après la victoire de Millesimo, se trouvait le village de Dego. Le lendemain de la bataille, à la pointe du jour, alors que les soldats de Masséna se croyaient en pleine sécurité dans leurs tranchées, 7,000 Autrichiens commandés par Wuskassovich fondent sur eux, les tuent ou les mettent en déroute, et reprennent village, canons et drapeaux. Masséna n'était point sur les lieux; il accourt au bruit de la fusillade, rallie ses hommes et fait des prodiges de valeur pour réparer le mal. C'est en vain. Un de ses brigadiers, le général Causse, frappé mortellement, dit à Bonaparte : « Dego est-il repris? — Oui. — Alors, vive la République, je meurs content! » Dego n'était pas repris, et Bonaparte allait recourir aux moyens extrêmes, lorsque Lannes s'élance à la tête de la 8e légère, l'exhorte, l'entraîne et se jette avec elle sur les rangs ennemis. Un instant, les soldats paraissent reculer, il les ramène et, dans une dernière

---

1. Landrieux, *Mémoires*, etc.

furia, déloge les Autrichiens et entre dans Dego à la tête du régiment (¹).

Telle est du moins la version officielle. Mais l'intervention de Lannes a été contestée; on assure même qu'il n'assistait pas à l'affaire, et que le brillant fait d'armes qui lui est attribué dans un rapport ultérieur de Bonaparte, appartient à l'adjudant-général Lanusse. Ce qui est certain, c'est que Lannes fut, après Dego, confirmé dans son grade de chef de brigade, dont il n'était encore pourvu qu'à titre auxiliaire.

Suivant Masséna(²), la sanglante affaire de Dego est venue de ce que les soldats étaient dans les villages voisins à faire la maraude, n'ayant pas de quoi manger, quand arriva Wuskassovich. Mais il existe une autre version qui paraît au moins vraisemblable. « La veille au soir, nos soldats, après tant de misères et quatre jours de marches et de combats, s'étaient dispersés sans plus songer à l'ennemi; nulles gardes ni sentinelles n'avaient été placées; tous étaient profondément endormis, gorgés de tout ce qui leur avait manqué jusqu'à ce jour. Masséna lui-même leur avait donné l'exemple. La jeune femme — ou maîtresse — d'un officier ennemi tué ou fait prisonnier, lui était échue en partage. Il s'était aussitôt enfermé avec elle dans une maison de Dego, où cette part de butin lui avait fait négliger les précautions nécessaires. Six cents de nos soldats étaient déjà prisonniers; Masséna lui-même n'avait été manqué que d'une seconde. Presque nu, il fuyait à

---

1. *Gazzetta di Genova*, 28 avril 1796.
2. *Mémoires*, II, 35.

pied, hors d'haleine, et les Autrichiens étendaient déjà leurs mains pour le saisir, lorsque atteignant le bord d'un ravin, il s'y laissa glisser et rouler jusqu'au fond, avec un adjudant-major nommé Roguet, aujourd'hui lieutenant-général. Lorsque Masséna, incomplètement vêtu, rejoignit sa troupe, il fut accueilli par mille sarcasmes, les mœurs militaires de l'époque n'excluant pas la fronde, tant que la discipline n'avait pas à en souffrir. — Or, le soir même du jour où Masséna s'était si malencontreusement oublié à Dego dans les bras de sa captive, dans Cairo une autre captive avait été amenée à Bonaparte. Elle était à la fleur de l'âge et d'une beauté rare, qu'une vive émotion rendait encore plus séduisante. Dans le premier moment, le regard de Bonaparte étincela d'une admiration subite ; un *oui* allait s'échapper de ses lèvres, mais il se contint, et retenant autour de lui ses officiers, il accueillit la jeune femme avec une dignité calme, la rassura et la fit reconduire aux avant-postes, où elle fut rendue à l'officier qu'elle accompagnait ([1]). »

Le caractère intime de ces deux anecdotes, leur contraste même qui semble avoir été voulu, pourrait en faire suspecter l'exactitude. Mais il ne faut pas oublier que le général de Ségur reçut les confidences de Joséphine sur le compte de beaucoup de personnages. Donc, que Bonaparte ait raconté à sa femme l'aventure arrivée à Masséna, tout en embellissant la sienne propre, et que Joséphine en ait fait part à son tour au général de Ségur, rien de plus naturel.

1. *Mémoires du lieutenant-général comte de Ségur*, I, 204 et 213.

Dans tous les cas, le général de Ségur parle de l'adjudant-major Roguet, et il est avéré, par les *Mémoires* de ce dernier, qu'il assistait à l'affaire de Dego. L'anecdote, vraie sur ce point, doit l'être pour le reste.

L'attaque inopinée de Wuskassovich a été diversement expliquée. Bonaparte, dans son rapport au Directoire, dit que Beaulieu voulut prendre sa revanche de sa défaite de la veille. M. Thiers, qui veut paraître mieux renseigné, prétend que cette troupe, venant de Gênes, s'était égarée sur le champ de bataille, et avait tenté ce coup de main pour se frayer un passage : explication puérile. Bonaparte, écrivant le jour même de l'affaire, avait le droit d'en ignorer la cause première, et la supposition qu'il fait est toute naturelle. Mais ce général qui « s'égare » avec 7,000 hommes dans une contrée où le canon gronde depuis deux jours, cela n'est plus de l'histoire. Suivant Botta, le général d'Argenteau aurait mandé à Wuskassovich de venir rallier le gros de l'armée à Millesimo, mais, par une erreur des plus singulières, en fixant pour cette jonction un jour plus tard que celui qu'il avait, d'autre part, indiqué à Beaulieu. C'est ainsi que les 7,000 hommes seraient arrivés le lendemain de l'affaire, que leur chef fou de rage aurait décidé de se battre quand même, et aurait repris Dego qu'il fut d'ailleurs bien près de garder. Cet exposé a du moins le mérite de la vraisemblance, mais il n'est pas tout à fait exact. D'après les relations autrichiennes [1], Wuskassovich

---

1. Ludwig von Cornaro, *Rapports stratégiques sur la guerre de 1796-1797*, en allemand.

avait reçu à Sassello, le 14 avril, à 6 heures du matin, un ordre du général d'Argenteau, *daté du même jour, une heure après minuit,* qui lui prescrivait de marcher le « lendemain matin » sur Dego. Le lendemain matin, dans la pensée du général, c'était évidemment le matin même ; mais Wuskassovich ne pouvait que prendre l'ordre au pied de la lettre, la longueur et les difficultés des chemins ne lui permettant pas de supposer que son chef l'attendit à si bref délai. Il ne se mit donc en route que dans l'après-midi du 14, pendant qu'on se battait à Millesimo, et arriva dans les environs de Dego au lever du soleil.

Suivant le P. Piuma([1]), Wuskassovich, simple colonel, n'avait sous ses ordres que 3,000 hommes. Un paysan de Spigno, près Dego, rencontrant cette troupe à l'aube, demanda à parler à son chef. Il lui dit que les Français avaient réquisitionné tout le vin dans la contrée, qu'ils s'étaient enivrés, et dormaient dans les rues faute d'avoir trouvé place dans les maisons. Il s'offrit à Wuskassovich pour le conduire, et c'est ainsi que les Autrichiens, se ruant sur des hommes endormis et rendus hébétés par leur profonde ivresse, firent tant de victimes. Ils reprirent aux Français leurs trophées de la veille, soit 24 canons et 6 drapeaux. M. Thiers, parlant de Wuskassovich, l'appelle « un brave ». Franchement, nous aimons mieux le récit de l'aumônier autrichien. Tuer un adversaire endormi, c'est peut-être le droit de la guerre, mais rien de plus.

Quoi qu'il en soit, Beaulieu donna, le jour même,

---

1. *Récit historique de la campagne de Bonaparte en Italie,* par un témoin oculaire, p. 52 et 56.

l'ordre d'arrêter le général d'Argenteau et de le conduire à Vienne pour y être traduit devant un conseil de guerre. On le vit passer sous bonne escorte à Pavie le 20 avril, suivant la route de Milan(1). En même temps, Beaulieu, décidé à résigner le commandement en chef, écrivait au Conseil aulique une lettre qui fut interceptée par les Français, et dont le *Moniteur* du 17 juin 1796 a publié l'extrait suivant :

«..... Je vous avais demandé un général, et vous m'avez envoyé d'Argenteau. Je sais qu'il est grand seigneur, et qu'en récompense des arrêts que je lui ai infligés, on va le faire feld-maréchal de l'empire. Je vous préviens que je n'ai plus que 20,000 hommes et que les Français en ont 60,000 ; que je fuirai demain, après-demain et toujours, jusqu'en Sibérie, s'ils m'y poursuivent. Mon âge me donne droit de tout dire. En un mot, dépêchez-vous de faire la paix, à quelques conditions que ce soit..... BEAULIEU. »

Le général comte d'Argenteau comparut devant un conseil de guerre à Milan, qui, pour tout châtiment, le priva du commandement qu'il exerçait sous Beaulieu, et dont ce dernier l'avait déjà dépossédé.

Peu de temps après, Beaulieu fut remplacé par Wurmser, que la fortune des armes ne devait point favoriser davantage. En cinq jours, de Salo à Castiglione, le nouveau généralissime perdit son armée entière, et Berthier (2) pouvait écrire : « J'espère que Wurmser n'aura plus rien à reprocher à Beaulieu. »

1. *Manuscrit de Fenini*, témoin oculaire.
2. *Moniteur*, 15 août 1796.

Ce généralissime qui s'enlise dans un accident de voiture pendant que son armée soutient une attaque furieuse ; ce commandant de corps qui, à la veille d'une grande bataille, se trompe de vingt-quatre heures, dans un ordre de marche, ces fautes et d'autres encore commises sous les yeux d'un adversaire dont la perspicacité impitoyable observe tout, pénètre tout, expliquent dans une certaine mesure le coup de foudre qui vient de frapper l'armée autrichienne. Aussi M. Thiers a-t-il évité de parler de l'arrestation d'Argenteau et de la lettre de Beaulieu ; c'eût été, dans sa pensée, diminuer Bonaparte, comme si, à la guerre, les succès de l'un, ce n'étaient pas le plus souvent les fautes de l'autre.

A gauche de Millesimo, sur la ligne de Savone à Turin, est Ceva, petit bourg de 2,500 à 3,000 habitants, qui a son nom dans notre histoire. La terre de Ceva fut donnée en dot par Jean Galéas Visconti, duc de Milan, à sa fille Valentine, femme de Louis d'Orléans, frère du roi Charles VI. Le duc d'Orléans devenu roi, le pays de Ceva passa à la couronne de France, qui le perdit après la bataille de Pavie. Les Français furent même battus à Ceva en 1543 par les lansquenets.

Les régiments piémontais qui n'avaient point capitulé à Millesimo battirent en retraite vers le camp retranché que le général Colli avait fait construire près de Ceva, mais n'essayèrent même point de le défendre, malgré les approvisionnements considérables qu'il renfermait [1]. Il existe même à ce propos une très curieuse lettre de Berthier, que nous avons

---

1. Marmont, *Mémoires*, I.

trouvée à la Bibliothèque de Chambéry ([1]), et dont voici le texte, imprimé chez Gorrin père et fils :

« Lettre de Berthier, 29 germinal an IV, au général Gauthier, à Nice : « Nous sommes maîtres du camp retranché de Ceva, mon cher ami; bientôt le fort sera à nous; j'ai dix drapeaux encore dans ma chambre, et 9,000 en tout sont prisonniers. Demain, nous attaquerons les Piémontais avec vigueur, mais hélas ! ils reculeront. — Alex. BERTHIER. »

En effet, les Piémontais, sans même s'arrêter à Ceva, poursuivirent leur mouvement de retraite sur Mondovi, en coupant tous les ponts derrière eux. Bonaparte, qui voulait une fois pour toutes les réduire à l'impuissance, leur offrit le combat dans un paysage des plus pittoresques, formé de La Bicoque, de Notre-Dame de Vico et de Saint-Michel. « On se battit à Vico, dit Botta, — ce que les Français appellent la bataille de Mondovi. Bonaparte, habitué à embellir ses actions par des paroles magnifiques, fit de cette rencontre une bataille célèbre par l'héroïsme de ses soldats. Mais la vérité est que le général Colli ne voulait pas, au milieu d'une retraite précipitée, avec des soldats découragés, en venir aux mains avec une armée victorieuse. Il se proposait seulement de retarder la marche de l'ennemi, afin de conduire son armée et son artillerie en lieu sûr, et de donner par là au roi la possibilité de faire une paix honorable. » On verra bientôt ce que fut cette paix et ce qu'en pense Botta lui-même.

Les Piémontais n'étaient pas engagés à Montenotte; ils capitulèrent à Millesimo, s'enfuirent de-

---

1. Carton de la Révolution française.

vant Ceva et n'acceptèrent la bataille à Vico que faute de pouvoir fuir encore. On leur prit dix canons, onze drapeaux, et un régiment entier de la garde royale dut mettre bas les armes.

Botta, qui n'est guère suspect, avoue, la mort dans l'âme, que les Piémontais ne se sont battus sérieusement nulle part, ce qui n'empêcha point la cour de Turin de publier au Journal officiel le bulletin suivant : « Depuis les affaires de Montenotte et de Dego, les efforts de l'ennemi n'ont été ni moins vifs ni moins nombreux. Dans la journée du 16, il attaqua les avant-postes de Ceva, mais sans succès, ayant trouvé dans la bravoure et dans la constante intrépidité de nos troupes une résistance efficace, surtout à Pedagiera, où il eut à souffrir des pertes considérables en hommes tués et plus encore en blessés. »

Nous aurons, en traitant de la campagne de 1859, à revenir plus d'une fois sur les bulletins militaires des Piémontais. Opposons seulement ici aux forfanteries de la cour de Turin ces lignes de Cantu : « Le général Montesquiou envahit la Savoie en 1793 avec 15,000 hommes non exercés et manquant de tout. Les Piémontais, bien supérieurs en nombre, se retirèrent sans livrer combat. Le général Lazzari fut dégradé, ce qui ne prouve rien. Toute l'Europe accusa de lâcheté cette armée [1]. »

Le soir de la bataille, les troupes des généraux Sérurier, Guieu et Dallemagne entrèrent dans Mondovi. « Les habitants nous firent un accueil tout fraternel, et déclarèrent séparer leur cause

---

1. *Storia dei Italiani,* lib. XVI, cap. CLXXV.

LE CHEF DE BRIGADE RAMPON
de la 17ᵉ de bataille

de celle de la cour, en plantant un arbre de la liberté (1). »

Mondovi était déjà à cette époque un point stratégique muni de magasins militaires importants. On y compte aujourd'hui 15,000 habitants. La ville proprement dite se compose uniquement de ce qu'on appelle « la Piazza », située sur une hauteur au bas de laquelle coule un torrent : l'Ellero. La Piazza, ou la place, est ornée de portiques et de quelques belles constructions. A peu de distance, sur la place du Belvédère, s'élève une tour où Beccaria, en 1762, mesura le méridien terrestre (2). On y a érigé aussi la statue de ce savant. Les trois dépendances de Mondovi : Carassonne, Valle et Vico, sont en plaine, mais elles ont en propriété chacune le tiers de la Piazza. L'église de la Madone de Vico est très curieuse par ses riches autels, ses peintures et son immense coupole.

A la nouvelle que l'armée française se dirigeait vers Mondovi, l'évêque de cette ville fit ses préparatifs pour fuir avec son clergé; mais la population, prévenue à temps, envahit le palais épiscopal et contraignit le prélat à laisser une cassette renfermant 24,000 lires (20,000 francs), qui était déjà placée dans sa voiture. Comme il hésitait, ses ouailles en vinrent aux menaces et, pour éviter de tomber lui-même aux mains des Français, il s'exécuta et disparut rapidement dans les défilés des montagnes. Bonaparte mit sur le pays une contribution d'un million; quant aux 24,000 lires de l'évêque, elles

---

1. *Mémoires de Masséna*, II, 45.
2. Canavese Tommaso, *Storia della Citta di Mondovi*, 1842.

4.

furent versées immédiatement à la caisse de l'armée (¹).

Après Mondovi, les Piémontais s'étaient repliés sur Fossano. Beaulieu venait d'écrire à Colli que, battu lui-même quatre fois dans cinq jours, il ne fallait pas compter sur son assistance, et qu'il allait se retirer sous le canon d'Alexandrie. Colli reçut alors du roi l'ordre de proposer au vainqueur une suspension d'armes, qui fut refusée.

Bonaparte exigeait un armistice et la remise des trois places fortes de Coni, Alexandrie et Tortone. Le roi dut passer sous ces fourches caudines, et l'armistice fut signé à Cherasco, bourg important sur la route de Turin.

Les circonstances particulières dans lesquelles furent échangées les signatures mises au bas de ce traité, ont été racontées par l'un des commissaires du roi de Piémont, le colonel Costa de Beauregard, dans un mémoire que sa famille fit imprimer en 1854 et qui est introuvable, sauf à la *Réserve* de la Bibliothèque nationale. On nous saura gré de le résumer.

Murat avait porté le 20 au soir à Fossano, où se trouvait Colli, les conditions auxquelles Bonaparte consentait à accorder, non une suspension d'armes, mais un armistice; elles étaient rédigées sous forme d'*ultimatum*. Pendant que l'on tergiversait à Turin, Bonaparte fit un mouvement décisif et porta rapidement trois têtes de colonne sur Alba, Cherasco et Fossano. La prise d'Alba effraya la cour de Sardaigne; il fallut évacuer Fossano. Sur ces entrefaites,

---

1. *Gazzetta di Genova*, 28 avril 1796.

Beaulieu annonce qu'il arrive à marches forcées pour dégager Cherasco, mais les Français l'y avaient devancé, et il dut se replier. Les Piémontais campaient à Carmagnola. Le 26 avril, à deux heures du soir, arriva l'ordre formel de traiter.

Le général de la Tour et le colonel Costa de Beauregard furent désignés par Colli pour se rendre au quartier-général de Bonaparte, à Cherasco. Les feux de bivouac des Français éclairaient la colline et la plaine, et guidèrent les parlementaires. A Brà, ils virent Masséna avec qui ils restèrent trois-quarts d'heure — le temps d'obtenir de lui une escorte de hussards. Ils arrivèrent à Cherasco à dix heures et demie du soir, et se rendirent au quartier-général, établi dans le palais Salmatoris. Aucune garde n'en défendait les abords, la maison était presque sans lumières, on ne voyait qu'un petit nombre de soldats endormis sur le seuil de la porte et sur les marches de l'escalier.

Un jeune homme attaché à l'état-major prévint Berthier qui, après avoir demandé de connaître l'objet de cette démarche, passa dans une chambre voisine où dormait Bonaparte, et resta une demi-heure avec lui. Bonaparte parut en uniforme de général en chef et botté, mais sans sabre, sans chapeau, sans écharpe. Son maintien était grave et froid; il écouta en silence le préambule du général piémontais, et parut peu touché de l'onction qu'il s'efforçait de mettre dans son discours. Pour toute réponse il dit : « Je vous ai offert des conditions, et depuis j'ai pris Alba, j'ai pris Cherasco, j'ai pris Fossano. Je ne renchéris point sur mes premières conditions; vous devriez me trouver modéré. »

Le général de la Tour ayant fait valoir le peu d'utilité que retirerait l'armée française de la faculté de passer le Pô sous Valence, Bonaparte répliqua avec ironie : « Ma République en me confiant le commandement d'une armée, m'a cru assez de discernement pour juger de ce qui convient à ses intérêts, sans que j'aie à recourir aux conseils de mon ennemi ».

Il était près d'une heure après minuit. Voyant que la discussion se prolongeait sans amener de résultat, il tire sa montre et dit : « Messieurs, je dois vous prévenir que l'attaque générale est ordonnée pour deux heures, et que si je n'ai pas la certitude que la forteresse de Coni sera remise entre mes mains avant la fin du jour, cette attaque ne sera pas différée d'un instant. Il pourra m'arriver de perdre des batailles, mais on ne me verra jamais perdre de moments par confiance ou paresse. » Il fallut donc rédiger sur-le-champ le traité d'armistice, ou plutôt mettre en due forme les conditions imposées.

Le général de la Tour ayant alors demandé du café, Bonaparte donna l'ordre qu'on en cherchât dans la ville; il tira lui-même deux tasses de porcelaine d'un petit nécessaire de voyage qui se trouvait sur un sopha avec ses armes, mais n'ayant pas de cuillères à café, il fit apporter des cuillères de cuivre jaune à l'usage des soldats. Après la signature des articles, parurent Marmont, Murat, le général Despinoy et plusieurs autres officiers de l'état-major.

Les commissaires furent invités à passer dans la salle à manger où, sur une table chargée d'une multitude de flambeaux, se trouvait préparée une espèce de souper. La pièce du milieu était une jatte de bouillon de tablettes; il y avait de plus deux ou trois plats de viande grossière, prise vraisemblablement chez les vivandiers, quelques entremets fort médiocres et du pain de munition. Le plat le plus apparent était une pyramide de *gimblettes* que les religieuses de Cherasco avaient offerte au héros, à son arrivée. Plusieurs bouteilles de vin du pays d'Asti garnissaient les grands vides de cette table. Bonaparte ne mit pas dans la conversation son enjouement habituel. Il parut sévère. « On était bien obligé de l'admirer, mais il n'était pas possible de l'aimer. » Il plaisanta les Autrichiens à propos des bagages dont ils surchargeaient le soldat. L'infériorité de Beaulieu le frappait d'étonnement. Avisant le général de la Tour : « J'avais envie, dit-il, d'exiger dans le traité que nous venons de conclure, un fort beau tableau de Gérard Dow que possède le roi de Sardaigne, et qui passe pour le chef-d'œuvre de l'école flamande ([1]); mais je n'ai su comment placer ce tableau dans un armistice, et j'ai craint qu'il n'y parût une nouveauté bizarre, surtout ayant la forteresse de Coni pour pendant. »

A propos de l'âge des généraux piémontais, Bonaparte dit qu'il n'avait pas vingt sept ans encore, et que cependant il n'était pas le plus jeune des généraux en chef de la République. « Il est presque indispensable, ajouta-t-il, d'être jeune pour commander une armée. Il faut, pour cette place éminente, tant de bonheur, d'audace et d'orgueil! »

---

1. *La femme hydropique.*

Saliceti, arrivé à Cherasco à six heures du matin, trouva les conditions du traité trop avantageuses pour les Piémontais, mais, au fond, il était ravi du résultat.

Bonaparte chargea Murat de porter cette convention au Directoire, voulant par là récompenser sa belle conduite à Mondovi, où il avait pris le commandement d'une division de cavalerie à la place du général Stengel, atteint de vingt-deux coups de sabre [1] et qui mourut peu après.

Le général Stengel, avant d'expirer, écrivit un testament par lequel il demandait au gouvernement de faire pour sa sœur ce qu'il aurait fait pour sa veuve. Stengel était de famille anoblie, et possédait des fiefs sur lesquels il servait à sa sœur une rente de 4,300 francs. Ruinée par les assignats, elle s'adressa à Napoléon en lui rappelant que le général Bonaparte lui avait écrit, après Mondovi : « Ne vous adressez qu'à moi lorsque vous aurez besoin de protection. » Il lui fit donner sur sa cassette un premier secours de 6,000 francs [2].

Le Directoire nomma Murat général de brigade. Murat, simple chef d'escadrons à Versailles au moment où Bonaparte se rendait à l'armée d'Italie ; Murat inconnu du général en chef et qui avait dû recourir à Marmont pour obtenir de Bonaparte d'être employé sous ses ordres, Murat avait donc mis au plus deux mois pour devenir général !

Par le traité de paix qui suivit l'armistice, l'ancêtre du roi Humbert renonçait à tout droit sur la

---

1. Llandrieux, *Mémoires*, etc.
2. *Manuscrit Bibl. nation.*, FF, n° 6551.

Savoie, sur les comtés de Nice, de Tende et du Beuil. Par des lettres-patentes, il déclarait s'intituler seulement roi de Chypre, de Jérusalem, de Sardaigne, *prince de Piémont*, etc. D'autres réformes s'imposèrent; au lieu de 160 gentilshommes pour le service de la cour, il n'en eut plus que 16; il en vint même, pour la table, à réduire le nombre des plats à 5 par service (1). Enfin, ô douleur, il dut mettre à la raison certains journaux de Turin qui insultaient quotidiennement la France, — comme aujourd'hui — et, pour mieux atteindre ce but auquel ne suffisaient point les ordonnances de police, il autorisa la création d'un certain nombre de nouvelles gazettes destinées à combattre les autres (2).

Aussi bien Botta s'écrie : «..... Alors, et non plus tard, périt le royaume de Sardaigne; alors, et non plus tard, périt la monarchie piémontaise... Telles furent les conditions de l'armistice et les clauses plus outrageantes encore du traité de paix. L'Italie en fut frappée de terreur. Œstermann, ministre des affaires étrangères de l'impératrice Catherine, montra le plus profond mépris pour ce traité, et prononça à l'adresse du roi de Sardaigne des paroles que nous ne voulons pas reproduire. »

Bonaparte venait de conquérir, par trois victoires successives, l'ascendant qui lui manquait à son arrivée, et dont il avait besoin pour se montrer impitoyable envers les pillards. « Le soldat sans pain, écrit-il le 24 avril au Directoire, se porte à des excès de fureur qui font rougir d'être homme. La prise de

---

1. *Moniteur*, 6 janvier 1797.
2. *Moniteur*, 15 janvier 1797.

Ceva et de Mondovi peut donner des moyens, et je vais faire des exemples terribles. Je ramènerai l'ordre, ou je cesserai de commander à ces brigands (¹). »

Le général La Harpe, de son côté, écrivait à Bonaparte, le 17 avril : « Malgré toute ma sévérité, je me vois dans l'impossibilité de réprimer le pillage. Je vous envoie ma démission, préférant labourer la terre pour vivre, à me trouver à la tête de gens qui sont pires que n'étaient autrefois les Vandales (²). »

Voici un exemple entre cent des violences de toute sorte qui se commettaient. Les huit membres composant la municipalité d'Oneille écrivaient au gouvernement, quelques mois avant l'arrivée de Bonaparte : «... Vive la République !... Il est malheureux pour nous que, contrairement aux principes que vous enseignez et qui nous sont également chers, rien n'ait été respecté à Oneille par les soldats... Le respect des personnes a été violé envers une fille de quatorze ans; cette fille malheureuse, travaillée par la fièvre depuis un mois, couchée dans son lit, est surprise par un officier français et quatre individus qu'elle n'a pas reconnus ; ils entrent avec *violance*, ils la tiennent de vive force, ils l'empêchent de crier *aux* secours en lui mettant la main sur la bouche; les uns après les autres abusent de sa faiblesse, attentent à son honneur et la laissent ensuite dans l'état le plus déplorable..... Toutes nos propriétés ont été également maltraitées. On a pillé les mai-

---

1. *Corresp. Nap. I*ᵉʳ*, I, 208.
2. *Corresp. inédite, officielle et confidentielle de Napoléon Bonaparte*, I, 79.

sons, enfoncé les portes des jardins et pris tout ce qui pouvait être emporté. L'hôpital a été volé (1)... »

Le 24 avril, Bonaparte fait mettre à l'ordre de l'armée, à Carrù, que son intention est d'imposer de fortes contributions sur les pays conquis, de manière à pouvoir payer la moitié de la solde de tous les régiments en argent. Cette perspective produit l'effet attendu. « Le pillage est moins fort, écrit-il au gouvernement ; cette soif d'une armée manquant de tout s'étanche. Les malheureux sont excusables ; après avoir soupiré trois ans du sommet des Alpes, ils arrivent à la terre promise, et ils en veulent goûter. J'en ai fait fusiller trois et mettre six à la pioche au delà du Var. On fusille demain des soldats et un caporal qui ont volé des vases dans une église. Dans trois jours, la discipline sera sévèrement établie, et l'Italie étonnée admirera la sagesse de notre armée, autant qu'elle admire son courage... Cela me coûte infiniment de peine et me fait passer de très mauvais moments. Il a été commis des horreurs qui font frémir ; heureusement que les Piémontais, en se retirant, en ont commis de pires encore (2) ».

Les prévisions de Bonaparte se réalisèrent en grande partie. Quinze jours après cette lettre, les Français occupaient Pavie, et leur attitude y fut si convenable qu'elle excita, en effet, « l'admiration » des habitants (3).

---

1. *Archives nationales*, série AFIII, n° 185.
2. *Corresp. Nap. Ier*, I, 218. — Les Austro-Sardes, après leur défaite à Loano, violèrent et pillèrent autant que les Français, qui étaient victorieux. — Cantu, *Storia dei Italiani*, lib. VI, cap. CLXXV.
3. V. le manuscrit de Rosa ci-dessous, chap. v.

Mais il restait encore beaucoup de choses à reprendre dans les mœurs militaires du temps. Les soldats tutoyaient les généraux et ne leur reconnaissaient de supériorité que dans le service. De leur côté, les généraux ne dédaignaient pas de s'asseoir à la table des soldats et de fumer dans leurs pipes. Bonaparte souffrait de cet état de choses, mais il n'y porta la main qu'avec la plus grande circonspection, sachant bien que, dans ces mœurs mêmes, résidait toute la force de son armée.

Conformément à l'ordre du jour de Carrù, on leva 24,000 lires à Dego, 36,000 à Cairo, sommes avec lesquelles la troupe reçut son prêt à Tortone.

Suivant le compte rendu par le payeur général de l'armée, les contributions de guerre levées en Piémont furent ainsi réparties : province de Mondovi, 1,134,347 lires en argent du Piémont ; — province d'Alba, 174,551 ; — province de Voghera, 1,069,000 ; — province de Coni, 643,000 ; — province d'Acqui, 168,000 ; — villes de Tortone et d'Alexandrie, 517,000 ; — ensemble 3,707,319 lires. A valoir sur cette somme, l'ordonnateur en chef frappa des réquisitions en nature pour 689,000 lires. Ensuite, Saliceti mit un emprunt forcé de 10,000 lires sur l'hôpital de Tortone, et un autre de 20,000 sur l'hôpital d'Acqui. Il n'y eut de saisi, en Piémont, que le mont-de-piété de Cherasco, où l'on trouva 965 onces d'argenterie, qui furent remises à la compagnie des vivres Flachat, en compte sur ses fournitures [1].

Quant à l'argenterie des églises, elle fut envoyée à la Monnaie de Milan pour être fondue. Nous en

---

1. *Archives nationales*, série AFɪɪɪ, n° 198.

donnerons le compte général dans le chapitre qui sera consacré à Milan.

Les caisses publiques saisies en **Piémont par les** autorités françaises furent les suivantes : Pizzighettone, 34,000 lires ; — Acqui, 22,000 ; — Cherasco (postes), 800 ; — Tortone, caisses ordinaires, 65,000 ; — caisse des postes, 19,000 ; — Borgoforte, 217,000 [1].

Le village de la Scaletta fut imposé à 3,000 lires, mais ne put payer, ayant déjà été ruiné complètement par les Autrichiens. A Brà, Masséna leva 100 bœufs. « Pour éviter le pillage, il interdit l'entrée de la ville à ses troupes, mais les soldats ne tardèrent quand même point à s'y répandre, et à commettre des excès que l'abondance renaissante rendait intolérables ; il fallait donc encore sévir, et, dans cette circonstance, Masséna s'acquit la reconnaissance des habitants par l'énergie de ses mesures de répression [2]. »

Bonaparte apprit par sa police que le général Augereau avait, près d'Alexandrie, rempli un fourgon d'objets d'argenterie qu'il détenait illégalement, et que, d'autre part, le général Masséna avait retenu par devers lui, sur le montant des contributions levées en Piémont, une somme de 300,000 livres environ. Il savait aussi que, de même que le premier se faisait suivre de ses fourgons, le deuxième mettait en dépôt chez des personnes sûres, le long de sa route, l'argenterie et l'argent qu'il croyait devoir s'attribuer par droit de conquête. C'était généralement à des curés de village que l'aide de camp de

---

1. *Compte du payeur général*, arch. nat., série AFIII, n° 198.
2. *Mémoires de Masséna*, II, 47 ; — *Corresp. Nap. I*er, I, 273.

Masséna, chargé de cette fonction d'état-major, confiait le butin de son général. Au moment où l'armée évoluait dans le Tyrol, après la bataille de Castiglione, Bonaparte donna l'ordre à l'adjudant-général Landrieux, chef du service secret, de faire deux enquêtes, l'une sur la vente de 160 chevaux appartenant à l'armée, l'autre sur certains dépôts de caisses de valeurs faits chez les curés de Casalmajor et de Carpenedolo (1).

Les 160 chevaux avaient été pris par le 13ᵉ dragons sur un régiment autrichien à Porto-Legnago, et vendus à des juifs vénitiens pour le compte personnel — dit l'enquête — du général Augereau, qui en avait tiré la somme de 60,000 francs.

En ce qui touche les caisses réputées appartenir à Masséna, l'adjudant-général Landrieux se transporta avec deux officiers, le 17 fructidor an IV (4 septembre 1796) chez les deux ecclésiastiques désignés dans une note du général Berthier. Le curé de Casalmajor, signore Cugnietti, ne fit aucune résistance, livra la caisse dont il était dépositaire, et déclara qu'elle lui avait été confiée par un général français à qui il avait promis, sur l'honneur, de ne point faire connaître son nom. Landrieux fit, en présence de six témoins, dont le procès-verbal relate l'état civil, dresser un inventaire du contenu de la caisse. C'étaient des pièces d'argenterie pillées dans les églises et même dans les maisons particulières. La caisse fut ensuite chargée sur une voiture militaire (2).

---

1. *Mémoires du général Landrieux*, chap. IV.
2. Manuscrit précité.

A Carpenedolo, le même jour, le curé, Girolamo Petrucci, refusa de parler, puis voulut s'opposer à la recherche du dépôt, et se montra tellement violent que Landrieux dut le faire tenir par des soldats du 7e hussards qui lui servaient d'escorte. La nièce de cet ecclésiastique avait été la maîtresse de l'aide de camp de Masséna, avec qui elle avait vécu à l'auberge. Elle arriva sur ces entrefaites et « voulut jouer du couteau » contre Landrieux et ses hommes ; il fallut la mettre à son tour sous bonne garde. On eut bientôt alors trouvé la fameuse caisse, dont la cachette avait été révélée au service secret par un de ses agents, qui la tenait de sa sœur, alliée à la maîtresse de l'aide de camp. Il fut dressé un inventaire en règle. La caisse contenait un manteau vert (de dragon) dont le numéro avait été enlevé et, sous ce manteau, des espèces d'or et d'argent représentant 310,077 francs. Le curé prétendit n'avoir pas connu l'existence de ce dépôt qui, suivant lui, aurait été accepté par sa nièce, à son insu. Celle-ci refusa énergiquement de faire connaître le propriétaire de la caisse [1].

Ce n'est pas tout. Le curé de Casalmajor avait accepté — il le reconnut — le dépôt d'une autre caisse qui fut saisie en même temps que la précédente, par les soldats de Landrieux ; elle contenait 15,000 francs et des vases sacrés. Le curé nomma le déposant, un certain comte Mazzuchetti, émigré de Mantoue, qui vint en effet la réclamer. Landrieux la fit néanmoins charger sur sa prolonge avec les deux autres, en invitant Mazzuchetti à l'accompagner jusqu'à Vérone,

---

1. *Mémoires de Landrieux.*

où le général Kilmaine devait prendre une décision. Mazzuchetti accepta, mais voulut, par une défiance qui n'était peut-être pas excessive, se joindre à l'escorte afin de ne point perdre de vue sa bienheureuse caisse. Mal lui en prit. Le convoi ayant été attaqué en route par des coureurs autrichiens, Mazzuchetti qui ne savait point suffisamment l'équitation pour un pareil cas, tomba de cheval, se cassa une jambe et dut être emporté à l'hôpital de Vérone. Le convoi arriva intact à destination ; le pauvre comte, une fois guéri, se rendit chez le général Kilmaine pour réclamer sa caisse, qui lui fut immédiatement rendue. Seulement, lorsque arrivé chez lui il en fit l'ouverture, elle ne contenait plus un sou, plus le moindre ciboire, malgré qu'il eût en mains l'inventaire dressé en sa présence, signé de six témoins, et portant « le cachet rouge du 7e hussards ([1]). » Landrieux termine en disant qu'il ignore la décision qui a pu être prise par Bonaparte relativement aux caisses réputées appartenir à Masséna ; la vérité est que Masséna offrit sa démission en la colorant de divers prétextes étrangers à la question. Nous reviendrons sur ce sujet en temps opportun.

Les victoires de Millesimo et de Mondovi avaient frappé de terreur la cour de Vienne. Pour relever aux yeux de l'Europe le prestige de sa couronne, l'empereur écrivit le 6 mai au maréchal Wurmser, qui commandait l'armée du Rhin avec l'archiduc Charles : «... Mes riches provinces de l'Italie sont dans le plus grand danger ; mais, quelles que soient les résolutions auxquelles vous vous arrêterez en défi-

---

1. *Mémoires de Landrieux.*

nitive avec l'archiduc, je ne crois pas qu'il convienne de différer davantage la reprise des opérations ([1]). »

Mais l'empereur met le doigt sur la plaie en écrivant le même jour à l'archiduc son frère : «... Je présume que vous n'êtes que trop informé des grands revers que nous venons d'essuyer en Italie, et qui sont d'autant plus fâcheux qu'ils ont fourni un prétexte à la défection aussi déloyale qu'ignominieuse du roi de Sardaigne ([2]) qui, pour obtenir un armistice, s'avilit au point de livrer ses forteresses aux Français, et finira peut-être par s'unir à eux ([3]). »

En même temps que se percevaient les contributions, un arrêté de Saliceti plaçait sous séquestre les biens situés dans la province de Mondovi, appartenant à des personnes employées près la cour de Sardaigne ([4]).

L'armée descendit dans les plaines où elle trouva à la fois un sol plus riche et une population plus hospitalière que celle des montagnes. Les soldats étaient partout bien accueillis ; on admirait leur courage, on fêtait leur gloire. Les municipalités de Bene et de Frabosa allèrent au-devant des vainqueurs. Augereau fut reçu à Alba avec des transports d'enthousiasme, et la population proclama là déchéance du roi de Piémont. Ces défections portèrent la terreur à Turin et amenèrent la cour à faire un traité de paix.

1. Dr Alfred Ritter von Vivenot, *Thugut, Clerfayt und Wurmser, original documente,* Wien, 1869, p. 487.
2. Cette lettre étant en français dans l'original signé de l'empereur, on ne saurait nous imputer d'avoir, en traduisant, forcé l'expression.
3. Von Vivenot, etc., p. 442.
4. *Corresp. Nap. Ier,* I, 220.

Voici le texte d'une adresse significative, qui fut remise à ce moment à Bonaparte par les délégués du peuple d'Alba, Bonafous, d'Alba, et Jean-Antonio, de Verseil :

« Citoyen général,

« Comme les Français, nous voulons être libres. Comme eux nous ne voulons ni roi, ni tyran quelconque. Nous voulons l'égalité civile et l'abolition des titres de noblesse. Dans ce but, nous courons aux armes à l'approche de vos troupes victorieuses, et nous sollicitons votre appui pour briser les chaînes qui pèsent sur nous depuis si longtemps.

« O délicieux moment ! Le temps de la délivrance est enfin arrivé. Voici les Français, nos frères et nos amis. A nos foyers, sous notre toit, ils partagent cordialement notre joie, comblent nos vœux et vont jeter par terre un trône infâme... ([1]) »

Afin de ne point compromettre le ravitaillement de l'armée, la marche des divisions fut réglée de manière à fouler quatre lieues carrées par 1,000 hommes et par jour *au plus*. Les fours de campagne cessèrent de fonctionner, sauf pour les garnisons. Les populations devaient fournir le pain aux régiments avec des farines réquisitionnées. Tous les trois jours, distribution de viande ; les autres jours, des pois ou de l'huile ; de la bouillie de maïs pour soupe ; le matin de l'eau-de-vie, le soir une demi-bouteille de vin. Il était sévèrement interdit de loger les hommes chez l'habitant ; quelque temps qu'il fît, ils devaient rester

---

1. *Annual Register*, 1796, p. 241.

au bivouac ou camper dans les églises. Les officiers généraux et supérieurs avaient seuls le droit de s'installer dans les maisons. Les soldats ne furent cantonnés qu'après Leoben (¹).

En juillet 1797, une insurrection contre la monarchie éclate à Mondovi, et les soldats piémontais refusent de marcher. La situation s'aggrave bientôt à ce point, que le roi ne pouvant plus se fier à son armée, est contraint de faire venir à son service des troupes suisses et allemandes. Enfin, il se tourne vers Bonaparte qui, trop heureux de pouvoir serrer un peu plus fort les menottes à cette royauté, met à sa disposition les garnisons de Voghera et de Tortone, et refuse tout asile aux insurgés piémontais sur le territoire de la République cisalpine (²).

Dans le système de défense actuelle de l'Italie, Mondovi occupe de nouveau un rang important. Le 23 août 1891, le roi Humbert y présidait une cérémonie militaire que nous n'avons pas à raconter, et y prononçait un discours dont nous avons retenu ces quelques mots : « Soldats, rappelez-vous que dans cette contrée, il y a un siècle, vos pères se sont immortalisés par leur courage pour résister à l'envahisseur, et, s'il le faut un jour, sachez vous inspirer de leur exemple. » L'allusion est directe, la provocation aussi. Eh bien! s'il est en Italie un lieu où ce langage était hors de saison — pour ne pas dire plus — c'est Mondovi, c'est la contrée où l'armée piémontaise a capitulé devant Millesimo, où elle n'a

---

1. *Mém. de Marmont*, I, 319. — *Mém. de Masséna*, II, 42 et 46 ; — *Corresp. Nap. I*ᵉʳ, I, 208.
2. *Moniteur*, 16 et 18 août 1797.

même point tenté de défendre son camp retranché de Ceva, où elle s'est fait battre piteusement dans ses positions redoutables de Vico et de Saint-Michel.

Que Sa Majesté Humbert daigne se faire lire la lettre de Berthier et surtout l'*Histoire d'Italie* de Botta ; celui-ci est Italien, il nourrit contre Bonaparte une haine farouche, et, s'il montre quelque impartialité, c'est pour défendre ses compatriotes. Que le roi, dans sa sagesse, pèse le jugement porté par Cantu, non moins Italien que Botta, et sur cette armée que, par euphémisme, on « conservait » pour rendre possible une paix honorable, et sur ce monarque, son ancêtre, qui malgré l'armée qu'on lui a « conservée » n'en signe pas moins une paix honteuse ! Enfin, que S. M. le roi d'Italie par la grâce des grenadiers français, daigne lire — car il ne la connaît assurément point — la lettre de l'empereur d'Autriche, son allié d'aujourd'hui, à l'archiduc Charles....:...... « *déloyal... ignominieux... avili... traître...* »

Sire, n'allez plus à Mondovi !

Dego.

Le Pô à Plaisance.

CHAPITRE TROISIÈME

PLAISANCE

Le passage du Pô. — Le général La Harpe tué par ses soldats à Codogno. — Amitié que lui vouait Bonaparte. — Son éloge par Botta. — Les caisses d'argenterie de l'archiduc Ferdinand. — Convention entre Bonaparte et le duc de Parme. — Le *Saint-Jérôme*, du Corrège. — Pie VI à Parme. — Vingt ans après. — Châteaubriand et Marie-Louise. — Mariage morganatique de la femme de Napoléon avec Neipperg. — Les enfants hors mariage. — En quels termes Marie-Louise annonce officiellement la mort de l'Empereur. — Plaisanterie de Metternich à ce sujet. — Le deuil officiel. — Lettres de Marie-Louise sur la mort de Napoléon. — Sa douleur à la mort de Neipperg. — Elle se remarie avec Bombelles. — Le comte de Falloux à Parme. — Marie-Louise ne se souvient de rien. — Elle bat monnaie avec la toilette d'argent que lui a donnée la Ville de Paris. — Le duc de Reichstadt refuse de livrer à sa mère, pour le même usage, le berceau qu'il a reçu de la Ville de Paris. — Bienfaits du règne de Marie-Louise à Parme.

Aux environs de Plaisance, sur la ligne du chemin de fer de Milan, se trouvent deux localités sans importance géographique, mais qui furent témoins d'un des plus beaux faits d'armes de la campagne, et en même temps d'un grand malheur : Fombio et Codogno.

Il importait aux vainqueurs de Mondovi de profiter de leurs avantages en poursuivant Beaulieu l'épée dans les reins et, pour cela, de traverser le Pô. Cette opération, que Bonaparte jugeait d'abord difficile, se fit sans encombre devant Plaisance, au moyen de barques réquisitionnées — car l'armée d'Italie n'avait même pas à cette époque un équipage de pont! Celle qui toucha la première l'autre rive portait le colonel Lannes. Les Autrichiens, comme toujours, étaient arrivés en retard; n'ayant pu empêcher le passage du fleuve ils voulurent inquiéter la marche de l'armée. Bonaparte les fit attaquer par Lannes (division La Harpe), à Fombio, où « après une vive canonnade et une résistance assez soutenue, ils battirent en retraite en laissant 500 morts ou prisonniers [1] ».

« Lannes, dit Landrieux [2], délogea les Autrichiens de Fombio, leur tua 80 hommes, en blessa 200 et fit 700 prisonniers; mais il les avait abordés si maladroitement, qu'il eut 300 blessés à la première décharge et 150 tués. Lannes est connu. C'est l'homme le plus brave de l'armée, mais il eût bien fait de rester grenadier. L'excès de la vaillance est, dans un chef, un très grand malheur pour les troupes qu'il commande. Il faut le recruter sans cesse. » — Nous ne croyons pas que la gloire de

---

1. *Moniteur,* 19 mai 1796.
2. *Mémoires,* ch. xv.

Lannes ait beaucoup à souffrir de cette appréciation au moins originale de Landrieux — on verra dans la suite pourquoi.

« Pendant deux heures, écrivait Saliceti au Directoire, Lannes avec ses grenadiers poursuivit les Autrichiens, marchant côte à côte avec nos hussards qui allaient au grand trot. » Lannes entra ainsi dans Codogno. Mais laissons parler Botta : «... Survint la nuit. Beaulieu apprenant le passage du Pô, qu'il croyait devoir s'effectuer à Valence, et le péril des siens à Fombio, avait envoyé 5,000 soldats d'élite à leur secours, espérant que l'on pourrait tenir jusqu'à l'arrivée de ce renfort. Si ce plan avait réussi, les Français éprouvaient une horrible défaite, mais les Autrichiens n'arrivèrent qu'à la nuit déjà obscure... Ils fondent à l'improviste sur les Républicains, sèment la terreur et le désordre dans Codogno, et s'emparent rapidement de toutes les positions. Ce n'était pas une bataille à armes égales, puisqu'il y avait, d'une part, une troupe organisée ayant un but et suivant des dispositions étudiées, et, de l'autre, des soldats surpris, effrayés, désemparés. Au bruit de la fusillade apparaît aussitôt le général La Harpe ; se plaçant à la tête d'un régiment, il l'entraîne avec une incomparable vaillance, et nul doute que la victoire lui eût souri si, presque au même moment et grâce à l'horrible confusion qui régnait autour de lui, il n'eût été frappé mortellement d'une balle à la poitrine. Ses vertus privées, à part son grand courage, lui méritèrent de passer pour avoir été victime d'une vengeance personnelle. Ses soldats, privés de direction, surtout dans l'obscurité, se replièrent en désordre. Les Autrichiens, de leur côté, attendirent l'aube pour achever le désastre désormais certain. Mais, dans l'intervalle, Berthier, prévenu en toute hâte, était arrivé avec des renforts. Déjà les Autrichiens s'étaient déployés pour envelopper les Français et les forcer à capituler, lorsque, à la pointe du jour et lorsqu'ils croient tenir la victoire, ils s'aperçoivent que les Républicains sont en nombre et se disposent à prendre une offensive vigoureuse. Le général Schubirz croit alors prudent d'ordonner la retraite. Elle s'opère d'abord avec quelque maintien, mais bientôt ses soldats, accablés par un adversaire impitoyable, se débandent dans un affreux désordre. Ils eussent péri jusqu'au dernier sans l'arrivée de la cavalerie napolitaine ([1]) ».

Voici, d'autre part, le récit de M. Thiers : « Le soir du même jour (Fombio), Beaulieu, averti du passage du Pô à Plaisance, arrivait au secours de la division Liptay. Il ignorait le désastre de cette division; il donna dans les avant-postes français, fut accueilli chaudement et obligé de se replier en toute hâte. Malheureusement, le brave général La Harpe, si utile à l'armée par son intelligence et sa bravoure, fut tué par ses propres soldats au milieu de l'obscurité de la nuit. Toute l'armée regretta ce brave Suisse que la tyrannie de Berne avait conduit en France. »

« Brave général... bravoure... brave Suisse »... Combien plus noble est l'hommage rendu par Botta à nos héroïques soldats, et cela sans recourir à une seule épithète — rien que par la simplicité et, on le sent bien, par la sincérité du récit ! M. Thiers place à

---

1. Voir également Ludwig von Cornaro, déjà cité.

Fombio la mort de La Harpe, qui eut lieu à Codogno. Du coup de main audacieux tenté par les Autrichiens, pas un mot. Il ne cite même point le village de Codogno. Enfin, Beaulieu a « donné » dans les avant-postes, de même que Wuskassovich, à Dego, s'était « égaré ». Pourquoi pas des lunettes à ces généraux qui n'y voient goutte devant eux... mais qui se battent comme des lions!

Bonaparte rendant compte au Directoire des affaires de Fombio et de Codogno ([1]) est fort précis. Il dit que, dans la crainte de voir Beaulieu envoyer des secours à la division Liptay, battue à Fombio, il a recommandé au général La Harpe, en prenant possession de Codogno, de surveiller la route de Casal par laquelle ce secours devait nécessairement venir. Ses prévisions se réalisent de point en point; le secours est envoyé, les troupes prennent la route indiquée et, naturellement, attaquent les nôtres à Codogno. Comment le général La Harpe, après les recommandations de Bonaparte, s'est-il laissé surprendre, voilà toute la question; et M. Thiers qui n'avait sans doute point les documents nécessaires pour la trancher, a mieux aimé supprimer l'affaire que de laisser planer un doute sur le commandement!

Bonaparte affectionnait particulièrement le général La Harpe, et le tutoyait même dans les ordres de service. « Nous avons pris à Cherasco, lui écrit-il le 26 avril, des magasins immenses. On destitue aujourd'hui quatre officiers pour pillage. Je t'embrasse en te félicitant des exemples que tu as faits ([2]) ».

---

1. *Moniteur,* 19 mai 1796.
2. *Correspondance Nap. I*^{er}*,* I, 223.

Cette intimité enlève toute valeur — car Bonaparte n'aimait point les hésitants — au jugement que Marmont porte sur La Harpe en ces termes : « La Harpe avait servi dans le régiment d'Aquitaine où je l'ai connu colonel. Bel homme de guerre, mais ayant assez peu de tête et pas beaucoup plus de courage... ([1]) ». Quoi qu'il en soit, Bonaparte ne l'oublia point. La Harpe, condamné à mort dans le pays de Vaud pour cause politique, et obligé de s'expatrier, avait vu ses biens confisqués par le gouvernement de Berne. Aussitôt après la répression des troubles de Pavie, Bonaparte écrivit au Directoire une lettre pressante, pour lui demander de faire restituer au fils du général La Harpe, les biens qui avaient été saisis sur son père ([2]).

Les officiers, comme on vient de le voir, pillaient aussi bien que les soldats. A Plaisance, les troupes avaient reçu un peu d'argent sur les contributions de guerre levées en Piémont, mais telle était encore leur détresse, que beaucoup d'officiers et de soldats de la division Masséna ne surent pas résister, pendant leur courte halte dans cette riche cité, au besoin de butiner. Des officiers étaient allés jusqu'à réquisitionner pour leur compte personnel du linge, des chaussures, et même des chevaux. Masséna qui, au témoignage de Marmont ([3]), « s'occupait peu de maintenir l'ordre parmi ses troupes et de pourvoir à leurs besoins, » fut vivement blâmé par le général en chef, des abus qu'il avait laissé commettre à

---

1. *Mémoires*, I, 150.
2. *Correspondance Nap. Ier*, I, 477.
3. *Mémoires*. I, 147.

Plaisance (¹). Dans un ordre général, Bonaparte interdit à tous généraux, officiers et agents militaires de faire aucune réquisition de leur autorité personnelle. Toutes les réquisitions devaient émaner de l'ordonnateur en chef (²).

Le 9 mai, Bonaparte écrit, de Plaisance, au Directoire : « .... La discipline se rétablit tous les jours, mais il faut souvent fusiller, car il est des hommes intraitables qui ne peuvent pas se commander.

« Ce que nous avons pris à l'ennemi est incalculable; des effets d'hôpitaux pour 15,000 malades, plusieurs magasins de blé, de farine, etc.

« Je suis ici, sans contredit, dans la ville la plus agréable d'Italie. Messieurs les administrateurs auraient bien voulu que le quartier-général pût y rester quelques décades; il est bien malheureux sans doute qu'il faille partir à une heure après minuit, pour aller occuper des granges au-delà du Pô (³). »

La position centrale de Codogno fit désigner ce bourg pour recevoir un dépôt de cavalerie pendant la campagne.

L'archiduc Ferdinand, lors de son départ précipité de Milan, avait fait diriger sur Codogno, et cacher dans la maison d'un sieur Bernard Milani, négociant de cette ville, deux caisses d'argent à destination de Mantoue. Le 16 mai, c'est-à-dire le lendemain de son entrée à Milan, Bonaparte donna l'ordre au général Ménard de se rendre avec un détachement à

---

1. *Correspondance Nap. I*ᵉʳ, de Lodi, 13 mai 1796.
2. *Corresp.*, etc., I, 298 et II, 528.
3. *Corresp.*, I, 801.

Codogno, de s'emparer des deux caisses et de les expédier au quartier-général, ou, si Bernard Milani refusait de les livrer, de le mettre provisoirement en état d'arrestation (1).

A l'affaire de Codogno, le lieutenant Desvernois, du 7e hussards, ayant été blessé, fut mis en traitement chez une veuve du pays, la dame Barbiera Zergatti. Deux ans plus tard, Desvernois venant à traverser Codogno avec son régiment, dont il était devenu colonel, se fit assigner un gîte chez la veuve, mais en recommandant au fourrier de ne point le faire connaître. Grand émoi de cette dame lorsqu'elle apprend que le colonel descendra à son modeste logis; mais le mystère ayant été éventé, elle fait monter dans des voitures tous les membres de sa famille, au nombre de dix-sept, et court avec eux à la rencontre de Desvernois : « C'est mon fils! » s'écrie-t-elle, en se jetant dans ses bras. Desvernois dut embrasser toute la parenté — maigre compensation sans doute de deux années de séparation — et le cortège repartit pour Codogno (2).

Si les bourgeois du rang de la Barbiera Zergatti étaient hospitaliers et même affables, les paysans, au contraire — mais cela se voit encore aujourd'hui ailleurs qu'en pays conquis — accueillaient mal les Français. Marmont, qui a fait la guerre en Allemagne et en Italie, n'hésite pas à déclarer que les soldats se trouvaient infiniment mieux chez les Allemands que chez les Italiens.

---

1. *Correspondance Nap. Ier*, I, 342.
2. *Mémoires militaires du baron Desvernois, général au service du roi Murat*, p. 15.

L'armée française en pénétrant jusqu'à Plaisance pour traverser le Pò, avait envahi le territoire du duché de Parme dont Plaisance faisait partie. Le duc de Parme, soucieux avant tout de sa tranquillité, fit offrir à Bonaparte, pour être traité comme neutre, tout ce qu'il plut au vainqueur d'exiger : 10 millions de contribution en argent, vivres et fourrages; des tableaux et œuvres d'art à son choix ; 1,200 chevaux de trait harnachés ; 1,400 chevaux de dragons équipés et 100 chevaux de luxe pour les officiers supérieurs. Les généraux n'avaient droit jusque-là qu'à un cheval, ils en eurent deux. L'empressement que le duc apporta dans l'exécution de ses engagements le mit à l'abri de toute violence ultérieure; il mourut paisiblement en 1801.

Parmi les tableaux, Bonaparte choisit la *Vierge de Saint-Jérôme*, communément appelé le *Saint-Jérôme*. « Je vous enverrai prochainement de Parme, écrivait-il au Directoire, un *Saint-Jérôme*, du Corrège, que l'on dit être son chef-d'œuvre » et, quelques jours après : « Je vous envoie le *Saint-Jérôme*, du Corrège ; j'avoue que ce saint choisit un mauvais temps pour se rendre à Paris. J'espère néanmoins que vous lui ferez les honneurs du museum. » Ce tableau représente la Vierge assise sur un tertre, tenant sur ses genoux *il santo Bambino*, auquel la Madeleine baise le pied avec humilité et tendresse; deux anges et saint Jérôme avec son lion complètent cette composition. Saint Jérôme, que l'on place ici à côté de la Madeleine, vécut pourtant deux cents ans plus tard ; mais le tableau fut commandé au Corrège par une dame Magdalena-Briseide Cossa, veuve de Girolamo Bergonzi, laquelle voulait réunir dans une même vision Magdalena, sa patronne, et Girolamo, patron du défunt. Le tableau fut payé 550 francs au Corrège, plus la valeur de six mois de nourriture de l'artiste. La veuve Cossa en fit don à des moines qui, en 1779, allaient le vendre pour 400,000 francs au roi de Portugal ; mais le duc de Parme qui ne voulait point le laisser sortir de ses Etats, le fit enlever par un peloton de carabiniers, et en versa le prix à l'abbaye. Il en fit don ensuite au musée ([1]).

En 1796, le duc de Parme offrit à Bonaparte un million pour conserver cette toile célèbre. Le vainqueur de Lodi repoussa cette proposition, en disant qu'il lui serait plus facile de se procurer un million qu'une œuvre aussi belle. Le duc de Modène, à son tour, lui fit offrir deux millions, mais sans plus de succès. Après Waterloo, Marie-Louise, devenue duchesse régnante de Parme, osa réclamer, au gouvernement français, les vingt tableaux et les objets d'art qui avaient été livrés dix-neuf ans auparavant, en vertu d'une convention sollicitée par le duc lui-même, très heureux alors de ne point payer plus chèrement le concours en argent et en vivres qu'il avait prêté — à défaut de soldats—à l'armée autrichienne. Louis XVIII, cela va sans dire, s'empressa de faire droit à la réclamation de la femme de Napoléon.

Sur les dix millions que le duc de Parme s'était engagé à payer, il fournit pour huit millions environ de vivres, fourrages, etc., et ne versa en espèces au payeur général de l'armée que 1,980,119 livres argent de France. Mais sa neutralité, ni le traité conclu

1. *Chronichetta parmigiana.*

avec Bonaparte, ne sauvèrent les monts-de-piété de Parme et de Plaisance. Les vaisselles déposées dans le premier de ces établissements formèrent 7 caisses, celles de Plaisance 5 caisses, contenant de plus 559 lingots, et elles furent dirigées sur Gênes, à l'adresse de la banque Balbi, qui devait les tenir à la disposition du Directoire. Le tout — avec 5 caisses du mont-de-piété de Lodi — produisit une somme de 1,480,000 livres tournois ([1]).

Les motifs qui faisaient expédier ces valeurs à Gênes sont indiqués dans une lettre de Saliceti au Directoire. Le payeur général devait en être seul dépositaire, mais, forcé de suivre le quartier-général dans ses déplacements de chaque jour, il déclina toute responsabilité. On avait donc songé à Balbi, riche négociant, universellement estimé et depuis longtemps sympathique à la France, pour lui confier ces lingots, bijoux, etc., en dépôt. Le mont-de-piété de Plaisance contenait même un si grand nombre d'objets précieux qu'il fut impossible d'en dresser l'inventaire, et qu'on dut se borner à les placer dans des caisses scellées, pour être décrits ultérieurement en présence de Balbi et d'un agent de l'administration française. Dans les *considérants* de l'arrêté qu'il prit à cette occasion, Saliceti déclare en principe que les objets déposés dans les monts-de-piété étaient devenus par droit de conquête « propriété française ». Cependant, comme s'il eût compris l'odieux de cette prétention, il s'excuse en quelque sorte, dans sa lettre au Directoire — qui l'excusait d'avance ! — en disant que les valeurs revendiquées *apparte-*

---

1. *Archives nationales*, série AF III, n° 198.

naient aux riches (¹). Oui, ces maisons servaient aussi de garde-meubles pour les particuliers qui craignaient d'être volés chez eux; mais leur spoliation, dans ce cas, était encore bien plus blâmable. La saisie des caisses publiques à Parme et à Plaisance donna 94,390 livres, et celle des marchandises anglaises 33,350 (²).

Parme, sur la *Parma*, affluent du Pô, et sur l'ancienne voie Emilienne qui traverse la grande place, est une ville très ancienne ayant une population de 50,000 âmes environ, et, comme toutes les villes d'Italie, riche en monuments de toute sorte. Voici d'abord, dans le caveau de l'église de la Steccata, sépulture des ducs de Parme, le tombeau d'Alexandre Farnèse, qui eut un rôle dans nos guerres de religion. Farnèse était gouverneur des Pays-Bas sous Philippe II, lorsque celui-ci lui donna l'ordre, au printemps de 1590, de pénétrer en France par le Hainaut et de marcher sur Paris, alors assiégé par Henri IV. Arrivé à Meaux, il fait une proclamation pour rassurer les habitants : « Il ne cherche point à conquérir le pays; il vient seulement au secours du catholicisme menacé par les Huguenots...» Henri IV n'avait pas assez de troupes pour conserver les positions qu'il occupait sous Paris; il lève le blocus, et Farnèse entre dans la capitale au milieu d'acclamations enthousiastes. Il prend ensuite Corbeil et Rouen, puis blessé d'une balle devant Caudebec, il revient à Paris pour se faire soigner. Philippe II voulait conquérir le nord de la France, mais Farnèse s'y refusait, voyant la chose impossible. « Si j'étais

1. *Archives nationales*, série AFɪɪɪ, n° 198.
2. *Compte du payeur général*, archiv. nat., *ibid.*

entré en France, écrivait-il le 3 octobre 1590, avec une armée suffisante, bien payée et disciplinée, avec quantité d'artillerie et de munitions, avec assez d'argent pour permettre à Mayenne d'acheter les nobles, peut-être se seraient-ils adoucis... ([1]). »

Philippe résolut alors la perte de Farnèse, dont il suspectait les sentiments, mais celui-ci mourut avant d'être arrêté. Enterré d'abord à Arras dans l'église Saint-Waast, il fut ramené à Parme, sa patrie, suivant sa dernière volonté. C'était un grand capitaine dont la stratégie déjoua plusieurs fois celle d'Henri IV; ce fut un adversaire loyal et généreux de la France, non un ennemi. Le Français qui visite Parme peut saluer ce tombeau sans arrière-pensée, tandis qu'il n'en est pas de même pour d'autres monuments dont nous allons bientôt parler.

Bonaparte, en se rendant à Parme le 11 mai 1796, ne se doutait guère des événements dont cette ville devait être témoin vingt ans après. Par une singulière coïncidence, c'est du duché de Parme qu'il écrit, le 9 mai, à Carnot : « Je vous dois des remerciements particuliers pour les attentions que vous voulez bien avoir pour ma femme. Je vous la recommande; c'est une patriote sincère et je l'aime à la folie ([2]). »

A quelques mois de là, Joséphine elle-même allait avoir une vive alerte, dans cette ville de Parme où devait un jour trôner sa rivale. C'était le 1er août 1796. Elle avait quitté le quartier-général quel-

---

1. M. Gachard, *Correspondance d'Alexandre Farnèse avec Philippe II*.
2. *Corresp. Nap. I*er*, I, 801.

ques jours auparavant, lorsque Bonaparte était à peu près décidé à battre en retraite sur Gênes. A son arrivée à Parme, elle est invitée à dîner par le ministre d'Espagne, mais vers midi elle reçoit un courrier qui lui annonce la levée du siège de Mantoue, et déjà elle croit entendre les cris de victoire poussés par les ennemis de la France. Craignant pour sa sécurité personnelle, elle quitte la ville en toute hâte dans un courrier à six chevaux, pour gagner Lucques et Livourne. Mais elle ne passe qu'une nuit à Livourne, car les victoires de Lonato et de Castiglione ont rétabli le prestige de l'armée et de son chef, et elle se rend, avec une escorte de trente hussards, à la cour de Florence, où elle est fêtée en souveraine [1].

Monsieur, comte de Provence, obligé de quitter Turin, où il s'était réfugié près du roi, son beau-frère, s'installa à Parme, le 12 mai 1794, au palais San Vitale. Mais le gouvernement français, qui avait exigé son expulsion du Piémont, ne toléra point davantage sa présence à Parme, d'où il pouvait, pour ainsi dire, voir manœuvrer l'armée républicaine. Au bout de quinze jours, Monsieur dut chercher un autre asile; c'est alors qu'il alla demander l'hospitalité au sénat de Venise [2].

Le séjour de Parme ne fut pas plus heureux pour un autre exilé illustre. A la suite de l'assassinat du général Duphot par les soldats du pape, dans le palais même de l'ambassadeur de la République française à Rome, le Directoire ordonna que Pie VI serait conduit

---

1. *Gazzetta universale di Firenze*, 6 et 14 août 1796.
2. *Chronichetta armigiana.*

LE GÉNÉRAL COMTE DE NEIPPERG
Ministre dirigeant du duché de Parme, Plaisance et Guastalla

prisonnier en France. Après l'avoir interné pendant quelque temps dans une chartreuse près de Florence[1], le général Schérer, qui commandait l'armée d'Italie, lui prescrivit de continuer sa route. A son arrivée à Parme, le pape, accueilli par la population avec bienveillance, espérait que les Républicains ne s'acharneraient point davantage sur un vieillard de quatre-vingts ans. Installé au palais San Vitale, il prétexta la paralysie d'une jambe et cessa de se lever. Mais, après le douzième jour de repos, arrivèrent de nouveaux ordres du général Schérer : « Il faut qu'il parte mort ou vif. » Un commissaire pénétra dans la chambre à coucher du pontife, découvrit le lit, vérifia les jambes et dit : « En route! [2] » On sait que Pie VI mourut à Valence deux ans plus tard.

Dans la chambre à coucher, le comte San Vitale fit placer ces deux inscriptions :

Pius VI, quum in Galliam proficisceretur, has œdes majestate sua implevit, atque in perpetuum nobilitavit. — MDCCCIV.
Ad conservandam tanti hospitis memoriam, gens San Vitalia, merito in lœtitiam effusa, inscribi jussit. — MDCCCIV.

Les traités de 1814 et de 1815 assignèrent Parme, Plaisance et Guastalla, à titre de principauté, à Marie-Louise, avec le titre de duchesse régnante. Lors des adieux de Fontainebleau, elle avait refusé de se rendre dans cette ville, et Napoléon, à l'île

---

1. La *Certosa di val d'Ema*, où l'on montre encore les chambres qui furent occupées pendant plusieurs mois par le pontife.
2. Archives de Parme.

d'Elbe, la croyait encore à Orléans alors que, depuis longtemps, elle était partie pour Vienne. De là, afin de secouer son prétendu chagrin, elle fait un voyage aux glaciers de la Savoie, puis elle se rend à Aix-les-Bains pour y passer l'été ; elle voyageait sous le nom de comtesse de Colorno — château ducal près de Parme, dont il est le Versailles. Arrivée à Aix, elle s'installe dans une villa située sur une colline baignée par le lac du Bourget, aux environs de l'abbaye d'Hautecombe, où sont les sépultures des anciens princes de Savoie. Ceci se passait du 15 au 18 juillet 1814 ; il y avait donc à peine quatre mois qu'elle n'avait revu Napoléon. Le jour même de son arrivée à Aix commença pour elle une première liaison [1].

Le héros en fut un certain général autrichien, comte Albert de Neipperg, envoyé à Aix par Metternich pour espionner Marie-Louise, et qui se présenta en courtisan à la portière de la voiture pour accompagner la duchesse jusqu'à sa villa. Le Neipperg avait alors dépassé la quarantaine, était marié et père de quatre fils ; il avait perdu un œil sur on ne sait quel champ de bataille, et portait un grand bandeau noir en diagonale sur la figure. Son premier aspect ne pouvait que déplaire à une femme comme Marie-Louise, mais, diplomate consommé, au moins dans ce genre de négociations, il sut bientôt gagner sa confiance.

Un mois après son arrivée des glaciers de la Savoie, il lui propose un voyage en Suisse qu'elle

---

1. M. Ernesto Masi, *Li due Moglie di Napoleone I*, Bologna, 1889.

accepte avec enthousiasme; il devient ainsi l'homme indispensable, offrant son bras à tout instant pour les montées, les descentes et les mille incidents de chaque jour; il l'accompagne au Grinwald, à Lauterburn, au Righi, à Berne, où elle rencontra la princesse de Galles chassée d'Angleterre pour adultère. Celle-ci lui raconta, avec une exubérante gaieté, ses malheurs, et toutes deux le soir, Neipperg tenant le piano, chantaient le duo du *Don Juan* de Mozart. L'île d'Elbe s'éloignait chaque jour davantage dans l'esprit de l'ex-impératrice; elle n'écrivait même plus à Napoléon (1).

Talleyrand n'avait cessé de s'opposer à ce que le duché de Parme tombât aux mains de Marie-Louise; quant à Metternich, absorbé par la grande passion que lui inspirait Caroline de Naples, il se souciait peu de Marie-Louise, qui n'avait en réalité pas d'autre défenseur de ses intérêts que le Neipperg. Sollicitée, aux Cent-Jours, de retourner à Paris, elle s'y refuse, tout entière à ses nouvelles affections.

Voici que Neipperg est obligé de se séparer d'elle pour prendre le commandement d'une division autrichienne. Il pénètre en France, entre dans Paris... Mais ce n'est point Waterloo qui afflige Marie-Louise, c'est que Neipperg la « laisse sans nouvelles depuis huit jours (2) ! »

Bien plus, les souverains alliés ne consentent à lui donner le duché de Parme qu'à la condition formelle que le duc de Reichstadt ne paraîtra jamais à sa

---

1. *Li due Moglie*, etc.
2. *Corresp. de Marie-Louise, Lettre à la comtesse de Colloredo*, du 20 juin 1815.

cour, elle accepte et, après avoir abandonné l'empereur, son époux, elle abandonne le roi de Rome, son fils! Et pourquoi ce duché de Parme, quand il lui était si facile de retourner à Vienne et d'y vivre près de son enfant? Parce qu'elle veut être seule, libre et filer avec le Neipperg d'aujourd'hui et ceux de demain, un amour qu'elle n'a pas éprouvé pour le maître du monde. Une fois en possession du titre de « Majesté » auquel elle tenait beaucoup, elle va prendre définitivement possession de son petit royaume. Au mois d'avril 1816, elle fait son entrée triomphale à Parme. A ce moment elle était déjà grosse de Neipperg ([1])!

Les archives de Parme contiennent un certain nombre de Lettres écrites par Marie-Louise pendant son règne. D'autres ont été recueillies dans un livre qui a paru il y a quelques années. — Le pays lui plait, mais la société y est nulle et elle voit le moins de monde possible. L'administration est négligée; tout est dans le plus grand désordre; elle ne veut pas entendre parler des Bonaparte, sauf de Louis, retiré à Florence, et qui est, dit-elle, le meilleur de la famille; elle n'ira à Lucques ou à Livourne, pour la saison des bains, que si elle est sûre de n'y point rencontrer les frères de Napoléon, surtout Lucien...

Ses relations avec Neipperg, bien que notoires, n'étaient pas arrivées encore à l'état de scandale; mais la naissance d'un enfant qui suivit à peu de distance son arrivée à Parme, lui valut de nombreux ennemis. Un jour qu'elle passait par Bologne pour rentrer dans ses Etats, la population entoura sa voi-

---

1. *Li due Moglie*, etc.

ture en criant : « Vive Napoléon le Grand, et sa malheureuse épouse, notre souveraine! » Elle écrivit alors au duc de Richelieu : « Cette infâme populace de Bologne m'a empêchée de visiter les monuments de la ville. » Elle aurait pu ajouter que six anciens officiers de Napoléon, retirés à Bologne, avaient crié à sa portière : « Le mari! le mari! » Sur la route qu'elle devait prendre, plus de trois mille personnes l'attendaient pour lui enlever ses chevaux et la laisser seule sur le chemin ; mais la police lui fit donner une escorte de cavalerie qui lui permit de se sauver du côté de Modène [1].

Marie-Louise, on le devine, n'était point organisée pour s'occuper d'administration publique ; le duché fut donc gouverné par Neipperg, et, dit-on, très convenablement. Quant à elle, sa santé, son bonheur privé, formaient sa seule préoccupation.

Après que le comte de Las-Cases eut été expulsé violemment de Longwood, Napoléon lui écrivit, le 11 décembre 1816, une lettre dans laquelle il disait : « Si vous voyez un jour ma femme et mon fils, embrassez-les. Depuis deux ans je n'en ai aucune nouvelle, ni directe, ni indirecte. Il y a dans ce pays, depuis six mois, un botaniste allemand qui les a vus dans le palais de Schoënbrunn, quelques mois avant son départ; mais les barbares ont empêché qu'il vînt me donner de leurs nouvelles. »

En transmettant ces lignes à Marie-Louise, le 2 février 1817, Las-Cases ajoutait : « Madame, dans toute l'émotion des sentiments de mon âme, j'ose,

---

1. *Arrivo in Bologna di S. M. Maria-Luigia, duchessa di Parma e Piacenza.* — Archives de Bologne.

en serviteur pieux, prendre la liberté de déposer aux pieds de V. M. et dans l'espoir de lui être agréable, un sacrifice qui m'est cher : des cheveux de votre auguste époux que je me trouvais posséder depuis longtemps. »

Marie-Louise garda le silence.

Le général Gourgaud, à son tour, lui écrit de Londres le 25 août 1818 : « Si V. M. daigne se rappeler l'entretien que j'eus avec elle à Grosbois en 1814, j'ose espérer qu'elle me pardonnera le triste devoir que je remplis en ce moment, en lui faisant connaître que l'empereur Napoléon se meurt dans les tourments de la plus affreuse agonie.... Dans ses moments d'angoisses, lorsque, pour lui donner quelques consolations, nous lui parlions de vous, souvent il nous a répondu : « Soyez persuadés que si l'impératrice ne fait aucun grand effort pour alléger mes maux, c'est qu'on la tient environnée d'espions qui l'empêchent de rien savoir de tout ce qu'on me fait souffrir, *car Marie-Louise est la vertu même*.... ([1]) »

La seule émotion qu'elle ressente, c'est la crainte que la réception de ces lettres ne lui soit imputée comme un crime, et que sa félicité personnelle n'ait à en souffrir. Mais bientôt Metternich la rassure, en lui disant que les souverains alliés, réunis à Aix-la-Chapelle, ont pris les mesures nécessaires pour rendre plus dure encore la captivité de son mari ([2]).

---

1. *Documents historiques sur Napoléon*, III, p. 103 et 153.
2. *Lettre de Metternich à Neipperg*, 22 décembre 1818; — Archives de Parme.

Le 22 février 1821, elle écrit à la comtesse de Colloredo :

« J'ai cette année une mauvaise santé à soigner (1)... »

Napoléon meurt le 5 mai suivant. Trois mois après, le 9 août, Marie-Louise accouchait d'un second enfant de Neipperg. Dans l'intervalle, le 19 juillet, elle écrivait: « Le journal de Piémont annonce la mort de l'empereur Napoléon, et maintenant il n'est plus possible de douter. J'avoue que j'en ai été extrêmement frappée. Quoique je n'aie jamais éprouvé pour lui aucune espèce de sentiment vif, je ne puis oublier qu'il est le père de mon fils, et que, bien loin de m'avoir maltraitée, comme tout le monde le croit, il a toujours eu pour moi les plus grands égards — tout ce qu'on peut espérer dans un mariage politique. Je suis donc bien affligée; et, quoique son existence infortunée ait fini comme celle d'un bon chrétien, je lui aurais souhaité encore de longs jours de vie et de bonheur — bien entendu, à mille lieues de moi (2). »

Et Neipperg de mander deux jours après à Metternich : « Sa Majesté, quoique très impressionnée par cette nouvelle, est en très bonne santé (3). »

La cour ducale prit le deuil pour trois mois ; mais il y avait difficulté quant au choix des termes dans lesquels on ferait connaître officiellement au peuple la mort de Napoléon : — Empereur? — Ex-Empereur ? — Bonaparte? — Le Neipperg trouva le mot : « Serenissimo consorte della Duchessa, » et la *Gazzetta*

---

1. *Corresp. de Marie-Louise*, p. 220.
2. *Corresp. de Marie-Louise*, p. 226.
3. Archives de Parme.

di Parma annonça que le *Sérénissime prince-consort de la duchesse* était mort. Metternich, après avoir beaucoup ri, écrivait le 2 août au Neipperg : « Votre découverte du *sérénissime-consort* est une merveille ([1])! »

Les nouvelles de Sainte-Hélène eurent en Italie l'éclat de la foudre. Ces populations que l'on dit avoir été si opprimées, si pressurées d'abord par Bonaparte, puis par Napoléon, pleurèrent leur grand homme aussi sincèrement qu'on a pu le pleurer en France. Marie-Louise lui fit des funérailles privées dans sa villa de Sala, et commanda mille messes à Parme et mille à Vienne. Après les funérailles, elle alla faire ses couches à Florence. Le 16 août, sous l'empire d'une émotion qui visiblement l'embarrasse, elle écrit : « On a eu beau me détacher du père de mon enfant, la mort qui efface tout ce qui a pu être mauvais, frappe toujours douloureusement, et surtout lorsqu'on pense à l'horrible agonie qu'il a eue depuis quelques années. Je n'aurais donc pas de cœur si je n'en avais pas étée (*sic*) extrêmement émue, d'autant plus que je l'ai appris par la *Gazette Piémontaise* ([2])... »

Mais, les circonstances atténuantes plaidées pour son deuil, qui paraît lui avoir été reproché en haut-lieu, elle revient sans effort à son indifférence de la veille.

Le chirurgien Antomarchi lui ayant demandé une audience, à son retour à Parme, en lui disant qu'il arrivait de Sainte-Hélène, où il avait assisté aux der-

---

1. Archives de Parme.
2. *Corresp. de Marie-Louise*, p. 228.

niers moments de Napoléon, elle refusa de le recevoir. Mais il l'entrevit de loin au théâtre, un soir où l'on représentait la *Cenerentola*, de Rossini ; elle montrait la plus grande gaieté ; cette musique tendre paraissait l'impressionner vivement. Un an après, lorsqu'elle se rendit au Congrès de Vérone (1822), elle était pour la troisième fois enceinte de Neipperg (1).

Châteaubriand, qui assistait au Congrès, dit :

« Nous refusâmes d'abord une invitation de l'archiduchesse de Parme; elle insista, et nous y allâmes. Nous la trouvâmes fort gaie ; l'univers s'étant chargé de se souvenir de Napoléon, elle n'avait plus la peine d'y songer. Nous lui dîmes que nous avions rencontré ses soldats à Plaisance et qu'elle en avait autrefois davantage. Elle répondit : « Je ne songe plus à cela ». Elle prononça quelques mots légers, et comme en passant, sur le roi de Rome ; elle était grosse. Sa cour avait un certain air délabré et vieilli, excepté M. Neipperg, homme de bon ton. Il n'y avait là de singulier que nous, dînant auprès de Marie-Louise, et les bracelets faits de la pierre du sarcophage de Juliette, que portait la veuve de Napoléon. En traversant le Pô à Plaisance, une seule barque, nouvellement peinte, portant une espèce de pavillon impérial, frappa nos regards ; deux ou trois dragons, en veste et en bonnet de police, faisaient boire leurs chevaux; nous entrions dans les Etats de Marie-Louise: c'est tout ce qui restait de la puissance de l'homme qui fendit les rochers du Simplon, planta ses drapeaux sur les capitales de

---

1. *Li due Moglie*, etc.

l'Europe, releva l'Italie prosternée depuis tant de siècles... (1).! »

Marie-Louise accoucha peu après d'une fille qui mourut en bas âge et fut inhumée dans l'église Saint-Jean-l'Evangéliste. Il lui restait donc sa première fille, née en 1816, et un fils, Guillaume, né en 1821. Marie-Louise avait épousé morganatiquement Neipperg, lorsqu'elle en eut sa deuxième grossesse (1820); mais il va de soi que ce mariage était nul, puisque le premier subsistait encore. Les enfants reçurent le nom patronymique de *Montenuovo*, traduction italienne de l'allemand *Neipperg* (nouvelle montagne). La fille aînée — Alberta — épousa en septembre 1833 un comte de San-Vitale, et vécut à la cour de sa mère. On peut voir son tombeau dans l'église Saint-Jean-l'Evangéliste, à Parme. Le fils entra comme officier dans l'armée autrichienne. Il est mort, croyons-nous, en janvier 1892.

Dans les nombreuses lettres qui ont été recueillies, Marie-Louise fait à peine une ou deux fois allusion au duc de Reichstadt, et elle reste jusqu'à trois ans consécutifs sans faire le voyage de Parme à Vienne pour le voir. Elle s'en excuse, il est vrai, en disant qu'elle a dépensé son argent pour autre chose et qu'elle ne veut pas toucher « aux économies. » En revanche, elle fait voyager ses autres enfants, tantôt à Milan, tantôt à Vienne, où, d'ailleurs, l'empereur son père ne consentit jamais à les recevoir (2). Elle parle d'eux à chaque instant à sa « chère Victoire », la comtesse de Colloredo. « La pauvre petite (Alberta),

---

1. *Le Congrès de Vérone*, p. 48.
2. *Corresp.*, p. 316.

lui mande-t-elle de Naples le 29 mai 1824, m'écrit de son chef tous les jours de poste, et comme elle m'écrit tout ce qui lui passe par la tête, ses lettres ne sont pas toujours très bien écrites, mais je préfère cela à des lettres composées. Elle m'écrit qu'elle pleure souvent entre sept et neuf heures, et je crois qu'elle deviendra un des enfants les plus sensibles qui existent, tandis que son frère est un bon gros patapouf qui ne se prend pas les choses si à cœur. »
— Le 3 février 1831 : « Albertine est si grande qu'il ne lui manque que deux doigts pour avoir ma taille ; elle est très agréable, mais ce qui est mieux, bonne, spirituelle et raisonnable, comme si elle avait dix-huit ans. Son frère est un joli enfant, mais bien retardé dans sa croissance [1]. »

La famille San Vitale, qui donna un gendre à l'ex-impératrice, et dont le palais fut habité par Monsieur et par le pape Pie VI, était la plus importante du duché. Le comte San Vitale avait été chargé par le duc de Parme, le 9 mai 1796, de se rendre au quartier-général de Bonaparte, à Lodi, pour traiter des conditions de l'armistice. Il avait mandat d'accorder tout ce qui serait demandé par le vainqueur « sauf l'impossible ». En 1813, ce même personnage fut envoyé à Paris avec une députation, pour renouveler à Napoléon l'assurance de l'éternelle fidélité de ses sujets de Parme. « Monsieur le comte, lui dit l'empereur, est-ce que les Parmesans sont toujours de bons enfants ? » Le duché de Parme, en effet, ne créa jamais de difficultés à l'armée française.

Revenons au comte de Neipperg. Il mourut en 1829,

---

1. *Corresp. de Marie-Louise*, p. 282.

et fut enterré au couvent Saint-Paul, chapelle Saint-Louis, où Marie-Louise lui fit élever, par le sculpteur Bartolini, de Florence, un monument en marbre de Carrare qui coûta 120,000 francs. Ce fut pour elle un coup terrible, bien que la mauvaise santé du premier ministre eût dû la préparer depuis près d'un an déjà à cette épreuve. Sa douleur fut sincère, immense... « Je sens si bien que tout mon intérieur, tout mon bonheur sont détruits à jamais que, pour que je connusse encore ce dernier, le cher défunt devrait revenir à la vie (¹). »

Elle se trouvait donc seule au moment où la révolution de 1830 agitait les esprits, même en Italie ; et, devant les menaces de la population qui exigeait le renvoi du favori Wercklein, successeur de Neipperg au ministère, elle dut s'enfuir à Vienne. Les canons autrichiens la ramenèrent bientôt dans son royaume, mais Wercklein fut destitué. L'Autriche comprit la gravité de la situation que pouvait créer à l'Europe la chûte des Bourbons ; et quelque temps plus tard, le fils de Napoléon mourait à Schoënbrunn. Marie-Louise, peu pressée de se rendre au dernier appel du malheureux enfant, n'arriva près de lui que pour lui fermer les yeux (²).

Ce serait pourtant calomnier sa mémoire que de dire qu'elle n'aimait point son fils, mais elle l'aimait à sa manière — à la condition qu'il ne fût pour elle la source d'aucun ennui. Elle ne haïssait point Napoléon ; elle se défend seulement d'avoir éprouvé pour lui aucun sentiment *vif*. Cependant elle ne fut

---

1. *Corresp. de Marie-Louise*, lettre du 30 mars 1829, p. 253.
2. *Li due Moglie*, etc.

pas longue à l'oublier, quand de cet oubli dépendi sa félicité personnelle. Il en fut de même pour son fils. Elle l'aima en mère, ce qui ne l'empêcha point de se séparer de lui et de l'abandonner moralement, dès que le trône de Parme fut au prix de cet abandon.

En octobre 1830 elle se rend à Vienne, et passe quelques semaines dans la société du duc de Reichstadt. A son retour à Parme elle écrit : « Je suis enchantée de mon fils sous tous les rapports; c'est un charmant jeune homme; je crois qu'il partira pour sa garnison avant la fin de l'année, ce qui l'enchante plus que moi, l'entrée dans le monde étant pour un jeune homme un moment décisif pour son caractère et son avenir. Il est nommé lieutenant-colonel de Nassau-Infanterie ([1]). » — C'est bien ici la mère qui parle, et nous avons tenu à citer ces lignes pour qu'i llui soit beaucoup pardonné.

Marie-Louise, dès 1819, fit porter à la Monnaie de Milan la toilette en argent que lui avait donnée la Ville de Paris, à l'occasion de la naissance du roi de Rome, et elle essaya plusieurs fois de battre également monnaie avec le berceau or et argent que la Ville de Paris avait donné à l'impérial enfant. Ce berceau était à Vienne dans la chambre du jeune prince, qui ne voulut jamais s'en séparer ([2]).

Au moment même où expirait le duc de Reichstadt, sa mère nouait de nouvelles relations — des plus intimes — avec un certain comte Charles de Bom-

---

1. *Corresp. de Marie-Louise*, lettre du 26 novembre 1830, p. 271.
2. *La Zecca di Milano*, 1845.

belles, émigré français, dont elle fit son premier ministre, et qu'elle épousa — régulièrement cette fois — en février 1834. Elle n'en eut pas d'enfants. Ce Bombelles, jésuite et fanatique, détermina l'évolution dernière de Marie-Louise vers la religion. Dans le style qui lui est particulier, elle écrivait :

« C'est un saint, et un homme aimable en société (1). »

Charles de Bombelles était un des trois fils de l'évêque d'Amiens. Emigré, il avait pris du service dans l'armée autrichienne, et rentra en France, en 1814, aide de camp du prince de Schwartzemberg. Nommé ensuite sous-lieutenant dans un régiment d'infanterie, il épousa une française, Mlle de Cavaignac, dont il eut deux enfants, et qui mourut jeune. Dans un voyage qu'il fit en Autriche après 1830, pour voir son frère, précepteur d'un jeune archiduc (qui est l'empereur actuellement régnant, Metternich lui dit : « Le poste de grand-maître de la cour de Parme est vacant par suite de la mort du comte de Neipperg. Ce poste exige un homme capable de dominer le caractère faible de l'archiduchesse Marie-Louise, de maîtriser sa petite cour et de gouverner avec intégrité son petit État. La famille impériale a jeté les yeux sur vous; elle désire votre consentement, ne refusez pas. »

M. de Falloux, qui raconte cet entretien, était parent de Bombelles. Il alla lui rendre visite à Parme, vers 1840. « Lorsque je m'acheminais vers Parme, dit-il, M. de Bombelles, qui n'avait cru et voulu accepter que l'héritage politique du comte de Neip-

---

1. *Corresp. de Marie-Louise,* 310.

perg, avait obtenu, sans le chercher (!), le même crédit que lui sur le cœur de sa souveraine ; et la veuve de l'empereur Napoléon avait contracté un troisième mariage... Je ne sais si l'impératrice avait été belle, car, à l'époque où j'eus l'honneur de la voir, son extérieur n'avait rien d'attrayant. Elle était voûtée ; sa lèvre inférieure, épaisse, selon le type héréditaire de la famille d'Autriche, était très pendante, ce qui la faisait paraître plus vieille que son âge... Quant à Napoléon, pas un buste, pas un portrait de lui ; pas davantage du duc de Reichstadt, ni à Parme, ni à la campagne. Tout respirait là le plus profond oubli ou la plus courageuse résignation... Relativement à l'empereur et à l'empire, elle n'y fit devant moi aucune allusion ; elle parlait de Paris comme une voyageuse qui avait été bien placée pour voir les choses en beau... ([1]). »

Marie-Louise mourut le 17 décembre 1847, et fut inhumée à Vienne dans la sépulture impériale. Elle a été sincèrement regrettée, car, si la femme et la mère, en elle, avaient manqué à tous leurs devoirs, elle eut la bonne fortune de rencontrer dans Neipperg un administrateur intelligent et honnête, qui enrichit le duché d'une foule d'institutions de bienfaisance, de monuments utiles et de créations populaires. Citons notamment : l'hospice de la Maternité, à Parme ; une statue de la Concorde, sous les traits de Marie-Louise, en son château de Colorno ; les grands jardins de Colorno ; le pont sur le Taro ; le cimetière de Parme ; la galerie de l'Académie des Beaux-Arts ; le

---

1. *Mémoires d'un royaliste*, par le comte de Falloux, I, 194 et 195.

casino *dei Boschi*, à Sala; le pont sur la Trebbia; le nouveau théâtre; les archives de l'Etat; la bibliothèque ducale; l'établissement des frères de la Doctrine chrétienne; l'édifice des boucheries; l'hospice des incurables [1].

Toutefois, ce n'est point Marie-Louise, comme le prétend à tort Bombelles, qui fit exécuter cette merveilleuse statue de la *Concordia*, mais l'empereur, qui sollicita à cet effet le sculpteur Canova de venir s'installer de Rome à Paris. C'était pendant la grossesse de Marie-Louise. Canova consacra un grand nombre de séances à faire le buste de l'impératrice, l'emporta à Rome, qu'il n'avait quittée qu'à regret, et, dans son atelier, fit la statue de la *Concordia*. Suivant le désir exprimé par Napoléon, elle devait représenter, sous les traits de Marie-Louise, la *Concorde* que l'on vénérait à Olympie. La statue n'était pas encore achevée que l'alliance avec l'Autriche, dont elle était le symbole, se trouvait déjà rompue. Elle demeura dans l'atelier de Canova jusqu'en 1819, époque où Marie-Louise la fit transporter au château de Colorno, après avoir payé 24,000 francs qui étaient dus à l'artiste.

Au *collège Marie-Louise*, on élevait huit pages aux frais de la cour, ce qui montre qu'elle se souvenait des Tuileries beaucoup plus qu'elle n'avait voulu en convenir à Châteaubriand.

Le palais ducal de Colorno, dont il est question plus haut, était une somptueuse résidence d'été. Le

---

1. *Monumenti e munificenze di Sua Maësta la principesse imperiale Maria-Luigia*, etc., Parme, 1845; publié par ordre de Bombelles.

vice-roi d'Italie l'avait enrichi de meubles commandés en France et de toiles des Gobelins. Meubles et toiles ont été emportés par Victor-Emmanuel et son successeur, pour décorer leurs palais. On peut en voir quelques épaves au Quirinal.

Marie-Louise et Neipperg en Suisse.

Le pont de Lodi en 1796.

CHAPITRE QUATRIÈME
LODI

Son origine gauloise. — Richesse de son territoire. — Malgré l'avis de ses généraux, Bonaparte ordonne de franchir l'Adda à Lodi. — Formation d'une colonne infernale. — La harangue. — Bonaparte protégé contre un boulet par la statue de saint Jean-Népomucène. — Récit puéril de M. Thiers. — Le manuscrit d'un contemporain sur l'affaire de Lodi. — Le monument commémoratif. — La soupe des soldats d'Augereau à Borghetto, mangée par les habitants. — Dîner offert par l'évêque de Lodi à Bonaparte. — Malice de ce dernier. — Les lettres interceptées, et le capucin Murat. — Les objets précieux des églises saisis par le commissaire français. — Vains efforts de l'évêque pour les racheter en donnant ce qu'il possède. — Mésaventure arrivée à Saliceti. — Les femmes de Lodi. — La population se rallie à la cause française. — Expulsion des femmes des officiers et de toutes autres à la suite de l'armée. — Elles sont accusées d'exciter les soldats au pillage. — Cruelle répression contre les délinquantes. — Le curé d'Ombriano et son manuscrit. — Sac d'un presbytère. — Siège d'une église. — L'heure italienne et l'heure française.

Lodi, sur l'Adda et sur le chemin de fer de Milan

7.

à Florence, est une ville de 20,000 habitants, dont l'air de vétusté rappelle les villes de la frontière franco-espagnole. Son origine est très ancienne, car on attribue sa fondation à une tribu gauloise, les *Alaudi*, dont parle Suétone ([1]), et qui alla s'établir, vers 600 avant J.-C., entre le Lombro et le Silero, deux cours d'eau qui traversent le territoire de Lodi. Dans l'église Saint-François, sur la sixième colonne, au bas d'un très beau portrait d'évêque qui date de 1392, on lit cette inscription : « *Salve, pater venerabilis, de gente Francorum.* » — Était-ce un Gaulois ou un Franc de l'époque des premiers Carlovingiens ?

Le consul romain Cneius Pompeius Strabon fonda sur le même emplacement une colonie qui, de son nom, s'appela *Laus Pompeia*, retenant en même temps la dénomination primitive que le pays avait reçue des *Alaudi*. Au moyen-âge, après des guerres longues et cruelles contre l'omnipotence de Milan, Laus Pompeia fût brûlée par sa rivale, et disparut complètement. Le bourg de Lodi-vieux couvre aujourd'hui partie de l'ancienne cité. Elle fut reconstruite par Frédéric Barberousse, qui sema tant de ruines sur d'autres régions de l'Italie. Après que les Français, commandés par Louis XII, se furent emparés de Milan, Lodi eut pour gouverneur le maréchal de Trivulce.

La plaine de Lodi est une des plus riches, comme en témoigne la densité de sa population; l'Adda, le Pô, le Tormo, le Serio, le Lombro, etc., par leurs eaux abondantes et continues, ont fait de ce terri-

---

1. *Jules César*, IX.

toire le premier de l'Italie pour les pâturages et l'élevage du bétail. C'est aussi le centre de la fabrication du fromage connu sous le nom de *parmesan*. On a remarqué, depuis un certain nombre d'années, une diminution sensible dans la moyenne du niveau des eaux qui, tout en restant encore suffisantes et au delà pour assurer la prospérité du sol, déclinent sensiblement.

Ainsi l'Adda, sur lequel naviguaient autrefois de grosses barques, n'a plus de tirant d'eau convenable que pour les embarcations légères. La raréfaction de l'eau est un phénomène général ayant ses causes et ses lois. La vie universelle s'use tous les jours, comme la vie humaine qui en fait partie, et l'épuisement de l'élément liquide n'est que la baisse — quotidienne ou séculaire — qui se laisse apercevoir sur certain baromètre, où l'on peut lire déjà le degré qui marquera l'extinction de tout être animé sur la face du globe. Mais, en Italie, ce phénomène, outre les causes générales, en a de particulières qui sont notamment la série des hivers cléments, et la diminution des neiges sur les glaciers alpins. Dans ce pays des lacs et des fleuves débordants, certaines contrées manquent d'eau pendant de longs mois d'été, où le ciel ne se couvre pas d'un nuage. Avec de l'argent on créerait facilement des merveilles en canaux d'irrigation. Mais les particuliers n'ont pas d'argent, et l'État en a moins que personne.

Les souvenirs de l'époque romaine ne manquent pas à Lodi. Un temple à Hercule occupait l'endroit où l'on a bâti l'église de la Madeleine. A deux cents mètres des anciens remparts, près d'une source d'eau vive, s'élevait également un autel à Vénus, et ce lieu conserve encore aujourd'hui le nom de *Venere*. Enfin, de nombreuses inscriptions lapidaires prouvent que Junon, Mercure, la Fortune y avaient aussi leur *sacrum*.

La bibliothèque communale possède une *Enéide* imprimée à Venise en 1476; un *De imitatione Jesu Christi* de la même année, et un livre de Maffeo Vegio, de Lodi: *De verborum significatione in jure civili*, imprimé à Vienne en 1477.

Saliceti écrivait de Lodi au Directoire, le 11 mai 1796 : « Gloire immortelle à la brave armée d'Italie, reconnaissance à son chef, savant et audacieux ! La journée d'hier sera célèbre dans les fastes de l'histoire militaire..... » Après avoir passé le Pô à Plaisance, Bonaparte était forcé de franchir l'Adda à Lodi, où se trouvait le général Melcalm, gendre de Beaulieu, avec 10,000 hommes et une nombreuse artillerie. Suivant Botta, les généraux de Bonaparte l'auraient dissuadé de tenter le passage du pont, dans des conditions qui faisaient de cette entreprise plutôt un acte de folie que de stratégie [1]. Mais il serait demeuré sourd à ces conseils et, après avoir formé une colonne de 4,000 grenadiers et carabiniers, choisis parmi les plus éprouvés, il leur aurait dit, en les passant en revue sur la grande place : « La victoire appelle la victoire ; vous êtes les braves qui avez déjà cueilli tant de lauriers, mis en fuite tant d'armées, forcé tant de villes ; auriez-vous peur d'un adversaire qui a déjà su mettre une rivière

---

1. V. dans le même sens, colonel Graham, *Histoire des campagnes d'Italie*, etc., I, 228.

entre vous et lui? Beaulieu s'imagine-t-il, lui le vaincu de tant de combats, que le court passage d'un pont sera un obstacle pour des républicains français? Vaine présomption, inutile mirage! Vous avez franchi le Pô, ce roi des fleuves; vous laisserez-vous arrêter par l'humble Adda? C'est votre péril dernier; vaincu, vous aurez dans vos mains la riche Milan. En avant donc! soutenez votre réputation de soldats invincibles. Regardez la République, attentive à vos moindres actions, reconnaissante de votre gloire. Regardez le monde émerveillé, épouvanté du bruit de tant de victoires. L'Italie est à vous; sa conquête rendra le nom de la France immortel! »

Quoique Botta soit seul à rapporter ces paroles, nous avons cru devoir les reproduire, sa partialité à l'endroit de Bonaparte ne permettant pas de supposer qu'il les ait inventées, comme Tacite ses harangues. Saliceti confirme le fait en partie, lorsqu'il écrit au Directoire que Bonaparte parcourut les rangs de la terrible colonne avant de la lancer sur le pont, et qu'il fut accueilli par les soldats au cri mille fois répété de: « Vive la République! » Enfin, le colonel Graham ([1]) dit aussi que Bonaparte prononça une harangue violente pour entraîner la colonne.

On sait le reste, comment ces 4,000 soldats d'élite franchirent un pont qui ne mesurait pas moins de 609 pieds, sous le feu de l'artillerie ennemie, placée à l'extrémité opposée. Masséna, en racontant ce fait d'armes incomparable accompli par sa division,

1. *Histoire des campagnes*, etc., I, 228.

entre dans certains détails qui ne manquent point d'intérêt. « Déjà, par ordre de Masséna, disent ses *Mémoires* (¹), tous les grenadiers étaient formés en colonne serrée sur la place de Lodi, lorsque le chef de bataillon Dupas, commandant le 2ᵉ bataillon de carabiniers, réclama et obtint l'honneur, qui lui était dû, de prendre leur tête avec les six compagnies des Allobroges et de la 29ᵉ. Cette formidable colonne devait être soutenue par les divisions Meynier et Augereau. — Au signal donné, la porte de Lodi (²) s'ouvre, la colonne débouche et se dirige vers le pont. Les 14 pièces autrichiennes vomissent des projectiles et la font hésiter un moment. Ce temps d'arrêt pouvait tout perdre. Masséna, Dallemagne, Berthier, Cervoni se précipitent et l'entraînent au cri de : « Vive la République ! » Le pont s'appuyait, au tiers de sa longueur, sur un banc de sable (³). A cet endroit, les soldats s'aperçoivent que la rive gauche offre peu de profondeur ; aussitôt une nuée de volontaires se laissent glisser sur le banc de sable, et gagnant le bord opposé, dans l'eau jusqu'aux hanches, se jettent en tiraillant sur l'ennemi pour faciliter le passage de la colonne. Celle-ci bravant la mitraille et favorisée par cette diversion, franchit le reste du pont à la course, culbute tout ce qui résiste et tombe sur l'artillerie ennemie.

« En même temps, le chef d'escadron Ordener, à la tête de 300 chevaux du 10ᵉ chasseurs, traverse l'Adda à la nage, sabre les canonniers sur leurs

---

1. *Histoire des campagnes*, etc., II, 63 et suiv.
2. *Porta d'Adda*.
3. Ce banc de sable servait de support au pont en bois. Il a disparu lors de la construction du pont en briques.

pièces, en enlève deux et poursuit les Autrichiens sur la route de Crema.

« Cette action vigoureuse aurait amené la défaite complète de la division Sebottendorf, si nous eussions eu plus de cavalerie, ou si les chefs eussent été plus entreprenants ; mais Kilmaine ne donnait jamais rien au hasard (¹) et ne connaissait point encore la valeur de sa troupe ; il avait filé avec la réserve vers San-Colombano et San-Angiolo, pour y trouver un gué commode et sûr, et Beaumont avait été chercher celui de Mozanica. »

Bonaparte se fit remettre par Masséna les noms des grenadiers dont se composaient les deux premières sections qui s'élancèrent sur le pont, pour en envoyer la liste dans leurs départements « afin que leurs compatriotes sachent que la République n'a pas de plus braves défenseurs (²). »

Le général en chef, dans son rapport au Directoire *préparé par Berthier*, dit que les grenadiers de Masséna, une fois arrivés au milieu du pont, ayant paru faiblir, les généraux *Berthier*, Masséna, Dallemagne, Cervoni et le chef de bataillon Dupas, se placèrent à leur tête pour les entraîner ; la vérité est que le chef de bataillon Dupas, comme en témoigne Masséna, avait pris la tête de la colonne dès qu'elle se mit en mouvement, et qu'il arriva le premier sur les canons autrichiens, ainsi que Bonaparte le rappelle lui-même dans un rapport ultérieur, lorsque, dans le cours de la campagne, il proposa Dupas pour le grade de colonel (³).

1. On appelait Kilmaine l'*Ulysse* de l'armée.
2. *Corresp. Nap. Iᵉʳ*, I, 325.
3. *Corresp. Nap. Iᵉʳ*, I, 615.

« Bonaparte, dit M. Thiers, parcourut les bords du fleuve sous la mitraille, afin de reconnaître les positions de l'ennemi. » Cusani (*Storia di Milano*) fait justement observer qu'un général en chef qui commettrait une pareille imprudence, ne serait point fait pour le commandement. Nous ajouterons qu'il paraît difficile, sinon impossible, à l'œil le plus pénétrant, de « reconnaître » les positions de l'adversaire sous un feu violent. Au surplus, cette phraséologie a contre elle un témoignage irrécusable, celui d'un religieux qui vivait à Lodi à cette époque et dont voici la relation :

« Bonaparte sortit de Lodi pour examiner la position de l'ennemi, mais à peine avait-il fait quelques pas, qu'un boulet vint frapper contre le piédestal de la statue de saint Jean-Népomucène, à la droite du pont, et la renversa. Cette statue sauva le général en chef, car il se trouvait précisément derrière, en train de braquer sa longue-vue. Il demeura impassible, mais rentra néanmoins dans Lodi, afin de continuer son examen plus commodément. A cet effet, il monta dans le campanile de l'église Sainte-Claire, voisine de la porte, et, de là, dominant le cours de l'Adda et une grande étendue de la rive opposée, il acquit la certitude que le corps de Melcalm était seul à la tête du pont, tandis que les troupes de Beaulieu fourmillaient plus loin autour de *la Fontana*. Il ordonne alors à Beaumont de chercher un gué pour ses 800 cavaliers, afin de prendre de flanc les Autrichiens, puis, le long de la voie spacieuse qui mène de l'église Saint-Jacques à la porte d'Adda, il fait former la colonne serrée ([1])... »

1. *Memorie del P. Orietti, Antonio, riguardante la citta di*

La « voie spacieuse » s'appelle aujourd'hui et s'appelait sans doute déjà à cette époque : *Via di porta d'Adda*, parce qu'elle aboutit à la porte qui donne sur le pont. La statue de saint Jean-Népomucène ne fut point relevée.

Saint Jean-Népomucène était le patron de la nation germanique, et les Autrichiens lui avaient élevé en Italie un grand nombre de statues qui toutes étaient placées à l'entrée d'un pont, afin de rappeler que Népomucène, menacé d'être jeté à l'eau dans un sac s'il ne révélait le secret d'une confession qu'il avait reçue, répondit qu'il préférait la mort ([1]). Quant au pont, il était en bois et à peine assez large pour permettre le passage de deux voitures de front. Il a été remplacé vers 1870 par un pont en briques, de douze arches, avec rampes en fer, un peu moins long que le premier à cause des culées, et pas beaucoup plus large. Le lit de l'Adda, à cet endroit, est aussi grand, sinon davantage, que celui de la Seine au pont de Sèvres. Enfin, l'espace occupé par les troupes de Melcalm est aujourd'hui couvert d'arbres et de jardins entourés de haies vives.

Pour perpétuer le souvenir de l'affaire de Lodi, Bonaparte fit élever, sur le piédestal occupé par la statue de saint Jean-Népomucène, une colonne en granit surmontée d'un coq gaulois, allusion pleine d'à-propos à l'origine historique de la cité. Ce monument fut renversé en 1814 par les Autrichiens.

A propos de l'insuffisance de la cavalerie, dont

Lodi dal 1796, e poi; manuscrit déposé à la bibliothèque municipale; — Anelli, *Notizie storiche*, p. 16.

1. Carlo Romussi, *Milano nei suoi monumenti*, p. 366.

parle Masséna, Marmont, à qui Bonaparte avait donné, devant Lodi, le commandement du 7e hussards, écrivait à son père: «..... L'ennemi avait évacué Cremone en y laissant seulement un poste de cinquante uhlans. Je suis arrivé avec 300 chevaux et nous les avons chassés ; mais il est difficile de peindre le peu de courage de nos troupes à cheval. Autant l'infanterie est intrépide, autant la cavalerie l'est peu. Heureusement que nous sommes dans un pays coupé, et qu'elle devient d'une très petite influence (1). »

Dans la matinée de l'affaire de Lodi, Augereau se trouvait avec sa division au village de Borghetto, distant de 15 kilomètres de cette ville. Les soldats s'étaient éparpillés sur la route pour préparer leur repas, lorsqu'un aide de camp de Bonaparte apporte à Augereau l'ordre de marcher en toute hâte sur Lodi. En un quart d'heure, la division était sur pied, abandonnant soupe, victuailles, vin, etc. Ce fut, paraît-il, un spectacle émouvant. Les habitants recueillirent le festin encore intact, et chaque ménage y trouva des provisions pour plusieurs jours. Arrivé au lieu dit *Bosco della Gaëtana*, Augereau fut abordé par un homme du pays, nommé Moschini, employé des finances, qui lui servit de guide jusqu'à Lodi. Ce bosquet a été emporté par les eaux, mais le nom subsiste encore (2).

M. Thiers passe sous silence la part prise à la brillante victoire de Lodi par la division Augereau, alors que les rapports de Bonaparte, de Berthier et

---

1. *Mémoires*, I, 321.
2. *Dizionario del Circondario di Lodi*, V° Borghetto.

même de Saliceti, insérés au *Moniteur*, disent que cette division déboucha sur le champ de bataille au moment où l'action n'était pas encore terminée, qu'elle en assura le succès, et permit de poursuivre les Autrichiens. Botta va plus loin : « Le résultat était encore douteux, car les Autrichiens déployaient la plus grande bravoure, ayant de plus à leur avantage le nombre et l'artillerie, lorsque les troupes d'Augereau se ruant sur les carrés à la baïonnette, donnèrent définitivement la victoire aux Républicains ». L'intervention d'Augereau était prévue, et tout l'honneur en est à Bonaparte. Mais la valeur des soldats et de leur chef mérite bien aussi de compter dans l'histoire.

La mention que M. Thiers refuse de parti pris à Augereau et aux siens, il va la donner, avec autant d'exactitude et d'impartialité, au général de Beaumont, chargé, comme on l'a vu, de traverser à gué l'Adda en amont de Lodi. «..... La terrible colonne ne craignait plus les baïonnettes ; elle fond sur les Autrichiens au moment où notre cavalerie, qui avait trouvé un gué, menaçait leurs flancs ; elle les renverse... »

Écoutons maintenant Bonaparte ([1]) :

« La cavalerie passa l'Adda à un gué, mais ce gué s'étant trouvé extrêmement mauvais, elle en éprouva beaucoup de retard, *ce qui l'empêcha de donner*...... Les troupes d'Augereau, Rusca et Berraut (ses deux brigadiers) passèrent le pont dès leur arrivée et achevèrent de décider la victoire... » — « L'ennemi, dit Marmont, se retira sur le Mincio ;

---

1. *Moniteur*, 20 mai 1796.

la division Augereau le poursuivit jusqu'à Crema. »
Où était donc à ce moment la cavalerie de Beaumont,
et si elle « menaçait les flancs des Autrichiens »
comment se fait-il que ce soient les fantassins d'Augereau qui leur aient donné la poursuite?

L'évêque de Lodi était alors M. de Beretta, d'une
famille de Milan aujourd'hui éteinte. Il avait beaucoup voyagé étant jeune, possédait une instruction
étendue et parlait le français avec élégance. Il s'était
rendu le 8 mai à Codogno pour confirmer, mais le
général Liptay lui avait conseillé de regagner immédiatement sa ville épiscopale. Pendant le combat,
alors que la canonnade faisait trembler le sol, il se
tint en prière dans la chapelle de l'évêché avec tout
son personnel. Le soir, les Français devenus maîtres
de Lodi se répandirent dans les maisons avec des
billets de logement; le palais de l'évêché fut assigné au général Dujard, commandant en chef de l'artillerie. « L'évêque vit en lui un honnête homme,
abhorrant les principes démocratiques, et heureux
de se retrouver au sein de l'aristocratie ([1]). »

Le lendemain, l'évêque se présenta avec son clergé
à l'audience de Bonaparte pour lui offrir ses hommages et l'inviter à dîner. Bonaparte accepta, « quoiqu'il fût très occupé, » mais amena avec lui, probablement par malice, douze généraux ou officiers,
« ce qui gêna beaucoup Mgr de Beretta, qui ne s'attendait pas à recevoir un si grand nombre d'invités. »
Entré dans le salon, Bonaparte examina les portraits de Pie VI et de Joseph II : « Celui-ci, dit le
prélat, m'a élu, celui-là m'a sacré. » Ces mots dits

---

1. *Cronaca del P. Orietti*, etc., déjà cité.

avec franchise plurent beaucoup à Bonaparte qui, apercevant une vue de Lodi et du pont de l'Adda, fit rapidement la description de la bataille, et conclut en disant : « *Malgré tout, ce n'a pas été grand' chose* (1). »

« Pendant le dîner, on annonce l'arrivée d'un capucin. « Faites-le entrer, dit vivement Bonaparte, et vous, citoyen évêque, ayez la bonté de faire mettre un couvert pour ce religieux. » Le capucin entre et remet au général en chef un sac contenant des lettres que nous avons su avoir été prises sur des espions autrichiens, et qui étaient adressées par Beaulieu à ses généraux. Bonaparte tira de son gilet une petite clef en or, ouvrit le sac, jeta un coup d'œil sur les lettres et, comme il ne savait pas l'allemand, les passa à un de ses officiers qui lui en fit la traduction ; nous vîmes alors Bonaparte rire de bon cœur. Le capucin passa ensuite dans l'antichambre et, devant deux domestiques de Mgr de Beretta — dont le nommé Ferrandi — jeta bas sa tunique et sa perruque : c'était un colonel, c'était Murat ! Il vint alors se placer à table, mais ne dit mot pendant tout le dîner (2). »

L'accueil si courtois du général en chef faisait espérer à l'évêque que sa bonne ville de Lodi n'aurait pas trop à souffrir de la guerre. Mais, dès le lendemain de la réception, Saliceti lui demanda une situation du trésor de San Bassiano, déposé dans le Dôme, pour s'en emparer « au profit de la caisse de l'ar-

---

1. *Cenni storico-cronologici*, par Lampugnani, secrétaire et exécuteur testamentaire de M. de Beretta ; manuscrit déposé aux archives municipales de Lodi.
2. Même manuscrit.

mée. » L'évêque le pria d'épargner ces objets sans valeur monnayable, à laquelle s'attachait depuis des siècles la vénération des fidèles ; Saliceti en demanda alors 30,000 francs, et comme le prélat ne lui offrait qu'une obligation personnelle de 1,000 zecchini (15,000 fr.), plus toute l'argenterie de son palais, Saliceti refusa et fit main basse sur tous les objets précieux que renfermait la cathédrale ([1]).

Les autres églises de Lodi subirent le même sort, et le peuple en reçut une mauvaise impression. Aussi, quelques jours plus tard, lors des insurrections de Pavie et de Binasco, 10,000 paysans armés vinrent jusque sous les murs de Lodi. Saliceti arrivait sur ces entrefaites à la Gatta, petit bourg peu éloigné de Lodi, où se trouvait la poste aux chevaux. Il se rendait à Milan à la rencontre de Bonaparte, et ne voulait que changer de chevaux. La foule l'entoure et allait lui faire un très mauvais parti, quand un homme le saisit et le porte dans l'auberge en fermant les portes sur lui. Saliceti avait la précaution de se faire suivre par un certain nombre de Corses dans les voyages qu'il faisait à distance de l'armée. Les Corses déchargèrent leurs pistolets sur les émeutiers, qui disparurent. Quelque temps après, le Directoire accorda une pension à l'individu qui avait si courageusement soustrait Saliceti à une mort certaine ([2]).

Avant l'apposition des scellés, la municipalité de Lodi avait fait enlever des églises un certain nombre d'objets qu'elle tenait cachés. Sommée à plusieurs

---

1. Cusani, *Storia di Milano*, IV, 345.
2. *Dizionario del Circondario di Lodi*, V° la Gatta.

L'HISTORIEN BOTTA

reprises de les restituer, elle avait réussi à gagner du temps, mais la fiscalité des commissaires du Directoire ne la perdait point de vue, et plus d'un an après l'occupation de la ville, elle reçut l'ordre de livrer sa cachette, sous menace cette fois d'une exécution militaire pure et simple ([1]).

La saisie du mont-de-piété de Lodi produisit cinq grandes caisses de vaisselle et un certain nombre de lingots qui furent expédiés à Balbi. Dans les caisses publiques de la ville on saisit également une somme de 37,905 lires ([2]).

La contribution de guerre imposée à la province de Lodi fut comprise dans les 20 millions mis à la charge de la Lombardie. Nous donnerons, au chapitre : Milan, le tableau de répartition de cette somme entre toutes les provinces de la Lombardie.

La population de Lodi, malgré certaines apparences, fut longue à se rallier. En 1797, on dut même placer la ville en état de siège à cause de certains désordres. La création d'une garde nationale pour le compte de la République cisalpine y rencontra notamment une vive résistance; on escomptait toujours le succès des armes autrichiennes, bien qu'il s'éloignât de plus en plus. Mais, dès que la paix fut certaine, les esprits se modifièrent. On célébra avec toutes sortes de réjouissances la fête du 22 septembre; un banquet populaire eut lieu sur la grande place et, dans un livre ouvert sur un autel à la Liberté, les députés des communautés allèrent signer leur

1. *Corresp. Nap. I*[er], III, 50.
2. *Compte du payeur général*, archives nat., série AF[III], n° 198.

vœu de « rester libres, mais d'être les alliés éternels de la République française (1). »

Les femmes de Lodi — question de milieu peut-être — firent beaucoup moins parler d'elles que celles de Milan et des autres grandes villes. Un officier français resté en garnison à Lodi écrivait à un journal de Milan, *il Termometro politico*, numéro du 19 novembre 1796 : « A notre arrivée ici, nous avions vu avec grand plaisir les femmes se montrer empressées auprès des officiers français, et désireuses de devenir des citoyennes. Mais, au bout de quelque temps, elles ne parurent en public qu'avec des toilettes négligées et d'un désordre affecté. C'étaient leurs maris qui, par jalousie, leur interdisaient toute parure, dans la crainte qu'on fît trop facilement leur conquête. »

Il paraît, au surplus, qu'un certain nombre d'officiers avaient des femmes à leur suite, car un ordre du jour daté de Lodi, 11 mai 1796, porte : « Il est expressément défendu à tout officier, de quelque grade qu'il soit, d'avoir des femmes avec lui; en conséquence, le général en chef ordonne à ceux qui en ont, de les renvoyer sous vingt-quatre heures au delà du Pô (2). »

Les choses se passaient de même dans les autres armées. Lorsque Bernadotte alla rejoindre avec sa division l'armée d'Italie, Bonaparte lui écrivit : « ... Je vous félicite de votre règlement sur les femmes. C'est un abus à proscrire. »

Bernadotte n'y allait point de main morte. « Toutes

---

1. Anelli, *Notizie storiche*.
2. *Correspond. Nap. I*[er], I, 823.

les femmes — portait l'ordre — non autorisées par le conseil d'administration, devront s'éloigner dans les vingt-quatre heures, à défaut de quoi elles seront arrêtées, barbouillées de noir et exposées pendant deux heures sur la place publique (¹). »

Il paraît que les femmes excitaient les soldats au pillage et causaient de grands désordres dans les villes de séjour. Bonaparte se montra aussi sévère que Bernadotte. Il défendit expressément aux demi-brigades d'avoir à leur suite plus de femmes que la loi ne leur en accordait comme blanchisseuses. Celles autorisées portaient une médaille. Toute femme non pourvue de la médaille de blanchisseuse recevait une correction publique, était chassée et reconduite à deux étapes en arrière (²). Tout officier qui se faisait suivre de sa femme même légitime (?) était passible de destitution. Mais il y avait exception pour les généraux, à la condition qu'il n'en résultât pas de scandale. Pendant que le général de brigade Dufresse était cantonné à Mestre, sa femme s'étant approprié un certain nombre d'objets et notamment une voiture appartenant au propriétaire de la maison affectée au quartier-général, Bonaparte se contenta d'en ordonner la restitution sans sévir contre le mari (³).

Certains officiers traînaient même derrière eux des voitures, pâles reflets des fameux « fourgons d'Augereau, » pour y charger le butin provenant du pillage. Les généraux divisionnaires, sauf Sérurier et

1. *Corresp. Nap. Ier*, II, 146.
2. *Ib.*, II, 560.
3. *Ib.*, III, 228.

Baraguey d'Hilliers, fermaient les yeux, mais, en revanche, malheur à ceux dont la voiture était vue par Bonaparte ! A Vérone, il fit brûler devant les troupes celle qu'un officier emmenait avec lui sur le plateau de Rivoli. Les officiers de la 85ᵉ ayant porté plainte devant lui contre un de leurs camarades qui avait pillé, il le destitua sur-le-champ.

Le quartier-général resta plusieurs jours à Lodi, et Bonaparte profita de ce répit pour réorganiser son armée. Il y eut quatre divisions d'infanterie : Ménard (remplaçant La Harpe), Augereau, Masséna et Sérurier. Le général Kilmaine succéda à Stengel dans le commandement de la cavalerie.

Quelque occupé qu'il fût des intérêts qui lui étaient confiés, de sa grandeur et de son avenir à lui, Bonaparte avait encore du temps pour s'abandonner à des sentiments d'une autre nature ; il pensait sans cesse à sa femme. Il la désirait, il l'attendait avec impatience. On a vu qu'il l'avait quittée peu de jours seulement après le mariage ; il parlait souvent d'elle et de son amour avec l'épanchement, la fougue et l'illusion d'un très jeune homme. Les retards continus qu'elle mettait à son départ le tourmentaient péniblement, et il se laissait aller à des mouvements de jalousie et à une sorte de superstition qui étaient fort dans sa nature.

« Dans un voyage fait avec lui à cette époque (après Lodi), et dont l'objet était d'inspecter les places du Piémont remises entre nos mains, un matin, à Tortone, la glace du portrait de sa femme, qu'il portait toujours, se cassa ; il pâlit d'une manière effrayante, et l'impression qu'il ressentit fut des plus douloureuses. « Marmont, me dit-il, ma femme est

« bien malade ou infidèle. » Alors il ne vivait que pour elle ; pendant longtemps il en a été de même ; jamais amour plus pur, plus vrai, plus exclusif, n'a possédé le cœur d'un homme, et cet homme était d'un ordre supérieur ([1]) ! »

De Lodi, Bonaparte écrit à Joséphine une lettre des plus pressantes... « Je ne suis pas jaloux, mais inquiet. Viens de suite ou je tomberai malade. Les fatigues de la guerre et ton absence, c'est trop. Junot porte à Paris 22 drapeaux, tu dois venir avec lui, comprends-tu ? Et s'il revenait seul..... ce serait un désastre sans remède, un chagrin sans consolation possible. Viens, viens, accours ([2]) ! »

Et comme elle tarde encore, il écrit à Carnot, quelque temps après : « Je suis désolé, ma femme n'arrive pas. Peut-être a-t-elle un amant qui la retient à Paris. Que toutes les femmes soient maudites ([3]) ! »

Ce n'est pas le lieu d'examiner si, dès les premières années qui suivirent le mariage, Joséphine mérita d'être soupçonnée. Marmont le croit, mais son témoignage est suspect. Les uns lui donnaient pour amant — à cette époque — Barras ; d'autres, un nommé Saint-Romans. Ce qui est certain, c'est qu'elle ne tenait pas à quitter Paris, où les premières victoires de Bonaparte lui créaient déjà une situation exceptionnelle, que tout l'encens des Italiens ne lui ferait pas oublier. Les adversaires de la France — elle le savait peut-être — ne l'avaient point ménagée ; avant de partir pour Milan, elle y

---

1. *Mémoires de Marmont*, I, 321.
2. Ernesto Masi, *Li due Moglie di Napoleone I*.
3. *Ibid.*

était connue comme une femme charmante (*leggiadra*), mais légère ; un écrit vénitien alla même jusqu'à la traiter de *prostituée*, mais les Vénitiens n'étaient-ils point capables de tout ! On verra, par la suite, qu'elle n'eut pas à se repentir du séjour de dix-huit mois qu'elle fit au quartier-général de l'armée d'Italie.

Après la bataille de Lodi, la Suisse, qui s'était vantée trois mois auparavant d'accueillir avec bienveillance les émigrés et les prêtres français, expulsa du même coup les uns et les autres sur une simple injonction du Directoire. Mallet du Pan, qui se prétendait quelque peu citoyen de Berne, échappa à la mesure générale ; mais on verra dans la suite de ce livre que l'heure du départ n'était pour lui que retardée. Le roi de Sardaigne lui-même poussa la courtoisie envers la République jusqu'à informer le Directoire que la dynastie de Savoie s'était accrue d'un prince nouvellement né ([1]).

« Après Lodi, répétait Napoléon à Sainte-Hélène, j'entrai en malice avec le Directoire. » Voici à quelle occasion. Nous avons dit que Bonaparte, prenant le commandement de l'armée d'Italie, n'avait tenu aucun compte du plan de Carnot, qui consistait à courir sus aux Autrichiens sans se préoccuper de leur contingent piémontais. Les résultats foudroyants obtenus par le général en chef, au lieu de convaincre Carnot de son erreur, lui en firent commettre une deuxième, doublée d'une criante injustice. Ecoutons sur ce point M. Thiers, qui n'est guère suspect : « Le

---

1. Thibaudeau, *Mémoires sur la Convention et le Directoire*, II, 127.

Directoire était enchanté de ses services. Carnot, en lisant ses dépêches, écrites avec énergie et précision, mais avec une imagination extrême (!), fut épouvanté de ses plans gigantesques. Il trouvait, *avec raison*, que vouloir traverser le Tyrol et franchir les Alpes une seconde fois, était un projet trop extraordinaire et même impossible ; mais, à son tour, pour corriger le projet du jeune capitaine, il en concevait un autre bien plus dangereux. La Lombardie conquise, il fallait se replier, suivant Carnot, dans la Péninsule, aller punir le Pape et les Bourbons de Naples, et chasser les Anglais de Livourne.

« Opposant la *raison la plus lumineuse aux erreurs du directeur Carnot*, il dit qu'il fallait toujours faire face aux Autrichiens et ne s'occuper que d'eux seuls (1). »

Ainsi, Bonaparte a tort, mais sans se tromper ; Carnot a raison, mais en faisant erreur : tel est le *criterium* de M. Thiers. Ce que ne dit point l'illustre historien du Consulat et de l'Empire, c'est que Carnot connaissant le peu de sympathie du général Kellermann pour Bonaparte, prétendait scinder en deux parties l'armée d'Italie, forte alors de 40,000 hommes, confier le commandement de l'une à Kellermann pour continuer la campagne contre les Autrichiens, et laisser l'autre à Bonaparte pour marcher sur Rome et Naples. Donner pour adversaires au vainqueur de Lodi les hallebardiers du pape et les *ladri* du Bourbon napolitain, était une conception digne des démocrates du Directoire, — précurseurs d'autres démocrates — à qui portait déjà ombrage

---

1. *Hist. de la Rév.* VIII, p. 290, édition de 1827.

une renommée éclose en quatre semaines — tout au plus (¹) !

Bonaparte, dans une réponse fort digne (²), offrit sa démission, mais Carnot refusa de l'accepter par crainte de l'opinion publique, déjà portée, à cette époque, à soupçonner même son patriotisme. Marmont, qui était présent lorsque Bonaparte, à Lodi, reçut la lettre du Directoire, se borne à dire : « On devine d'où partait le coup. » Supposons un instant que Bonaparte, plus malicieux encore qu'il ne croyait l'être, eût accepté le démembrement de son armée, que serait-il advenu ? Avec ses quinze ou vingt mille hommes, Kellermann eût été battu à la première rencontre, puisque Bonaparte, avec le double et son génie en plus, fut deux fois à deux doigts de sa perte, devant Castiglione d'abord, à Arcole ensuite. Il eût donc fallu bientôt en revenir à lui et le replacer à la tête de l'armée d'Italie, mais dans quelles conditions ! Et quel cas le Directoire, Carnot lui-même, faisaient-ils, dans ces bas calculs, de l'intérêt suprême de la patrie ?

Ombriano est un petit village situé entre Crema et Lodi, comptant quelques centaines d'habitants, et qui eut son jour d'épreuves pendant la campagne de 1796.

Il y a une dizaine d'années, le curé de cette paroisse, déplaçant un tableau de son église, fit tomber sur l'autel un papier vieilli et enseveli dans la poussière. C'était un manuscrit qu'on avait caché

---

1. V. Lettre de Carnot au général en chef, dans la *Corresp. inédite, officielle et confidentielle de Napoléon Bonaparte*, I.
2. *Corresp. Nap. Ier*, II, 384.

entre la toile et le mur et qui était ainsi conçu :
« Pour l'histoire de mon église, moi, Angelo, curé d'Ombriano, je déclare être né le 29 juin 1750 et être arrivé comme curé dans cette paroisse en 1791... En 1796, l'empereur étant en guerre avec la France, je vis, le 9 mai, passer les troupes autrichiennes avec leur artillerie, se retirant du Piémont, de Milan et des autres villes de la région ; le passage dura trois jours et trois nuits. C'était un grand spectacle. Le 10 mai, les soldats campèrent dans cette paroisse, partie aux Geroli, partie aux Sabbioni près Pilastrello. La cavalerie napolitaine, forte de 4,000 hommes, occupait les alentours de mon église. Le 11, sur les douze heures italiennes, l'armée se dirigea vers Soncino et Brescia et, en moins de trois heures, je vis défiler 40,000 hommes marchant dans le plus grand ordre. Le même jour, vers midi, eut lieu la bataille de Lodi ; le soir et toute la nuit on transporta des blessés autrichiens.

« Le 12 mai, sur les douze heures italiennes, arrive à Ombriano l'avant-garde française ; elle entre par la porte Crema, à la grande stupéfaction de mes paroissiens qui ne s'attendaient pas à son passage. A midi, tout le corps d'armée français est à Ombriano, avec les généraux Rusca, Berthier et le commissaire Saliceti. Les soldats, harassés de fatigue, affamés, pillent toutes les maisons, et cela d'autant plus aisément que beaucoup d'habitants s'étaient réfugiés dans les marécages voisins des Mosi, où ils se croyaient inexpugnables.

« Je me trouvais moi-même à Copergnanico, distant de deux kilomètres d'Ombriano, avec Francesco Donati, lorsque nous fûmes enveloppés par un peloton de douze hussards français, qui nous dépouillèrent de tout ce que nous portions sur nous, en pointant leurs sabres et leurs pistolets sur nos poitrines. Après nous avoir bien maltraités, ils nous laissèrent sains et saufs, mais craignant d'en rencontrer d'autres, nous montâmes dans le moulin d'Ombriano d'où, cachés sous les roues, dans une petite encoignure, nous vîmes les Français mettant au pillage mon presbytère. J'y rentrai le lendemain seulement, et le retrouvai sens dessus dessous, les armoires défoncées, la vaisselle, les bouteilles et les verres cassés. Je pénétrai ensuite dans l'église, profanée cruellement. Mais, écoutez cette aventure étrange. Toutes les femmes de la paroisse, avec leurs plus belles toilettes, s'étaient réfugiées dans l'église à l'arrivée des Français, et s'y étaient renfermées. Les soldats, furieux de ne pouvoir abattre les portes, passèrent par le presbytère, entrèrent dans la sacristie, et trouvant solidement attachée la porte qui ouvre sur l'église, tirèrent des coups de fusil dans la serrure, espérant la faire sauter. Vous trouverez encore dans le mur la trace d'une de leurs balles. La serrure n'ayant point cédé, les soldats montèrent au nombre de trois sur ma toiture d'où, en brisant une petite fenêtre, ils se laissèrent glisser dans l'église et en ouvrirent les portes à leurs camarades. L'église fut bientôt envahie par les grenadiers qu'accompagnaient deux soldats à cheval; les femmes épouvantées jetaient des cris lamentables, mais il leur fallut, au milieu des évanouissements et des brutalités de toute sorte, livrer tout ce qu'elles avaient emporté avec elles de précieux. Après quoi, les Français firent main basse sur trois calices, deux ciboires, des galons et des franges d'or, tout le linge sacré, et brisèrent les troncs..... »

Ce manuscrit est déposé chez le curé d'Ombriano.

Il a été parlé de « l'heure italienne » dans le récit qu'on vient de lire. Comme il en sera question plus d'une fois encore au cours de ce livre, nous devons expliquer par quels principes elle était réglée. Les heures se comptaient de une à vingt-quatre sans interruption, d'un coucher du soleil à l'autre coucher. Les almanachs indiquaient, non par jour, mais par période de jours, la référence de ces heures avec les heures françaises. La première heure commençait un quart d'heure environ après le coucher du soleil. L'*Angelus* (*Ave Maria* en Italie) en avertissait le public. Et comme, d'une part, le coucher du soleil varie de jour en jour, que, d'autre part, il eût été difficile de régler l'heure chaque jour, on divisait l'année en quatre périodes.

Du 15 avril au 31 mai, minuit de France correspondait à cinq heures en Italie; le lever du soleil à dix heures, et midi à dix-sept heures. La même marche était suivie du 1er septembre au 31 décembre. Du 1er juin au 31 août, minuit de France correspondait à quatre heures en Italie, et midi à seize heures; il en allait ainsi du 1er janvier au 14 avril[1].

Ce système était une importation de l'Orient, où il est encore en usage chez certains peuples. Afin d'éviter toute équivoque, les généraux français avaient soin, dans les conventions qu'ils passaient avec les municipalités, de stipuler toujours que l'heure française servirait seule de règle. Après la paix de Campo-

---

1. *Mémoires de Landrieux*, déjà cités, chap. xx.

Formio, elle fut substituée partout à l'heure italienne. C'est vraisemblablement par réminiscence de cet antique usage, que le cadran de l'horloge de la place Saint-Marc, à Venise, est encore divisé en vingt-quatre demi-heures.

A la poursuite des Autrichiens.

Le *castello* de Pavie.

CHAPITRE CINQUIÈME

PAVIE

Le pont du Tessin. — Excès commis par les Autrichiens. — L'Université et Charlemagne. — Souvenirs de François I I er. — Arrivée de la division Augereau. — Aspect misérable des officiers et soldats. — Manuscrit d'un conservateur au Musée, témoin des événements. — Autre manuscrit. — Les tribulations d'une actrice. — La signature d'Augereau protestée. — Les républicains de Pavie plantent un arbre de la liberté. — Insurrection des paysans. — Il s'enferment dans Pavie. — L'archevêque de Milan et l'évêque de Pavie prêchent vainement la paix. — La répression. — Le pillage pour dix-huit heures. — Scènes émouvantes. — Un dîner de dragons chez l'auteur de l'un des manuscrits. — Un receveur qui jette l'argent par la fenêtre. — Après le pillage. — La concorde rétablie entre soldats et habitants. — Français et Pavésiennes. — La municipalité mise en accusation. — Les ôtages. — Le mont-de-piété. — Singulière théorie de M. Thiers sur la spoliation des monts-de-piété. — Monge et Berthollet au jardin botanique de Pavie. — La Chartreuse. — L'insurrection des paysans à Binasco. — Cruelle répression. — Larmes de Bonaparte devant l'incendie de Binasco.

Pavie, autrefois *Ticinum*, du fleuve Tessin qui la baigne, puis *Papia*, après le concile qui s'y tint en 698, et enfin *Pavia*, s'appelle aussi la *Ville aux cent tours*, — parce que celles-ci y sont plus nombreuses que dans toute autre cité de l'Italie, — et la ville de la *Mal'aria*, parce qu'il est prudent pour un étranger de n'y point séjourner pendant la saison des chaleurs. Pétrarque a pourtant chanté son « climat salubre, » mais les changements introduits dans la culture, l'extension donnée aux prairies, et les nombreux canaux d'irrigation — non curés — qui sillonnent le territoire, ont fait perdre à Pavie cet antique renom. Les Pavésiens se chargeraient, au besoin, de lever toute espèce de doute sur ce point, par l'empressement qu'ils mettent à s'enfuir dès qu'arrive le solstice. Leur villégiature ordinaire est Montebello, où ils possèdent des villas sur les hauteurs rendues célèbres par les combats de 1800 et de 1859.

L'insalubrité du climat de Pavie n'existait pas encore en 1796, car Bonaparte fit installer dans le *castello*, d'abord un hôpital général comprenant 2,000 lits et, plus tard, un hôpital particulier pour les vénériens [1].

Ce n'est point l'espace intérieur qui manque à Pavie : des rues larges, des places nombreuses et vastes y rendent la circulation facile. Le Tessin, qui lui fait une splendide ceinture de végétation et d'arbres, a beaucoup d'eau en surface, mais peu en profondeur. Là, comme à Lodi pour l'Adda, le niveau moyen a singulièrement baissé, car les Autrichiens,

---

1. *Corresp. Nap. I*er*, I, 707.

en 1796, avaient pu faire arriver à Pavie, par le fleuve, des barques de fort tonnage, chargées d'armes, de munitions et de sel, tandis que le tirant d'eau ne peut servir aujourd'hui que pour le canotage. Le pont couvert sur le Tessin est une construction originale, contemporaine de celles de la Chartreuse et du castello. Sur une longueur de 200 mètres, d'une rive à l'autre, ce pont est protégé par une grosse charpente en bois formant toiture, et reposant à droite et à gauche sur d'énormes pièces de bois simplement équarries. Cette défense, qui ne résisterait pas aujourd'hui au moindre feu d'artillerie, était jugée alors inexpugnable.

Les Pavésiens ont toujours attaché un grand prix à la conservation de ce pont. En 1796, les Autrichiens, poursuivis par Bonaparte après la victoire de Mondovi, s'étaient retirés sur Pavie, persuadés que les Français viendraient leur livrer bataille à l'endroit même où, 250 ans plus tôt, ils avaient « tout perdu, fors l'honneur. » — « Beaulieu, écrivait Bonaparte au Directoire, a cru que les Républicains se montreraient aussi incapables que François Ier. » Déçu dans ses prévisions, et forcé de quitter précipitamment Pavie devant les soldats d'Augereau qui, déjà, étaient sur ses talons, le général Melcalm voulut du moins ne pas s'éloigner les mains vides. Il menaça donc les Pavésiens de faire sauter le pont couvert, s'ils ne lui versaient dans les six heures une somme de cinq cent mille francs. La municipalité effrayée lui envoya des délégués pour essayer de le fléchir. Alors, avec l'habileté d'un commissionnaire rompu aux affaires, Melcalm leur proposa une opération sur marchandises : il leur vendait les approvisionnements militaires de Pavie, ainsi que les chargements sur le Tessin apportés par les barques dont nous avons parlé, tout en sachant mieux que personne que magasins et barques allaient tomber au pouvoir des Français, et que la ville de Pavie, après les avoir payés, n'en tirerait aucun profit. Les trompettes de la cavalerie d'Augereau vinrent heureusement l'arracher à ses combinaisons; il se contenta de 40,000 francs pour ne point incendier la ville, mais, par un raffinement de vengeance, il fit sauter une des arches du pont, n'ayant pu les faire sauter toutes [1].

Un seul mot sur cet épisode. On a vu et l'on verra encore, dans la suite de ce livre, de la part des soldats français, des actes de brigandage de nature, comme l'écrivait Bonaparte au Directoire, « à faire rougir d'être homme. » Mais, du moins, ce brigandage s'exerçait en pays ennemi, tandis que la population de Pavie était toute dévouée à l'Autriche ; ces « brigands » crevaient de faim, par la faute de Carnot et de Barras, et ils se battaient, au début, autant pour leur existence que pour la gloire; enfin, s'ils ont pillé plus qu'il ne convient même à une soldatesque affamée, les Français ne furent jamais infâmes dans leurs rapports avec les populations, tandis que Melcalm le fut à Pavie. Les amateurs de phrases toutes faites répètent que « le brigandage fut toujours la plaie de l'armée d'Italie... » Oui, jusqu'à l'arrivée de Bonaparte, qui sut le réprimer en grande partie, d'abord par l'ascendant qu'il exerçait sur le

---

1. *Manuscrit de Fenini*, à la bibliothèque de l'Université de Pavie. — Cusani, *Storia di Milano*, IV.

soldat, ensuite par l'abondance au milieu de laquelle vécut l'armée tant que dura son commandement. Les Autrichiens opéraient dans leur propre pays, à portée de leurs garnisons et d'approvisionnements de toute sorte : en ont-ils moins pillé ?

Les souvenirs français sont nombreux à Pavie, quoique l'origine de la ville soit toute italienne. Charlemagne en fit la capitale du royaume lombard après la chute de Désiré, et voulut qu'elle devînt le centre des études pour toute la Lombardie. Ce fut la première aurore de l'Université actuelle, car les successeurs des premiers Carlovingiens à Pavie, de quelque nationalité qu'ils fussent, confirmèrent et étendirent ce privilège. C'est ainsi que Christophe Colomb, tout en étant originaire des environs de Gênes, dut passer un certain temps à Pavie pour y achever ses études et obtenir son diplôme.

Dès 1471, c'est-à-dire six ans seulement après la découverte de l'imprimerie, un journal paraissait à Pavie ; mais lors du sac de la ville par les Français, en 1500, ceux-ci s'emparèrent de la fameuse imprimerie, qui avait été installée dans le *castello*, et en enrichirent la bibliothèque de Blois.

Ce sac dura deux jours et inspira aux Pavésiens une haine violente contre la France. Aussi laissèrent-ils éclater leur joie quand vint l'horrible défaite, lorsqu'ils apprirent que François Ier venait d'être fait prisonnier. Celui-ci qui connaissait leurs sentiments demanda à Charles-Quint, comme une faveur, de n'être point ramené à Pavie, et il obtint d'être conduit au monastère Saint-Paul, situé hors des remparts, d'où il fut transféré quelques jours après dans la forteresse de Pizzighettone (¹), et de là à Gênes pour y être embarqué à destination de Naples ou de Madrid (²).

On peut lire encore, dans l'église *San Bagio* à Forli, une longue inscription latine en l'honneur d'un certain Cesare Ercolano, mort en 1534, qui aurait porté le premier coup — par derrière — au roi de France, à la bataille de Pavie. Dans l'église *San-Pietro-in-ciel-d'oro*, à Pavie, il y eut pendant longtemps une plaque en marbre indiquant les noms des principaux compagnons d'armes de François Ier, morts à ses côtés. Cette inscription a été recueillie à l'époque, et le texte en est reproduit par M. Magenta dans l'ouvrage que nous avons cité. Quant à la table de marbre, on suppose qu'elle a été dérobée au moment où les Français firent abattre le couvent attenant à l'église. Enfin, il existe dans la salle archéologique de l'Université, un marbre tumulaire qu'on a retiré du cimetière dans un intérêt historique, et qui porte une inscription en l'honneur d'un Français, tué également à la bataille de Pavie. Quel est son nom, pourquoi cette pierre isolée, il nous a été impossible de le savoir, la salle archéologique se trouvant fermée à cause des vacances, lorsque nous avons visité la bibliothèque de l'Université.

Pavie ne tarda point à être châtiée pour la joie qu'elle avait manifestée de la défaite des Français. Deux ans après, en octobre 1527, Lautrec la donna

---

1. La tour où François Ier fut enfermé à Pizzighettone porte encore le nom de *Torre di Francesco primo*.
2. Magenta profess., *Storia di Pavia*.

en pillage à ses soldats pendant huit jours. Tous les objets de valeur dont ils purent se saisir leur furent distribués ou expédiés en France; la ville était ruinée de fond en comble.

Tout ce passé, infiniment intéressant par lui-même, a de plus l'avantage d'éclairer les tristes événements qui se sont accomplis à Pavie en 1796, et dont les historiens, M. Thiers en tête, n'ont dit — et encore à leur manière! — que peu de mots. Pour les raconter, nous prendrons pour guides deux manuscrits qui existent à la bibliothèque de l'Université, l'un de Vincenzo Rosa, prêtre, qui était à cette époque conservateur au Musée; l'autre de Fenini, sans autre titre. Le manuscrit de Rosa porte comme suscription : *La insurrezzione ed il sacco di Pavia, avvenuti nel maggio 1796, da Vincenzo Rosa, Bresciano, custode al Museo della Università.* Nous reproduirons spécialement celui-ci, à cause de la position distinguée que l'auteur occupait à l'Université, mais en le complétant par Fenini sur certains points délicats, qu'il n'a sans doute pas voulu, en sa qualité d'ecclésiastique, faire entrer dans son récit.

Vendredi 13 mai 1796. — Un peloton de huit cavaliers français se présente au pont du Tessin. Immédiatement, la municipalité se porte à leur rencontre — l'évêque en tête, qui leur remet une longue lettre dans laquelle il les invite à dîner. Ils prennent la lettre et répondent *qu'ils ne sont pas le général et n'ont pas le droit d'accepter*. Ils entrent en ville, la lettre à la main, la montrent à tout le monde avec des éclats de rire, et se dirigent, au milieu d'acclamations enthousiastes, vers l'*Albergo di Lombardia*, où ils se font servir à dîner. L'accueil a été si fraternel qu'ils se promènent séparément dans la ville, où ils sont l'objet des plus grandes prévenances de la part de la population; puis, ils remontent à cheval, après s'être assurés que le passage du Tessin était libre.

14 mai. — Le général Augereau entre dans Pavie avec son état-major. La municipalité et l'évêque vont à sa rencontre à la *Porta delle Pertiche* (aujourd'hui porte Cavour), mais il arrive par la *Porta Cremona* (aujourd'hui porte Garibaldi). Augereau et ses officiers, suivis d'une escorte nombreuse, se rendent directement au palais civique (mairie), où la municipalité et l'évêque accourent pour les complimenter. La foule est énorme sur la place et dans les rues. Les vêtements des officiers et des soldats sont rapiécés, déchirés, usés, et font un singulier contraste avec les louanges obséquieuses que l'évêque adresse à cette troupe. A cinq heures, arrivée du reste de la division, environ 6,000 hommes. Ils campent un peu partout, à la belle étoile, car ils n'ont jamais avec eux ni tentes, ni bagages. Ils n'ont pas à proprement parler d'uniformes; les uns portent des pantalons, d'autres des culottes; ceux-ci des bottes, ceux-là des souliers; on en voit ayant des gilets ou qui portent le premier vêtement venu. L'habit est bleu avec collet rouge. Comme coiffure, j'en ai remarqué avec un chapeau, mais le plus grand nombre ont un casque en cuir, avec une aigrette en peau douce, ou en crin de cheval. Ils sont entrés musique en tête, avec un canon mêche allumée. Mais voyant devant eux des amis, ils ont mis leurs casques au bout de leurs baïonnettes pour rendre les saluts. — La municipalité leur fait servir 6,000 bouteilles de vin, du pain frais et de la viande. C'est la première fois sans doute depuis longtemps qu'ils se voient à pareille fête.

15 mai. Pentecôte. — Qui nous aurait dit à Pâques que les Autrichiens ne seraient plus ici pour la Pentecôte!... et que nous y verrions les Français! La moitié de la population porte déjà la cocarde tricolore.

17 mai. — On devait planter ce soir à cinq heures l'arbre de la Liberté sur la *Place grande* (en face de la mairie d'alors). C'était un mât orné de drapeaux tricolores. Mais les républicains de Pavie n'ont voulu ni de ce mât ni de la *Place grande*, à cause de son voisinage. Ils sont allés dans les champs déplanter un grand peuplier de l'âge d'homme, et l'ont, avec beaucoup de peine, amené sur la place du Dôme pour l'installer. A ce moment, les discussions s'échauffent, et le général Rusca — un Niçois[1] qui a fait ses études à Pavie — appelé à trancher la difficulté, s'en tire par ces mots : « Faites comme vous voudrez! » L'arbre est hissé, mais, dans la dispute, on a oublié de prendre certaines précautions, et il retombe lourdement sur le sol, au risque de tuer plusieurs personnes. Sa cime était cassée, mais on la remplace par le bonnet phrygien, et cette fois il est solidement planté.

18 mai. — Le bruit court que les paysans des environs de Pavie ont abandonné leurs travaux, et se réunissent en armes pour chasser les Français.

20 mai. — Grand dîner de 300 couverts offert par

---

1. Une des casernes de Nice porte le nom de *Caserne Rusca*.

la municipalité aux officiers français. Une actrice vient les inviter pour la représentation du soir au théâtre; les officiers la retiennent à dîner et elle accepte.

21 mai. — Toutes les troupes, moins 400 hommes à peu près, sont parties aujourd'hui pour Milan, avec Augereau et Rusca. Chose merveilleuse! ces soldats triomphants, d'un caractère peu soumis, manquant totalement du nécessaire, d'une nature extrêmement fière et vive, n'ont causé ici aucun trouble, pas le moindre désordre. Mais ce qui est plus remarquable encore, c'est que ces hommes mourant de faim, de taille généralement petite, affaiblis, exténués par les fatigues et les privations, sans vêtements ni chaussures, et que l'on prendrait pour le rebut d'une population misérable, aient vaincu l'armée autrichienne, qui avait de tout en abondance, vivres, vêtements, canons, magasins de toute espèce, et qui est composée de gaillards de haute taille, robustes et aguerris! — La représentation d'hier soir au théâtre a été manquée, toutes les places ayant été occupées par les invités, ou par d'autres qui ne payaient point. L'actrice en a été pour ses frais. Elle s'est adressée au général Augereau pour se faire indemniser. Il lui a remis avant de partir un *bon* de 70 zecchini (1,050 fr.) sur la municipalité ; mais celle-ci profita de ce que le général avait quitté Pavie pour demander à l'actrice de réduire ses prétentions. Elle finit par accepter 15 zecchini (225 fr.).

Fenini ajoute, dans son manuscrit, que le général Augereau, avant de remettre le *bon* à l'actrice, « la retint près de lui pendant quelques heures. Il avait quitté Pavie à onze heures, et lorsqu'elle se présenta à la municipalité, vers une heure, il était trop tard. Mais, en acceptant les 15 zecchini qui lui étaient offerts, elle déclara que le général lui ferait rendre justice. »

23 mai. — Le bruit se répand que les Français ont été battus du côté de Mantoue. Vers huit heures du matin, des individus abattent le bonnet phrygien qui est sur l'arbre de la liberté, puis l'arbre lui-même. On fait prisonniers les soldats français qui sont trouvés en faction. A neuf heures, les paysans entrent dans la ville, armés et formés en bataillons. Le tocsin sonne à l'église *del Carmine*. A dix heures, les paysans tuent ceux qui portent la cocarde tricolore; on crie : « Vive l'empereur! vive la maison d'Autriche! » A onze heures, le général Haquin va protester devant la municipalité contre l'arrestation des soldats, mais la foule veut l'assassiner, et ne lui laisse la vie qu'en le faisant à son tour prisonnier. Un combat s'engage entre les paysans et les soldats renfermés dans le *castello*. J'aperçois cette lutte de ma fenêtre, et il me semble voir la place couverte de morts et de blessés. Je me retire le cœur oppressé. Un instant après, une balle vient frapper contre mes volets. — On continue à annoncer l'arrivée des Autrichiens.

25 mai. — Les Français abandonnent le *castello* au nombre de quatre-cent-cinquante, en vertu d'une convention portant que le général Haquin aura la vie sauve, et que chacun d'eux en quittant le fort sera accompagné de deux citoyens — prêtres ou bourgeois — qui en répondront sur leur tête. Le *castello* est aussitôt envahi par les paysans et la foule. On m'invite à y entrer, je refuse, car je n'ai que des coups à y recevoir, soit de la part des paysans qui me trouveront peut-être trop modéré, soit de celle des Français qui vont arriver de Milan et qui menacent de tout détruire. Je retourne chez moi et je m'y blottis. — L'archevêque de Milan vient d'arriver; il a prêché la paix, mais on n'a pas voulu l'écouter. — Le canon gronde; ce sont les Français qui enfoncent la *Porta della Citta* (aujourd'hui porte de Milan). A la sommation qui leur fut adressée de se rendre, les paysans répondirent qu'ils se défendraient tant que Pavie aurait des murs [1].

L'épouvante est générale; chacun s'enfuit ou se cache dans les caves. La petite famille qui habite dans ma maison se prépare à aller se réfugier chez des parents éloignés du *castello*. Je prends aussi une décision. Je ne resterai pas seul dans ma propriété. Je sors par une issue détournée, car je suis certain, en prenant la grande rue, de me trouver en présence des Français. Je ne rencontre que des gens éperdus, cherchant partout un coin où se cacher; pas une croisée ouverte, pas une porte qui ne soit barricadée; on dirait un désert ou une maison de fous. Le tocsin sonne dans les campaniles; les bombes éclatent dans les rues, mais j'observe que les Français visent surtout les campaniles, pour faire taire les cloches. — J'arrive anxieux, bouleversé, chez mon ami Pozzi, intendant des finances. La famille venait de dîner et se préparait à fuir hors de la ville... mais de quel côté? Les portes de terre sont assiégées par les Français; reste le pont du

---

1. V. *Corresp. Nap. Ier*, I, 421.

Tessin, mais alors on tombe au milieu des insurgés. « Mieux vaut, leur dis-je, rester ici. Quant à moi, si la mort m'attend, je préfère qu'elle vienne me chercher, plutôt que d'aller à sa rencontre. » On goûte fort mon avis. Les oreilles collées aux jalousies, nous entendons crier que les Français sont battus, et n'ont plus de canons; mais au même instant, une bombe éclate devant la porte et nous plonge dans une indicible frayeur. « Il faut partir! il faut partir! s'écrie Madame Pozzi, quand même nous devrions passer devant les canons; mieux vaut mille fois la mort qu'une situation semblable. »... Ils partent donc, laissant à ma surveillance la maison et les domestiques, trois hommes et deux femmes. Je recommande à ceux-ci de ne faire aucun bruit, et de ne pas s'éloigner de moi un seul instant. — Il est cinq heures et demie; la canonnade devient furieuse, les balles s'aplatissent sur les murs, on sent l'approche des Français. Leurs cavaliers parcourent les rues avec la vitesse de la foudre, tuant tous ceux qu'ils rencontrent... Le tocsin a cessé. On entend au loin de grandes clameurs, écho d'une lutte terrible. A ce moment on frappe, c'est le cocher qui, n'ayant pu suivre la famille, est revenu à toutes jambes. Impossible de lui ouvrir. Apercevant des dragons au bout de la rue, il se hisse, je ne sais comment, par les barreaux en fer, jusqu'à notre croisée, et vient tomber plus mort que vif dans la chambre. Il était temps, car une fusillade atroce est aussitôt dirigée contre la fenêtre.

[Le cocher raconte qu'à l'arrivée de la voiture au pont du Tessin, un prêtre qui commandait le poste des insurgés refusa absolument de la laisser passer;

que Mme Pozzi dut l'implorer à chaudes larmes, en lui montrant ses enfants, et qu'il ne donna d'*exeat* que pour la famille, le refusant énergiquement pour le cocher.](1)

Le général en chef Bonaparte est arrivé ; on dit qu'il est descendu au collège *Novarese*. Il est suivi sur la place du *Castello* par l'archevêque de Milan, l'évêque de Pavie et beaucoup de notables. Les causes premières de l'insurrection ne paraissent pas faciles à établir ; la bourgeoisie semble avoir eu des torts. Pour l'en punir, Bonaparte autorise le pillage pendant trois heures. L'infanterie se répand alors dans les rues de la ville. Toutes les boutiques de la *Strada Nuova* (aujourd'hui *cours Victor-Emmanuel*) sont enfoncées et dévalisées.

[Les soldats, tant cavaliers que fantassins, se divisent par groupes de huit, dix, douze, suivant les circonstances. Chaque groupe a une ou plusieurs maisons à piller. La *Strada Nuova* est la plus maltraitée, comme étant la plus commerçante, et s'offrant la première devant la *Porta della Citta*, par où sont entrés les Français. Les portes, les volets, toutes les barricades que les habitants ont pu disposer pour se protéger, volent en éclats, si l'on n'ouvre pas à la première sommation. La nuit venue, le clairon de la ville donne l'ordre d'éclairer toutes les fenêtres pour faciliter le pillage. Les soldats sont porteurs de listes indiquant les maisons à piller de préférence. Pour trouver les objets cachés, et surtout l'argent, ils ont un flair étonnant. Un riche négociant de la *Place grande* avait dissimulé son or dans un tas de

---

1. La partie entre crochets est tirée du manuscrit de Fenini.

charbon, placé à dessein sur un passage commun, c'est-à-dire à la portée de tout le monde, et le croyait en sûreté. La première chose que font les dragons en arrivant, c'est de retourner le dépôt de charbon et de mettre la main sur le magot. Fort heureusement, ils ne montent jamais plus haut que le premier étage, et comme on le savait, c'est dans les étages supérieurs que les habitants ont pu cacher et sauver beaucoup d'objets précieux].

Un capitaine et vingt dragons ([1]), après avoir pris des informations dans le voisinage — ce que j'apercevais de ma fenêtre — viennent faire branle-bas à la porte. Je fais ouvrir sur-le-champ. Ils se présentent avec leurs sabres rouges de sang, ou ayant leurs lames brisées. Ils me demandent des chemises, du foin, et à manger pour quinze hommes. Je fais donner du foin et, pendant l'opération, ils me disent de leur livrer ma montre et l'argent que j'ai sur moi. Je m'exécute lestement, j'avais d'ailleurs peu d'argent. Sur l'article des chemises, ils admettent facilement mes excuses et n'insistent pas ; mais ils montrent une grande impatience pour la table et, voyant que les choses ne vont pas aussi vite qu'ils le voudraient, ils se mettent à fouiller dans tous les coins, espérant trouver quelque chose à manger. J'avais envoyé de suite le cuisinier aux provisions, mais ils ne veulent rien entendre, et finissent par me bousculer. Tout à coup l'un d'eux découvre un lot de vins étrangers, mais ils sont si pressés qu'ils ne prennent même pas la peine de déboucher les bouteilles, et font sauter les goulots avec leurs

---

1. C'est le 5ᵉ dragons qui se trouvait à Pavie ce jour-là.

sabres, emplissant le salon de vin et de morceaux de verre. Ensuite, deux autres vont choisir les plus beaux chevaux de l'écurie pour les emmener avec les leurs. — Le cuisinier est en retard ; sans doute il a trouvé tous les magasins fermés ; les dragons s'impatientent, je passe de nouveau un mauvais quart d'heure ; si c'étaient des cannibales, ils me mangeraient tout cru. Ils tombaient d'inanition. Leur fourrier est le plus enragé. Cependant il finit par me dire à l'oreille, tant en français qu'en latin : « Cette maison est exemptée du pillage ; veillez bien sur vos objets précieux, car il va se passer cette nuit des choses épouvantables. » — Cela ne me rend pas ma montre, mais qu'est-ce auprès des malheurs qui auraient pu nous arriver ? Il y en avait encore trois ou quatre dans le nombre, animés de bons sentiments ; ils déplorent tant de calamités ; un bon Flamand nous raconte en pleurant qu'un prêtre de grande taille, bien fait et d'un air très doux, a été tué sous ses yeux dans la grande rue, à coups de sabre, bien qu'il implorât à genoux miséricorde. — Le cuisinier arrive enfin, après une heure et demie d'attente. Le repas est vite préparé. Les dragons se mettent à table et me font une place à côté d'eux. Je n'avais rien pris non plus depuis vingt-quatre heures. On mange, on boit avec la gaieté la plus franche. La conversation s'anime : ils étaient si heureux ! A chaque rasade — et il y en eut beaucoup — on crie : « Vive la République ! vive la Liberté ! vive la brave Armée ! » Il y a aussi des *vivats* pour moi. Cela dura deux heures. — Tout à coup le clairon sonne, c'est le boute-selle. Avec la rapidité de l'éclair, la table est abandonnée, mes commensaux sont à cheval. Pour emmener les deux chevaux qu'ils ont choisis parmi les plus beaux de l'écurie, on les équipe de leurs harnais de gala et on les attelle au plus beau carrosse de la maison. Arrive le capitaine, il indique la route de Milan. Cet officier me recommande à son tour de tenir la porte bien close pour la nuit, et de ne l'ouvrir sous quelque prétexte que ce soit.

26 mai. — La nuit a été horrible. La *Strada Nuova* est jonchée de cadavres. A midi, le tambour annonce la fin du pillage. A cinq heures, Saliceti parcourt la ville à cheval, menaçant de mort quiconque continuera de piller. Cela met un peu de calme dans les esprits.

27 mai. — La terreur subsiste. L'archiprêtre du Dôme de Milan, qui accompagnait l'archevêque, est parmi les morts. Tout le monde s'accorde à dire que les soldats n'ont commis aucune offense aux personnes, pas même aux femmes, ce qui, de la part de Français, et surtout de soldats français, peut passer pour une merveille. On vend aujourd'hui, sur la *Place grande*, les marchandises provenant du pillage; toute la population est présente. — Je rentre dans ma maison; la petite famille, en se sauvant, avait cru prudent de bien fermer ses portes; les soldats les ont brisées, et le ménage a été mis sens dessus dessous. Moi qui, par mégarde, avais laissé ma porte ouverte, je retrouve mon intérieur absolument intact.

29 mai. — C'est dimanche, et les églises regorgent de gens recueillis. On dirait un monde nouveau. Les tabernacles et les sacristies dépouillés, dévalisés; les hosties jetées par terre,...... quel tableau!

1er juin. — Les Français se montrent aussi aimables envers la population qu'avant tous ces événements. Ils paraissent avoir de l'argent et sont bien fournis en pantalons, souliers et vêtements de dessous. Ils ont de beaux chapeaux et des montres; ils portent au côté ou à la main, en guise de canne, les épées qu'ils ont trouvées chez les bourgeois, mais sans quitter leur sabre d'ordonnance.

12 juin. — Par ordre de Bonaparte, on démolit tous les campaniles, sauf ceux qui ne sonnent que les heures.

13 juin. — Quatre commissaires français viennent choisir les plus beaux chefs-d'œuvre de l'art. Ils font un éloge exagéré de leur Buffon et de leur Lacépède.

2 juillet. — Les officiers se promènent souvent sans armes, mais en bel uniforme ou, comme ils disent, en *chicbera*. Les soldats se montrent affables pour les enfants; les femmes, de leur côté, ne cachent point leurs sentiments pour les Français, et beaucoup de ménages ne se montrent en public qu'accompagnés de militaires français.

13 juillet. — La municipalité s'est installée dans le palais *Mezza Barba* (où elle est encore aujourd'hui). Un professeur de l'Université ayant fait un discours d'apparat, où il demande qu'on élève une statue à Boëce avec le bronze des cloches des campaniles, le général Latrille, commandant de place, qui assistait à la cérémonie, l'interrompt pour lui dire que ce bronze appartient à la République française, et, sans laisser au professeur le temps de répliquer, il fait battre les tambours et jouer la musique, ce qui met fin au discours et supprime toute discussion.

VOLTA

Professeur à l'Université de Pavie, membre de l'Institut de France

Carlo Botta, de son côté, dit : « Aux supplications qu'il recevait, Bonaparte répondit que le sang de ses soldats assassinés, et la sûreté de son armée exigeaient ces cruautés, *ce qui est vrai*. Mais, si beaucoup de soldats furent abominables, beaucoup aussi montrèrent du cœur, firent mine de piller et rendirent discrètement les objets à leurs propriétaires. D'autres se battirent contre leurs camarades pour empêcher certaines atrocités, et l'on cita longtemps à Pavie le nom d'une jeune fille qui, au moment où elle allait être violentée, fut sauvée des mains des Français par d'autres Français. Enfin, s'il y eut des barbares, il n'y eut point de meurtriers. Personne n'a été tué ni blessé, quoique tout fût permis à la soldatesque. »

« La ville, dit Marmont[1], fut livrée au pillage et, quoique complet, les soldats n'y joignirent pas, comme il arrive souvent en pareil cas, le meurtre et d'autres atrocités. La maison du receveur de la ville était menacée, et ce malheureux croyait, en jetant son argent dans la rue, se préserver de l'entrée des soldats dans sa maison, tandis que sa conduite devait, au contraire, les y attirer. Le général Bonaparte, prévenu, me donna l'ordre de me rendre sur les lieux et d'enlever l'argent. Nous avions à cette époque une fleur de délicatesse qui me rendit l'obéissance pénible. Je craignais d'être soupçonné de faire tourner cette mission à mon profit. Je la remplis en murmurant, mais j'eus soin, en prenant et comptant le trésor, de me faire assister par tous les officiers que je pus réunir ; les sommes trouvées furent donc

---

1. *Mémoires*, I, 180.

remises avec une grande régularité. Plus tard, le général Bonaparte m'a reproché de ne pas avoir gardé cet argent pour moi, ainsi que dans une autre circonstance dont je ferai le récit, et qu'il avait saisie pour m'enrichir (1). »

La saisie des caisses publiques à Pavie donna 30,174 lires seulement ; la vente des cloches des campaniles qui avaient sonné le tocsin, 8,596 lires(2).

Le compte du payeur général ne porte que 231 onces d'argenterie provenant du mont-de-piété et remises à la compagnie Flachat pour la vente. Cependant Bonaparte écrivait au Directoire le 22 mai :

« Vous trouverez ci-joint l'état de ce que nous avons pris à Pavie ; c'est très considérable (3). »

Bonaparte rendant compte au Directoire des événements qui avaient nécessité cette répression terrible, terminait en ces termes : « Trois fois l'ordre d'incendier la ville expira sur mes lèvres. Tout à coup nos soldats accoururent vers nous en chantant des airs patriotiques, pour embrasser leurs libérateurs. Je fis faire l'appel, un seul était absent. S'il était tombé une tête, j'aurais détruit totalement la ville par le feu, et j'aurais fait élever à la place une colonne avec cette inscription : « Ici fut la cité de Pavie! » — Vingt ans plus tard, à Sainte-Hélène, il disait : « J'avais accordé le pillage pour vingt-quatre heures, mais les cris de la population me le firent

---

1. La prise du trésor de N.-D. de Lorette, suivant Marmont.
2. *Compte du payeur général*, archives nat., série AF III, n° 198.
3. *Corresp. Nap. Ier*, I, 186.

suspendre au bout de quelques heures. Je n'avais d'ailleurs avec moi que 1,500 hommes, et si j'en avais eu davantage, j'aurais infligé l'entier châtiment (1). »

L'indignation du général en chef venait beaucoup moins des événements de Pavie que de ceux de Binasco, dont nous parlerons bientôt. A Pavie — il le reconnaît lui-même — aucun de ses soldats ne manquait à l'appel, tandis que plusieurs avaient été « assassinés » à Binasco. Mais Bonaparte reprochait à la bourgeoisie de Pavie d'avoir favorisé — tout au moins de n'avoir pas même tenté d'empêcher l'insurrection des paysans, dont le foyer était à Binasco, et, sur ce point essentiel, Vincenzo Rosa, dont le manuscrit est impartial, lui donne formellement raison.

Le spectacle que présentait Pavie, après le pillage, est ainsi décrit par un témoin qui doit être véridique : « J'avais obtenu l'autorisation de quitter l'armée du Nord pour aller à Milan où nos troupes avaient fait leur entrée. Napoléon n'était plus à Milan; la révolte de Pavie venait d'éclater; on disait le général accouru des bords de l'Adige pour châtier la cité coupable. Je courus à Pavie. Sur la route, mes yeux furent frappés par les reflets lointains d'un incendie. C'était le village de Binasco livré aux flammes pour expier l'assassinat de plusieurs de nos soldats isolés. Je traversai ses ruines fumantes. Pavie m'offrit en peu d'instants un spectacle encore plus déplorable. Cette grande ville avait été livrée au pillage dans la matinée; les traces de sang n'é-

1. *Mémorial*, IV, 280.

taient pas encore lavées; les cadavres des paysans qui avaient refusé de se rendre n'étaient pas tous enlevés; on s'occupait de ces soins funèbres en dedans de la porte par où j'entrai. Les rues et les places étaient transformées en champs de foire où les vainqueurs vendaient à de hideux spéculateurs les dépouilles des vaincus..... Je ne pus demeurer près de mon frère qu'une demi-journée; il retournait le soir sur la ligne de l'Adige ([1]). »

La répression terminée, Bonaparte fit arrêter les membres de la municipalité — ceux-là mêmes qui avaient reçu Augereau et ses soldats de la manière que l'on sait, puis il se fit livrer des ôtages tant à Pavie qu'à Milan où, comme nous le dirons plus tard, les insurgés de Binasco avaient eu pareillement des complices. Les ôtages furent conduits sous escorte à Antibes pour y être internés([2]). Ses griefs contre les municipaux de Pavie sont exposés dans l'acte suivant que nous avons vu en original dans les archives de cette ville :

RÉPUBLIQUE FRANÇAISE, UNE ET INDIVISIBLE
LIBERTÉ — ÉGALITÉ

Milan, le 4 messidor an IV.

Bonaparte, général en chef de l'armée d'Italie, porte accusation contre les anciens officiers municipaux de la ville de Pavie, pour :

1º Avoir laissé se produire l'insurrection et les

---

1. *Lucien Bonaparte et ses Mémoires*, par M. le général Yung, I, 141.
2. *Corresp. Nap. Ier*, I, 507.

crimes commis contre l'armée française, sans en prévenir le gouvernement de la République, à qui ils avaient juré fidélité;

2º Avoir continué à exercer ses (*sic*) fonctions pendant l'insurrection;

3º Avoir recueilli et nourri les insurgés.

BONAPARTE (1).

Dans son rapport au Directoire, il avait dit : « Les officiers municipaux ont été fusillés. » Il n'en était rien, comme l'on voit, mais l'erreur peut s'expliquer par la précipitation avec laquelle il a dû écrire..... à moins qu'il n'ait voulu afficher plus de cruauté encore qu'il n'en avait réellement.

Le général Haquin plaida en faveur de l'ancienne municipalité; il s'efforça de persuader à Bonaparte qu'elle était innocente des actes qui lui étaient reprochés. Le général en chef demanda un rapport détaillé, des noms et des faits, pour statuer définitivement; mais cette justification lui parut sans doute insuffisante, car il donna l'ordre au général Despinoy, deux jours après — 10 juin — de faire transférer les prévenus à Milan, et de les faire juger dans un délai de cinq jours (2). Nous n'avons vu dans aucun document la trace des condamnations prononcées contre eux. Peut-être s'est-on borné à les envoyer en exil, car Fenini, dans son manuscrit, dit que les « anciens officiers municipaux » furent rapatriés, les uns à

---

1. Ses lettres au Directoire étaient toutes signées *Buonaparte*, tandis que les diverses pièces que nous avons vues en Italie et qui n'avaient point cette destination sont signées *Bonaparte*.

2. *Corresp. Nap. Ier*, I, 468 et 476.

l'occasion de la fête du 22 septembre, les autres au mois de décembre; leur rentrée à Pavie donna même lieu à des réjouissances que l'autorité militaire française ne chercha point à interdire.

Quant aux blessés, hommes et femmes, recueillis dans les rues de Pavie et transportés dans les hôpitaux, ils ne furent rendus à la liberté qu'après avoir justifié de leur innocence.

Au dire de Marmont[1], les insurgés auraient été au nombre de 40,000, mais ce chiffre est manifestement exagéré. Marmont ne prenait point de notes au jour le jour, et ses *Mémoires* n'ont été commencés que longtemps après ces événements. Suivant les manuscrits de Fenini et de Rosa, il n'entra point dans Pavie plus de 8,000 paysans; or, une fois refoulés de Binasco, ils ne pouvaient tenir la campagne qu'à Pavie. Enfin, Bonaparte, dans son rapport au Directoire, parle de 7,000 pour Pavie, et de 700 pour Binasco[2].

La répression ne fut pas aussi terrible qu'elle aurait pu l'être vis-à-vis de ces malheureux, beaucoup plus ignorants, il est vrai, que mal intentionnés. L'annonce du retour prochain de l'armée autrichienne, victorieuse pour de bon des Français du côté de Mantoue, avait enflammé les imaginations crédules. Est-ce que Rosa lui-même, dans son manuscrit, n'a pas l'air d'y croire? Dans tous les cas, au lieu d'exécutions sommaires qui n'eussent point dépassé, en la circonstance, le droit rigoureux de la guerre, Bonaparte se contenta de déférer quelques

---

1. *Mémoires*, I.
2. *Corresp. Nap. I*^{er}, I, 216.

uns des plus coupables à la commission militaire siégeant à Milan.

Le 31 mai, il écrivait de Peschiera au général Despinoy : « Faites fusiller *sans formalités* les deux chefs que vous avez fait arrêter. Les commissions militaires doivent juger dans vingt-quatre heures([1]).» Ces deux chefs étaient le secrétaire de mairie Pascal, et le curé de San-Perole, près Pavie. Ils passèrent en jugement, malgré l'impatience que Bonaparte montrait d'en finir, et furent exécutés. Dix autres furent condamnés à mort et fusillés près la porte *Ticinese*. Un bien plus grand nombre furent acquittés, malgré les charges accablantes qui pesaient sur eux; mais il fallait faire de l'apaisement, et la commission militaire ne jugea plus que pour la forme ([2]).

Quant au nombre de paysans tués dans Pavie, soit lors de l'attaque du *castello*, soit pendant la canonnade, il n'a été que de 163. L'archiprêtre du Dôme de Milan fut tué par eux au moment où son archevêque, qu'il accompagnait, causait avec Bonaparte et l'évêque de Pavie. Mais il est vraisemblable que cette balle ne lui était pas destinée.

« L'acte le plus condamnable, dit M. Thiers, fut le pillage du mont-de-piété ; mais heureusement, en Italie comme partout où il y a des grands pauvres et vaniteux, les monts-de-piété étaient remplis d'objets appartenant aux plus hautes classes du pays ([3]). »

L'illustre homme d'Etat n'a point invoqué les

---

1. *Corresp. Nap. I*er*, I, 420.
2. Voir *il Corriere milanese*, juillet, août et septembre 1796.
3. *Hist. de la Rév.*, VIII, p. 297.

mêmes principes lorsqu'il s'est agi, en 1871, de l'indemniser du préjudice résultant de la démolition de son hôtel par les agents de la commune. Au surplus, M. Thiers commet ici une erreur flagrante ; le mont-de-piété de Pavie n'a pas été pillé ; il l'a été si peu que nous avons lu, aux archives de cette ville, une proclamation imprimée, portant la date du 1er juin 1796, six jours après les événements, par laquelle Saliceti annonce aux habitants que « pour réparer dans la mesure du possible tant de malheurs, la municipalité est invitée à restituer gratuitement les objets engagés au mont-de-piété pour une somme inférieure à soixante francs. » Donc, le mont-de-piété était resté intact, puisque l'on pouvait, six jours après le pillage, reconnaître tous les objets et les noms de leurs propriétaires.

D'autre part, Landrieux, alors adjudant-général, qui se trouvait à Pavie au moment de l'insurrection, déclare dans ses *Mémoires* qu'il a vu charger sur vingt voitures, à destination de Gênes, les objets enlevés au mont-de-piété ; il nomme même l'officier qui fut chargé de commander l'escorte de ce convoi : le lieutenant Matérat, du 7e hussards.

A parler sincèrement, nous soupçonnons M. Thiers de se servir à dessein du mot *pillage*, afin de donner le change sur le mode de spoliation qui fut appliqué aux monts-de-piété. Le pillage, en effet, est un acte de la soldatesque, acte autorisé plus ou moins par le commandement, mais dont l'odieux reste collectif, quand il ne peut être imputé au hasard ou à la force des choses. Or, le mont-de-piété de Pavie, loin d'avoir été livré au pillage dans la nuit fatale du 25 au 26 mai, se trouvait à cette date, et depuis huit jours, placé sous séquestre. Le commissaire Saliceti, fort en cela de l'appui du Directoire, considérait comme butin de guerre les objets déposés dans les monts-de-piété, faisait mettre ces établissements sous séquestre et chargeait ensuite l'administration militaire d'expédier les objets qu'ils contenaient à Tortone ou à Gênes. Que cette mainmise sur les monts-de-piété fût un vol et non un droit du vainqueur, M. Thiers le sentait si bien qu'il a converti ce vol en pillage, afin de décharger le Directoire et surtout Bonaparte de toute responsabilité dans ce procédé odieux.

Mais Bonaparte s'est expliqué, comme on le verra dans une autre occasion, sur la démarcation tracée par le gouvernement entre ses attributions et celles des commissaires. Les monts-de-piété ne le regardaient point. Après la chute de Venise, alors que les commissaires étaient partis ou avaient cessé de compter à ses yeux, il fit même restituer aux villes de la République de Saint-Marc leurs monts-de-piété, que l'on avait, suivant l'habitude, placés sous séquestre. Bonaparte est donc indemne. L'ignominie retombe tout entière sur le Directoire qui a non seulement autorisé, mais encouragé ces spoliations. Saliceti lui-même, en autorisant la restitution gratis des objets de peu de valeur n'avait qu'un but : atténuer aux yeux de la population, la barbarie du procédé.

Landrieux, qui n'est pas suspect de tendresse pour Bonaparte qui le fit destituer, s'exprime ainsi dans ses *Mémoires* manuscrits : « L'archevêque de Milan m'a dit souvent à moi-même que Bonaparte lui avait dit (*sic*) que, dans ces spoliations des monts-

10.

de-piété, il avait eu la main forcée par le Directoire. »

Nous ne ferons pas à M. Thiers l'injure de croire qu'il s'est trompé. Il savait mieux que personne qu'un général d'armée s'empare des caisses publiques, mais ne les donne point à piller à ses soldats. A plus forte raison en fut-il ainsi à Pavie, où le mont-de-piété était devenu propriété française lorsque le pillage eut lieu, l'apposition du séquestre, encore une fois, ayant été faite huit jours auparavant, lors de l'entrée des troupes d'Augereau.

M. Thiers dit aussi que Bonaparte fit excepter du pillage les maisons des professeurs Volta et Spallanzani ; elles le furent, en effet, non par Bonaparte, mais par les officiers. Volta et Spallanzani [1] ne furent d'ailleurs pas seuls indemnes ; tous leurs collègues à l'Université jouirent de la même faveur. Ceux qui, par mégarde, avaient été spoliés, furent invités à produire un état de pertes dont le montant devait leur être remboursé jusqu'à concurrence de la moitié, mais avec l'autorisation tacite d'en doubler l'importance afin d'être complètement payés. Les comptes du payeur général accusent, à la date du 2 fructidor an IV (20 août 1796) le versement d'une somme de 10,000 francs « aux professeurs de Pavie » *pour indemnités* à cet effet [2].

En même temps qu'il faisait arrêter les membres

---

1. Voir à la Biblioth. nat. *Fonds Italien*, n° 1563, p. 281, une lettre autographe de Spallanzani, calligraphiée pour ainsi dire, quoique autographe, dans laquelle le savant réclame pour 1796 la partie de son traitement annuel qui lui était payée par un couvent de Crémone.
2. *Archives nat.*, série AF III, n° 185.

de l'ancienne municipalité, Bonaparte en constituait une autre avec les éléments républicains, ou simplement modérés, qui existaient à Pavie. Beccaria, parent du célèbre criminaliste décédé deux ans auparavant, et d'autres notables de la bourgeoisie acceptèrent d'en faire partie. Il s'agissait avant tout de repeupler la ville, en rappelant les nombreuses familles qui l'avaient désertée au moment de la catastrophe ; et les archives possèdent tout un carton de proclamations de la nouvelle municipalité à l'adresse des émigrés, pour les exhorter dans les termes les plus affectueux à réintégrer leurs foyers. Puis, les prières demeurant sans effet, c'est l'autorité militaire qui intervient et menace les récalcitrants de leur appliquer les lois françaises sur l'émigration, et de confisquer leurs biens. La municipalité va jusqu'à se porter garante « de la bonté, de la douceur et de la générosité du gouvernement français (1). » Peu de temps après, à l'occasion de la fête du 22 septembre, elle publie un avis portant qu'elle fera arrêter « tous les individus trouvés non porteurs de la glorieuse insigne de la République française » et qu'ils seront jugés « comme perturbateurs de la tranquillité publique (2). »

Les émigrés continuèrent de bouder. La mise en liberté et le retour des ôtages amenèrent cependant une détente ; mais c'est aux étudiants que revient l'honneur des idées de pacification qui finirent par triompher. Beaucoup d'entre eux quittèrent l'Université pendant plusieurs mois, pour se livrer exclu-

---

1. Proclamation du 1er août 1796. *Archives de Pavie*.
2. *Archives de Pavie*.

sivement à cet apostolat; et la chute de Mantoue ne fut célébrée nulle part avec plus d'entrain qu'à Pavie. L'Université, qui était alors la ligne directrice de la société pavésienne, assista au grand complet au banquet populaire, et plusieurs de ses professeurs les plus illustres y prononcèrent des discours en l'honneur de la liberté « et de la grande République française ». Enfin, dans cette ville de sombre réaction, il fut possible, en avril 1797, de jouer sur le théâtre, aux applaudissements frénétiques de l'assistance, ces deux pièces anticléricales : la *Rébellion d'Urbin*, et l'*Évêque patriote, conseiller des dames aristocrates* [1].

Le *Moniteur* du 2 juillet 1796 publie ces lignes de Bonaparte : « J'ai envoyé à Pavie les citoyens Monge et Berthollet; il y a là une récolte abondante à faire pour nos musées. J'espère qu'ils n'oublieront pas une magnifique collection de serpents que j'y ai vue, et qu'on dit être un objet fort rare. » Rosa, on s'en souvient, note, à la date du 13 juin, l'arrivée des commissaires; date qui correspond exactement avec celle de l'envoi de la lettre de Bonaparte à Paris. Le jardin botanique de Pavie a toujours été avantageusement connu. Sa création remonte à 1562. On vient d'y construire une piscine mesurant 65 mètres carrés, et munie sur ses côtés de robinets qui donnent de l'eau à toute température. Dans la piscine même, s'épanouissent des plantes aquatiques, dont l'une porte une feuille de 1 m. 70 de diamètre.

Beaucoup de localités en Italie portent le nom de *Certosa* ou Chartreuse. Il y a notamment la Char-

---

1. Botta, *Storia d'Italia;* — *Moniteur* de Pavie.

treuse, près Gênes, — près Sampier-d'Arena (Gênes); — près Belriguardo (Toscane); près Florence, où le Directoire fit conduire Pie VI en 1799, avant de le reléguer à Valence; — près Lucca, détruite en 1809; — près Maggiano (Toscane); près Pesio (Piémont), etc. Les plus remarquables sont celles de Pise et de Pavie.

La Chartreuse de Pise, appelée aussi Chartreuse de *Calci*, est un des plus beaux monuments de l'Italie, quoique les *Guides* n'en disent rien. Elle consiste en un cloître immense, avec des portiques de marbre donnant accès aux cellules, et en une église décorée avec la plus grande richesse. L'ensemble du monument peut rivaliser avec la Chartreuse de Pavie, qu'il dépasse en somptuosité; c'est plutôt la demeure d'un roi qu'un monastère.

Il n'entre point dans le cadre de ce livre de faire la description de la Chartreuse de Pavie; de semblables merveilles ne peuvent que perdre à l'analyse. Le chef-d'œuvre est le mausolée du fondateur du temple, Jean Galéas Visconti, le même qui posa la première pierre du Dôme de Milan, et bâtit à Pavie le *castello* et le pont couvert du Tessin. Mais on ignore généralement que la dépouille mortelle de Visconti n'est point sous le mausolée, lequel fut achevé par les religieux assez longtemps après sa mort, et alors qu'il était impossible de savoir exactement s'il avait été inhumé à Milan même, ou à Melegnano, ou dans toute autre dépendance de son duché [1].

---

1. *Description de la célèbre Chartreuse de Pavie*, par le peintre français Pirovano. Milan, 1823.

En 1796, des soldats français tentèrent de démolir le mausolée, à cause des armes et insignes nobiliaires sculptés sur les bas-reliefs, et il ne fallut pas moins que l'intervention de Berthier, pour les empêcher de mutiler ces chefs-d'œuvre ([1]).

En 1782, après quatre siècles de tranquille possession, les Chartreux furent chassés de ce cloître en vertu d'un décret de Joseph II; ils y rentrèrent en 1843 par l'effet d'un autre décret. C'est par leurs soins et avec leur argent que le monument fut conservé et entretenu pendant ce long espace de temps; mais aujourd'hui que la dépense est à la charge de l'État, il y a tout à craindre que le monument n'ait à souffrir dans ses parties les plus essentielles. Les entrées payantes sont de 8,000 en moyenne chaque année, soit un produit de 8,000 francs, alors qu'il faudrait, dès aujourd'hui, plus de 60,000 francs, *rien que pour les grosses réparations*! Il en est de même à Pompéi, où l'Etat vient de supprimer sa modeste subvention de 6,000 francs pour les fouilles, bien que les entrées lui rapportent 56,000 francs. Encore quelques années de ce régime, et les touristes ne verront plus en Italie que des monuments délabrés; les ruines causées par le roi Humbert Ier disputeront la palme à celles d'Attila et de Brennus. L'Italie — voici vingt ans — décréta la vente des biens ecclésiastiques pour mettre d'aplomb son régime financier, à peine né et déjà mal portant. Le jour n'est peut-être pas loin où elle sera contrainte, à son tour, de vendre ses musées et ses monuments, faute de pouvoir les entretenir, et pour payer la rançon des

---

1. Pietro Talini, *Certosa di Pavia*, p. 129.

folies que son ivresse guerrière lui aura fait commettre.

Binasco est un petit bourg à mi-chemin de Pavie à Milan, et desservi par le tramway à vapeur qui relie ces deux villes. Béatrice de Tende, suzeraine de ce pays, possédait à Binasco un château qui existe encore, et une petite armée. Après la mort de son premier époux, Facino Cane, elle donna sa main à Filippo-Maria Visconti, duc de Milan, à qui elle apportait en dot sa ville de Binasco et ses soldats. Le Visconti, devenu amoureux d'Agnès du Maine, une aventurière, résolut de se débarrasser de Béatrice, et, sous le prétexte qu'elle se montrait affable envers un jeune homme, Michel Orombello, il l'accusa d'adultère. Mis à la torture, Orombello avoua des faits que l'histoire regarde comme inexacts; Béatrice, au milieu des plus grands tourments, soutint qu'elle était innocente. Elle fut néanmoins décapitée dans la cour du château, en septembre 1418 [1]. Le château porte encore aujourd'hui les armes des Visconti. En 1882, on a érigé à Binasco un monument à la mémoire de l'infortunée Béatrice.

Bonaparte venait de quitter Milan, lorsqu'il apprend que, derrière lui, à Milan même, une émeute s'est produite, et que plus de vingt mille paysans, armés et embrigadés, sont réunis autour de Binasco.

De Milan, il envoie Lannes avec un bataillon contre les insurgés. Lannes s'arrête à Pilastrello, hameau

---

1. Muoni, *Binasco ed altri commun dell' agro Milanese*, 1874.

à quelques kilomètres de Binasco, et lance des dragons en éclaireurs. Le curé de Binasco, un sieur Stefani, supplie alors ses paroissiens de faire amende honorable et d'envoyer des délégués à Pilastrello pour faire acte de soumission à l'autorité française. Mais les esprits étaient arrivés à un tel point d'exaltation, que les paysans imposèrent silence au curé en l'accusant de trahison.

Les éclaireurs sont reçus à coups de fusil, et deux d'entre eux mordent la poussière. C'était le 24 mai. Lannes exécute alors ses instructions, qui étaient de ne point faire quartier. Le bataillon entre au pas de charge dans le bourg et surprend les insurgés occupés à tirer derrière les murs. Les maisons sont envahies : dans la première, en entrant, trois ouvriers étaient en train de prendre leur repas ; ils sont percés de vingt coups de baïonnette. Une clameur horrible s'élève de tous les coins du village ; les habitants se réfugient sur les toits, dans les caves, dans les cheminées ; partout les balles françaises vont les frapper ou les poursuivre : c'est la chasse à l'homme dans tout ce qu'elle a de plus poignant. Lannes fait sortir des maisons les femmes et les enfants, que les soldats ont l'ordre d'épargner, puis il ordonne de mettre le feu dans toutes les rues sans exception.

Bonaparte arrive et, voyant ce spectacle, il se montre attendri jusqu'aux larmes. Un pharmacien, nommé Rognoni, se jette à ses genoux pour lui demander grâce au nom de ses concitoyens ; Bonaparte répond que le salut de l'armée est sa loi suprême, et qu'il fallait faire un grand exemple. Néanmoins il donna l'ordre de requérir des secours afin d'arrêter les progrès de l'incendie ; il fallut trois mortelles journées pour l'éteindre (¹) !

1. Muoni, *Binasco*, etc. — M. Muoni est, croyons-nous, bibliothécaire-archiviste de l'archevêché de Milan, et il a publié un certain nombre de monographies et de notices qui font le plus grand honneur à son érudition. Son petit livre sur Binasco est introuvable, sinon à la bibliothèque de l'Université de Pavie. Il n'existe même pas à la grande bibliothèque de Bréra, à Milan.

« ..... ils ne prennent même pas la peine de déboucher les bouteilles..... » (p. 147.)

Le Palais de Justice de Bergame.

CHAPITRE SIXIÈME

BRESCIA

Entrevue de Bonaparte avec Miot de Melito. — Ce que pense Bonaparte des commissaires du Directoire. — Les Français acclamés. — Soins de Bonaparte pour les blessés. — Ordinaire des soldats. — Joséphine à Brescia. — Aventure de Louis Bonaparte avec une comtesse. — Piège tendu à Bonaparte et à sa femme. — Le général autrichien de Lusignan insulte les malades français. — Est fait prisonnier. — Brescia se révolte contre Venise. — L'arbre de la Liberté. — Fête en l'honneur de l'armée française. — Hymnes et lauriers. — Le gouvernement provisoire. — Un provéditeur pusillanime. — Loyauté politique des Brescianais. — Le théâtre républicain. — La garnison réclame des spectacles à ballets. — Discorde de ce chef entre les autorités. — Les inconséquences d'un commandant de place. — Le cardinal Quirini et l'Académie française. — Dévouement des femmes de Brescia pour les blessés de Solférino. — Bergame. — La cassette de Marie-Antoinette. — Le clergé bergamasque. — L'insurrection. — Les compagnies officielles d'assassins. — Le droit d'asile. — Officines de fausses nouvelles. — Bureau pour l'embauchage des prisonniers autrichiens. — Arlequin et Guillaume Tell.

Brescia — *Brixia civitas* — fut occupée sans coup férir, le 25 mai 1796, par la division d'avant-garde Masséna, que son chef venait de rejoindre après avoir remis le commandement de Milan au général Despinoy. Les quatre divisions de l'armée campées à ce moment à une petite distance de Brescia, étaient fortes de 27.700 hommes ([1]).

Brescia dépendait alors de la République de Venise, à qui elle s'était donnée volontairement 350 ans auparavant, afin de se soustraire au despotisme des Visconti. C'était donc un territoire neutre, mais le sénat de Venise n'eut garde de protester; d'autre part, les Français y furent accueillis avec de bruyantes démonstrations de sympathie, qui formaient un heureux contraste avec les événements de Pavie et de Binasco. Cette ville, qui vit naître Arnauld (de Brescia), marcha toujours en tête des apôtres de la « patrie italienne »; aucune ne fut davantage remuée par les échos de la Révolution et par le contact de l'armée française, comme l'indique le nombre d'écrits républicains de toute sorte qui s'y publièrent pendant la période de transition, de 1796 à 1797, c'est-à-dire jusqu'à ce que son sort fût définitivement fixé.

« Le 5 juin, Bonaparte arriva à Brescia où je l'attendais. Je fus étrangement surpris à son aspect; rien n'était plus éloigné de l'idée que mon imagination s'en était formée. J'aperçus, au milieu d'un état-major nombreux, un homme au-dessous de la taille ordinaire et d'une extrême maigreur. Ses cheveux

---

1. *Lettre de Berthier à Bonaparte, Corresp. inédite officielle*, etc., I, 215.

poudrés, coupés d'une manière particulière et carrément au-dessous des oreilles, tombaient sur ses épaules. Il était vêtu d'un habit droit, boutonné jusqu'en haut, orné d'une broderie en or très étroite, et portait à son chapeau une plume tricolore. Au premier abord, la figure ne me parut pas belle, mais des traits prononcés, un œil vif et inquisiteur, un geste animé et brusque décelaient une âme ardente, et un front large et soucieux, un penseur profond (1). »

Il était déjà question, à ce moment, d'une mainmise sur les marchandises anglaises entreposées à Livourne. Miot de Melito ayant fait allusion à Saliceti qui méditait ce coup, et à l'autorité des commissaires du Directoire : « Oh! répondit avec impatience Bonaparte, ils n'ont rien à voir dans ma politique. Je fais ce que je veux. Qu'ils se mêlent de l'administration des revenus publics, à la bonne heure ! du moins pour le moment; le reste ne les regarde pas. Je compte bien qu'ils ne seront pas longtemps en fonctions, et qu'on ne m'en enverra point d'autres (2). »

En quoi il se trompait. Les commissaires ne furent rappelés que l'année suivante, — Garreau le 22 décembre 1796 — et le Directoire les remplaça près de Bonaparte par un simple espion, le général Clarke !

Miot de Melito avait demandé à Bonaparte cette entrevue pour régler la situation du grand-duc de Toscane, près de qui il était accrédité comme ambassadeur de la République française. Il s'agissait d'amener le jeune vainqueur à consentir un armis-

---

1. *Mémoires du comte Miot de Melito*, I, 89.
2. *Ibid*. I, 91.

tice, au lieu d'une simple suspension d'armes ; il ne fit point de difficultés sérieuses, mais pendant toute la conversation il se servit du mot *amnistie*.

Bonaparte passa à Brescia une partie des mois de juillet et d'août 1796 avec Joséphine, qui était enfin venue le retrouver. Après Castiglione, il la rejoignit à Milan et retourna le 10 août à Brescia. Précisément, à cette date, il y avait dans les rues de la ville 2,000 malades ou blessés, tant Autrichiens que Français, et l'autorité vénitienne, après avoir promis de les traiter comme siens, les avait laissés sans secours. Cet état de choses existait encore sept jours après Castiglione !

Kellermann *fils* lui avait écrit : « Les hôpitaux sont moins mal que ceux de Vérone, mais, à l'exception des blessés, les autres sont dans la plus absolue pénurie d'effets et de médicaments. Une mauvaise paillasse malpropre et remplie de punaises, un drap grossier pour chaque lit, rarement lavé, point de couvertes, un encombrement considérable, tel est le spectacle que présentent les hôpitaux de fiévreux de Brescia ; il est déchirant. Les soldats se plaignent justement de ce qu'après avoir, au prix de leur sang, conquis les richesses de l'Italie, ils ne puissent au moins trouver les secours que leur situation exige ([1]). »

Il y avait six couvents ; Bonaparte fait placer trois cents malades dans chaque couvent, et dit aux religieux ou religieuses : « Je ne vous demande qu'une chose, c'est de suivre envers ces malheureux les principes de votre religion. » Sa présence fut pour eux

---

1. *Corresp. inédite, etc.*, II, 111.

une bonne fortune. Flack, commissaire des guerres, avait vendu un caisse de quinquina envoyée par le roi d'Espagne; d'autres des matelas. Cinquante mille aunes de toile à pansement fournies par la ville de Crémone avaient été pareillement vendues. « Ils vendent tout! (¹) » Il exigea du provéditeur qu'il fournît *dans la journée* : 3,000 aunes de linge à pansement; 30,000 pintes de bon vin; 10 pièces de vinaigre; 1,500 pintes d'eau-de-vie camphrée; 2 milliers de sucre ou cassonnade; 3,000 citrons; 6,000 chemises. Il terminait en disant : « Si ces fournitures ne sont pas faites aujourd'hui même, j'imposerai à la ville de Brescia une contribution de 3 millions (²). » Mais que fût-il advenu, Bonaparte absent?

Ces affaires réglées, il écrit à sa femme qu'il venait de quitter. « J'arrive, mon adorable amie; ma première pensée est de t'écrire. Ta santé et ton image ne sont pas sorties un instant de ma mémoire pendant toute la route. Je ne serai tranquille que lorsque j'aurai des lettres de toi. Il n'est pas possible que tu te peignes mon inquiétude. Si l'amour le plus profond et le plus tendre pouvait te rendre heureuse, tu devrais l'être... Adieu, ma douce Joséphine, aime-moi, porte-toi bien, et pense souvent, souvent à moi (³)».

Le 18 août il écrit à Faypoult : « Rendez-vous à Milan. J'ai à vous parler d'objets sérieux. Amitié et estime. Mille choses de ma part à Madame Faypoult,

---

1. *Corresp. inédite*, etc., II, 135.
2. *Corresp. Nap. I*ᵉʳ, I, 673.
3. *Lettres de Napoléon à Joséphine*, I, 63.

et de celle de ma femme qui vient d'arriver ([1]). »

Bonaparte voulait dire à Faypoult qu'il avait l'intention de se porter en personne sur Gênes dès que l'armée aurait pris possession de Trente — projet que les circonstances ne lui permirent point de réaliser. Il ne reste à Milan que six jours, et retourne à Brescia. Le 30 août, il donne l'ordre que le soldat reçoive en nature, le plus souvent possible, sa ration de pain de 24 onces. Si les circonstances ne permettent de lui en fournir que la moitié, il doit toucher 1 sou 1/2, équivalent de 12 onces ([2]). Pendant la saison des chaleurs, le soldat recevait une ration d'eau-de-vie le matin et une ration de vin le soir. Le vin fut supprimé le 1er décembre. L'hiver, il avait droit à une paire de bas ou à une paire de guêtres en drap bleu ou noir.

Louis Bonaparte demeurait toujours près de son frère qui l'affectionnait beaucoup, pour son dévouement et son caractère soumis. Il était capitaine de chasseurs et aide de camp. A Brescia, Louis eut des aventures galantes, et Napoléon, à Sainte-Hélène, disait : « Les belles Italiennes eurent beau déployer leurs grâces, je fus insensible à leurs séductions. Elles s'en dédommagèrent avec ma suite. Une d'elles, la comtesse C..., laissa à Louis, lorsque nous passâmes à Brescia, un gage de ses faveurs dont il se souviendra longtemps. » Que Bonaparte se soit désintéressé à ce point des « belles Italiennes » cela n'est pas exact, comme on le verra dans le chapitre que nous consacrons à Milan.

1. *Corresp. Nap. I*er*, 693.
2. *Ib.*, 720.

Dans les journées critiques de fin juillet 1796, Brescia tomba pendant quelques heures au pouvoir des Autrichiens, qui firent même prisonniers Murat et Lassalle. Ils furent chassés par Augereau. Les Autrichiens étaient commandés par le général de Lusignan, qui insulta « d'une façon atroce » les Français malades dans les hôpitaux de la ville. Ce général ayant été fait prisonnier six mois plus tard, le 13 mars 1797, à la bataille du Tagliamento, Bonaparte ordonna qu'il fût conduit en France, sous bonne escorte ([1]) et gardé à vue, et qu'il ne pût être échangé qu'après que le Directoire aurait statué sur le châtiment qu'il convenait de lui infliger ([2]).

Joséphine raconta quelques années plus tard au général de Ségur un incident fort curieux de son séjour à Brescia avec Bonaparte. C'était au moment où l'armée autrichienne reconstituée menaçait de percer entièrement les lignes françaises, c'est-à-dire à la fin de juillet. Voyant le provéditeur vénitien s'efforcer, par l'offre d'une fête, de les retenir à Brescia un ou deux jours de plus, elle eut un pressentiment, et s'y refusa avec une telle obstination, que Bonaparte se décida à partir à l'instant même. Cette heureuse inspiration les sauva. Ils n'étaient pas à quatre lieues de Brescia que les Autrichiens, de concert avec le provéditeur, y pénétraient de vive force. Bonaparte, surpris au milieu de la fête, devait être tué ou fait prisonnier de guerre.

Le lendemain, au point du jour, ils n'avaient pas

---

1. L'escorte, pour les prisonniers ordinaires, se composait d'un homme armé pour dix. Les gardes civiques étaient quelquefois employées à ces escortes.
2. *Corresp. Nap. I*, II, 508.

vingt hommes d'escorte lorsqu'ils arrivèrent à un château non loin de Vérone, où ils furent soudainement assaillis par d'autres ennemis descendant l'Adige. Il la fit alors rétrograder avec la voiture sur le lac de Garde pour la mettre à l'abri, tandis qu'il partait à cheval pour Castiglione. Mais le lac de Garde ne lui fut pas davantage hospitalier ; la flotille autrichienne lança des projectiles sur sa voiture, et elle dut s'enfuir à cheval pour gagner Peschiera. Bonaparte l'y envoya chercher, et elle alla le rejoindre à Castiglione. Mais, voyant que le danger de sa position s'aggravait tous les jours, il voulut que, sous l'escorte d'un régiment, elle partît aussitôt pour se mettre sous la protection de la division Sérurier, et, comme elle pleurait, il cria : « Otez cette femme de là ! » Puis, lui serrant la main : « Adieu, lui dit-il, pars ; c'est Wurmser avec 80,000 hommes. Mais, sois tranquille, Wurmser payera cher les larmes qu'il te fait verser [1] ! »

Dans la journée du 31 juillet, Bonaparte courut lui-même un grave péril. Des Croates avaient été placés en embuscade sur la route de Brescia à Peschiera, où il était attendu. Il paraît, en effet, avec Berthier et tout son état-major, ayant pour éclaireurs trois hussards. Tout à coup, les Croates sautent sur la route et tuent deux hussards, mais le troisième ayant été manqué, retourne au galop sur ses pas en criant : « Général, sauvez-vous ! » A ces mots, le cortège rebroussa chemin et disparut [2].

Le Directoire lui ayant écrit sur ces entrefaites

---

1. *Mémoires du général de Ségur*, I, 259.
2. Colonel Graham, déjà cité, I, 260.

d'activer la levée des contributions, il envoie à Casal Maggior, qui venait de se révolter, Murat avec cent chevaux, pour lever une contribution d'un million (¹).

Mais la discipline de l'armée reste le constant objet de ses préoccupations, et il ordonne aux généraux de division de destituer sur-le-champ tous les officiers absents irrégulièrement, notamment ceux qui se trouvent dans les villes de plaisirs, à Milan Brescia ou Plaisance (²).

Bonaparte profita du séjour qu'il fit à Brescia après la victoire de Castiglione pour fournir au Directoire des notes sur ses généraux. Ceux qui lui reprochent de n'avoir pas su faire la guerre, comme ceux qui lui en veulent de l'avoir trop bien faite, prétendent que le Directoire, en le nommant général en chef de l'armée d'Italie, l'autorisa à prendre dans les autres armées les meilleurs généraux et officiers pour les attacher à son service. A l'appui de cette assertion ils n'apportent, bien entendu, pas l'ombre d'une preuve. Comme si Hoche, Moreau eussent consenti à servir de recruteurs à Bonaparte!

Un auteur va beaucoup plus loin : « Bonaparte, dit-il, avait écrémé la vaillante armée des Pyrénées-Orientales » (³) — oubliant que, en 1796, la France était en paix avec l'Espagne, et qu'il y avait déjà belle lurette que l'armée des Pyrénées-Orientales n'existait plus!

1. *Corresp. inéd.*, etc., I, 410 et 446. — Barili, *Notizie storiche sulla citta di Casal-Maggior*, p. 87. Bergamo, 1802.
2. *Corresp. Nap. I*, I, 446.
3. M. Marcellin Pellet, *Napoléon à l'île d'Elbe*, p. 176.

Laissons parler Bonaparte, non pas sans contradicteur comme à Sainte-Hélène, mais s'adressant au gouvernement :

« Je crois utile de vous donner mon opinion sur les généraux employés à cette armée ; vous verrez qu'il en est fort peu qui peuvent me servir.

Berthier : talents, activité, courage, caractère, tout pour lui.

Augereau : beaucoup de caractère, de courage, de fermeté, d'activité ; a l'habitude de la guerre, est aimé du soldat ; heureux dans ses opérations.

Masséna : actif, infatigable, a de l'audace, du coup d'œil et de la promptitude à se décider.

Sérurier : se bat en soldat, ne prend rien sur lui ; ferme ; n'a pas assez bonne opinion de sa troupe ; est malade.

Despinoy : mou, sans activité, sans audace, n'a pas l'état de la guerre, n'est pas aimé du soldat, ne se bat pas à sa tête ; a d'ailleurs de la hauteur, de l'esprit et des principes politiques sains. Bon à commander dans l'intérieur.

Sauret : bon, très bon soldat ; pas assez éclairé pour être général ; peu heureux.

Abattucci : pas bon à commander 50 hommes.

Garnier, Meunier, Casabianca : incapables ; pas bons à commander un bataillon dans une guerre aussi active et aussi sérieuse que celle-ci.

Macquart : brave homme, pas de talents ; vif.

Gauthier : bon pour un bureau ; n'a jamais fait la guerre.

Vaubois et Sahuguet : j'apprendrai à les apprécier. L'exemple du général Despinoy qui était très bien à Milan et très mal à la tête de sa division, m'ordonne de juger les hommes d'après leurs actions » (¹).

Voilà donc les généraux qui, suivant M. Marcellin Pellet, auraient été la « crème » des autres armées ! C'est avec de tels collaborateurs — Masséna et Augereau exceptés — que Bonaparte détruisit l'armée piémontaise et quatre armées autrichiennes, commandées par Beaulieu, Wurmser, Alvinzy et l'archiduc Charles ! Notez que le Directoire — peut-être était-il moins bien renseigné que M. Pellet — n'a jamais pris la défense des généraux que Bonaparte lui signalait comme insuffisants (²).

Celui-ci lui ayant écrit, le 9 mai, que depuis la mort de Stengel il n'avait plus un seul officier supérieur de cavalerie sachant se battre (³), le Directoire répondit : « Si vous avez à vous plaindre de vos généraux de cavalerie, destituez-les, ou faites-les passer en jugement. » En aucune circonstance il n'a dit : « Ces généraux étaient les meilleurs des autres armées ; vous les avez vous-même choisis, ou nous les avons désignés parmi les plus recommandables. De quoi vous plaignez-vous ? »

La république de Venise n'avait point de pires adversaires que ses sujets de Brescia. Elle leur avait promis qu'ils payeraient peu d'impôts, beaucoup moins en tout cas que sous les Visconti, et elle les en avait accablés ; — qu'ils auraient des magistrats intègres, et c'étaient des pillards ; — qu'elle favoriserait leur commerce, et elle l'avait tué. « Et alors —

1. De Brescia, 14 août 1796, *Corresp. inédite, off. et confid. de Nap. Bonap.*, I, 686.
2. *Ibid.*, I, 540.
3. *Ibid.*, I, 138.

lit-on dans une brochure — qu'y a-t-il d'étonnant à ce que nous ayons eu confiance en la générosité française ? On nous dit que les Français veulent détruire notre religion : jusqu'à présent ils l'ont respectée ; — qu'ils seront chassés de l'Italie, mais ils ont eu raison de l'Europe coalisée, et l'Autriche sera vaincue ; — qu'ils nous ont pressurés de contributions, de réquisitions et autres charges de guerre; pourquoi Venise nous a-t-elle abandonnés ? Ah ! oui, elle a donné 130,000 ducats pour indemniser la province ; mais, citoyens, en avez-vous vu la couleur, et cet argent n'a-t-il pas servi à engraisser les juges, les Battaglia et leurs amis [1] ? »

Les soldats français ne commirent point sur le territoire de Brescia — neutre en principe — les excès qui leur furent reprochés en pays italien. Le provéditeur Battaglia s'étant plaint à Bonaparte, reçut de lui la réponse suivante : « Je n'ai point reconnu, Monsieur, dans la note que vous m'avez fait passer, la conduite des troupes françaises sur le territoire de la république de Venise, mais bien celle des troupes de S. M. l'Empereur, qui, partout où elles ont passé, se sont portées à des horreurs qui font frémir. Je donne un démenti formel à celui qui oserait soutenir qu'il y a eu dans les Etats de Venise une seule femme violée par les troupes françaises. Ne dirait-on pas, à la note ridicule qui m'a été envoyée, que toutes les propriétés sont perdues, qu'il n'existe plus une église, ni une femme respectée dans le Brescian [2] ? »

1. *Reflessioni di un cittadino libero al sovrano popolo Bresciano*, 1796.
2. *Corresp. Nap. I*ᵉʳ, II, 190.

Aux termes de l'armistice conclu précédemment avec Naples, les 4,000 cavaliers napolitains qui servaient dans l'armée autrichienne devaient provisoirement être répartis en petits détachements dans un certain nombre de villes de la haute Italie, afin de les faire prisonniers sans difficulté, s'emparer de leurs chevaux et de leurs armes, au cas où le Bourbon de Naples, conseillé par l'Angleterre, manquerait à sa parole. Deux cents de ces cavaliers furent envoyés à Brescia, mais il s'y conduisirent si mal qu'il fallut les éparpiller dans les villages. Le Directoire tenait surtout à ce qu'on prit leurs chevaux [1].

En mars 1797, il y eut à Brescia une conspiration contre l'autorité de Venise, suivie de plusieurs centaines d'arrestations parmi les personnes notables de la ville. Les accusés furent conduits à Venise pour y être jugés — on sait de quelle façon. Les colères qui grondaient autour de lui inspirèrent au provéditeur Battaglia une telle frayeur, qu'il précipita lui-même sa chute sans le savoir. Informé que les Bergamasques, rendus libres depuis quelques jours, se proposaient de l'attaquer, il crut voir l'avant-garde de ces insurgés dans un détachement d'une centaine de sapeurs de la légion lombarde, qui se rendaient de Milan à Peschiera, par Brescia, et commit la faute d'envoyer contre eux — inoffensifs — un escadron d'Albanais. Les Lombards, assaillis, se défendirent vaillamment, prirent 50 chevaux à la troupe vénitienne, et ramenèrent le reste tambour battant jusqu'à Brescia. Cette circonstance, jointe à l'approche des Bergamasques qui arrivaient par une

---

1. *Corresp. inéd.*, etc. I, 462.

autre route, parut favorable aux patriotes de Brescia ; ils s'assemblent à quelque distance de la ville, puis s'annoncent comme l'avant-garde d'une armée de Bergamasques, de Cisalpins et de Brescianais, et somment le provéditeur de leur ouvrir les portes de la ville. Battaglia, épouvanté, cède à leurs menaces ; ils s'emparent sans coup férir de tous les postes, désarment les 500 Esclavons composant la garnison vénitienne, et proclament l'Indépendance (18 mars 1797). La petite garnison française qui occupait le château demeura spectatrice de cette révolution, mais sa présence eut pour effet d'empêcher les violences du parti victorieux ([1]).

Quelques semaines plus tard, le sénat abdiquait, Venise était occupée par les Français, et les conspirateurs rentraient en triomphe à Brescia, rendue elle-même à ses aspirations démocratiques. Bonaparte y établit aussitôt un gouvernement provisoire, qui resta en fonctions jusqu'à l'accession de Brescia à la république Cisalpine, c'est-à-dire pendant trois mois. Ce gouvernement publia aussitôt une proclamation adressée aux autres peuples de l'Italie, pour leur annoncer qu'il voulait « vivre libre ou mourir ». Dans les six pages consacrées à des forfanteries de cette nature, le nom de la France n'est pas même prononcé ([2]) !

Le 22 mai 1797, eut lieu à Brescia, devant une foule immense, la plantation d'un arbre de la liberté. Bonaparte était alors à Milan, ou plutôt au

1. *Mémoires de Masséna*, II, 368.
2. V. *Manifesto del governo provisorio rappresentante il sovrano popolo Bresciano, a tutti i popoli dell' Italia libera.* Bib. nat. K, 16280. Pièce.

château de Mombello, avec toute sa famille ; mais les Brescianais, qui lui avaient envoyé une députation, étaient persuadés qu'il viendrait assister à cette fête. Un bataillon de la garde nationale se rend donc au devant de lui; la nuit arrive, Bonaparte ne paraît point, mais peu importe; ces hommes ont la foi, ils campent sur une colline de Spadaletto, plutôt que de retourner sans lui à Brescia. Ils organisent des patrouilles et envoient des éclaireurs dans les environs. S'il allait passer incognito ! A l'aube, rien. Mais une patrouille avait arrêté un paysan pour n'avoir pas crié : « qui vive ? » Elle n'avait donc pas perdu son temps. A midi, le bataillon, qui avait juré de ne point rentrer dans Brescia sans Bonaparte, revenait modestement prendre sa place autour de l'arbre de la liberté [1].

Contrairement à ce qui se produisit dans les autres villes, même à Milan, ce furent ici les patriciens qui, en 1796, se placèrent à la tête des mouvements populaires, et voici l'explication qu'en donne un écrivain de ce pays : « Brescia se peupla, dès les dix-septième et dix-huitième siècles, à l'imitation de Venise, de somptueux palais. Quand on examine aujourd'hui ces demeures princières, la profusion des marbres et des ornements, ces richesses de toute nature jetées, çà et là, avec une sorte de négligence ou d'abandon, il faut bien se demander à quelle source leurs propriétaires puisaient l'argent nécessaire pour subvenir à ces dépenses énormes. De plus, les chroniques locales sont remplies par la description des fêtes données alors par

---

1. *Il Postiglione del Mondo*, numéro du 24 mai 1797.

le patriciat. Aussi bien arriva-t-il à se ruiner. Par la création du droit d'aînesse, on avait rejeté les puînés dans les couvents, et Brescia en fut couvert. En 1488, suivant une note déposée aux archives municipales, on comptait 300 familles patriciennes, en 1645, 208 et, en 1792, 132 seulement. Arrive la Révolution française, et le patriciat appelle le peuple sous les armes, et renverse l'ordre de choses existant. Un comité révolutionnaire composé en grande partie de nobles proclama la déchéance de Venise [1]. » Aujourd'hui, le patriciat brescianais est complètement absorbé dans la société nouvelle.

Le gouvernement provisoire, placé sous la surveillance immédiate de l'autorité militaire française, se signala principalement par une lutte acharnée contre les superstitions religieuses. Il commença par faire jeter au vent — à la lettre — certaines reliques déposées au couvent Sainte-Julie et qui, suivant une feuille de recensement conservée aux archives, consistaient dans : deux corps d'*Innocents* massacrés par Hérode, un morceau de la baguette de Moïse, une pierre de l'autel d'Elie, et trente et un objets ayant appartenu à Jésus-Christ. Il décréta ensuite la suppression d'un grand nombre de couvents et d'églises ; le musée actuel est même installé dans l'ancien couvent des moines de San-Salvator, dont Bonaparte avait fait d'abord une caserne. Enfin, il rendit un décret spécial pour faire mettre en liberté une jeune femme, Maria Eletta, qui était renfermée malgré elle depuis vingt-deux ans au couvent des Capucines. Sous l'influence des idées nouvelles,

---

1. *La Citta di Brescia*, 1882, p. 110 et suiv.

MADAME BONAPARTE

(Joséphine)

son propre confesseur se chargea de remettre sa supplique au président du gouvernement, mais telle était la puissance des idées religieuses, qu'il fallut encore une procédure en règle pour faire exécuter le décret (1).

Le 20 juin 1797, la population de Brescia célébra en grande pompe la fête en l'honneur des soldats français morts pendant la campagne, depuis la bataille de Montenotte. Au banquet civique qui eut lieu dans la grande salle du palais municipal, le premier rang fut donné aux blessés qui se trouvaient en traitement dans les hôpitaux de la ville. Les murs étaient ornés d'immenses couronnes portant les noms des généraux Stengel, Dubois et La Harpe, tués à l'ennemi. Les enfants chantèrent la strophe suivante :

> La sagra tomba spargarsi
> Di lagrime e di fiori,
> Ognor' cosi la onori
> La piu lontana eta !

« Répandons des larmes et des fleurs sur les tombes sacrées; que les âges les plus reculés leur rendent les mêmes honneurs ! »

Ensuite, les deux personnes les plus âgées de l'assistance allèrent embrasser les blessés, en leur remettant des couronnes et en chantant :

> Nel dolce amplesso rendasi
> Pieno comprenso al merito :
> Sia, com' eterno il serto,
> Eterna l'amista.

1. *Maria Eletta, o Vestale dissoterrata in Brescia*, in-4°, 1797.

« Que ce doux embrassement soit la récompense de vos vertus ; que l'amitié soit éternelle comme la couronne (¹). »

Le 5 octobre 1797, Murat se rendit à Brescia pour passer la cavalerie en revue. « C'est à qui des jeunes gens voulait s'enrôler et partir avec lui : « Nous « voulons vous suivre, criaient-ils ; nous voulons « défendre avec vous la patrie et la liberté (²). »

Les Brescianais avaient une idée fixe : posséder une petite armée à eux, tout en faisant partie de la Cisalpine. Ils eussent volontiers payé fort cher cette satisfaction, qui leur fut naturellement refusée. Il est vrai qu'ils n'en payèrent pas moins. Le général Chabran traversant un jour Brescia avec quelques troupes, se fait remettre par la municipalité 40,000 lires, qu'il charge immédiatement sur une voiture, conduite par le père de la femme avec laquelle il vivait. Le service secret, fort actif à Brescia à cause de ses rapports avec Venise, en informe aussitôt l'adjudant général Landrieux, qui écrit au général Kilmaine à Milan : « Chabran fait porter à Milan 40,000 lires qu'il a exigées sans motifs de la municipalité. Ils sont dans une voiture jaune, attelée de deux chevaux noirs. Faites-les prendre à l'arrivée (³). »

Le quart d'heure de Rabelais vint pour tout le monde. Bonaparte, un jour, donna l'ordre à Berthier de faire rendre compte par les généraux Chabran et Chevalier, et par l'adjudant général Landrieux lui-

---

1. *Il Postiglione del Mondo*, numéro du 27 juin 1797.
2. *Il Postiglione del Mondo*, numéro du 9 octobre 1797.
3. *Mémoires du général Landrieux*, manuscrit, etc., ch. xxii.

même de l'emploi des sommes qu'ils avaient reçues tant à Brescia qu'à Bergame. Les deux premiers s'exécutèrent quoique de très mauvaise grâce. Quant à Landrieux, il demanda un congé pour se rendre à Paris, et ne reparut plus à l'armée ([1]).

Aussitôt après l'installation d'un gouvernement provisoire par Bonaparte, les patriotes de Brescia, imitant ce qui s'était fait à Milan un an auparavant, fondèrent une *Société d'instruction populaire* qui n'était en réalité, sous cette dénomination inoffensive, que le reflet de la fameuse *Société des Jacobins*. Toutefois, l'influence des anciens éléments conservateurs empêcha cette institution de succomber, comme celle de Milan, sous ses propres fautes ; elle vécut en bonne intelligence avec le gouvernement provisoire et, même, lui survécut après la constitution de la république Cisalpine.

Bonaparte avait envoyé à Brescia, comme autorité suprême, malgré son titre modeste de commandant de place, le général Gazan, homme nul que l'on ne pouvait mieux comparer qu'à ce général Latrille que nous avons montré, à Pavie, faisant jouer la musique pour mettre fin à un discours auquel il se sentait incapable de répondre. Il est avéré d'ailleurs que, pour faire un bon commandant de place, il faut une certaine « grâce d'état ». Au général Gazan succéda le général de cavalerie Rey. Quelle que fût la bonne volonté de l'administration civile, des conflits avec l'autorité militaire ainsi représentée étaient inévitables. On se heurta donc, et plus d'une fois, mais sans donner naissance à ces scènes scan-

1. *Corresp. Nap. Ier*, 3, 144.

daleuses qui à Milan, dès les premiers jours de l'occupation française, éclatèrent entre le commandant de place et la municipalité. La police du théâtre, à Brescia, fit à peu près tous les frais de cette lutte homérique et non moins ridicule.

Les troupes d'artistes qui jouaient successivement sur le théâtre de Brescia, composaient leur répertoire au point de vue exclusif de la recette, en laissant à part la question politique. Mais les patriotes étaient chatouilleux et, pour une représentation de *Bérénice,* ils jetèrent feu et flamme, sous prétexte que des pièces de ce genre étaient propres à favoriser le retour de la tyrannie. L'autorité militaire partagea cet avis, et on lit dans la réponse du commandant de place à la municipalité, cette phrase lapidaire : « ...... Les anciennes républiques n'ont jamais toléré et nous ne tolérerons pas davantage que les tyrans soient loués sur la scène. Chez les Français on n'applaudit qu'aux vertus de Guillaume Tell, de Caton et de Brutus [1]. »

Mais les comédiens crurent pouvoir impunément passer outre, et, un soir qu'ils jouaient une autre pièce remplie d'allusions malicieuses aux républicains, il s'ensuivit au théâtre même un tumulte indescriptible. Le général Gazan y alla d'un nouveau manifeste qui eut, cette fois, les honneurs de l'affichage. « ... Depuis trop longtemps, y est-il dit, les spectacles ont été l'arme de la tyrannie. On amuse le peuple, on lui procure des joies folles et désordonnées, on le sollicite par de basses adulations, on le berne d'illusions aimables, alors qu'on ne veut

---

1. *Frusta democratica,* n° 29.

que le garrotter; ceux-là lui décernent la royauté au théâtre qui veulent lui ravir la véritable souveraineté; ils couvrent de fleurs le chemin qui mène à la servitude; c'est un opium, un soporifique qui se mêle à une boisson délicieuse; c'est Dalila qui endort Samson sur ses genoux pour le perdre. Telle était la politique infernale, infâme, du gouvernement de Venise, et nous n'aurons garde de l'imiter (1). »

Les journaux brescianais, la *Frusta* en tête, faisaient rage contre les malheureux comédiens et les couvraient d'injures, sous prétexte que leur répertoire n'était point suffisamment révolutionnaire. C'est alors qu'un personnage, dont nous aurons l'occasion de reparler quand il sera question de Milan, Francesco Salfi, rédacteur en chef de *il Amico del popolo*, composa spécialement pour le théâtre de Brescia un drame républicain; mais personne ne prit la peine d'aller l'entendre, et la pièce mourut d'inanition, ce qui n'empêcha point la municipalité de décerner à Salfi la qualité de citoyen, « pour ses grands services à la patrie. »

Mais, voici arrivé le moment où la situation va devenir plus comique, à elle seule, que toutes les pièces ensemble. Le directeur de la troupe ne faisant pas de recette avec la politique en drame, reprit simplement ses ballets les plus populaires : nouvelle fureur des journaux qui lui reprochent de favoriser ainsi les allusions offensantes, parce que l'acteur, dans l'interprétation mimée, est maître du sujet, et peut s'abandonner à toutes les fantaisies. La municipalité fait donc interdire les ballets

---

1. *Frusta democratica*, n° 40.

et n'autorise que les pièces écrites. Mais les soldats de la garnison, de protester contre la suppression du seul plaisir qu'ils pussent goûter au théâtre, puisque la plupart d'entre eux ne comprenaient pas l'italien. Le commandant de place se vit donc obligé de choisir entre la municipalité et la garnison, et comme il lui importait peu de se déjuger, le général Rey se rendit un soir au théâtre, et demanda au directeur, Brocoletti, de jouer le ballet aimé des soldats, ce qui eut lieu immédiatement.

A cette provocation directe, la municipalité répond par l'arrestation de Brocoletti, suivie d'un décret d'exil, et le général Rey, qui ne s'attendait point à tant de vigueur, dut intervenir pour sauver le malheureux *impresario*. La seule porte de salut qui lui fut ouverte, c'était de le conserver près de lui comme secrétaire et interprète pour la langue italienne, ce qu'il fit. Mais lorsque Brocoletti voulait s'éloigner de son poste pour un motif personnel, il ne pouvait se dispenser d'un sauf-conduit, comme l'indique cette pièce, déposée en copie à l'*Archivio di Stato* de Milan :

LIBERTÉ. — JUSTICE. — ÉGALITÉ.

Rey, général divisionnaire commandant la cavalerie de l'armée d'Italie, a permis au citoyen Brocoletti, mon secrétaire de langue italienne, d'aller à Bologne et d'y vaquer à ses affaires, d'après quoi il sera tenu de se rendre près de moi.

REY.

6 nivôse an VI (26 décembre 1797).

Malgré tout, la population de Brescia offrit au

général Rey, lors de son départ, une paire de pistolets et divers autres présents (¹). Nommé quelque temps après commandant d'Ancône, il eut de nouvelles difficultés, parce qu'il avait laissé renverser les statues du pape. Bonaparte lui interdit de s'occuper de politique et le remplaça à Ancône (²).

D'autres conflits tout aussi ridicules éclatèrent partout, après que Bonaparte eut quitté l'Italie. « Le Directoire me rappelle, avait-il dit en partant, parce que je l'offusque ici, où je suis plus souverain que général d'armée. Mais il verra comment les choses marcheront après moi... (³). » Avant de s'éloigner, il fit don à l'observatoire de Brescia des instruments du célèbre astronome Cagnoli, à qui il les avait achetés moyennant la somme — alors importante — de 4,000 livres. Il fit, de plus, donner 10,000 livres à la « Société italienne » et un secours à la « Société d'agriculture » (⁴).

On compte à Brescia, pour une population de 40,000 habitants, plus de cent fontaines publiques, alimentées par un aqueduc qui paraît avoir été construit par Tibère, et qui fut restauré une première fois en 760, puis en 1300. Aucune ville italienne n'est aussi merveilleusement dotée sous le rapport de l'abondance et de la pureté des eaux

L'antiquité romaine est représentée avec avantage par un temple qui, après avoir été consacré à Hercule, le fut à Vespasien ; il est tout en marbre blanc et de vastes dimensions. Les fouilles entreprises en

---

1. *Il Postiglione del Mondo*, 20 octobre 1797.
2. *Corresp. Nap. Ier*, III, 160.
3. Melzi d'Eril, *Memorie e Documenti*, I.
4. *Corresp. Nap. Ier*, III, 377.

1822 mirent à nu un grand nombre d'autres objets curieux, qui sont actuellement exposés dans le temple, converti en musée. La découverte la plus importante a été celle d'une statue en bronze, représentant une « victoire ailée » d'une perfection infinie, et que l'on prétend, mais sans preuve, avoir été fondue à Athènes à l'époque de Phidias. Une copie de cette statue fut offerte par la ville de Brescia à Napoléon III, lors de son passage en cette ville en 1859; elle doit se trouver au musée du Louvre.

Le *Broletto*, ancien palais des magistrats de la république de Venise, n'est plus qu'un souvenir historique. En mai 1509, Louis XII, roi de France, venu en Italie pour s'emparer du duché de Milan, fit une entrée triomphale à Brescia et descendit au *Broletto*, suivi de François de Valois, de Gaston de Foix, de Bayard, des cardinaux de Rouen, du Dauphiné et de Ferrare. C'est aussi dans ce palais que fut arrêté, lors de l'insurrection de 1797, le commissaire vénitien Battaglia, que l'on rendit responsable d'une catastrophe qu'il n'était plus au pouvoir de personne d'empêcher.

Sur la porte d'entrée du *Broletto* on lit encore cette inscription originale :

Hic locus odit, amat, punit, conservat, honorat,
Nequitiam, pacem, crimina, jura, bonos.

La ville a installé en 1882, dans l'ancien couvent des religieux du *Saint-Sauveur*, un « musée du moyen-âge, » où l'on remarque une horloge, construite à Augsbourg en 1600, qui marque les lunes, les mois, les semaines, les jours et les heures — plus une croix ornée de pierreries, qu'on dit avoir appartenu à l'impératrice Placide, et qui aurait été rapportée de Constantinople par les Vénitiens. A l'entrée du musée nous apercevons un buste portant le nom de Fra Paoli Sarpi; le front est chargé de menaces; l'ensemble des traits frappe désagréablement. Nous nous rappelons alors que M. Emile Ollivier, ministre de la Justice, interpellé en février 1870 sur la « politique générale du cabinet » répondit en se couvrant de l'autorité de Fra Paolo Sarpi, et que le Corps législatif, où les imbéciles n'étaient pas en majorité, eut un accès de fou rire... Pauvre buste!

La bibliothèque Quirini, à Brescia, est une des plus belles de l'Italie. Le fondateur en a été le cardinal de ce nom, qui possédait d'immenses collections d'ouvrages à Rome, Venise et Brescia. Il mit comme condition formelle à cette libéralité, que la bibliothèque serait administrée par la municipalité, exclusivement à tous autres pouvoirs civils ou religieux. C'est de lui que Le Beau a dit, à l'Académie française : « Son testament s'accorde avec sa vie; il ne respire que la justice, la piété, la générosité, la charité; c'est le dernier acte des vertus qu'il a toujours pratiquées [1] ».

Un des bienfaiteurs du musée fut Savoldi, que Bonaparte rencontra à Lonato le jour de la bataille, et qu'il sut distinguer en le nommant un des cinq directeurs de la république Cisalpine. Savoldi laissa 9,000 francs de rente au musée.

Le soir de Solférino, on apporta à Brescia 400 blessés qui furent placés à la hâte dans le Dôme, malgré

---

1. *La Citta di Brescia*, 1882.

l'humidité. A minuit, la municipalité fit appel au dévouement des femmes. A cinq heures du matin, lorsque les médecins se présentèrent pour la visite, ils furent bien surpris de voir les 400 malades couchés sur de bons lits, avec matelas, linge blanc, etc. Femmes, filles, enfants, avaient fait ce miracle en quelques heures. Le colonel Jammes, commandant supérieur à Brescia, adressa alors une proclamation aux habitants pour les remercier de leur dévouement, et de ce que la plupart avaient recueilli chez eux des blessés pour les soigner eux-mêmes [1].

On nous a dit, et cela est vraisemblable, que les cafés et les cabarets furent autorisés par un groupe de notables, à servir gratuitement aux soldats les consommations qu'ils demanderaient, la dépense devant être réglée en commun par la population. Ces libations patriotiques durèrent plusieurs jours.

Bergame, ville populeuse et commerçante, à 52 kilomètres de Milan, sur le chemin de fer de Lecco à Brescia, relevait comme celle-ci de la république de Venise. L'archiduc Ferdinand croyant trouver dans la neutralité de Venise un rempart contre les représailles des Français, avait expédié provisoirement à la maison Tezzo, de Bergame, dans le plus grand secret, soixante-cinq caisses contenant ses effets et ceux de sa femme, des pièces d'argenterie et autres objets précieux, notamment une cassette valant 60,000 francs, que Marie-Antoinette avait donnée à l'archiduchesse Béatrix, lors d'un voyage qu'elle fit à Versailles. Le secret ayant été éventé, Bonaparte envoya, le 13 juillet 1796, l'adjudant gé-

1. *La Citta di Brescia*, 1882.

néral Vial, avec quinze dragons, à Bergame, avec ordre de saisir les caisses et de les expédier à Milan, « mais en respectant, autant que possible, dans l'accomplissement de sa mission, les règles de la neutralité ([1]) ». Cependant les lettres qui se trouvaient à la poste de Bergame furent saisies ([2]), ce qui n'était guère conforme au droit des neutres.

On a accusé Bonaparte d'avoir fait don de la fameuse cassette à sa femme, qui la trouva, par une gracieuse attention, sur la table de sa chambre au palais Serbelloni, lorsqu'elle arriva de Paris. Aucun fait ne lui a même été reproché plus amèrement par ses ennemis italiens — et ils étaient nombreux dans le camp des écrivains et des lettrés ([3]). Or, ces récriminations ne reposent sur aucun fondement raisonnable. C'est le 13 juillet que la cassette a été saisie à Bergame, et le *22 du même mois*, Bonaparte écrivait de Castiglione à Joséphine, à Milan :

« Je te prie de venir à Brescia. J'envoie à l'heure même Murat pour t'y préparer un logement dans la ville, comme tu le désires. Le plus tendre des amants t'y attend. Je suis désespéré que tu puisses croire, ma bonne amie, que mon cœur peut s'ouvrir à d'autres qu'à toi ; il t'appartient par droit de conquête, et cette conquête sera solide et éternelle. Je ne sais pourquoi tu me parles de madame Te..., dont je me soucie fort peu, ainsi que des femmes de Brescia.

---

1. *Corresp. Nap. Ier*, I, 592.
2. Cantu, *Storia dei Italiani*, XVI, 175.
3. V. notamment Cantu, *Storia dei Italiani*, XVI, 175, sans parler de Botta, Beccatini, Minola, etc.—V. aussi *Recueil chronologique des documents vénitiens*, II, 2.

Quant à tes lettres qu'il te fâche que j'ouvre, celle-ci sera la dernière.

« *Aie soin de rendre à l'adjudant général Miollis la boîte de médailles qu'il m'écrit t'avoir remise. Les hommes sont des mauvaises langues et si méchants, qu'il faut se mettre en règle sur tout* » (¹).

A qui fera-t-on croire que Bonaparte ait fait, le 13 juillet, ce qu'il met tant de soin à empêcher qu'on ne fasse le 22? Dans tous les cas, nous apportons une preuve sérieuse. Qu'on nous montre maintenant le commencement — le commencement seulement — de la preuve contraire!

En décembre 1796, des Français établis à Bergame ayant été victimes de violences réelles ou feintes, Bonaparte saisit ce prétexte pour placer une garnison dans cette ville. Nous disons « feintes », parce que le général en chef, dans plusieurs de ses lettres au Directoire, avoue lui-même qu'il exagère à dessein les torts des Vénitiens, afin d'amener, s'il y a lieu, un conflit qui permettra au gouvernement de tirer de là « un certain nombre de millions. » Ce qu'il voulait pour le moment, était plus modeste : chasser de Bergame les émigrés français et les journalistes qui s'y étaient réfugiés, et poussaient à l'assassinat de nos soldats (²). Pour donner corps à cette accusation, il prescrivit au commandant du fort et aux Français établis à Bergame de loger dans le château. Le provéditeur vénitien à Brescia ayant protesté contre cette occupation d'une ville neutre, il lui répondit : « La conduite de M. le provéditeur

---

1. *Lettres de Napoléon à Joséphine*, I, 59.
2. Cusani, *Storia di Milano*.

de Bergame a toujours été très partiale en faveur des Autrichiens. Engagez-le, je vous prie, puisqu'il est votre subordonné, à être un peu plus modeste, plus réservé, et un peu moins fanfaron, lorsque les troupes françaises sont éloignées de lui. Engagez-le à être un peu moins pusillanime, à se laisser un peu moins dominer par la peur, à la vue des premiers pelotons français. C'est avec plaisir que je saisis cette occasion pour rendre justice au zèle que l'évêque de Bergame et son respectable clergé montrent pour la tranquillité publique. Si le clergé de France avait été aussi sage, aussi modéré, aussi attaché aux principes de l'Evangile, la religion romaine n'aurait subi aucun changement en France. Mais la corruption de la monarchie avait infecté jusqu'à la classe des ministres de la religion; l'on n'y voyait plus des hommes d'une vie exemplaire et d'une morale pure, tels que le cardinal Mattei, le cardinal archevêque de Bologne, l'évêque de Modène, l'évêque de Pavie, l'archevêque de Pise. Je croyais quelquefois, en discourant avec ces personnages respectables, me retrouver aux premiers siècles de l'Eglise ([1]). »

L'hommage qu'il rend ainsi aux principaux chefs de l'Eglise en Italie ne l'empêche point, un mois plus tard (février 1797), lors de ses négociations avec Rome, d'écrire à Berthier : « Je parlemente avec cette prêtraille ([2]). » Augereau, de son côté, écrivait à Bonaparte, à propos de l'insurrection des Romagnes : « Vous voyez comme M. le cardinal et sa

---

1. *Corresp. Nap. I*er*, II, 188.
2. *Ib.*, 415.

clique ont travaillé l'esprit des habitants (¹) ».

Il y avait à Bergame et à Brescia des sociétés d'assassins que patronnaient ouvertement les gouverneurs vénitiens de ces deux villes. Les meurtriers se tenaient le soir dans les rues avoisinant les théâtres; c'est là qu'allaient les trouver ceux qui voulaient faire tuer quelqu'un. A Bergame, le tambour-major de la 52ᵉ demi-brigade fut frappé à la nuit tombante d'un coup de stylet, par un de ces janissaires du gouvernement des doges. Quoique mortellement atteint, il essaya de poursuivre le bandit qui se réfugia dans la cathédrale, afin de se rendre inviolable. Car le droit d'asile existait encore pour cette intéressante corporation. Le malheureux tambour-major tomba sur les marches pour ne plus se relever. Des camarades l'ayant vu pénétrèrent en nombre dans l'église, et s'emparèrent de l'assassin, malgré les hurlements de la populace qu'offusquait la violation de l'asile sacré. Il fut mis à mort sans jugement. D'autre part, l'évêque consentit de bonne grâce à monter en chaire, au son de toutes les cloches, pour déclarer que, jusqu'à nouvel ordre, le droit d'asile dans les églises serait suspendu (²).

Les podestats de Bergame et de Brescia avaient fait de ces deux villes un bureau de fabrication de fausses nouvelles dirigées contre les Français. Bonaparte, avec une armée peu nombreuse, avait un territoire immense à garder et à contenir. Ses victoires continuelles maintenaient le pays dans la soumis-

---

1. *Corresp., inédite offic. et confid. de Napoléon Bonaparte*, I, 309.
2. *Mémoires de Landrieux*, manuscrit, etc., chap. XIX

sion, mais pour briser ce ressort, les podestats inventaient des échecs et réussirent plus d'une fois à fomenter ainsi des insurrections locales. Pendant un an il est parti deux fois par semaine, de Bergame et de Brescia, des lettres signées tantôt *Nota manus*, tantôt *Bona manus* qui étaient destinées à faire circuler en Italie, en Allemagne et en Suisse, le détail des prétendus revers de l'armée française. C'est principalement à cette source que les gazetiers d'Augsbourg et de Berne puisaient les mensonges dont ils salissaient leurs feuilles.

Ces mêmes podestats avaient formé à Bergame et à Brescia un établissement d'embauchage des prisonniers autrichiens. Quand les escortes qui les conduisaient étaient faibles, des paysans apostés les enlevaient à main armée; lorsque les escortes étaient nombreuses, on les laissait arriver jusqu'à Bergame; là des agents du podestat faisaient boire les soldats, et le chef de l'embauchage, nommé Gavazzi, faisait sauver les prisonniers par le lac de Côme. Plus de 10,000 prisonniers purent de cette façon rejoindre leurs corps. Il fallut, pour faire cesser cet embauchage, que le général Kilmaine fît enlever et conduire à Milan par un piquet de hussards, l'embaucheur en chef, pour être traduit devant un conseil de guerre et fusillé, et qu'il menaçât le podestat lui-même d'une exécution sommaire (1).

La population de Bergame, comme celles de Brescia et de Crema, était fatiguée du joug de Venise. Le 12 mars 1797, le bruit se répand, à tort ou à raison, qu'il

---

1. *Lettre d'un Français qui voyage en Italie à un de ses amis, à Paris*, in-4°. Milan, an V.

va être procédé à l'arrestation de quatorze habitants connus pour leur attachement à la France, et les patriotes profitent de l'émotion générale pour sonner le tocsin, en invitant la bourgeoisie à faire cause commune avec eux, pour proclamer l'indépendance. Devant cette union des classes de la société, le podestat vénitien comprit qu'il devait se retirer. Il était à déjeuner quand éclata l'insurrection. Comme pour défier l'opinion, il avait invité les principaux de la ville. Lui-même était en grande tenue : habit brodé, chapeau à plumes et talons rouges. Il n'eut pas le temps de changer de vêtements; après avoir fait dans cet accoutrement 15 milles à pied « dans ses petits souliers, » il s'arrêta au village de Pappazuolo, ses pieds ensanglantés ne lui permettant pas d'aller plus loin. Là il attendit que ses amis vinssent lui donner des nouvelles, mais ceux-ci avaient déjà fait leur soumission au peuple victorieux. Une municipalité se forma avec plus d'ordre qu'on ne pouvait s'y attendre, au milieu de ce déchaînement des passions et, dès le lendemain, elle envoya des députés à Milan pour demander l'admission des Bergamasques dans la confédération italienne ([1]).

Le podestat Ottolini ne se retira pourtant point sans laisser à ses anciens administrés un souvenir de la paternelle suzeraineté de Venise. Il fit incendier le théâtre Saint-Léonart ainsi que les maisons qui l'entouraient. Mais Bonaparte ayant appris, une fois maître de Vérone, qu'Ottolini possédait dans ce pays des biens considérables, les fit placer

---

1. V. *Mémoires de Masséna*, II, 368.

sous séquestre, de manière à indemniser la commune et les habitants de Bergame des torts divers que le podestat leur avait causés ([1]).

La garnison française avait assisté l'arme au bras à l'insurrection de Bergame. Ce fut la légion ferraraise, en garnison dans cette ville, qui, après le départ d'Ottolini, y causa le plus de désordres. O fraternité italienne! — D'ailleurs, on prétend que, voici environ vingt ans, certain pays fut beaucoup plus endommagé par ses propres soldats que par ceux de l'ennemi. L'histoire se répète, parce que l'humanité elle-même ne change pas.

Bergame est la patrie d'Arlequin. C'est le masque de caractère que portaient les Bergamasques au carnaval de Venise, où chaque province de la République avait le sien. Il était interdit à toute personne de prendre le caractère du masque appartenant à une autre province que la sienne. C'était, au fond, un moyen de police. En 1797, les Bergamasques avaient peint sérieusement sur leur drapeau national un Arlequin, qu'ils affublèrent du bonnet de Guillaume Tell ([2]).

1. V. ci-dessous, chap. XI.
2. *Mémoires de Landrieux*, etc., chap. IX.

Fuite de Mme Bonaparte.

Desenzano.

CHAPITRE SEPTIÈME
BORGHETTO

En quittant Capoue. — Joyeuse route. — Les projets de Bonaparte. — L'armée se dirige vers Borghetto, alors que Beaulieu se prépare à lui disputer le passage à Goïto. — Le général Gardanne dans le Mincio. — Belle conduite du chef de brigade Leclerc. — Le quartier général sur le point d'être enlevé. — Grave péril couru par Bonaparte. — Création des guides. — Un colonel de hussards dans du foin. — La canicule. — Révolte dans les fiefs impériaux. — Répression impitoyable. — Les cent chevaux de luxe du Directoire. — Les millions envoyés au Trésor à Paris. — La police secrète de l'armée. — Desenzano et le lac de Garde. — L'escadre du lac. — Les signaux. — Brillant fait d'armes de Junot. — Le guet-apens vénitien. — Le général Guillaume à Peschiera. — La villa de Catulle à Sermione. — Fête littéraire et militaire sur les ruines de la villa.

L'immortel combat de Lodi, les événements de Pavie et de Binasco forment une ligne de démarcation au milieu de la campagne de 1796-1797. Jusqu'à

Lodi, la présence du général en chef et la bravoure personnelle de ses soldats ont seules, ou à peu près seules, décidé de la victoire. Les champs de bataille n'avaient pas une grande étendue, Bonaparte tenait ses hommes dans sa main, il pouvait ne compter que sur lui-même. Mais les conditions de la lutte allaient changer; Wurmser devait remplacer Beaulieu; l'armée autrichienne avait reçu des renforts considérables, tandis que le Directoire — Carnot, pour dire vrai — refusait tout secours en hommes et même en artillerie. Bonaparte avait réclamé dix fois — sa correspondance l'atteste — « un peu d'artillerie légère »; il la vit seulement arriver le jour où il n'en avait plus besoin. Enfin, on allait manœuvrer sur des lignes d'une grande étendue, et il ne pourrait plus être présent partout, assurer tout.

Marmont [1] raconte que le jour de l'entrée à Milan et au moment où Bonaparte allait se coucher, il causa avec lui sur les circonstances présentes et lui dit : « Eh bien, que croyez-vous qu'on dise de nous à Paris? Est-on content? » Sur la réponse que lui fit l'aide de camp, que l'admiration pour le général en chef et pour les victoires de l'armée devait être à son comble, il ajouta : « Ils n'ont encore rien vu, et l'avenir nous réserve des succès bien supérieurs à ce que nous avons déjà fait. La fortune ne m'a pas souri aujourd'hui pour que je dédaigne ses faveurs : elle est femme, et plus elle fait pour moi, plus j'exigerai d'elle. Dans peu de jours nous serons sur l'Adige et toute l'Italie sera soumise. Peut-être alors, si l'on proportionne les moyens dont j'aurai

---

1. *Mémoires*, I, 178.

la disposition, à l'étendue de mes projets, peut-être en sortirons-nous promptement pour aller plus loin. De nos jours, personne n'a rien conçu de grand ; c'est à moi d'en donner l'exemple. »

Les difficultés de la campagne pour ainsi dire nouvelle qui allait commencer, ne comptaient donc pour rien à ses yeux. Pourtant, moins de deux mois après avoir prononcé ces grandes paroles, son étoile parut pâlir, et la fortune lui retirer sa main.

L'armée avait passé quelques jours à Milan, comme Bonaparte le lui avait promis ; elle s'y était restaurée, réhabillée, rappelée à la vie. Il y eut des séparations cruelles et des fidélités à toute épreuve. En réalité, on ne songeait qu'à s'amuser. Bonaparte, dont la police était bien faite, n'ignorait rien, ayant eu lui-même plusieurs assauts non à livrer, mais à supporter. Aussi, dans sa proclamation à l'armée, évoquait-il, en parlant de Milan, les souvenirs de Capoue et d'Annibal. Capoue ! il était capable de la connaître, mais non d'y rester. On se dirigea vers le Mincio pour le traverser à Borghetto, et mettre ensuite le siège devant Mantoue. Dans toutes les petites villes qui se trouvaient sur la route, il y avait des théâtres-bouffes ; officiers et soldats y laissèrent le peu d'argent qu'ils avaient pu emporter de Milan. On retrouve un écho de cette marche joyeuse dans ce passage d'un rapport adressé par Bonaparte au Directoire, après le succès de Borghetto :

« Carabiniers et grenadiers, disait-il, rient de la mort, en plaisantent et la méprisent ; ils se sont habitués admirablement à se battre avec les cavaliers, qu'ils tournent en ridicule, et rien n'égale leur intrépidité, si ce n'est la gaieté qu'ils montrent à

faire les marches les plus fatigantes (¹), chantant en route la patrie et l'amour. Croyez-vous qu'à l'heure du repos, à la belle étoile, ils songent à dormir ? Pas du tout. Ils discutent, ils cherchent à deviner les opérations du lendemain, et souvent ils tombent juste. L'autre soir, j'observais une demi-brigade qui défilait, quand un chasseur s'approche de mon cheval et me dit : « Général, il faudrait faire ceci : »
— Malheureux, lui dis-je, veux-tu bien te taire? Il se sauva à toutes brides et je ne pus le retrouver. Il avait deviné précisément les ordres que j'avais donnés. »

Le général Beaulieu, persuadé que l'armée française ne tenterait point à Borghetto le dangereux passage du Mincio, mais qu'elle irait franchir ce fleuve au gué commode de Goïto, avait élevé autour de ce village cinq redoutes garnies d'une nombreuse artillerie, et défendues par une force imposante en infanterie et cavalerie. Il avait déjà oublié sa mésaventure de Valence, où il avait aussi attendu Bonaparte, pendant que celui-ci traversait le Pô à Plaisance. L'armée se porta donc sur le point où elle était le moins attendue.

On arrive à Borghetto le 30 mai au matin, mais les Autrichiens, plus prudents cette fois qu'ils ne l'avaient été à Lodi, ont fait sauter le pont et occupent la rive opposée. L'affaire fut engagée par la cavalerie qui, pour la première fois depuis l'ouverture des hostilités, se conduisit parfaitement. Bona-

1. Les chaussures neuves qui leur avaient été distribuées à Milan firent beaucoup souffrir les soldats dans leur marche vers le Mincio. (*Corresp. inédite, officielle et confidentielle de Nap. Bonap*, I, 213.)

parte en félicita Murat, que le Directoire venait de nommer général de brigade ; mais, à tort ou à raison, Murat ne devait point tarder à tomber en disgrâce auprès du général en chef, comme nous le dirons en parlant de Mantoue.

« La bataille, dit Botta, (1) menaçait de durer longtemps, faute de choc possible ; mais les combats des Français, à cette époque, n'étaient point d'hommes ordinaires ; ils luttaient avec beaucoup plus de ténacité que leurs ancêtres. Tout à coup, le général Gardanne, grenadier par la taille autant que par le courage, se jette à l'eau avec une phalange des plus intrépides et, malgré une vive fusillade, réussit à s'approcher de la rive. Les Autrichiens, hantés sans doute par le souvenir de Lodi, s'enfuient en désordre, et le Mincio est franchi. » — Gardanne s'était armé d'une perche énorme qui le soutenait contre le courant, très impétueux en cet endroit. Il prit le bras d'un grenadier, celui-ci un autre et ainsi de suite. Ces volontaires appartenaient aux différentes demi-brigades qui se trouvaient en bataille. Il y avait eu d'abord un moment d'hésitation, à la nouvelle que Sérurier, trompé par un guide, ne pouvait pas arriver à temps. Mais ses troupes furent aussitôt remplacées dans l'ordre d'attaque par celles du général Dallemagne (2).

Le chef de brigade Leclerc, commandant du 10e chasseurs, reçut également une lettre de félicitation du Directoire pour sa belle conduite dans cette journée. A la tête de quatre-vingt-dix chevaux seu-

1. *Storia d'Italia*, IV.
2. *Mémoires de Landrieux*, ch. LV.

lement, il prit aux Autrichiens une pièce de canon attelée de six chevaux et fit les artilleurs prisonniers. Le reste du régiment, environ sept cents hommes, l'ayant rejoint, il livra un véritable combat, prit à l'ennemi cinq cents chevaux et leur parc, tout en ne perdant que vingt et un hommes, dont neuf tués et sept blessés, La lettre du Directoire, dans laquelle on laissait entendre que Leclerc serait nommé prochainement général, releva le moral de la cavalerie et lui donna confiance en elle-même [1].

Bonaparte entra à Valleggio et y établit son quartier-général. On avait choisi pour son logement une grande maison à peu de distance de la sortie du village, et, par conséquent, assez éloignée de la rivière. La division Masséna s'étant établie près de la rive droite pendant le temps nécessaire à la réparation du pont, avait pris ce moment pour faire la soupe. Son séjour prolongé l'empêcha de se placer au-devant du village aussitôt qu'elle le devait, et ainsi que le général en chef le lui avait ordonné. Comme à Dego, comme partout, après une victoire, les généraux avaient négligé de faire garder la position. Bonaparte était à table avec ses aides de camp. Il faisait très chaud, et tout le monde se reposait à moitié déshabillé ; un coup de canon se fait entendre ; en même temps quelques coups de pistolet, et des cris : « *Aux armes! Voilà l'ennemi !* » sont répétés par des fuyards. Bonaparte et ses convives quittent rapidement la table. Chacun court à son cheval ; mais

---

1. Rapport du chef de brigade Ordener, du 10ᵉ chasseurs, dans l'*Histoire régimentaire et divisionnaire de l'armée d'Italie*, p. 293.

les chevaux étaient débridés. Marmont, qui était présent, pourvoit au plus pressé ; il court à la grande porte de la maison où était le quartier-général, la pousse et la tient fermée avec un de ses camarades, pour donner aux ordonnances le temps d'apprêter les chevaux. Bonaparte sauta par dessus le mur du jardin avec Murat, et tous deux descendirent à pied la montagne, au pas gymnastique et en courant les plus grands dangers. Enfin ils se trouvent au milieu de la 67ᵉ ; Bonaparte voyant un dragon qui fuyait, lui prit son cheval et arriva au pont. Si l'ennemi eût été dans le village, comme on devait le supposer, Bonaparte eût été perdu (1).

Cette alerte venait de ce que deux régiments de cavalerie napolitaine, partis de Goïto pour rejoindre le gros de l'armée autrichienne, avaient voulu, en passant devant le village de Valleggio, s'assurer s'il était occupé par les Français. Des canonniers envoyés par Bonaparte pour ramener quelques pièces abandonnées par l'ennemi, les voyant s'approcher, tirèrent un coup de canon sur eux — ce qui, d'une part, donna l'éveil à la division Masséna, et, de l'autre, engagea les Napolitains à se retirer, en leur faisant croire que Valleggio était occupé. Sans cette circonstance, où le hasard seul joua un rôle, les Napolitains seraient entrés dans le village et auraient pris Bonaparte. De ce jour, il résolut d'avoir à lui, et toujours avec lui, une forte escorte ; il forma ce corps de guides qui l'accompagnait partout et d'où sortirent plus tard la garde consulaire, et le régiment des chasseurs de la garde impériale (2).

1. *Mémoires de Landrieux*, chap. LV.
2. V. Marmont, *Mémoires*, I, 182.

Landrieux eut aussi sa part d'aventures (1). Sachant que les paysans avaient caché du foin sur la voûte de l'église de Valeggio, il y monte et, trouvant l'endroit propice pour se reposer, il s'y installe après avoir attaché son cheval dans l'église, et lui avoir fait donner du foin pour deux jours. Landrieux qui ne s'était point couché pendant plusieurs nuits dormit douze heures d'un seul tenant, mais, à son réveil, il s'aperçut que l'échelle qui avait servi à son ascension avait disparu, son cheval aussi. Bientôt il entend une vive fusillade et des cris de soldats autrichiens : que va-t-il devenir? Mais après une heure d'angoisse, les cris ne sont plus les mêmes : « Par ici! — Feu! — Les voilà! — Chargez! » Il respire, mais il a beau appeler, les soldats, trop occupés à poursuivre les Impériaux baïonnette aux reins, s'éloignent. Le 22e chasseurs passe à son tour comme emporté sur l'aile des vents. Enfin, un maréchal-des-logis resté en arrière entend ses appels désespérés, et lui apporte une échelle pour lui permettre de s'évader d'un lieu destiné à procurer le repos de l'âme, et non celui du corps.

Les Autrichiens s'étaient retirés à Trente; ils avaient besoin de beaucoup de temps pour se refaire; il leur fallait d'importants renforts pour se mettre en état de continuer la campagne. Les Français en profitèrent pour se reposer. Depuis le brillant combat de Borghetto jusqu'à fin juillet, c'est-à-dire pendant près de deux mois, il n'y eut aucun engagement sérieux. Bonaparte mandait, le 8 juillet, au Directoire :

1. V. ses *Mémoires*, ch. LV.

« La canicule arrive au galop et il n'existe aucun remède contre son influence dangereuse ; chaque journée de marche nous coûte 200 hommes. Misérables humains que nous sommes, il nous faut nous contenter d'observer la nature, sans pouvoir la surmonter [1] ». On s'occupa donc à réparer les pertes causées par une campagne si active, et à mettre l'armée sur un pied convenable pour accomplir ses destinées.

Pendant l'insurrection du pays de Pavie et de Binasco, les habitants des fiefs impériaux, terres situées entre Tortone et Gênes et appartenant alors à la république de Gênes, coururent aux armes et assassinèrent des soldats français. Lannes reçut l'ordre de partir avec 1,200 hommes, et d'investir les villages à deux heures du matin. A son signal, les soldats fusillent les assassins devant leurs maisons, mettent en cendres le village d'Arquata, et arrêtent le seigneur Augustin Spinola, marié à une française émigrée ; puis l'administration de l'armée appose le séquestre sur ses biens situés à Tortone, d'un revenu de 50,000 francs par an [2].

L'affaire d'Arquata terminée, Lannes se dirige avec son détachement sur Massa-Carrare pour s'emparer des propriétés du gouvernement et des objets déposés au mont-de-piété, à l'exclusion de ceux d'une valeur inférieure à 200 lires qui devaient être restitués gratuitement aux emprunteurs [3].

Bonaparte montrait une sévérité draconienne à

---

1. *Corresp. Nap. 1ᵉʳ*, I, 464.
2. *Ib*. I, 514.
3. *Ib*. I, 552.

propos de ces insurrections isolées qui avaient plutôt pour but l'assassinat que la défense d'une liberté. Dans une autre circonstance et touchant la même région, il écrivait au général Rusca : « La ville de Carrare et particulièrement celle de Castelnuovo, sont en rébellion. Vous irez avec une colonne mobile à Castelnuovo, vous ferez fusiller les chefs des rebelles et enverrez vingt otages à Milan. Vous ferez raser la maison du confesseur du duc de Modène, auteur de la rébellion, et ferez élever à la place une pyramide avec cette inscription : *Pour le châtiment d'un prêtre furibond qui, abusant de son ministère sacré, a prêché la révolte et l'assassinat* (¹).

Une contribution de 300.000 lires fut levée sur les fiefs, une autre de 300.000 lires sur le territoire de la ville de Lucques, 217.000 lires sur Massa et 183.000 sur Carrare. Les meubles du palais de Massa furent vendus au profit de la caisse militaire (²). Carrare, faute d'argent, fit une fourniture de marbres montant à 166.000 lires.

Enfin, il écrivait au Directoire : « A Castelnuovo, (pays vénitien près Vérone), on a assassiné un volontaire; j'ai fait brûler la maison, et sur ses débris j'ai fait inscrire : *Ici a été assassiné un Français* (³) !

Cependant, sur le témoignage de Berthier que Spinola d'Arquata avait vendu une grande partie de son argenterie pour prêter quelques milliers d'écus à l'armée, il lui fit restituer plus tard ses biens (⁴).

1. *Il Corriere milanese*, 19 décembre 1796.
2. *Compte du payeur général*, Archives nat., série AF III, n° 198.
3. *Corresp. Nap. Iᵉʳ*, I, 661.
4. *Ib.* I, 487.

LE CHEF DE BRIGADE LECLERC
du 10ᵉ chasseurs

Les événements et l'annonce de la prochaine arrivée de sa femme décident Bonaparte à partir pour Milan. Toutefois, avant de s'éloigner, il organise le service de sûreté de son quartier-général, afin de prévenir toute nouvelle alerte comme celle qui avait eu lieu à Valleggio. Lannes est chargé spécialement de ce service. Deux bataillons de grenadiers seront, sous son commandement, affectés à la police du quartier-général, ainsi que 50 guides à cheval et un piquet de 50 chevaux [1]. La compagnie des guides est envoyée à Milan pour se faire habiller, équiper et armer [2].

Quant au Directoire, il n'est pas oublié dans le partage du butin : « Il part demain de Milan, écrit-il de Valleggio le 1er juin, cent chevaux de voiture, les plus beaux qu'on ait pu trouver en Lombardie. Ils remplaceront les chevaux médiocres qui attellent vos voitures [3]. »

Il annonce ensuite l'envoi de 2 millions à Paris, et rappelle qu'il a déjà expédié, de Milan, à la même destination, une somme de 8 millions. « Vous avez en ce moment 10 millions à Gênes ; dans peu vous en aurez autant [4]. »

Le Directoire, à la vue de tant d'espèces monnayées formant contraste avec les assignats, dut se croire positivement revenu à l'âge d'or.

Alors que les grands conventionnels du comité de salut public avaient habité modestement chez eux, les membres du Directoire s'installèrent au palais

1. Ordre du 31 mai, *Corresp. Nap. Ier*, I, 415.
2. *Ib.* 464.
3. *Ib.* 424.
4. *Ib.* 464.

du Luxembourg. Leur premier soin fut de se faire confectionner, aux frais de la République, ces costumes étranges sous lesquels ils furent caricaturés tant de fois. Ils décidèrent aussi que chacun d'eux aurait, sur le budget, un cabriolet, deux chevaux et deux cochers ou laquais. Puis, comme ces chars de l'État marchaient mal, le Directoire créa un directeur général de ses voitures, qui fut un sieur Leucherre. La satire publique emporta bientôt cette institution grotesque. Le 1er août 1796, arrivèrent à Paris les cent chevaux de luxe annoncés par Bonaparte [1].

Cependant le Directoire voulait encore davantage. Il demanda à Bonaparte 4,000 chevaux pour la cavalerie de l'armée du Rhin ; mais le général en chef qui éprouvait déjà de grandes difficultés pour recruter la sienne, dut refuser, tout en proposant de monter 4.000 cavaliers pour l'armée d'Italie, si le gouvernement voulait les lui envoyer démontés — ce que le Directoire à son tour refusa !

Journellement aussi, le Directoire recevait des communications particulières signalant que Bonaparte avait oublié de prendre tel ou tel marbre, telle ou telle toile, et il lui renvoyait ces notes pour que la spoliation fût complète. Bonaparte s'en déchargeait alors sur les commissaires de l'Institut [2].

« Rien ne nous manque, écrivait-il, le 8 juin ; les administrations ont de tout [3] ». C'était le point essentiel. Après avoir ainsi jeté un regard sur son

---

1. *Procès-verbaux des séances du Directoire, 3 pluviôse an IV et sqq.* — Archives nationales, AF III, 1 à 17. — Perrot, *Itinéraire général de Napoléon.*
2. Archives nat., série AF III, n° 185.
3. *Corresp. Nap. 1er*, I, 468.

œuvre et trouvé qu'elle était bonne, le héros se rendit de Valleggio à Vérone, puis à Peschiera, d'où il partit en voiture avec Berthier, pour Milan.

Ce n'était point assez d'organiser un corps de guides pour sa sécurité personnelle ; il voulut, une fois à Milan, établir sur des bases nouvelles la police de sûreté de l'armée. Jusque-là les généraux de division, chacun dans la sphère de son commandement, avaient été chargés de cette police, mais elle coûtait fort cher, l'unité manquait et les renseignements aussi. Bonaparte résolut donc de la centraliser, et il en chargea l'adjudant général Landrieux, chef d'état-major du général Kilmaine. Le service secret fut alors réparti en deux bureaux, l'un pour les affaires générales, l'autre pour la politique pure, comprenant principalement la surveillance des pays vénitiens, les négociations avec les patriotes de Brescia, Bergame et autres lieux soumis à Venise, en un mot tout ce qui tendait à empêcher les mouvements populaires... ou à les préparer. Ces deux bureaux fonctionnèrent parallèlement sous la direction de Landrieux jusqu'à Leoben, époque où, l'armée ayant pris possession de Venise, le bureau politique pouvait sans inconvénient s'absorber dans l'autre. Le bureau politique avait pour chef Galdi, qui fut plus tard ambassadeur de la Cisalpine à La Haye.

Le service secret entretenait des agents à Vienne, Naples, Turin, Gênes... et jusque dans l'entourage du Directoire à Paris. Il avait des espions dans l'armée ennemie et dans l'armée française d'Italie. La dépense était, suivant Landrieux, de 25.000 francs par mois, ce qui n'est pas suffisant... ni exact. Il y avait, outre les espions, des « observateurs ambulants » que l'on choisissait de préférence chez les gens aisés. Parmi eux se trouvait « un ingénieur » mais on y compta aussi un nommé Lhermite, qui avait été condamné à mort en France, et était allé s'établir commerçant à Bergame. Enfin, un capucin de Goïto, le père Ambrosio, travaillait aux écritures.

Les bons espions, comme Nicolini, qui découvrit la cachette de Masséna, recevaient 600 lires — environ 500 francs par mois. C'est encore par ce Nicolini que les Français s'emparèrent de Crema. Il se présenta au factionnaire comme un envoyé de Mocenigo, gouverneur de Brescia, et, après avoir longtemps parlementé avec le soldat, qui refusait énergiquement d'ouvrir, puis avec tout le poste que le soldat avait consulté, il réussit à faire baisser le pont-levis. L'aube commençait à poindre ; cinq cents grenadiers qui se tenaient cachés se précipitèrent sur le pont-levis et surprirent au lit les soldats de la garnison.

Mais, d'autre part, Lhermite fut un auxiliaire malencontreux. Après s'être fait remettre par l'évêque de Crema et la municipalité, près de 100.000 fr., sur un faux ordre de Bonaparte, il se rendit à Romano et Martinengo, près de Bergame, deux localités qui voulaient se constituer en république indépendante, présenta à leurs municipalités un faux décret de Bonaparte les érigeant en villes libres, se fit remettre 40.000 francs et disparut.

Le service secret était autorisé à lire les lettres des personnes suspectes. A Castelnuovo, le général Chevalier, chargé de désarmer le village, s'étant emparé, non seulement de la caisse autrichienne qu'il garda pour lui, mais encore de l'argent appartenant à un comte Morando, Bonaparte en fut informé au moyen d'une lettre de Morando que Landrieux avait interceptée.

A Milan même, le service secret tenait des « conseils nocturnes » ou de haute police, après la fermeture des théâtres. Ces conseils furent présidés d'abord par Saliceti, puis par Porro ; ils se composaient des membres les plus influents et les plus dévoués des comités de police ordinaire ; ils avaient un caractère politique. Enfin, Landrieux appela même les femmes de qualité à son aide. La comtesse Albani, à Milan, madame Uggery, à Brescia, et madame Pellegrini à Vérone, furent — sans le savoir peut-être — ses plus brillantes satellites ([1]).

Le chef du bureau secret avait des pouvoirs illimités. Il pouvait faire arrêter les généraux eux-mêmes. Lors de l'expédition à Casalmajor et Carpenedolo pour la saisie des caisses déposées chez les curés de ces deux localités, le convoi dut passer par Castiglione pour retourner à Vérone. Le général Fiorella, qui commandait à Castiglione, ordonna au lieutenant Vevert, du 7e hussards, qui commandait l'escorte, de lui remettre le chargement, dont il ignorait peut-être le contenu. Le lieutenant s'y refuse et informe Landrieux qui écrit au général Fiorella, son supérieur : « L'ordre de route dont est chargé le lieutenant Vevert, et sa destination surtout, auraient dû vous faire voir, général,

---

1. V. *Mémoires de Landrieux*, manuscrit, etc., ch. xv, xxxv et *passim*.

qu'il n'y a rien dans cette marche qui puisse vous regarder. Ma signature seule a dû vous avertir qu'il s'agit du secret de l'armée. Vevert commande un détachement de police ; il peut vous arrêter vous-même et vous conduire à l'état-major général. »

Le général Fiorella n'insista pas ([1]).

Nous avons cité (ci-dessus chap. II) l'extrait d'une lettre que le général comte de Beaulieu avait écrite au Conseil aulique à propos des inconséquences de son lieutenant, le général Mercy-Argenteau. L'empereur, forcé de prendre un parti, après avoir temporisé plusieurs semaines, écrivit au général Wurmser, à Offenburg ([2]) :

« ..... Je crois vous donner une marque bien distinguée de ma confiance en vous conférant le commandement de l'armée d'Italie. Je vous recommande d'en garder le secret pour plusieurs motifs, à cause aussi de l'impression que la connaissance prématurée de ma résolution ferait sur le général de Beaulieu, dont les facultés physiques et morales paraissent d'ailleurs avoir bien de la peine à lutter contre les revers qu'il a éprouvés.

« La totalité de l'infanterie qui va être rassemblée vers la mi-juillet montera à cinquante-six ou à cinquante-sept bataillons, auxquels se trouvera joint le corps de chasseurs de Mahony. Votre cavalerie aura cinquante escadrons, sans compter les seize escadrons de la cavalerie napolitaine. Le tout formera une armée plus forte que l'on en a jamais fait agir

---

1. Manuscrit précité, chap. IV.
2. Cette lettre est en français dans l'original. Nous n'avons pas besoin d'en signaler les incorrections de style.

en Italie dans les guerres précédentes. Le principal est de gagner du temps, d'empêcher les Français de pénétrer dans le Tyrol, et que par là ils se trouvent réduits à s'amuser et de parcourir et de rançonner l'Italie..... La cour de Londres a désigné le colonel Graham pour suivre votre quartier-général, d'où il entretiendra la correspondance avec le commandant de l'escadre dans la Méditerranée, et avec les ministres anglais dans les différentes cours d'Italie, afin de les faire concourir au bien des opérations et au service de l'armée selon les occasions..... (¹) »

Le gouvernement anglais fournissant des subsides de guerre à l'Autriche, il allait de soi qu'il en surveillât l'emploi. Le colonel Graham avait déjà été accrédité près du général Beaulieu, comme on a pu le voir précédemment ; il s'agissait maintenant de lui donner le même caractère officiel dans l'entourage de Wurmser.

De même que Beaulieu, le maréchal Wurmser avait près de soixante-dix ans. Néanmoins la lettre de l'empereur le trouva plein de confiance..... et de témérité. Le 6 juin, il écrivait au premier ministre Thugut : « Monsieur le baron ! bien sensible à tant de bontés, de confiance et d'amitiés que votre excellence me témoigne dans sa lettre. Mais convenez, monsieur le baron ! que vous me faites jouer bien gros jeu, et je n'ai pas assez d'amour-propre pour ne pas entrevoir bien des obstacles. Je me fie sur mon zèle, et un peu sur mon bonheur et sur les braves généraux que j'aurai avec moi. Les troupes sont toujours

---

1. Von Vivenot, *Thugut, Clerfayt und Wurmser*, etc., p. 447.

braves quand elles sont bien commandées; c'est là le fond sur lequel je compte (1). »

« J'ai l'habitude de vaincre », disait un jour le général Changarnier, et le lendemain il était conduit à Mazas. Le « bonheur » de Wurmser n'eut pas beaucoup plus de durée, et nous allons le voir bientôt en butte à la mauvaise humeur de son souverain.

L'empereur lui écrit le 16 juin : « Le principal motif qui m'avait engagé à vous recommander le secret n'existe plus, vu que l'état de santé de Beaulieu faiblissant chaque jour, et son âme paraissant accablée du poids des revers multipliés qu'il avait éprouvés, j'ai cru devoir le dispenser du commandement en y substituant par intérim le général Melas. J'ai cru en même temps nécessaire d'envoyer au Tyrol le général Allwintzy pour constater la véritable situation des choses. Comme je présume que Beaulieu doit déjà avoir quitté l'armée à l'heure qu'il est, transportez-vous de suite au Tyrol où Allwintzy vous attendra..... (2) »

Première marque de défiance. Un général de grande valeur peut-être, mais certainement bien en cour, est chargé de « constater la situation des choses » à la barbe de son général en chef.... Mais n'anticipons pas.

Desenzano est une petite ville de 4,000 habitants environ, située sur la pointe du lac de Garde, à mi-chemin de Lonato à San-Martino. C'est le port le plus fréquenté du lac. Il n'est guère de touriste

---

1. Von Vivenot, p. 454.
2. Même ouvrage, p. 459.

qui ne s'y arrête au moins une journée ; et combien s'y arrêteraient davantage, n'était « l'Hôtel royal », où la carte à payer est beaucoup plus royale que l'hôtel !

Le produit de la pêche constitue un revenu important. Saint Zénon, ancien évêque de Vérone, fut pêcheur à Desenzano avant de coiffer la mître. En 878, Carloman, roi de France, fit donation du territoire de cette ville et du droit de pêche aux moines de Saint-Zénon établis à Brescia. En 1796 et 1797, les généraux français déclarèrent ce droit de bonne prise, et le poisson du lac de Garde servit à alimenter les garnisons voisines. La voie ferrée de Milan à Venise passe au-dessus de Desenzano, sur un viaduc dont les proportions, et notamment la hauteur, ne le cèdent pas de beaucoup à celles du viaduc du Chemin de fer de l'Est près de Chaumont.

Pendant la campagne de 1796, Bonaparte créa sur le lac de Garde une « escadre » composée de trois galères armées et de trois barques (1). Après Arcole, et en perspective des événements qui pouvaient se produire du côté de Rivoli, il plaça à Desenzano le quartier-général d'une division, et l'on embarqua dans ce port, sur des chaloupes vénitiennes réquisitionnées, hommes, artillerie et fourrages. Un service de signaux fut même établi entre Torri, Desenzano et Sermione, d'une part, et Vérone et Peschiera, d'autre part. Les signaux se composaient de deux ou trois coups de canon tirés à un certain intervalle. Au nombre de coups et à celui des minutes qui les

---

1. *Corresp. Napoléon Ier*, I, 680.
Ib., II, 214, 225.

séparaient, correspondait une série très longue et très compliquée de questions et de réponses.

Enfin, la situation avantageuse de Desenzano comme salubrité, y fit établir un dépôt de convalescents où se trouvaient toujours en moyenne douze cents individus.

Au moment du siège de Vérone, les convalescents de Lonato, de Brescia et de Desenzano formèrent une petite armée. Il leur avait été sévèrement défendu de piller. A Desenzano, des hommes entrent chez un débitant et se font servir à boire. Un officier veut s'y opposer, mais le premier soldat à qui il s'adresse lui répond : « J'ai le droit de boire et je boirai. » Un autre que, par excès de zèle, il va encore entreprendre, abaisse son fusil et lui dit : « Si tu veux m'empêcher de boire, je t'abats ! » L'officier fit un rapport ([1]), mais, en Italie surtout, est-ce que la simple « beuverie » pouvait être assimilée à un fait de pillage ?

Il n'est peut-être aucune ville en Italie qui ait assisté autant de fois que Desenzano à un passage de troupes belligérantes, et cela non seulement en 1796, mais pendant les guerres qui suivirent, et plus tard, en 1859. La population, de tendances vénitiennes, n'avait aucune sympathie pour les Français, à l'encontre de celles de Lonato, de Brescia surtout, ses voisines, qui, tout en relevant comme elle du gouvernement des doges, montrèrent toujours beaucoup de loyauté dans leurs rapports avec les soldats de Bonaparte.

---

1. Pièce autographe jointe aux *Mémoires de Landrieux*, n° 450.

Junot faillit trouver la mort à Desenzano, dans un engagement qu'il avait cherché avec plus de bravoure que de discernement. C'était le 3 août 1796, le soir de la seconde journée de Lonato, dont le résultat fut si désastreux pour les Autrichiens. Ceux-ci fuyaient par toutes les routes, notamment par celle de Desenzano, et Bonaparte donna l'ordre à Junot de les poursuivre l'épée dans les reins, avec la compagnie des guides, formée depuis l'affaire de Borghetto. A Desenzano, les guides rejoignent les uhlans, mais Junot, dédaignant de les charger en queue, fait un détour, prend l'ennemi par les cornes, blesse le colonel et veut le faire prisonnier. Mais pendant qu'il s'attarde à ne pas le lâcher, il est lui-même entouré de toutes parts. Enfin, après avoir tué six uhlans de sa main, il est culbuté, renversé dans un fossé et blessé de six coups de sabre. ([1])

Le 20 avril 1797, la population de Desenzano se prêta à un guet-apens organisé par le gouvernement vénitien. Après avoir provoqué dans Salo — autre ville sur le lac — une insurrection abominable contre la garnison française, Venise fit attaquer traîtreusement, dans les rues de Desenzano, un petit détachement de soldats qui rejoignaient l'armée à Padoue. Ceux-ci se voyant surpris ne perdirent point confiance. Formés en bataillon carré, ils repoussent l'attaque des soldats vénitiens, en tuent quatre-vingts et en blessent soixante-dix. Au même moment, l'insurrection de Salo était étouffée et la garnison avait la vie sauve ([2]).

---

1. *Rapp. de Bonaparte au Dir. Moniteur*, 15 août 1796.
2. *Gazzetta di Firenze*, 5 mai 1797.

Quelque temps avant cet odieux attentat, la population de Desenzano avait fait remettre au sénat de Venise une adresse pour protester de son attachement à la République de Saint-Marc (¹). Eh bien ! il s'est trouvé des Italiens — cela va sans dire — mais aussi des Français pour pleurer la destruction de ce sénat et de cette République (²) !

Peschiera, petite ville de 2,500 habitants entre Brescia et Vérone, est l'ancienne *Ariolica* des Romains. Elle a tiré son nom moderne de la pêche aux anguilles, qui constitue sa spécialité. C'est une position militaire très importante, depuis les travaux de défense qu'y a construits le gouvernement autrichien, à la suite des insurrections de 1848.

Pendant les journées critiques de fin juillet 1796, Peschiera était occupé par un petit détachement sous les ordres du général Guillaume, bon soldat, qui passait pour fou, mais que Bonaparte appelait « le brave Guillaume. » Il lui prescrivit de se défendre jusqu'à la mort, et Guillaume, en effet, se conduisit en héros, de manière à immobiliser sous les murs de Peschiera une forte troupe autrichienne. Après plusieurs jours d'une lutte désespérée, Masséna parut enfin, mit en déroute les soldats de Liptay, et délivra la petite garnison (³).

Bientôt, les assassinats commis journellement à Peschiera sur des soldats français par les Esclavons de la garnison vénitienne, forcèrent Masséna à se plaindre énergiquement au provéditeur géné-

---

1. *Gazzetta di Firenze*, 8 avril 1797.
2. V. Bonnal, *La Chute de Venise*, Paris, 1886.
3. *Mémoires de Masséna*, II, 155.

ral, qui promit satisfaction, mais ne fit rien. Après de nouveaux crimes, Masséna le prévint qu'il ferait égorger les Esclavons si cette situation durait plus longtemps. « Venise espérait toujours que les Autrichiens reprendraient le dessus ; c'est ainsi qu'elle se perdit par sa fourberie ([1]). »

La presqu'île de Sermione, sur le lac de Garde, à peu de distance de Peschiera, a conservé des vestiges de son ancienne fortification romaine ; elle était ceinte d'une muraille — qui en faisait une véritable *acropolis* — et accessible par deux ports, l'un du côté de Vérone, l'autre faisant face à Peschiera. Autels votifs, inscriptions lapidaires, pierre milliaire, beaucoup d'autres souvenirs encore de cette époque ont été placés dans l'église *San Salvatore*, qui tient lieu de musée. Sermione était une *mansio*, c'est-à-dire un gîte d'étapes pour les troupes, mais surtout pour les empereurs et les grands fonctionnaires de l'empire. Catulle y possédait un château princier, aussi riche, aussi vaste que les palais des Césars ; il passait l'été à Sermione, et quelques-unes de ses poésies reflètent le bonheur qu'il trouvait à vivre dans cette résidence préférée. La *grotte de Catulle*, nom moderne donné à ces ruines à cause de leurs vastes souterrains, est située près de l'ermitage de *San Pietro in Mavina*, bâti par des pêcheurs en haut d'une colline.

Charlemagne donna la majeure partie des terres de Sermione au couvent Saint-Grégoire-de-Tours « pour le vêtement des moines ».

Une première description des ruines du château

---

1. *Mémoires de Masséna*, II, 92.

de Catulle a été faite en 1801, par le chef de bataillon du génie Hénin, et reproduite dans le *Journal historique des opérations militaires du siège de Peschiera* ([1]). Le comte Gerolamo Otti Manara en publia une autre en 1856, ornée d'un certain nombre de planches, qui dénotent un travail soigné ([2]).

« La destruction du château, dit Hénin, est pour ainsi dire complète, mais il reste assez de massifs de maçonnerie, de pilastres, de portions de voûtes, de murs et de souterrains, pour aider à se représenter le palais. On n'y voit plus de pierres de taille. On suppose que les matériaux ont servi à construire les maisons modernes qui s'élèvent sur les rives du lac. La longueur des ruines est de 110 toises, la largeur de 50. »

Après le siège de Peschiera, en l'an IX, et le jour même de l'évacuation de la place par la garnison autrichienne, le général Lacombe-Saint-Michel donna une fête littéraire et militaire sur les ruines du château de Catulle, et lui-même paya d'exemple en chantant des couplets de sa composition. Son ode était dédiée à Lesbie ; en voici la première strophe :

> A Lesbie en ce rivage,
> Catulle offrit pour hommage
> Le moineau franc et volage,
> Qu'elle sut rendre constant.
> La beauté modeste et sage
> Sut toujours en faire autant.

Le poète Anelli, accompagné de ses sœurs, chanta

---

1. An IX, p. 89.
2. *La Penisola di Sermione sul lago di Garda.* Verona, 1856.

aussi des couplets en l'honneur de Catulle, de Lesbie et « de la grande nation française. »

Au mois d'août 1797, Bonaparte se rendant de Milan à Passeriano pour reprendre les négociations avec l'Autriche, s'était arrêté à Sermione, et avait visité en détail les ruines du château de Catulle.

Par imitation de ce qui s'était fait à Mantoue quatre ans auparavant, en faveur des habitants du village où est né Virgile, le général Chasseloup-Laubat décida que les habitants de Sermione seraient exempts de toute contribution de guerre [1].

1. *Journal historique*, etc., p. 89.

Lannes et les guides.

Port de Livourne en 1796.

CHAPITRE HUITIÈME

LIVOURNE

L'expédition de Livourne. — Un livre récent sur cet épisode. — Mémoire de Ceracchi conseillant à Carnot d'ordonner une triple expédition contre Livourne, Lorette et Rome. — Les deux cent cinquante millions du trésor de Lorette. — Bonaparte refuse de marcher sur Lorette. — Instructions du Directoire relatives à Livourne. — La ville est occupée par la division Vaubois. — La chasse aux marchandises anglaises. — Le consul Belleville. — Dilapidations commises par Saliceti, commissaire du Gouvernement. — Ses arrêtés sont désavoués par le Directoire. — Le commerce livournais terrorisé par Saliceti. — Protestations du consul et de Bonaparte. — Deuxième désaveu du Directoire. — Les marchandises napolitaines soustraites par Saliceti aux effets du séquestre. — Troisième désaveu. — Vente frauduleuse des marchandises confisquées. — Autres dilapidations et concussions. — Témoignage de Botta. — M. Marcellin Pellet, historien.

Pendant le répit que donnait à Bonaparte l'inaction prolongée des Autrichiens, après leur déroute à

Borghetto, eut lieu l'expédition de Livourne. Nous eussions peut-être passé sous silence cet épisode *sui generis* de la campagne de 1796, sans un livre récent ([1]), où, sous prétexte qu'il a sous les yeux des documents italiens concernant cette expédition « qui n'a jamais été examinée de très près, » l'auteur essaie de faire retomber sur Bonaparte et sur ses généraux, la responsabilité des malversations qui ont été commises à Livourne, par des personnages dont l'histoire a depuis longtemps fait le procès. Les « documents italiens » n'apportent aux allégations de M. Marcellin Pellet *pas l'ombre d'une preuve;* en revanche, les documents français réduisent ces mêmes allégations à néant. Malheureusement l'auteur a oublié de parler des documents français. Nous demandons la permission d'examiner à notre tour cette affaire de Livourne, non « de très près » — cela est inutile — mais en produisant des textes et des faits de telle nature, que le lecteur puisse en quelques minutes s'en faire une opinion décisive et sûre.

L'expédition de Livourne fut un hors-d'œuvre dans les mouvements de l'armée française. Ce que voulait le Directoire, c'était, sous couleur de châtier les Anglais, faire main-basse sur les marchandises et les richesses entreposées dans ce port de premier ordre. Il n'eut même point le mérite de l'invention. En effet, il existe aux Archives nationales ([2]) un mémoire adressé « au citoyen Carnot, membre du Directoire » par « le citoyen Ceracchi » où celui-ci

---

1. M. Marcellin Pellet, *Napoléon à l'île d'Elbe*, Paris 1888.
2. Série AF III, n° 185.

conseille une triple expédition contre Livourne, Lorette et Rome « qui sont assez riches pour fournir à la République française plusieurs centaines de millions. » Disons tout de suite, pour n'y plus revenir, que Ceracchi est le même qui fut impliqué peu d'années après dans le complot contre la vie du premier Consul — affaire Ceracchi, Arena, Topino-Lebrun, etc.

Devant les innombrables trésors que l'on faisait ainsi miroiter à ses yeux, le Directoire n'eut pas un moment d'hésitation. Pour « cueillir » les 250 millions que Ceracchi affirmait exister dans la Casa Santa de Lorette, les grands hommes du Luxembourg eussent volontiers fait litière des lauriers de l'armée française; mais la campagne était commencée, et l'on ne pouvait songer à détacher, d'un effectif déjà réduit, le moindre contingent pour aller faire le siège de Lorette. Carnot écrit donc à Bonaparte : « Le Directoire exécutif vous envoie, citoyen général, l'extrait d'un mémoire ([1]) qui vient de lui être présenté et dont il a pensé que vous pourriez tirer quelque parti. Le Directoire ne vous propose pas, sans doute, le projet insensé d'exposer 10,000 hommes à une marche de 45 lieues dans un pays ennemi, laissant derrière eux une armée et des places fortes, et ne pouvant emporter les subsistances nécessaires. Mais il a pensé qu'il serait peut-être possible de parvenir au but proposé, en confiant l'exécution du pro-

---

1. *Extrait joint.* — Gênes ne doit pas être éloignée de plus de 45 lieues de Lorette ; ne pourrait-on pas enlever la Casa Santa et les trésors immenses que la superstition y amasse depuis 15 siècles? On les évalue à 10 millions sterling. Dix mille hommes suffisent pour assurer le succès.

jet à un corps de partisans que commanderait un chef audacieux et entreprenant. Il vous invite à tenter cette entreprise (¹). »

Bonaparte ne tenta rien, et bien lui en prit, car les Français ne trouvèrent à Lorette, lorsqu'ils y allèrent un an plus tard, qu'un million au lieu de deux cent cinquante. Malgré tout, M. Marcellin Pellet (²) blâme Bonaparte « déjà gonflé par le succès » d'avoir discuté les ordres du Directoire, « même ceux de Carnot à qui il avait tant d'obligations. » L'auteur paraît oublier ici qu'il a écrit deux pages auparavant : « Barras venait de lui passer Joséphine de Beauharnais, lui donnant comme dot le commandement de l'armée d'Italie. » — Voyons, M. Pellet, si c'est à Barras que Bonaparte doit son titre de généralissime, quelles sont ses « obligations » envers Carnot ?

L'expédition de Livourne sortit du même creuset que celle de Lorette : le mémoire Ceracchi. Il en fut encore de même du projet d'expédition contre Rome, pour l'exécution duquel Carnot avait eu l'idée lumineuse de couper en deux l'armée d'Italie. Le citoyen Ceracchi gouvernait donc sans régner. De Plaisance, où il écrivait, Ceracchi était un directeur dans le Directoire !

« Voici la conduite à tenir vis à vis de Livourne et de la Toscane — écrivait Carnot à Bonaparte, le 7 mai. Prenez possession de Livourne. Rendez-vous maître des vaisseaux anglais, napolitains, portugais et autres bâtiments ennemis que vous trouverez dans

---

1. *Corresp. inéd. off. et confid. de Nap. Bon.*, I, 54.
2. P. 177.

le port. Emparez-vous, en un mot, de tout ce qui appartient aux différents états qui sont en guerre avec nous, et mettez même le sequestre sur ce qui appartient aux particuliers de ces états. Faites-en sur le champ dresser des inventaires ([1])... »

Le grand-duc de Toscane ayant eu le pressentiment qu'une aventure se tramait contre lui, dépêcha son premier ministre Manfredini, le prince Corsini et le professeur Pignotti, de Pise, à Bonaparte, à Bologne, qui évita naturellement de se découvrir, puisqu'il s'agissait de surprendre les vaisseaux anglais dans les eaux de Livourne ([2]). M. Pellet — naturellement aussi — trouve ([3]) que Bonaparte, dans cette circonstance, fit montre de sa « duplicité ordinaire. » Il est évident qu'on ne saurait reprocher cette « duplicité » à l'ambassadeur de France qui, il y a peu d'années, livrait à Guillaume Ier le secret de la proposition d'alliance faite par la Russie à la République française.

Le 27 juin 1796, la division Vaubois, forte de 3,000 hommes seulement, entra dans Livourne; Bonaparte suivait à quelque distance, accompagné des commissaires Saliceti et Garreau. Il descendit à l'hôtel ducal sur la grande place. Les navires anglais, sur le bruit qui avait couru de la marche des Français, avaient pour la plupart gagné le large depuis deux jours, emportant avec eux une quantité considérable de marchandises. Le gouverneur de la ville, Spannocchi, un ennemi acharné des Français ([4]), fut

---

1. *Corresp. inéd. off. et conf.*, etc., I, 147.
2. Tivaroni, *L'Italia durante il dominio francese*, II, 15.
3. P. 179.
4. Tivaroni, *L'Italia durante il dominio francese*, II, 10.

arrêté par ordre de Bonaparte pour avoir favorisé — ou n'avoir pas empêché — cette évasion. Le but de l'expédition se trouvait donc compromis dès le principe, au moins en partie, malgré la « duplicité ordinaire » de Bonaparte. Qu'en serait-il resté si Bonaparte, fendant l'avenir comme un simple rocher du Simplon, avait deviné dès lors M. Marcellin Pellet, et cherché à trouver grâce devant lui ?

Le Directoire, dont M. Marcellin Pellet ne récusera sans doute pas le témoignage, félicita vivement Bonaparte. Le 6 juillet, à la nouvelle que la division Vaubois se met en marche sur Livourne, Carnot lui écrit : « L'expédition de Livourne aura été pour Gênes le signal de justes alarmes que sa neutralité perfide doit lui inspirer. Que la vengeance nationale suive la victorieuse armée d'Italie, et ne négligeons pas les indemnités qu'exigent les pertes et les sacrifices de la République. » — Le 11 juillet : « Nous avons reçu, citoyen général, vos intéressantes dépêches du 14 messidor (5 juillet). Le succès de l'expédition de Livourne nous a causé une vive satisfaction, *et nous approuvons tout ce que vous avez fait et ordonné* dans cette circonstance précieuse à la République. Il faut maintenant s'occuper avec activité du soin de retirer tous les avantages qu'elle présente. Séquestrer tous les effets appartenant aux puissances qui sont en guerre avec la France, *imposer de fortes contributions sur les individus qui leur appartiennent*, telles sont les mesures que nous devons employer sans nous en départir ([1]) ».

Les instructions du Directoire furent suivies de

---

1. *Correspond. inéd.*, etc., I, 344 et 345.

point en point. « Lors de notre arrivée à Livourne, lui écrit Bonaparte le 20 juillet, du quartier général de Castiglione, j'avais chargé le citoyen Belleville, consul de la République dans cette place, de mettre les scellés sur tous les magasins appartenant aux Anglais, Portugais, Russes, et à toutes les autres puissances avec qui nous sommes en guerre, ainsi qu'aux négociants de ces différentes nations. J'ai prévenu le citoyen Belleville qu'il serait personnellement responsable des dilapidations qui pourraient avoir lieu. Cet homme est généralement estimé par sa probité. Après mon départ, une nuée d'agioteurs génois sont venus pour s'emparer de toutes ces richesses. Toutes les mesures que j'ai prises ont été dérangées, et l'on a substitué à un seul responsable, des commissions où tout le monde dilapide en accusant son voisin. Vous trouverez ci-joint l'extrait de deux lettres du général Vaubois. On se conduit d'une manière dure envers les négociants livournais; on les traite avec plus de rigueur que vous n'avez l'intention qu'on se conduise envers les négociants anglais eux-mêmes. Cela alarme le commerce de toute l'Italie et nous fait passer à ses yeux pour des Vandales. Cela a entièrement indisposé les négociants de la ville de Gênes, et la masse du peuple de cette ville, qui nous a toujours été favorable, est actuellement très prononcée contre nous (1). »

Le lecteur devine qui sont ceux dont parle Bonaparte, tout en affectant de ne les point nommer. « La République, dit M. Marcellin Pellet, (2) était repré-

1. *Corresp. inéd. off. et confid. de Nap. Ier*, I, 603.
2. *Ibid.*, p. 181.

sentée à Livourne par le consul général Belleville, homme habile, énergique, aux qualités administratives de qui ses adversaires eux-mêmes rendaient hommage. Bonaparte trouva en lui un aveugle dévouement et un concours dénué de scrupules, dans la lutte déloyale et factieuse qu'il entreprit bientôt contre les commissaires du Directoire. » — Aux yeux de l'ancien député du Gard, c'était donc être « déloyal et factieux » que de rendre compte au gouvernement de la mauvaise gestion de ses commissaires?

Le tort de Belleville, l'homme au « dévouement aveugle » au « concours dénué de scrupules » était d'avoir vu clair dans le jeu de Saliceti et de Garreau. A la date du 5 juillet, le général Vaubois écrivait à Bonaparte, au quartier général de Roverbella : « Par ce que me dit le consul de la République, les magasins anglais pourront rendre cinq millions, *si la dilapidation qu'il craint lui-même ne s'en mêle.* J'avais glissé dans la commission chargée des séquestres, des inventaires et peut-être de la vente, mon argus; *par un arrêté, il a été renvoyé...*

« Le consul sort de chez moi ; il vient de me faire des doléances sur les cruautés que l'on exerce sur les négociants du pays. Ces négociants intimés de verser pour la République le montant de ce qu'ils doivent aux Anglais, ont d'abord soutenu qu'il leur était dû beaucoup plus par les Anglais qu'ils ne doivent, et qu'au moins la compensation doit être faite. On leur avait dit qu'ils pouvaient entrer en compensation, et que pour ne pas être obligés à faire paraître leurs registres, qui seraient vérifiés, on se contenterait de cinq à six millions. Hier, à ce que

LE GÉNÉRAL DE BRIGADE MURAT

m'a dit le consul, *ils ont offert cinq millions*(1), *on les a refusés*. Le consul en paraît très fâché et prétend qu'on met les négociants au désespoir. Enfin, général, je suis convaincu qu'avec les formes douces et *honnêtes*, cette ville aurait rempli votre attente, et produit, sans faire crier, dix millions à la République(2).

En effet, cinq millions à recevoir sur la vente des marchandises, et cinq millions offerts par les commerçants débiteurs des Anglais, formaient un produit assuré de dix millions. On verra tout à l'heure qu'il ne fut pas même de moitié. Ce que voulaient les meneurs de cette immense flibusterie, en refusant la transaction de cinq millions, c'était de pouvoir discuter les livres des commerçants et de se faire ainsi, en détail et par le menu, une somme bien supérieure qui aurait de plus le mérite de défier tout contrôle.

Le 20 juillet, le général Vaubois écrit encore à Bonaparte : « Je ne crois pas que la commission créée ici pour faire rentrer à la République tout ce qui vient des Anglais, vous donne satisfaction. La désunion y éclate; le consul de France voulait quitter; tous les sous-ordres — et il n'en manque pas — ne jouissent pas de la même réputation. *Il m'a fait entrevoir qu'il craignait la dilapidation*. L'affaire du commerce a été manquée. Puisque les négociants offraient cinq millions, je pense que l'on a eu tort de ne pas finir. Ils prétendent qu'il leur est prodi-

---

1. V. Tivaroni, *l'Italia durante il dominio francese*, II, 10, qui confirme le fait de cette offre.
2. *Corresp. inéd.*, etc., I, 363.

gieusement dû par les Anglais et que ceux-ci ne les paieront pas; ils ont proclamé le retard de leurs paiements sur la place. Je les crois dans une crise horrible. Je doute que la République en tire bon parti. Cette affaire a été traitée avec rudesse. Les magasins anglais sont assez considérables, *mais on me rappelle très souvent que tout ne sera pas pour la République.* La commission est nombreuse, peu famée dans beaucoup de ses membres. Les magasins ne sont fréquentés que par les sous-ordres; il leur est libre de pêcher en eau trouble. *Je me lave les mains de toutes ces affaires*(1). »

Le 20 juillet, en même temps qu'il adressait au Directoire la lettre qu'on a lue tout à l'heure, Bonaparte répondait à Vaubois : « J'ai appris avec étonnement le gaspillage et le désordre qui existent à Livourne. L'intention du gouvernement n'est pas qu'on fasse aucun tort aux négociants livournais, ni aux sujets du grand-duc de Toscane. Tout en cherchant les intérêts de la nation, l'on doit être généreux et juste. J'ai été aussi affligé qu'étonné des vexations que l'on commet contre le commerce de Livourne. Vous voudrez bien me rendre compte de ces faits(2). »

M. Marcellin Pellet (3) prétend que Bonaparte voulait, par ces accusations répétées, perdre dans l'opinion Saliceti et Garreau « les deux commissaires du gouvernement, héritiers des traditions du comité de salut public, qui le gênaient par leur

---

1. *Corresp. inéd.*, etc., I, 377.
2. *Ibid.*, I, 339.
3. *Ibid.*, p. 210.

surveillance. » Or, s'il appartenait à quelqu'un de les défendre, c'était au Directoire, et pourtant, voici ce que le Directoire, sous la signature de La Réveillère-Lépeaux, écrivait le 1er août à Bonaparte : « Nous avons vu avec peine, dans les mesures prises par nos commissaires à l'égard de la Toscane, l'oubli de nos principes politiques à l'égard de cette puissance. Aussi recommandons-nous à nos commissaires d'employer les formes qu'exige la neutralité, et de *concerter préalablement avec vous les arrêtés qu'ils croiront utiles.*

« M. Corsini ([1]) nous a fait présenter un mémoire contenant les griefs de sa cour; nous avons cru devoir accéder à sa demande de révoquer l'arrêté concernant les originaires anglais. Les opérations administratives à Livourne fixent aussi notre sollicitude, et notre intention formelle est d'y faire régner la sincérité, le bon ordre et l'*intégrité. Nous appelons fortement la surveillance de nos commissaires sur cet important objet*([2]). »

Le désaveu est complet. Le gouvernement oblige ses commissaires à concerter désormais leurs arrêtés avec le général en chef qui est, en droit, *leur subordonné*. Le Directoire va même jusqu'à révoquer un de ces arrêtés. Enfin, symptôme infiniment plus grave, il prononce à l'adresse des commissaires, les mots d'*intégrité* et de *surveillance*. Voilà donc les fameux « héritiers des traditions du comité de salut public. »

O Robespierre! O Saint-Just!

1. Ambassadeur de Toscane à Paris.
2. *Corresp. inéd. off. et conf. de Nap. Ier*, I, 406.

On voit que M. Marcellin Pellet, dans sa haine aussi aveugle que grotesque contre Bonaparte, ne craint pas d'inventer les faits de toutes pièces. Voici une autre de ses allégations qui met le sceau à ce système. « Les Français, dit-il (1), fidèles à leurs promesses, respectèrent les personnes, les propriétés des neutres et ne firent rien contre la religion. Ce respect, *par un caprice de Bonaparte*, s'étendit même aux quinze millions de marchandises napolitaines qui étaient de bonne prise; le général en chef les mit à l'abri en signant avec Naples, à l'insu des agents du gouvernement français, un armistice hâtif et clandestin, que rien ne motivait. » Autant de mots, autant d'imputations matériellement fausses..... et saugrenues. En effet, le 4 juillet, Bonaparte écrivait de Roverbella au Directoire : « J'ai fait séquestrer à Livourne tous les biens appartenant aux *Napolitains*, vu que, *par l'armistice*, la suspension d'armes n'est censée devoir commencer qu'au moment où la cavalerie napolitaine sera rendue dans les positions qui lui sont indiquées. Je crois cependant que vous pourrez ordonner la restitution des biens appartenant aux Napolitains *par un article du traité de paix*. J'ai ordonné que tous les inventaires de ces effets fussent faits devant le consul du royaume de Naples (2). »

Ainsi, les marchandises napolitaines ont été séquestrées et non mises à l'abri; — elles ont été séquestrées malgré l'armistice, qui était antérieur de quinze jours à la saisie, bien loin que l'armistice ait

1. *Corresp. inéd.*, etc., I, 212.
2. *Ibid.*, p. 315.

été signé exprès pour les mettre à l'abri. Mais ce n'est pas tout.

Le 13 août, Bonaparte écrivait de Brescia au Directoire : « J'avais fait mettre le séquestre sur les biens des Napolitains à Livourne. Les commissaires du gouvernement, à ce que m'a écrit le consul de France, ont fait lever ce séquestre. Cependant cela aurait été un bon article du traité de paix([1]). » Le gouvernement va-t-il, cette fois du moins, couvrir ses commissaires ? En aucune façon. « Le Directoire, écrit le 23 août La Reveillère-Lépeaux à Bonaparte, *a appris avec peine* la levée du séquestre sur les biens des Napolitains à Livourne. C'est une mesure sur laquelle les circonstances ne permettent plus de revenir présentement ; il faudra attendre une occasion propice([2]). »

Pour qui sait lire entre les lignes, M. Marcellin Pellet insinue que Bonaparte, en mettant à l'abri les marchandises napolitaines, à l'aide d'un armistice « hâtif, clandestin et non motivé, » poursuivait un lucre personnel. Son accusation retombe maintenant sur ses amis, les parlementaires de l'époque, sur les Saliceti et les Garreau, qui ont « mis à l'abri » les marchandises en question, sans se concerter avec le général en chef qui avait fait apposer le séquestre, et sans consulter davantage le Directoire, dont ils savaient d'avance la réponse négative.

« Les marchandises anglaises, dit encore M. Marcellin Pellet ([3]) furent vendues dans les formes

---

1. *Corresp. inéd.*, etc., I. 443.
2. *Ibid.*, p. 461.
3. *Ibid.*, p. 210.

les plus régulières. Ces opérations firent entrer une dizaine de millions dans les coffres de la République. A propos de ces ventes, Bonaparte a porté de graves accusations de concussion contre Saliceti et Garreau. N'allait-il pas jusqu'à reprocher à Saliceti de lui avoir offert cinq millions pour sa part dans le « pillage » de Livourne, accusation d'une invraisemblance enfantine, insultant ainsi gratuitement son ex-protecteur, qu'il avait déjà payé, dit-on, en séduisant sa femme.... » — Laissons de côté Mme Saliceti qui avait été assez heureuse, jusqu'à M. Pellet, pour n'avoir point d'histoire. Nous sommes, pour le reste, de son avis. Oui, l'accusation que Bonaparte aurait portée — car nous ne l'avons lue nulle part — contre Saliceti, est « d'une invraisemblance enfantine » auprès de celles qui ont été formulées à l'adresse du même personnage par le général Clarke, secrétaire du Directoire, que le gouvernement chargea d'une mission secrète en Italie, pour rechercher ce qu'il y avait de fondé dans les faits de concussion reprochés aux commissaires et à certains généraux. Le rapport de Clarke, daté de Milan, 6 décembre 1796, se trouve au Dépôt de la guerre. Nous engageons M. Marcellin Pellet, qui a ses entrées libres dans les ministères en sa qualité de consul général, à lire ce document et, dans l'intérêt de sa réputation d'historien, à ajourner jusque-là son opinion sur le cas du commissaire Saliceti.

M. Marcellin Pellet, d'un coup de baguette, fait entrer « une dizaine de millions dans les coffres de la République » provenant de l'opération de Livourne. Mais sa baguette elle-même a trahi ici le magicien.

Suivant le compte du payeur général (¹), il a été versé à la trésorerie de l'armée :

1° Montant des lettres de change interceptées	875.000 livres
2° Produit de la vente des marchandises confisquées. . . .	2.000.000 »
3 Soulte payée par les négociants en compte avec les anglais.	2.000.000 »
4° Divers.	95.187 »
Total.	4.970.187 livres

M. Pellet ne s'est donc trompé que de cent pour cent. Les finances de la République perdirent trois millions sur les marchandises estimées primitivement cinq millions — et trois autres millions sur les créances, dont les commerçants avaient offert cinq millions au début du conflit. Mais ce n'était pas encore assez d'avoir gaspillé ou soustrait six millions ; les 4.970.000 livres versés au payeur disparurent presque totalement en dépenses folles ordonnancées par les commissaires. Le 9 novembre 1796, Bonaparte écrivait au consul de France à Livourne : « J'ai reçu, citoyen, un aperçu que vous m'avez envoyé, où je vois des fonds très considérables et très nécessaires, employés *d'une manière illégale*. Tout ce qui est destiné pour l'armée ne peut être supposé une dépense légale qu'autant qu'elle est ordonnancée par l'ordonnateur en chef. Nous sommes en présence de l'ennemi et sans argent (²). » Et le 20 du même mois au Directoire : « Vous trouverez

---

1. Archives nationales, série AF_III, n° 198.
2. *Corresp. inéd.*, etc., II, 134.

ci-joint une lettre que je reçois du consul de la République française à Livourne; vous y verrez que l'armée *n'a presque rien à espérer de Livourne.* Chacun prend dans la caisse ([1]). »

Citons, pour terminer, Botta, à qui il faut toujours revenir pour l'opposer aux Français qui offensent leur gloire nationale : « Les Républicains s'avançaient rapidement sous la conduite du général Murat, et leur cavalerie, après avoir passé l'Arno, se montra tout à coup à la porte de Pise. A la première nouvelle de leur arrivée, les négociants anglais, surtout les plus riches, abandonnèrent Livourne à la hâte, et transportèrent leurs marchandises sur des vaisseaux d'Angleterre mouillés dans le port. Quand les troupes françaises parurent sous les murs de Livourne, la flotte, composée de 60 bâtiments de toute grandeur, appareilla pour la Corse. Les Français firent leur entrée avec cet air guerrier et cette gaieté qui leur est familière. Il y eut à Livourne des jeux publics; on applaudit, on illumina. « Scipion, » c'était le nom que l'on donnait à Bonaparte ([2]). La vente des marchandises saisies se fit avec beaucoup de fraude de la part des agents préposés à l'opération ([3]). Les intérêts du vainqueur en souffrirent notablement, et cette République qui triomphait des armées étrangères, ne pouvait triompher de ses propres voleurs. Belleville, consul de France à

---

1. *Corresp. inéd. off. et conf.*, II, 155.
2. M. Marcellin Pellet prétend que Bonaparte fut très mal accueilli à Livourne. — V. dans le sens de Botta, Tivaroni, *l'Italia durante il dominio francese*, II, 17.
3. M. Marcellin Pellet, on l'a vu, dit que cette vente eut lieu « dans les formes les plus régulières. »

Livourne et Bonaparte lui-même ([1]) en conçurent une indignation extrême, élevèrent à ce sujet les plaintes les plus bruyantes, le premier par un sentiment d'honneur qui lui était propre, le second parce qu'il voyait que ce pillage s'exerçait au détriment de l'armée. De son côté, le général Vaubois était honteux de ces dilapidations, et s'en défendait comme d'une infamie ([2]). »

Au mois de mai 1797, Livourne fut évacuée par les troupes françaises moyennant une indemnité de deux millions payée par le grand-duc de Toscane, et qui fut encaissée par le payeur général jusqu'à concurrence de 1.897.000 livres ([3]). Ce fut le résultat le plus clair de l'expédition. Saliceti avait quitté l'Italie.

1. On sait que Botta est un ennemi personnel de Bonaparte.
2. *Storia d'Italia*, VII.
3. *Compte du payeur général.*

Oiseaux de proie à Livourne.

Le Palais public à Bologne.

CHAPITRE NEUVIÈME
BOLOGNE

Les Gaulois. — La reine Jeanne. — Le sénat de Bologne à Bonaparte. — Le cardinal légat se déclare ami des Français. — Il est fait prisonnier de guerre. — Entrée magnifique des troupes d'Augereau. — La *Marseillaise* et le *Ça ira*. — Histoire d'un joaillier. — Cérémonie grandiose du serment de fidélité à la France. — Les Pepoli. — Les Caprara. — L'armistice avec Rome. — Habiletés pontificales. — La vérité sur la spoliation des musées italiens. — La contribution de guerre. — Chanvres et soies. — L'argenterie des églises. — Le Mont-de-Piété. — Les vols. — Joséphine à Bologne. — Acceptation solennelle de la Constitution dans l'église San Petronio. — Le *Veni Creator* et le *Te Deum* chantés par les électeurs. — Fêtes républicaines. — La chaîne des mouchoirs. — Un banquet de femmes patriotes servi par la milice en armes. — Le théâtre anti-papal. — La presse républicaine. — Fidélité des Bolonais à la France. — Ferrare. — La maison d'Este. — Le légat prisonnier de guerre. — Le serment. — Loyauté des Ferrarais. — L'archevêque Mattei arrêté comme ôtage. — Lettre que lui écrit Bonaparte pour l'engager à retourner dans son diocèse. — Les juifs s'emparent du

pouvoir. — Le théâtre anti-juif. — La chanson anti-juive.—
Désordres causés par les juifs au théâtre. — Juifs terrassés
devant l'autel dans la cathédrale. — Lugo. — Refus de payement de la contribution de guerre. — L'émeute. — Têtes portées au bout des piques. — Le général *Buonapace*. — L'évêque d'Imola. — Point de soumission. — Défense héroïque
des émeutiers. — Arrivée d'Augereau. — Maisons incendiées. — Habitants passés au fil de l'épée. — Le pillage. —
Le Ghetto. — Proclamation d'Augereau.

« *Bononia docet* », portaient les anciennes monnaies de Bologne. Cette ville, tout en perdant par la force des choses son grand nom universitaire, n'a point cessé de marcher à la tête du mouvement artistique et littéraire en Italie. Nulle cité n'est plus riche en monuments de tout genre, et son histoire prouve qu'elle sut toujours aimer la liberté sans recourir à la violence. Des inscriptions trouvées sur des vases étrusques indiquent que *Felsina*, fit d'abord partie de l'Étrurie; mais les circonstances dans lesquelles elle prit le nom de Bologne sont moins connues, et l'on suppose seulement qu'il lui fut donné par la tribu gauloise des Boïens, qui s'en empara plusieurs siècles avant Jésus-Christ. Charlemagne la déclara ville libre, d'où sa devise : *Libertas*. François Ier s'y rencontra avec Léon X en 1515, et Charles-Quint avec Clément VII en 1530. Jules II l'incorpora en 1512 aux États de l'Église, dont elle fit partie jusqu'en 1796, époque où Bonaparte la fit entrer dans la république Cisalpine ([1]).

En 1349, la reine Jeanne se trouvait à la cour du pape avec Louis de France, son époux, sollicitant l'autorisation de retourner dans son royaume des

1. Masi, *Annali della citta di Bologna*, 1841.

Deux-Siciles ; le pape la lui accorda. Louis était « coadjuteur » ou, si l'on aime mieux, « prince-consort ». La couronne de Sicile comprenait aussi le royaume de Jérusalem ; mais ces titres pompeux ne fournissant pas à Jeanne l'argent qui lui manquait, elle vendit son droit de juridiction sur la ville d'Avignon à un certain nombre de familles riches qui le lui payèrent 30,000 florins d'or. Parmi ces familles se trouvait celle des Pepoli, de Bologne et des environs. La ville même fournissait à Jeanne une escorte de 300 grenadiers ; elle fit fondre des monnaies à son effigie en signe de vassalité. Jean et Jacques Pepoli, qui intervinrent personnellement au contrat, moururent à Bologne en 1367. Le pape Urbain étant venu mourir à Avignon en 1370, l'évêque de Bologne, Alméric, se retira en France pour échapper à la vengeance de ses ennemis [1].

Placée dans le voisinage de trois rivières, Bologne est, comme Vérone, sujette à des inondations fréquentes et quelquefois désastreuses. Le froid y est également très vif pendant l'hiver ; mais la charité bolonaise est inépuisable et, dans cette population de 90,000 habitants, on n'a pas souvenance d'un malheureux qui n'ait été secouru.

En 1796, Bologne était administrée par le cardinal Vincent, légat du pape. Même sous ce gouvernement de bon plaisir, elle avait conservé comme une ombre de ses anciennes institutions libres. Elle avait encore un sénat et, bien que le gonfalonnier ni les Anciens n'eussent plus une ingérence directe dans les affaires, on soumettait encore à leur approba-

1. *Annali*, etc., III, 185.

tion — sauf à s'en passer — les actes législatifs émanés du légat. Cet état de servitude qui jurait si étrangement avec la devise républicaine de la cité, avait abattu les courages, amolli les âmes. Dégoûtés des affaires publiques, les meilleurs citoyens vivaient dans la culture des lettres et des arts, interrogeant l'horizon, ne désespérant point de voir se lever le jour où tomberait un pouvoir détesté.

La Révolution française avait produit en Italie une commotion formidable, et Bologne était un terrain merveilleusement préparé pour la semence des idées nouvelles. Le sénat, il est vrai, vota alors 120 lires au gonfalonnier pour les dépenses nécessaires au salut de la patrie, et l'on distribua cette somme à raison de 30 lires à chacun des quatre principaux couvents de Bologne, pour la célébration de prières publiques contre la France ([1]). De la part d'une ville qui comptait déjà 75,000 habitants, le sacrifice était médiocre.

Quelques jeunes gens conçurent le plan d'une insurrection tendant au renversement de l'autorité papale à Bologne, mais les moyens d'exécution leur manquaient, l'expérience aussi, et la police du légat n'eut pas beaucoup de peine à saisir une trame dont les auteurs montraient beaucoup plus d'héroïsme que de sagacité. Le crime qui leur était spécialement reproché était d'avoir fabriqué une cocarde tricolore — vert, blanc et rouge — imitée de la cocarde française.

La répression fut épouvantable, hors de toute proportion avec le délit ; deux jeunes gens,

---

1. Tivaroni, l'*Italia durante il dominio francese*, I, 353.

Zamboni et un étudiant piémontais nommé de Rolandis, qui suivait à Bologne les cours de l'enseignement du droit, eurent la tête tranchée par ordre du légat pontifical. Dix-neuf autres personnes furent impliquées dans le procès et jetées en prison, pour avoir concouru à la fabrication de la cocarde insurrectionnelle ([1]). Devant cette cruauté froide que rien ne justifiait, les esprits les plus calmes se révoltèrent, vouant à l'infamie le Vincent et son entourage de bourreaux. L'archevêque de Bologne, Giovannetti, homme excellent, était de cœur avec la population, mais n'osait pas contrecarrer les vues du légat, ni — encore moins — se créer des difficultés avec le terrible coadjuteur de ce dernier, l'auditeur Frédéric Pistrucci. Aussi bien, malgré le respect qu'elle avait pour son archevêque, la population bolonaise repoussa-t-elle à son tour ses exhortations lorsque, à l'annonce de l'arrivée des Français, furent poussés les premiers cris de délivrance ([2]).

Après le combat de Lodi, le sénat de Bologne apprenant que Bonaparte dirigeait une partie de son armée vers cette ville, lui envoya à Milan deux de ses membres, Caprara et Pepoli, pour le supplier d'épargner leur patrie. Bonaparte les reçut avec bienveillance. Encouragés par cet accueil, les délégués lui demandèrent également de débarrasser Bologne du pouvoir des papes et de restituer à la cité ses anciennes libertés. Bonaparte promit tout et même

---

1. Tivaroni. *L'Italia durante il dominio francese*, I, 15.
2. V. Ernesto Masi, *La Republica di Bologna, nel secolo XVIII*.

plus, mais en attendant, l'armée se dirigeait à marches forcées vers le Mincio. « La division Augereau arriva le 18 juin à Crevalcuore, près de Bologne, dans une magnifique tenue, au son des tambours et des musiques, jouant la *Marseillaise* et le *Ça ira*. Le même jour une avant-garde de cavaliers, commandée par l'adjudant-général Verdier, entra dans Bologne et alla se ranger devant le Palais public; officiers et soldats montraient des visages amis et bienveillants([1]) ». Augereau fit prisonniers 400 soldats du pape et s'empara de quatre drapeaux.

Malheureusement, le général en personne s'empara d'autre chose. Pendant la nuit, il fit dévaliser le magasin du plus riche joaillier de Bologne et charger le butin sur le fourgon qui le suivait partout. Informé du fait par le service secret de l'armée, Bonaparte demanda des explications à Augereau, qui répondit que ce joaillier « n'aimait point les Français ». De l'enquête prescrite alors par Bonaparte, il résulta, au contraire, que ce négociant, de mœurs paisibles, n'avait jamais manifesté une opinion contraire à la cause de la France ([2]).

Le cardinal Vincent avait fait, lui aussi, une démarche auprès de Bonaparte à Milan, peut-être à l'insu, mais séparément, à coup sûr, des deux délégués. Lui aussi avait été bien accueilli, et lorsqu'il rentra à Bologne la veille de l'arrivée des Français, l'idée que la dernière heure du pouvoir temporel fût venue, était bien éloignée de son esprit. Il publia

---

1. *Gazzetta di Firenze*, 22 juin 1796.
2. *Mémoires de Landrieux*, manuscrit, etc., chap. XLVIII.

donc un avis annonçant pour le lendemain l'entrée des vainqueurs, exhortant les citoyens à vaquer tranquillement à leurs affaires, à respecter les soldats, et menaçant de peines graves, même de mort, suivant les circonstances, ceux qui, par actes ou paroles, offenseraient l'armée (¹).

Lors de l'insurrection italienne, en 1831, les choses se passèrent à Bologne comme en 1796. Par une soirée pluvieuse de février, le professeur Orioli, monté sur une table dans un petit café de Bologne, excita la jeunesse à en finir avec cette honte de la monarchie papale. Aux premières rumeurs annonçant un soulèvement, monsignor Clarelli, gouverneur de la ville, se sauvait à toutes jambes, laissant, par un décret, armes et gouvernement dans les mains des citoyens. Alors, l'une après l'autre, les principales villes de l'état : Bologne, Ferrare, Imola, Cesena, Forli, Viterbe, Rimini, Perugia, arborèrent au milieu des réjouissances publiques la bannière italienne. La citadelle d'Ancône se rendit à une poignée de jeunes gens parmi lesquels se trouvait le fils aîné de Louis Bonaparte, qui mourut peu après à Forli, de la fièvre scarlatine, au moment où sa légion allait se battre (²).

Le jeune Louis Bonaparte fut inhumé à Florence, au cloître San Spirito, dont une partie est actuellement convertie en caserne.

Le gros des troupes fit son entrée le 19. Bonaparte et Saliceti arrivèrent la nuit suivante. Le len-

---

1. Ernesto Masi, *La Republica di Bologna, nel secolo XVIII*.
2. V. Montanelli, *Memorie d'Italia*, I.

demain, le gonfalonnier présenta au général en chef le Livre d'or où se trouvaient inscrits le nom et les armes de sa famille ([1]). Le premier acte de Bonaparte fut d'abolir l'autorité papale et de déclarer le cardinal Vincent prisonnier de guerre, tout en le laissant libre — sur parole — de se rendre à Rome pour s'y tenir à sa disposition ([2]) : à italien, italien et demi.

Par le même décret, Bonaparte rétablissait la République, remettait le sénat en possession de son ancienne autorité, et rendait à la ville de Bologne toutes ses franchises passées. Il convoqua immédiatement le sénat en assemblée solennelle, pour l'informer du nouvel ordre de choses qu'il venait de créer, l'exhorta à ne se servir de ses pouvoirs souverains que pour le bien de la cité, et lui dit qu'il préparait un projet de constitution qui pût être agréé par le peuple, et qui n'apportait aux anciens statuts que les modifications nécessitées par le temps et les circonstances. Il déclara enfin que le sénat devrait se réunir de nouveau avant son départ, afin de prêter entre ses mains serment de fidélité à la République française, au nom de laquelle il allait gouverner ; les délégués des communes et des corps civils auraient à prêter le même serment.

Les malheureuses victimes du procès Zamboni qui étaient encore dans les prisons du pape furent mises immédiatement en liberté, aux applaudissements frénétiques de la population ([3]).

---

1. Perrot. *Itinéraire général de Napoléon.*
2. *Corresp. Nap. I*^{er}, I, 520.
3. *Raccolta di bandi et notificazioni publicate in Bologna*, I, 1.

En même temps, il écrivait au Directoire : « La république de Bologne jouissait de très grands privilèges que les papes ont progressivement envahis. Pour faire trembler la cour de Rome et lui faire sentir que sa magie sur le peuple n'aurait pas d'effet contre nous, j'ai autorisé le sénat à considérer comme nuls et non avenus tous les décrets de Rome attentatoires à sa liberté. Pendant tout le temps que durera l'armistice, nous n'aurons pas besoin de tenir de troupes ici ; car, de la manière dont je les brouille avec la cour de Rome, ils en craindront toujours la vengeance et le ressentiment (1). »

L'armistice dont il est ici question est celui que Bonaparte venait de conclure, le 23 juin, avec le pape, et aux termes duquel le pontife devait verser à la caisse militaire 15,500,000 livres tournois en espèces, fournir des vivres et des chevaux équipés pour cinq autres millions, et livrer un nombre considérable de marbres, bronzes, toiles, manuscrits et autres objets d'art précieux, au choix des commissaires du gouvernement. Deux bustes remarquables de Marcus et Junius Brutus étaient spécialement désignés par la convention d'armistice, pour faire partie de la collection. Le pape versa en lingots un à-compte de 5,029,189 livres tournois (2), et Bonaparte crut pouvoir annoncer au Directoire l'envoi d'un certain nombre de nouveaux millions à Paris. Il comptait à ce moment retirer tant de Rome que des deux légations de Bologne et de Ferrare, environ 34 millions.

1. *Corresp. Nap. Ier*, I, 521.
2. *Compte du payeur général*, Archives nat., A.F.III, n° 193.

Le Directoire allait beaucoup plus loin dans ses prétentions. Il entendait que le pape ordonnât partout des prières publiques pour le succès des armes françaises ! Carnot, qui signa cette lettre (1), était, comme on le voit, facétieux à ses heures. « Quelques-uns de ses beaux monuments, ses statues, ses tableaux, ses médailles, ses bibliothèques, ses bronzes, ses madones d'argent et même ses cloches, (!) nous dédommageront des frais de la visite que nous lui aurons faite. » — Mais le pape était plus madré que Carnot. Après avoir payé 5 millions — qui furent conduits à Vérone et reconnus par le commandant de place et l'ordonnateur général Denniée — il réussit, avec une habileté incroyable, à gagner du temps, laissant préparer le second versement, permettant à Berthollet et Monge d'essayer la poudre de sa fabrication, leur ouvrant toutes grandes les portes de ses musées pour le choix des objets d'art, etc. On arriva ainsi jusqu'à novembre. Bonaparte, trompé lui-même par les rapports du ministre de France Cacault et du ministre d'Espagne d'Azara, que le pape avait bernés avec un art infini, Bonaparte écrit enfin à Paris : « Rome payera cher, j'espère, son obstination. Diriez-vous que ces gens-là ne veulent même plus entrer dans une négociation ayant pour base l'armistice ? Je tiens tout prêt pour que, le jour où je signerai la capitulation de Mantoue, une division passe le Pô pour marcher sur Rome (2). »

Un des moyens dilatoires imaginés par le pape

---

1. *Corresp. inédite. off. et confid. de Nap. I*er*, I, 145.
2. *Ibid.*, II, 151.

consistait à demander au ministre d'Espagne de lui prouver que la France était constituée en République (1). Ensuite, il décida qu'il ne serait plus accordé de bénédictions aux Bolonais ni aux Ferrarais, mais à ceux de Lugo. Bonaparte ne voyait dans tout cela que « la mauvaise foi d'un gouvernement dont l'imbécillité égale la faiblesse (2) ».

Mais bientôt, sur l'avis que l'empereur d'Autriche créait une troisième armée pour remplacer celle que Wurmser avait laissée fondre dans ses mains à Bassano, le pape dénonça l'armistice et refusa tout nouveau payement. Bonaparte se rendit alors en personne à Ferrare pour demander au cardinal Mattei d'intervenir. D'autre part, Pie VI était travaillé en sens inverse par le fougueux abbé Maury, qu'il avait fait évêque et qui venait de se commander une cuirasse pour jouer les Jules II. Le cardinal Mattei se rendit à Rome, mais fut mal reçu (3).

Les conditions imposées au pape et aux autres princes italiens, en ce qui concerne les objets d'art, furent diversement appréciées. Les uns les jugèrent toutes naturelles; elles parurent à d'autres excessives. Dans tous les cas, Bonaparte se borna à exécuter les ordres généraux qu'il avait reçus dès le début de la campagne. L'honneur de cette mesure, s'il y en eut un à la prendre, ou la responsabilité, s'il en a été encouru une, remontent à Carnot, ainsi que l'indique la lettre suivante :

1. *Corresp. inédite*, etc., I, 899.
2. *Ibid.*
3. *Ibid.* Lettres de Cacault à Bonaparte, II, 235 et 238.

Paris, le 7 mai 1796.

Le Directoire exécutif est persuadé, citoyen général, que vous regardez la gloire des beaux-arts comme rattachée à celle de l'armée que vous commandez. L'Italie leur doit en grande partie ses richesses et son illustration, mais le temps est arrivé où leur règne doit passer en France pour affermir et embellir celui de la liberté. Le Museum national doit renfermer les monuments les plus célèbres de tous les arts, et vous ne négligerez pas de l'enrichir de ceux qu'il attend des conquêtes actuelles de l'armée d'Italie, et de celles qui lui sont encore réservées. Le Directoire exécutif vous invite donc à choisir un ou plusieurs artistes destinés à *rechercher*, à *recueillir* et à *faire transporter* à Paris les objets de ce genre *les plus précieux*, et à donner des ordres précis pour l'exécution éclairée de ces dispositions, *dont il désire que vous lui rendiez compte.* — CARNOT [1].

Dans le Palais public de Bologne se trouve une salle immense — la salle Farnèse — décorée d'une belle statue de Paul III ; elle fut choisie pour la cérémonie du serment. A la hâte et à grands frais, on y fit les préparatifs nécessaires avec le plus grand luxe. Assis sur un siège, entouré de drapeaux, Bonaparte reçut le serment des sénateurs en ces termes :

« A la louange du Dieu tout-puissant, de la Vierge bienheureuse et de tous les saints, et aussi à l'hon-

---

1. *Correspondance inédite, officielle et confidentielle de Napoléon Bonaparte,* I, 155.

neur et à l'admiration de la République française invincible, nous gonfalonnier et sénateurs de la commune et du peuple de Bologne, jurons au général Bonaparte, commandant généralissime de l'armée française en Italie, que nous ne ferons jamais chose contraire aux intérêts de ladite République française invincible, et que nous exercerons nos fonctions en bons citoyens, sans faveur et sans haine; nous le jurons en la forme antique, en touchant les saints Evangiles. » Les délégués des autorités inférieures vinrent à leur tour prêter le même serment. La cérémonie fut suivie d'une grande fête populaire avec banquets, illuminations et soirée gratis au théâtre ([1]).

Bonaparte était descendu au palais Pepoli, et Saliceti au palais Gnudi. Plus tard, Bonaparte habitera le palais du sénateur Caprara, le même qu'il avait eu l'occasion de voir à Milan. Ce palais, d'extérieur sévère, mais somptueux au dedans, appartient depuis longtemps à la famille de M. le duc de Montpensier, qui l'a acquis par succession, ainsi que beaucoup d'autres immeubles situés à Bologne et aux environs. Le duc y allait chaque année; depuis sa mort, le palais semble abandonné; on n'y fait point les réparations même nécessaires et, en fait d'hôtes, il compte le gardien et sa famille.

Napoléon fit plus tard archevêque de Milan un Caprara qui était proche parent du sénateur de Bologne et qui, envoyé par le pape à Paris comme légat *a latere*, avait contribué à aplanir les difficultés relatives au rétablissement du culte. Ce fut lui qui

---

1. Ernesto Masi, *la Republica di Bologna*, etc.

chanta la première messe dans Notre-Dame rendue à sa destination primitive.

En 1799, lorsque les Autrichiens redevinrent maîtres de l'Italie, le sénateur Caprara paya de la prison l'amitié qu'il avait témoignée aux Français et l'hospitalité offerte à Bonaparte (1).

Avant de quitter Bologne, Bonaparte imposa une contribution de guerre de 12 millions aux deux légations de Bologne et de Ferrare collectivement. Sur cette somme, il ne fut versé en espèces que 2 millions par Bologne, et 433,084 livres par Ferrare. Quant au surplus, les deux légations s'en acquittèrent par des fournitures de vivres, de fourrages, etc. Bologne fournit notamment 105 balles de soie grège pesant 31,853 livres, à 16 livres tournois l'une, soit 509.648 livres argent de France — plus 893 balles de chanvre pesant 273,800 livres, à 25 livres le quintal, soit encore 68,450 livres. Plus de cent chariots chargés de ces marchandises, dont on espérait d'abord tirer plus d'un million, quittèrent Bologne dans les premiers jours de juillet à destination du magasin central de Tortone. Les chanvres étaient destinés à la marine, les soies à être vendues. On peut juger de l'importance de ce chargement par le fait que Bonaparte paya 100,000 livres pour le transport de Plaisance à Gênes (2).

Une autre partie de la contribution de guerre fut payée par Bologne en lingots renfermés dans 40 caisses et valant 2 millions. La saisie des caisses publiques

---

1. *Corresp. Nap. Ier*, VI, 413.
2. *Compte du payeur général*, Archives nationales, série AF_{III}, n° 198. — V. aussi *Corresp. Nap. Ier*, I, 543 et 559.

produisit 1,900,000 ; celle du mont-de-piété, 11 caisses de vaisselle et 3 caisses de bijoux consistant en croix, montres, argenterie, draperies, soies, etc., ([1]).

La prise de possession du mont-de-piété donna lieu, à Bologne comme partout ailleurs, à des vols de la part des agents français. Rien que dans le trajet de Tortone à Gênes, on put soustraire pour 50.000 livres de soies ([2]). A Gênes, la compagnie Flachat décima ce qui restait, et le ministre Faypoult dressa contre elle, à la date du 23 janvier 1797, un rapport accablant ([3]). Bonaparte fit arrêter de ce chef et traduire devant une commission militaire, Legros, contrôleur des dépenses, et Lequène, commissaire des guerres ([4]). Dans une lettre au Directoire, Garreau disait : « Le principe de tous les administrateurs près l'armée d'Italie est qu'on doit y faire fortune en six mois ([5]). »

Le pape tirait des trois légations de Bologne, Ferrare et Ravenne, les produits annuels *nets* ci-après : de Bologne, 339.754 fr. — de Ferrare, 698,541 fr. — de Ravenne, 600,000 fr. Les biens allodiaux qui produisaient ces revenus furent vendus plus tard par les Français ([6]).

Bologne et Ferrare, trop heureuses de secouer enfin un joug abhorré, s'exécutèrent sans difficultés.

---

1. *Compte du payeur général,* Archives nationales AF III, n° 185.
2. *Archiv. nat.* AF III, n° 185.
3. *Ibid.*
4. *Corresp. Nap. I ⁿ,* II, 292.
5. *Archiv. nat.* série AF III, n° 185.
6. Lettre d'Aldini à Talleyrand, du 27 mai 1815, dans les *Mémoires d'Aldini.*

Le cardinal-archevêque de Bologne montra même le plus grand empressement pour réclamer de toutes les églises, des couvents et autres institutions religieuses, un état de leur argenterie en vue du payement de l'impôt de guerre. Les vases sacrés furent seuls exceptés de cet inventaire. « N'oublions pas, écrivait l'archevêque aux curés et supérieurs, que nous sommes tous des citoyens, et que nous devons supporter notre part des charges que la justice divine voudra imposer à l'Etat (¹). »

Le 20 juillet 1796, toutes les marchandises anglaises qui se trouvaient entreposées ou en transit à Bologne, furent saisies par l'autorité française. Cependant on restitua aux destinataires celles qui étaient déjà payées, et le reste fut déclaré de bonne prise (²).

La *Gazzetta di Genova*, du 22 août 1796, raconte que Joséphine se rendit à Bologne le 16, qu'elle y fut complimentée par deux sénateurs et le gonfalonnier, et reçut la visite des autorités. Puis elle ajoute : « On prépara à son honneur un dîner de trente couverts, chose qui ne s'était jamais vue à Bologne. La fête fut splendide. » — Soit. Mais une république où un dîner officiel de trente couverts est « chose qui ne s'est jamais vue » ne s'acclimaterait guère en France, où il n'y a précisément de république, « que celle où l'on dîne. »

En même temps Bonaparte écrivait au Directoire : « Barthélemy (³) s'occupe à examiner les tableaux

---

1. *Gazzetta di Firenze*, 30 juin 1796.
2. *Gazzetta di Genova*, 31 juillet 1796.
3. Un des commissaires choisis par l'Institut pour le choix des œuvres de peinture.

de Bologne ; il compte en prendre une cinquantaine, parmi lesquels se trouve la *Sainte-Cécile,* qu'on dit être le chef-d'œuvre de Michel-Ange ([1]). »

Une espèce d'insurrection éclata à Bologne dans le courant de septembre 1796. La dernière classe de la population excitée par les jésuites s'opposait au maintien du sénat. Bonaparte adressa de Milan, le 26, la proclamation suivante aux sénateurs :

« J'ai reçu, citoyens, votre lettre avec le manifeste imprimé que vous m'avez envoyé... Malheur à ceux qui s'attireraient l'indignation de l'armée française ! Malheur à Ravenne, Faenza et Rimini, si jamais, induits en erreur, ils méconnaissaient le respect qu'ils doivent à l'armée victorieuse et aux amis de la liberté des peuples ! Les fanatiques, les dupes passeraient comme les méchants. La partie de l'Italie qui est libre est peuplée et riche. Faites trembler les ennemis de vos droits et de votre liberté. Je ne vous perds pas de vue. Les Républicains vous enseigneront le chemin de la victoire, vous apprendrez avec eux à battre les tyrans. Je dirigerai vos bataillons, et votre bonheur sera en partie votre ouvrage. Dites bien surtout aux insensés qui oseraient braver la colère du peuple français, qu'il protège les peuples, la religion, mais qu'il est terrible comme l'ange exterminateur pour l'orgueilleux qui le provoque ([2]). »

Bonaparte créa une légion bolonaise qu'il envoya tenir garnison à Milan. Puis il établit à Bologne un camp volant composé de la 19e de ligne, du 7e hussards,

---

1. *Moniteur,* 2 juillet 1796.
2. *Corresp. Napoléon I*er*,* II, 16.

des cohortes de Modène et de Reggio, et de la légion lombarde. Après Arcole, Lannes, que ses trois blessures empêchaient de tenir campagne, fut nommé commandant en chef de ce camp et put alors achever à Bologne sa guérison (¹). Enfin, après Leoben, Bologne fut assignée comme lieu de garnison à la légion polonaise de l'armée d'Italie.

Bonaparte s'arrêta à Bologne le 19 octobre et adressa « au peuple de Bologne » la proclamation suivante :

« J'ai vu avec plaisir, en entrant dans votre ville, l'enthousiasme qui anime les citoyens, mais j'ai été affligé de voir les excès auxquels se sont portés quelques mauvais sujets, indignes d'être Bolonais... Je suis l'ennemi des tyrans, mais avant tout, l'ennemi juré des scélérats, des pillards et des anarchistes. Je fais fusiller mes soldats lorsqu'ils pillent ; je ferai fusiller ceux qui renversent l'ordre social, et qui sont nés pour l'opprobre et le malheur du monde(²). »

Au mois de février 1797, alors que Bonaparte se trouvait à Bologne chez Caprara, avec sa sœur Elisa et Joséphine, de nouveaux tumultes s'étant produits, il prit un arrêté condamnant aux galères ceux qui feraient des pétitions aux magistrats, et à mort ceux qui se chargeraient de remettre ces pétitions. En même temps, il décida que les prêtres réfractaires émigrés de France, et trouvés dans les États du pape conquis par les armées françaises, ne seraient pas poursuivis ni inquiétés, ces territoires ne pou-

---

1. *Corresp. inéd., off. et conf.*, etc., II, 258 et 275.
2. *Corresp. Nap. Ier*, II, 81.

vant être considérés comme territoires français ([1]).

Joséphine eut à se plaindre de sa santé — ce qui lui arrivait d'ailleurs souvent — lors du séjour qu'elle fit à Bologne. Le 6 mars 1797, elle écrivait à sa fille Hortense : « J'ai été un peu malade à Bologne ; d'ailleurs, je m'ennuie en Italie malgré toutes les fêtes que l'on me donne, et l'accueil flatteur que je reçois des habitants de ce pays. Je ne puis m'habituer à être aussi longtemps séparée de mes chers enfants ; j'ai besoin de les serrer contre mon cœur. J'ai cependant tout lieu d'espérer que ce moment n'est pas très éloigné. A la première occasion, je t'enverrai un collier charmant d'après l'antique, les boucles d'oreilles pareilles et les bracelets. — JOSÉPHINE BONAPARTE ([2]). »

La constitution annoncée aux Bolonais ne fut soumise à l'acceptation du peuple que le 4 décembre 1796. Afin de donner aux comices un caractère auguste, le sénat choisit pour les réunir la plus grande des églises de Bologne, celle de San Petronio, qui mesure 117 mètres de longueur sur 48 mètres de largeur. C'est une énorme nef flanquée de deux bas-côtés et de deux rangées de chapelles, avec 12 piliers. Commencée en 1390, elle a été laissée inachevée depuis 1659 ; néanmoins l'intérieur renferme un certain nombre d'œuvres d'art. On y voit aujourd'hui, dans une chapelle de famille, le tombeau d'une des sœurs de Bonaparte, Élisa, grande-duchesse de Toscane ; celui du prince Bacciocchi, son mari, et ceux de trois de leurs enfants.

1. *Gazzetta di Firenze*, 10 mars 1797.
2. *Lettres de Napoléon à Joséphine*, II, 214.

Le 4 décembre 1796, les délégués choisis par le peuple se rendirent en procession à l'église San Petronio, avec la milice urbaine. La garnison française occupait la place et formait la haie. « Le recueillement était général, on sentait qu'il y allait des destinées de la patrie, mais les cœurs étaient pleins de confiance. L'assemblée choisit comme président l'avocat Aldini, qui entonne aussitôt le *Veni Creator*. L'assistance entière chante l'hymne au Saint-Esprit, et la vieille Basilique retentit d'accents jusque-là inconnus. On procède ensuite au vote qui donne, pour l'acceptation de la nouvelle constitution, sur 484 votants, 434 voix et, contre l'acceptation, 50. Le président déclare que le peuple de Bologne a accepté la constitution, et il invite les délégués à remercier Dieu. Il entonne alors le *Te Deum;* les voûtes du temple résonnent du chant d'allégresse de tout un peuple rendu à ses libertés ; les cloches sonnent à toute volée dans les nombreuses églises de Bologne pendant que, sur les marches de San Petronio, les musiques françaises jouent la *Marseillaise* et le *Chant du départ* [1] »

Les patriotes bolonais, non moins expansifs que ceux de Milan, de Brescia et de vingt autres cités italiennes, organisèrent sous la protection des autorités militaires françaises, des sociétés républicaines, des fêtes et des spectacles, pour célébrer le triomphe des idées nouvelles. En avril 1797 il y eut un grand banquet sur la place du « Cercle constitutionnel, » suivi d'une représentation gratuite au théâtre national. On discourut beaucoup sur la scène, on battit

---

1. Botta, *Storia d'Italia*, VI.

des mains à l'égalité patriotique. Le « Cercle » voulut rattacher par un même lien les esprits et les cœurs ; comme symbole de cette union, les personnes qui occupaient les loges nouèrent fichus et mouchoirs blancs de manière à former une chaîne faisant le tour de l'amphithéâtre ([1]).

Les dames bolonaises ne voulant pas rester en arrière des hommes, imaginèrent de donner à leur tour un banquet sur la place publique. L'idée reçut naturellement le meilleur accueil, les uns n'y voyant que la manifestation du plus pur patriotisme, les autres — c'était le plus grand nombre — se réjouissant à l'avance de pouvoir contempler à leur aise tout ce que le beau sexe de Bologne pouvait offrir d'attraits et d'appâts. Tel fut l'enthousiasme du côté de la barbe, que la garde nationale voulut servir en armes et enseignes déployées, les belles mangeuses. Un peloton sans fusils courait sans cesse de la cuisine à la table du banquet, escorté de deux factionnaires, baïonnette au canon « craignant sans doute que quelque poulet rôti ne prît subitement son vol ». Les choses se passèrent bien tout d'abord, mais voici que, par le fait sans doute d'un mauvais plaisant qui s'était mis au bon endroit, les numéros des plats se trouvent intervertis : confusion générale, cris, branle-bas féminin auquel les Ganymèdes de la garde civique ne comprennent rien eux-mêmes. Alors que les citoyennes attendent les entremets sucrés, on leur sert rôtis et salades ; même désordre chez le grand sommelier, qui envoie des liqueurs pour manger les viandes, et dispose ses vins pour le

1. V. Ernesto Masi, *La Républica di Bologna*, etc.

service du thé. Les gardes nationaux, peu experts même à la guerre, sont tout à fait désorientés par ces manœuvres culinaires, et la journée finit au milieu des rires de ceux qui ont dîné, mais à la confusion des citoyennes qui doivent aller se réconforter à domicile, à moins qu'elles ne se trouvent suffisamment rassasiées par tous les discours qui leur ont été servis ([1]).

Avec la liberté, pour ainsi dire sans limites, dont jouissaient alors les écrivains, le théâtre ne pouvait manquer de s'associer aux manifestations de la joie publique. Bologne jouissait d'ailleurs d'une grande réputation artistique. « Rien ne peut être comparé au talent de la première actrice. Nos premières actrices de l'Opéra sont à mille piques au-dessous d'elle, et tous les connaisseurs l'ont jugée au moins aussi favorablement que moi ([2]) »

On a vu que le peuple bolonais vénérait sa religion au point de la faire intervenir dans la solennité du vote sur la Constitution; pourtant c'est à Bologne que le pouvoir temporel des papes reçut les plus vigoureux soufflets. Nous avons dit que l'aide-exécuteur du cardinal Vincent était un prêtre, nommé Pistrucci; ce Pistrucci eut sa comédie jouée à Bologne sous le titre : *Il laberinte dei delitti*, ou *la Pistruccianeide*. Le *scenario* en est simple. Le légat Vincent, aidé par Pistrucci, qui a commis toute sorte d'abus pour se procurer de l'argent, fait incarcérer un sieur Condiscendenti et sa femme — celle-ci fort

---

1. *Il Basso Po*, numéro du 31 mars 1797, Archivio di stato di Milano.
2. Marmont à son père, *Mémoires*, I, 329.

LE CARDINAL ALEXANDRE MATTEI
Archevêque de Ferrare

riche et de mœurs libres — afin de tirer d'elle de l'argent et « d'autres condescendances ». Certaines scènes ont la saveur que les Italiens excellent à mettre dans le récit de certaines choses : celle, par exemple, entre la femme de Condiscendenti et Pistrucci. D'un bout à l'autre, les vices inhérents au gouvernement des prêtres sont flagellés d'importance. La pièce finit dans une sorte d'apothéose où le génie de la vérité chasse honteusement de Bologne le cardinal-légat et son complice. Comme épilogue :

« A toi, garde civique, de veiller sur les droits de chacun de nous, afin que le nom de Felsina (Bologne) traverse les Alpes ; et le génie de la France souriant à nos efforts, saura protéger notre existence en terrassant les impies et les despotes cruels. Peuple, réveille-toi donc, de nouveaux destins t'attendent. Tremblez, tyrans ! Arrière, hypocrites !... Peuple, je te salue ([1]). »

Un mouvement identique s'était produit dans la presse. Des centaines de brochures, d'opuscules, d'écrits de tout format, couvrirent le pays de la manne patriotique et républicaine. Deux journaux d'opinion avancée parurent immédiatement : l'*Abréviateur* et le *Moniteur de Bologne* ; d'autres suivirent, d'abord enthousiastes ; puis, au fur et à mesure que les promesses faites par Bonaparte leur paraissaient lettre morte, aigre-doux, critiques et violents. C'est un écrivain de Bologne qui a imprimé ces lignes stupéfiantes : « Nous ne pardon-

---

1. Ernesto Masi, *Parrucche e sanculotti*; — Brozzi, *Sul teatro giaccobino*, etc.

nerons jamais à Bonaparte d'avoir, lui Italien, sacrifié les intérêts de l'Italie, sa patrie, à ceux de la France (¹) ! »

Quand vinrent les mauvais jours de 1799, la défaite de Cassano et la retraite de l'armée française, la population de Bologne eut une loyale attitude, et la garde civique rivalisa de zèle et d'activité avec nos soldats malheureux. Après la bataille de Marengo, Bologne ayant envoyé à Milan une députation pour prier le premier consul d'assister à une fête qu'elle se proposait de donner en son honneur, il répondit que la noble conduite des Bolonais était venue à sa connaissance lorsqu'il se trouvait en Egypte, et qu'ils pouvaient compter sur lui au moindre danger... « Je vous déclare, ajoutait-il, que le peuple français, reconnaissant envers le peuple de Bologne, le prend spécialement sous sa protection. Je vous autorise à faire graver cette déclaration sur une table de marbre, et à la mettre sur une de vos principales places publiques(²). »

Ferrare, qui comptait 100,000 habitants sous le règne de la maison d'Este, n'en a point 30,000 aujourd'hui, et la réputation de pays malsain qu'on lui a faite, à tort ou à raison, ne pourra que l'amoindrir encore. Les premiers princes d'Este furent des Lombards enrichis qui bâtirent à Este, localité sur la route de Mantoue, un château d'où ils tirèrent leur nom. Hercule II, duc de Ferrare, et frère d'Alphonse Ier qui épousa Lucrèce Borgia, fut marié à Renée, fille de Louis XII, roi de France, laquelle

---

1. *Annali della Citta di Bologna.*
2. *Corresp. Nap, Ier*, VI, 486.

donna l'hospitalité à Calvin, professa hautement sa doctrine, et fut pour cette raison séparée de son mari et de ses enfants (1540). Anne d'Este (1560) épousa en premières noces le duc François de Guise, puis le duc Jacques de Nemours. Le pape Clément VIII réunit en 1597 Ferrare aux Etats de l'Eglise.

Suivant d'autres, la maison d'Este descendrait du chef troyen Anténor, qui aurait construit la ville d'Este — ou Ateste — ainsi que celle de Patavium. Le premier qui porta le titre de *princeps* fut Folco, en 1124; en 1229, Obizzo II, un de ses successeurs, devint seigneur de Modène et de Reggio, et eut ainsi les principautés sous son hégémonie. Alphonse Ier, qui épousa Lucrèce Borgia, aurait été le troisième des ducs de Ferrare, ses prédécesseurs n'ayant eu tout d'abord que le titre de marquis. Alphonse Ier vint à la cour de France, où il reçut bon accueil; il fut l'allié des Français lors de l'invasion de l'Italie par Louis XII, et prit part aux divers combats qui en furent la conséquence. Son règne est cité comme un des plus glorieux que la brillante maison d'Este ait donnés à Ferrare ([1]).

Eugène de Beauharnais, vice-roi d'Italie, avait fait placer une statue de Napoléon, sur une colonne élevée au milieu d'une des places de la ville en l'honneur d'Hercule Ier; mais les Autrichiens ayant renversé cette statue en 1814, la commune y substitua en 1833 celle de l'Arioste, qui mourut à Ferrare, et dont le tombeau a été transféré en 1801, de l'église

---

1. *Liber de vita et rebus gestis Alfonsi Atestini, Ferrariæ principis, a Paulo Jovio Novocomensi episcopo, cardinali,* Florentiæ.

San Benedetto à la bibliothèque de l'Université.

Dès que l'on apprit à Ferrare la convention passée entre le roi de Piémont et Bonaparte, à la suite de la bataille de Mondovi, le cardinal-légat Pignatelli créa un conseil de gouvernement pour aviser à la situation. Dans la matinée du 8 mai, le duc de Modène, Hercule III, arrive à Ferrare, se rendant à Venise ; il avait déjà fait expédier sur cette ville, par la voie du Pô, huit bateaux chargés d'objets précieux ; il portait sur lui 4 millions en or et il courait la poste avec ses ministres pour se mettre en sûreté [1]. Les Ferrarais apprennent ensuite que Reggio et Modène ont dû payer d'énormes contributions aux vainqueurs, mais ils espèrent, quant à eux, en être quittes pour l'ennui d'un passage de troupes et, pleins de confiance, ils attendent l'arrivée des Français. Le pape, beaucoup plus sagace, avait ordonné depuis plusieurs jours qu'il fût procédé à un inventaire des objets précieux existant dans les églises et les monastères, se proposant de les diriger sur Terracine avec les richesses de Rome ; mais le temps manqua et il fut impossible de rien sauver. Dès que les Français eurent fait leur apparition sur les confins du Mantouan, le cardinal-légat de Ferrare, qui était informé du bon accueil que son collègue de Bologne avait reçu de Bonaparte à Milan, s'empressa d'envoyer des délégués à Melara pour offrir en son nom, aux chefs de l'armée, les bons offices du gouvernement de Ferrare. En même temps, il recommandait à tous les curés de tenir les campaniles fermés, dans la crainte que

---

1. *Il Corriere milanese*, 20 mai 1796.

des imprudents ne se missent à sonner le tocsin.

Toutes ces illusions allaient bientôt s'évanouir. « On apprit deux jours après que Bonaparte avait brutalement congédié le cardinal-légat Vincent avec tous ses ministres, et remis au sénat le gouvernement de Bologne. A l'aube de la mémorable journée du 21 juin 1796, arrive un officier français porteur d'une dépêche pour notre cardinal-légat, lui enjoignant de se trouver, avec le juge des *Savi*(1) et le commandant de la place, le même jour à midi, à Bologne, pour y entendre les dispositions arrêtées par Bonaparte. Le cardinal aurait pu s'acheminer tranquillement vers Rome, mais la crainte d'aggraver encore une situation déjà si périlleuse pour tout le monde, le décida à se soumettre. Il partit donc immédiatement pour Bologne, avec les deux autres personnages. Arrivés en présence de Bonaparte, celui-ci intima l'ordre au légat de quitter sur le champ le territoire de sa légation, lui défendant même expressément de repasser par Ferrare ; il déclara au commandant du fort qu'il était prisonnier de guerre, mais qu'il lui serait loisible de retourner dans ses foyers, moyennant l'engagement de ne point porter les armes contre la France ; quant au juge des *Savi*, il le renvoya à Ferrare avec ordre de préparer le logement et les vivres pour la troupe qui allait occuper cette ville ; de plus il lui donna mission de recevoir de la municipalité et des officiers publics le serment de fidélité à la République française, promettant que, à ces conditions, il ferait respecter le

---

1. Le conseil *de' Savi*, à Ferrare, était l'équivalent du sénat bolonais.

culte, les personnes et les propriétés. A l'arrivée du juge, le vice-légat s'enfuit précipitamment à Rome; la petite garnison qui gardait la ville et le fort, craignant d'être faite prisonnière de guerre avec son commandant, se sauva de même en abandonnant ses officiers. Le 22 juin eut lieu la prestation du serment de fidélité. Dès que Bonaparte en eut reçu l'acte, il fit occuper Ferrare par 500 grenadiers et 12 dragons, qui s'installèrent sur la place Saint-Crépin et dans le Fort. Les armes et emblèmes de la papauté furent partout abolis et remplacés par les symboles de la République française. Le drapeau tricolore flotta immédiatement sur les édifices publics ([1]). »

Dans le mois qui suivit l'occupation de Ferrare, la population envoya au Directoire, à Paris, deux délégués pour demander que le sort de la ville fût fixé : « A Ferrare, comme à Bologne, disait Bonaparte dans une lettre dont ils étaient porteurs, on est fatigué de la puissance papale, et l'on voudrait un autre ordre de choses ([2]). »

Fin juillet 1796, à la nouvelle que les Français avaient levé le siège de Mantoue et qu'ils allaient être enveloppés par une nouvelle armée autrichienne, le pape envoya un légat à Ferrare pour tâter le terrain. Mais les gens de Ferrare qui, au moins autant que ceux de Bologne, détestaient l'autorité des princes de l'Eglise, refusèrent de le recevoir. Bonaparte le fit conduire au quartier-général, à Brescia, et le garda en ôtage ([3]). Les Ferrarais avaient d'au-

---

1. *Memorie per la storia di Ferrara, raccolta da Antonio Frizzi*, 6 vol. Ferrara, 1848.
2. *Corresp. Nap. I*, I, 675.
3. *Ibid.*, I, 675.

tant plus de mérite qu'au moment de l'arrivée du légat, les Français avaient évacué précipitamment Ferrare, après avoir encloué leurs canons et jeté leurs poudres à l'eau (1).

Les *Mémoires du général de Ségur* (2) ajoutent que ce légat n'était autre que le cardinal Mattei, dont Bonaparte fit cependant plusieurs fois l'éloge. Le cardinal, en se présentant devant le vainqueur, se serait jeté à ses genoux en disant : « *Peccavi !* » et, pour le punir, Bonaparte l'aurait envoyé faire une retraite dans un séminaire.

Mais le général de Ségur se trompe. Le légat qui fut envoyé de Rome à Ferrare était monsignor La Greca, fils d'un négociant de Naples et sans importance à Rome. Il se sauva à toutes jambes de Ferrare, et il n'était plus qu'à deux heures de Rome lorsque lui fut notifié l'ordre de se rendre au quartier-général. Il obéit, et Bonaparte, qui le jugeait le moins coupable de tous, le remit en liberté au bout de quelques jours.

Quant au cardinal Mattei, qui était archevêque de Ferrare et non légat du pape, son crime fut d'avoir, à la même époque, usé de tous les moyens pour amener la municipalité de Ferrare à déchirer le serment de fidélité qu'elle avait prêté à la République française. Bonaparte en montra une violente colère. Le ministre d'Espagne à Rome, le baron d'Azara, le ministre de France Cacault, intercédèrent de la part du pape auprès du héros pour toucher ses sentiments de générosité ; néanmoins il résista pendant plus

---

1. *Corresp. inéd.*, etc., I, 472.
2. *Ibid.*, I, 262.

d'un mois. Enfin, le 26 septembre, il écrivit de Milan au cardinal Mattei :

« Votre caractère, Monsieur, dont tous ceux qui vous connaissent se louent, m'engage à vous permettre de retourner à Ferrare et à jeter un voile d'oubli sur votre conduite passée. J'aime à me persuader que cela n'a été de votre part que l'oubli d'un principe dont vous avez trop de lumières et de connaisance de l'Evangile pour ne point être convaincu : que tout prêtre qui se mèle des affaires politiques ne mérite point les égards qui sont dus à son caractère. Rentrez dans votre diocèse, pratiquez-y la vertu que l'on vous accorde unanimement, mais ne vous mêlez jamais de la politique d'un Etat. Soyez sûr, du reste, que le clergé et tous les gens qui se dévouent au culte seront spécialement protégés par la République française ([1]). »

On a vu plus haut que Ferrare fut frappé d'une contribution de guerre collectivement avec Bologne. Ferrare, nous l'avons dit, versa en espèces 433,084 livres argent de France, plus en 17 caisses de vaisselle, 1,838,000. On prit 332,000 livres dans les caisses publiques et, au mont-de-piété, 8 caisses de vaisselle et 3 caisses de bijoux. La quote-part de la légation ayant été fixée à 2,500,000, la différence fut acquittée en 17 traites. Ces vaisselles et celles de Bologne furent déposées dans la forteresse de Tortone. Saliceti s'empara également à Ferrare d'objets précieux appartenant au pape et à des Romains(!), et l'on en tira 500,000 livres

---

1. *Corresp. Napoléon Ier*, II, 17. — V. également pour les lettres d'Azara et de Cacault, *Corresp. inédite, off. et confid. de Nap. Bon.*, I, 462, 470, 472, 474, 492, 505.

tournois. Enfin, il prétendit saisir aussi les gabelles et ne les abandonna aux Ferrarais que moyennant un prix de 250,000 livres (1).

Les marchandises anglaises furent saisies à Ferrare comme elles l'avaient été à Bologne. La vente, pour les deux villes, ne produisit que 49,000 livres tournois (2).

De toutes les cités italiennes, Ferrare était celle qui comptait le plus de juifs. Ceux-ci, depuis que la Constituante avait affranchi la synagogue, considéraient les Français comme des libérateurs et — quand il n'y avait pas danger à le faire — se proclamaient bien haut leurs partisans. Les portes des ghettos s'abattaient sous les haches de nos soldats, et le juif se montrant insolent, féroce, menaçait à son tour la population chrétienne de l'y enfermer. Ce n'est pas tout. Débarrassé de la loque jaune marquée d'un O qu'il devait porter cousue extérieurement à ses vêtements, il brigua tête haute les charges publiques et, soit faiblesse des généraux français, soit puissance de l'or, on vit bientôt les municipalités envahies par Israël. Il en fut ainsi à Ferrare.

Mais les premières émotions passées, l'esprit public dans les villes reprit possession de lui-même, et la tyrannie exercée par les juifs, jointe aux rancœurs religieuses, amena des échauffourées sanglantes à Mantoue, Vérone, Sienne, Ravenne, Modène, etc. Il n'y eut pas de sang versé à Ferrare. Dans la patrie de l'Arioste, berceau de la grande comédie, on

---

1. *Compte du payeur général*, Archives nationales, série AFIII, n° 198.
2. *Ibid.*

n'employa contre Juda que la satire et la chanson. La chose vaut la peine d'être contée.

Ferrare était la ville des théâtres par excellence ; elle fut sous ce rapport l'initiatrice de toute l'Italie. Après la chute du pouvoir temporel, la scène du théâtre Saint-Charles, bâti — ô ironie ! — par le cardinal Caraffa, et aujourd'hui « théâtre Communal, » fut envahie par des œuvres dans lesquelles l'art entrait pour peu de chose et la politique pour le surplus. On y joua notamment un ballet monté avec grand luxe, où des moines et des frères sortis de leurs couvents dansaient frénétiquement le « périgordin » français. La municipalité fut assaillie de protestations indignées, ce qui se conçoit de la part d'un peuple qui avait accepté avec joie — comme à Bologne — le renversement du légat pontifical, mais ne confondait point la religion avec ses ministres politiques. Cependant la municipalité, qui était aux juifs, fit la sourde oreille, et elle encouragea — loin de l'empêcher — la représentation du ballet.

La revanche ne se fit pas attendre. Quelques mois après, la troupe qui jouait au théâtre de la Serofa — un nom disparu — ayant épuisé son répertoire de pièces républicaines et révolutionnaires, reçut une comédie intitulée : *Le mariage juif*, où l'on tournait en ridicule la synagogue et ses rites, spécialement en fait de noces juives. L'auteur gardait l'anonymat, mais il n'était pas difficile de deviner d'où partait le coup. La police commença par retenir la pièce par devers elle pendant longtemps, sous prétexte d'examen ; puis ne pouvant la tenir éternellement sous le boisseau, elle y fit de larges coupures, retranchant notamment les allusions à la polygamie hébraïque, ainsi qu'aux mariages entre consanguins pratiqués par les juifs, et prohibant l'exhibition du costume sacerdotal des rabbins([1]).

Mais la municipalité exigeait davantage, et elle tenta d'empêcher la représentation au moyen de la force armée. De son côté, la population tint ferme, et devant les manifestations bruyantes qui emplissaient le théâtre et la rue, la municipalité finit par autoriser la représentation. Le premier soir, une foule énorme envahit les places après avoir forcé les portes; les invectives, les satires, les sous-entendus de la pièce provoquèrent des applaudissements sans fin. Malheur au juif qui se fût trouvé en pareille compagnie! Nous avons à peine besoin d'ajouter qu'il ne s'en trouva pas un. Bien que les habits sacerdotaux des rabbins eussent été prohibés, on les retrouva dans les gestes, dans les allusions, dans la frime et la pantomime des acteurs, et la gaieté n'y perdit rien. Les esprits s'étaient vite excités au plus haut point. Ce n'étaient plus des applaudissements, mais une clameur immense qui accueillait chaque coup droit frappé au cœur de la juiverie. La pièce finie, l'assistance réclama de l'orchestre l'air connu d'une chansonnette contre les juifs, qui se criait partout, et l'orchestre, bien entendu, s'empressa de l'exécuter; puis le public en chœur se mit à chanter, avec quel ensemble — on le devine — cette fameuse *Marseillaise* des chrétiens d'alors contre les juifs.

Cette chanson, dont le texte existe encore à l'*Archivio di stato di Milano*, n'a plus grand sens aujourd'hui et, pour s'expliquer l'influence énorme

---

1. *Archivio di stato di Milano*. Teatri. Ferrara.

qu'elle exerça sur les esprits, il faudrait pouvoir se transporter au milieu des populations qu'elle charmait si fort il y a près d'un siècle. Mais aujourd'hui encore elle est en honneur dans le peuple, et les chanteurs ambulants la vendent à bas prix dans les rues et sur les places publiques.

La municipalité, moins enthousiaste que le peuple pour la chanson sur *Baruccabà*, fit envahir le théâtre par la police, au moment où retentissaient les chants mêlés du parterre et des balcons, et elle profita de l'occasion pour interdire, définitivement cette fois, la pièce détestée. Mais la foule se précipita à la sortie du côté ou habitaient les plus riches d'Israël, et se livra à des manifestations bruyantes qui durèrent toute la nuit. Le lendemain, les murs étaient couverts, sur les places publiques et dans les principales rues, d'inscriptions faites à la main où l'on proférait contre les juifs et les Français, les plus basses injures :

« Les Français sont des voleurs, les Ferrarrais des prostitués... Mort aux juifs... Soyez chrétiens, mes amis... etc. »

C'était tendre la perche aux gens d'Israël, qui n'eurent pas de peine à obtenir de l'autorité militaire française qu'elle confirmât l'interdiction de *Il matrimonio ebraïco*. Le silence se fit peu à peu autour du foyer incandescent, et la population dut se contenter, à ses heures de mécontentement, de chanter *Barruccabà* aux oreilles des juifs triomphants[1].

Cependant, un jour que l'on chantait à la cathé-

---

1. V. Brozzi, *Sul teatro giaccobino*, etc.

drale de Ferrare un *Te Deum* en l'honneur de la reddition de Mantoue, quelques juifs ayant cru pouvoir pénétrer dans l'église, le peuple se jeta sur deux ou trois d'entre eux et allait les étrangler devant l'autel, si des soldats français qui se trouvaient de service à la cérémonie, n'étaient accourus pour les délivrer[1].

Si l'armée française — on ne sait vraiment pourquoi — fit profiter les juifs d'Italie de l'affranchissement dont leurs coreligionnaires bénéficiaient en France, cette protection valut à ces derniers, d'autre part, certains déboires, comme d'être pillés à Vérone et à Lugo, et d'être à peu près massacrés à Sienne[2]. Lorsque l'armée s'approcha d'Ancône, la renommée terrible qui la précédait ne suffit point pour mettre les juifs à l'abri des vengeances populaires, et ils durent s'enfuir sans pouvoir attendre l'arrivée des vainqueurs de Lodi, devenus les gardes d'honneur du Ghetto[3].

Il faut, pour être juste, reconnaître que les non-juifs ne manquaient pas une occasion de provoquer leurs adversaires. Un commandant d'artillerie nommé Flory, en garnison à Massa, écrivait en mai 1798 au commissaire Permon : « Le pays est toujours dominé par les aristocrates et les prêtres. On vient d'enlever les trois filles du juif Ascoly; on les a conduites dans le *couvent des Grâces* et on espère dans peu en faire des chrétiennes. Les ravisseurs sont deux prêtres qui se promènent tranquillement

---

1. *Moniteur*, 2 avril 1797.
2. *Corresp. Nap. Ier*, II, 208.
3. V. *Moniteur*, loc. cit.

dans la ville. Le père gémit et tout le monde trouve cela superbe([1]). »

Au surplus, les juifs payèrent chèrement le demi-triomphe dont ils avaient joui à l'ombre du drapeau français. Léon XII qui succéda à Pie VII se montra féroce envers eux en remettant à neuf tous les tourments du moyen âge ([2]).

A Ravenne et à Faenza, imposées pour 1,400,000 lires, les caisses publiques saisies n'en contenaient que 44,000. Faenza paya sa quote-part en espèces, en 6 caisses de lingots et 20 caisses de vaisselle. Le mont-de-piété de cette ville donna 11 caisses de vaisselle et une caisse de bijoux ([3]).

Lugo est une ville importante de l'Emilie — aujourd'hui province de Ravenne — très commerçante, assise au milieu des terres les plus fertiles de l'Italie. Elle comptait déjà, en 1796, près de 20,000 habitants. Les événements douloureux dont elle fut alors le théâtre sont à peine indiqués par nos historiens, grâce, sans doute, au peu d'importance que Bonaparte lui-même parut y attacher, à en juger par le laconisme du rapport qu'il adressa à ce sujet au Directoire ([4]).

On verra pourtant, par le récit que nous empruntons à un contemporain de ces faits ([5]), qu'ils méritaient d'être connus.

---

1. Manuscrit Bib. nat. F. FR., n° 11277.
2. Montanelli, *Memorie d'Italia*, II, p. 3.
3. *Compte du payeur général*, Archives nationales, série AF III, n° 198.
4. V. *Moniteur*, 14 juillet 1796.
5. *Cenno Storico del moto e saccheggiamento di Lugo nel 1796*, Rambelli, Bologna, 1839.

C'était le 30 juin 1796. Bonaparte venait d'imposer une contribution de guerre en bloc aux deux légations de Bologne et de Ferrare, y compris, bien entendu, les villes et villages de leur territoire ; Lugo faisait partie du territoire de Ferrare. La population commença par protester contre la contribution elle-même ; puis elle refusa de payer. Sur ces entrefaites, le général Rabut s'emparait des vases sacrés, de l'or et de l'argenterie appartenant aux églises, et les faisait déposer au municipe, à la fois comme un gage et, s'il y avait lieu, comme un à-compte sur le chiffre total de la contribution. Le vendredi 30 juin, deux envoyés de la municipalité de Ferrare viennent mettre la main sur ces objets pour les transporter dans cette ville — où s'établissaient les comptes de la contribution — précisément afin d'en retrancher la valeur, du montant des charges imposées au territoire. Mais une question de répartement, comme on dit aujourd'hui, ouvrit le feu. Les Lugonais, avant de se dessaisir de leur trésor, voulaient connaître la part qui leur incombait à eux spécialement, afin de ne point payer pour les Ferrarais. Insistance des envoyés, refus du magistrat municipal, colères parmi les habitants ; le trouble était né et n'allait que grandir. Il devint insurrection, lorsque les commissaires se risquèrent à sortir de son temple la statue de San Ilaro (Saint-Hilaire), patron du pays, et à enlever une couronne de perles qui ornait la statue de la Vierge dans l'église de Santa Maria del Limite. Un des commissaires, qui portait la cocarde française, n'ayant pas voulu la mettre dans sa poche, la foule se jeta sur lui et mit son chapeau en pièces.

Le lendemain, 1ᵉʳ juillet, paraît dans certains journaux une proclamation datée « du quartier-général à Lugo » par laquelle les insurgés appellent leurs concitoyens aux armes « pour défendre la religion et la patrie menacées par les Français, et pour empêcher ceux-ci de dévorer la substance du peuple par les contributions de guerre (1) ».

Un certain Mongardini se met à la tête du mouvement en se faisant appeler « le général Buonapace » (le général Bonne paix) ; on reconduit en triomphe Saint-Hilaire dans son église en criant : « Mort ! » à ceux des habitants que l'on sait dévoués à la France. Les commissaires, que n'appuie aucune force armée, prennent le parti de s'enfuir ; le tocsin sonne aux campaniles, on bat le rappel des « défenseurs de la religion et de la patrie ». L'évêque d'Imola, accouru sur les lieux, cherche à calmer les esprits en rappelant ce qui s'est passé à Pavie et à Binasco. C'est en vain. Le ministre d'Espagne vient exprès de Ferrare et recommence sans plus de succès les exhortations de l'évêque. Mais le bruit se répand que les Français arrivent de Ravenne, et les boutiques de se fermer, les bourgeois de fuir en toute hâte.

On était au 5 juillet ; depuis cinq jours les révoltés refusaient de désarmer ; ils étaient au nombre de 5,000, et l'approche des Français ne faisait que les exciter davantage.

A la date du 6 juillet seulement, Augereau reçoit l'ordre de marcher sur Lugo « où s'est formée, dit-il, une armée apostolique de 15 à 20 mille hommes ; ces rebelles ont de la cavalerie, des chefs et des géné-

---

1. V. *Il Corriere milanese*, 5 juillet 1796.

raux; ils donnent des passeports datés du quartier-général de Lugo ». Il fait partir 1 bataillon, 2 pièces de canon et 1 escadron, et s'y rend en personne. « Ce sont les prêtres qui ont tourné l'esprit à une multitude imbécile ». Des règlements, des proclamations, des actes d'autorité en tout genre étaient déjà émanés du foyer d'insurrection; des ateliers de toute espèce étaient en activité. Le général Beyrand avait l'ordre de faire arrêter l'imprimeur, (1) mais les insurgés sortent en force, tombent sur l'avant-garde des Républicains et la taillent en pièces. Arrive une voiture de Faenza, amenant deux commissaires chargés de proposer un accord; on leur coupe la tête que l'on promène ensuite en triomphe au bout de deux piques. A la nouvelle de ces horreurs, le cardinal-légat Chiaramonte se rend chez le baron Capelletti, dans le palais de qui était descendu Augereau et, par l'entremise du baron, obtient d'Augereau une entrevue. Le général, d'accord avec lui, invite par lettre les magistrats de Lugo à envoyer à Imola deux d'entre eux, ainsi que deux délégués du peuple, pour conférer sur les conditions de la paix. Il leur donne rendez-vous chez lui « où ils seront placés sous la sauvegarde de la loyauté française»; enfin, il leur accorde une trêve de vingt-quatre heures, moyennant que dans cet intervalle les insurgés déposeront leurs armes au municipe. L'estafette à peine partie, Augereau apprend que les soldats venus de Ferrare ont été attaqués à leur tour, par des insurgés cachés dans les chanvres à une lieue

---

1. *Corresp. inédite, off et confid. de Napoléon Bonaparte*, I, 362 et 376.

de la ville, et il mande aussitôt aux magistrats de Lugo, que si les armes ne sont point rendues sous trois heures, il fera mettre leur ville à feu et à sang. Les insurgés refusent; Augereau met à exécution sa menace ; les Français incendient les premières maisons et passent au fil de l'épée tous les adultes. Les femmes et les enfants sont épargnés et mis en lieu sûr.

Saliceti arrive à ce moment ; il adresse aux habitants une proclamation qui confirme l'ultimatum d'Augereau. « Lugo ne sera plus qu'une ruine, un désert, et tous ses habitants seront mis à mort si les insurgés ne veulent pas se soumettre sur-le-champ. » Mongardini méprisant cet ordre rallie ses hommes. « Il était quatorze heures de cette néfaste journée, quand arrivent 1,200 Français commandés par le colonel Pourailly. Un feu terrible d'artillerie s'abat sur Lugo; les étudiants, les moines, les religieuses se cachent dans les caves. Les routes du côté opposé à l'attaque sont couvertes de fuyards emportant leurs hardes, de véhicules misérables où sont entassés pêle-mêle les vieillards et les enfants. Le spectacle est poignant. Les Français envoient un parlementaire pour traiter, il est mis à mort. Leur fureur dès ce moment est à son comble. Un de leurs canonniers est tué sur sa pièce d'un coup d'arquebuse parti du toit de l'église San Rocco (Saint-Roch) : « Bravo, soldat, lui crie le capitaine français; à ton tour ! » Et il fait enfoncer la porte de l'église, mais à l'instant même, il tombe foudroyé. La porte enfoncée, l'église est envahie, pillée; tous les objets qui la garnissent sont placés sous la porte pour être vendus. »

Aucune maison ne fut épargnée. Dans l'église Santa Maria del Limite où s'étaient réfugiés les femmes et les enfants, il y eut un carnage horrible. Le soldat ivre de vengeance frappait sans discernement. Les juifs, malgré leur « humilité apparente, » se virent enlever tout ce qu'ils possédaient — et le Ghetto était « riche ! » Le combat dura plus de trois heures. On évalua les pertes du côté des insurgés, à 2,000 tués ou blessés. Accablés, malgré leur vaillance et leur supériorité numérique, ils se précipitèrent par toutes les issues et le plus grand nombre réussit à fuir. Le pillage dura trois heures. L'armée transporta à Bologne un butin immense qui fut vendu à l'encan sur la place publique. Par la variété des objets et marchandises exposés, on eût dit une véritable foire [1].

Augereau se croyait l'égal de Bonaparte et n'était pas fâché de trouver l'occasion de rivaliser avec lui, sinon dans le commandement — la discipline l'en empêchait — du moins dans l'art de parler aux peuples. Il adressa donc aux habitants de la province la proclamation suivante :

« Vous venez de voir un exemple terrible ; le sang fume encore à Lugo. Lugo calme, Lugo tranquille, aurait été respectée comme vous, elle aurait joui de la paix. Des mères n'auraient point à pleurer leurs fils, des veuves leurs maris, des orphelins les auteurs de leurs jours. Que cette épouvantable leçon vous instruise et vous apprenne à apprécier l'amitié du peuple français. C'est un volcan ; quand il s'irrite, il renverse, il dévore tout ce qui s'oppose à son érup-

---

1. *Il Corriere milanese*, 15 juillet 1796.

tion. Au contraire, il protège, il caresse quiconque cherche en lui son appui, mais il faut acquérir sa confiance par quelque acte qui lui assure qu'elle ne sera pas trahie. Depuis trop longtemps et trop souvent, on a abusé de sa bonne foi. Voici ce que sa sûreté exige maintenant de vous, et ce que j'ordonne en conséquence... (¹) »

La Gazzetta universale di Genova, numéro du 14 juillet 1796, ajoute que la ville de Lugo eût été incendiée complètement sans l'arrivée d'un courrier spécial envoyé par Bonaparte, et que du seul Ghetto on chargea plus de quarante chariots en marchandises et objets de valeur,

---

1. Document reproduit dans *Campagnes des Français en Italie*, par Desjardins, IV, p. 161.

Au banquet des Dames patriotes.

L'Adige à Vérone.

CHAPITRE DIXIÈME

VÉRONE

Ses monuments. — Ses palais. — Bonaparte menace d'incendier la ville. — Frayeurs de la population. — Entrée des Français racontée par un témoin. — Excès commis par les soldats. — Le *roi de Vérone*. — Son expulsion. — Dignité de son attitude. — L'armure d'Henri IV. — Le comte de Grobois. — Ambassade de Macartney à Vérone. — Louis XVIII ne veut ni quitter cette ville pour habiter l'Espagne, ni aller rejoindre l'armée de Condé. — Ses dettes personnelles. — Embarras profonds du trésor royal. — Subsides anglais. — La « maîtresse du roi. » — Tableau de la cour de Vérone. — Projet de rentrée solennelle en France. — Point de cheval assez fort pour porter le Roi. — Livre des Sacres. — La Reine oubliée dans les préparatifs. — Revers. — Le Roi s'évade de Vérone. — Son habitation. — Dettes qu'il laissa dans cette ville. — Bonaparte au palais Emilei. — La glace cassée. — Il fait feu sur son domestique nègre. — Les Emilei. — Villégiature de Masséna. — Deux lettres autographes. — Dîner et bal au camp de Masséna. — Masséna et Augereau offrent leur démission à Bonaparte. — Manuscrit d'un aubergiste qui a fait malgré lui crédit aux soldats. — La bibliothèque de Vérone. — La maison des Capulets. — Le prétendu tombeau de Juliette. — Bonaparte au palais Canossa. — Lettres à sa femme.— Est malade de la gale.— Le peintre Gros.— Sur les genoux de Joséphine. — Les palais de Vérone et les souverains de l'Europe au Congrès. — Un manuscrit palpitant.— Les événements de Vérone pendant l'occupation française. — Les *Pâques Véronaises.* — Le massacre dans les hôpitaux. — Détails émouvants sur l'insurrection. — La main du prêtre. — Les Français réfugiés dans les forts. — Ils reprennent Vérone. — Trahison des magistrats vénitiens. — Les représailles. — Point de pillage. — Les dépôts les plus précieux du mont-de-piété enlevés par des agents français. — Augereau au palais Marioni. — L'arbre de la Liberté. — Premier journal libre. — Les insurgés en prison. — Solennité grandiose du pardon devant les troupes assemblées. — Les insurgés aux genoux d'Augereau et lui baisant les pieds. — Les chefs de l'émeute fusillés. — L'évêque acquitté. — Augereau casse le jugement. — Un capucin qui a prêché l'assassinat des Français, fusillé. — Adresses de deux Véronais à Bonaparte pour implorer sa clémence en faveur de leur patrie coupable. — L'heure française est substituée à l'heure italienne.— Grande fête militaire à l'occasion du 14 juillet 1797. — Discours d'Augereau. — Au banquet, les gardes nationaux et les musiciens de Vérone mangent la part des autres invités. — Mutineries contre le général Verdier. — Entrée triomphale de Bonaparte. — Sa harangue aux soldats à propos du coup d'Etat de fructidor. — Un évêque qui aime à rire. — Le médaillier Bevilaqua. — Partage de voitures. — Les bateaux d'épiceries d'Augereau. — Le quart d'heure de Rabelais. — Fête du 10 août. — Discours du général Verdier. — Le comte Giusti et Verdier. — Évacuation définitive de Vérone par les troupes françaises.

Vérone, grande et superbe ville de 60,000 habitants, sur l'Adige, appartint à la république de Venise jusqu'au traité de Campo-Formio, passa ensuite sous l'autorité de l'Autriche, devint préfecture du département de l'Adige avec le royaume d'Italie, retomba aux mains de l'Autriche en 1814, et finalement s'absorba dans l'unité italienne. C'est aussi une des places fortes les plus considérables de l'Italie, grâce à son fleuve ainsi qu'aux fortifications et bâtiments militaires que le gouvernement autrichien y fit construire, jusqu'à la veille du jour où il devait la perdre.

L'œil est séduit, la porte *Neuve* franchie, par l'imposante largeur de la voie qui mène dans l'intérieur de la ville, et qu'on appelle d'un nom aujourd'hui répandu dans toutes les cités de l'Italie, grandes ou petites, le *cours Victor-Emmanuel*. Malheureusement, les autres rues pèchent en général par l'excès contraire. Il est manifeste que ceux qui ont tracé le premier plan de Vérone se sont préoccupés avant tout de protéger ses habitants contre les rayons d'un soleil trop ardent. Toute cette partie de la haute Italie qui va de Vérone à Udine passe pour être peu favorable à l'hygiène, par le contraste de ses étés brûlants avec ses hivers rigoureux.

Les mois chauds sont pénibles à supporter à Vérone même où, l'année dernière encore, les victimes du froid furent nombreuses. C'est au voisinage des Alpes qu'il faut attribuer cet état de choses, ainsi que l'absence de transition de l'été à l'hiver. Si, encore, Vérone en était quitte à ce prix ! Mais les mêmes causes la condamnent depuis des siècles, comme l'attestent les chroniques anciennes, à ces terribles inondations qui, voici peu d'années encore, obligeaient les habitants à se retirer sur les toits des maisons, et à y vivre pendant plusieurs jours dans l'attente de leur délivrance. Personne n'est mort de faim cette fois, parce que les communications en barques se faisaient sans trop de difficultés ; mais que de fortunes englouties, de maisons renversées, de richesses perdues !

Le *cours Victor-Emmanuel* débouche sur une place grandiose, la place Bra, ainsi nommée de ce qu'elle fut autrefois un *prato* — herbager ou prairie — une sorte de *Marais* ou de *Pré-aux-Clercs*. Les Romains y ont construit un Colysée immense, rappelant par ses dimensions les arènes d'Arles, et dont les ruines sont encore très-belles.

L'origine et le nom de Vérone se perdent dans les âges lointains. Il paraît certain qu'elle fut occupée par les Gaulois Cénomans, sous la conduite de Brennus et d'Elitrovius, et dominée par eux pendant près de deux siècles. Sur son territoire, au lieu dit *Campi Raudii*, Marius défit les Cimbres en 651 de Rome. Les Goths, après avoir traversé la Gaule, l'envahirent avec Alaric. Les Huns leur succédèrent, et des érudits faisant autorité prétendent que ce n'est pas aux environs de Rome, mais près de Vérone, qu'eut lieu la fameuse entrevue du pape Léon Ier avec Attila.

Les Francs, suivant la route qu'avaient prise plusieurs siècles avant les Gaulois Cénomans, se présentèrent devant Vérone pour la saccager ([1]).

Pépin l'ayant conquise ensuite sur les Lombards, y fit commencer — s'il ne l'acheva — la construction de San-Zeno ([2]), qui passe pour la plus belle église romane de la haute Italie, avec ses vastes nefs, son portail chargé de scènes tirées de la Bible — dans lesquelles intervient le roi d'Italie Théodoric, — sa coupe monumentale de porphyre antique, et ses autels massifs. Il y a dans cette église des peintures

---

1. *Archivio storico Veronese*, XVII.
2. *Ibid.*

qui remontent au huitième siècle, et témoignent de la haute ancienneté de cet art à Vérone.

San Zeno fut d'abord pêcheur sur le lac de Garde, aux temps héroïques de l'Église, et devint ensuite évêque de Vérone. Son tombeau est dans la crypte de l'église. Pépin, dit-on, aurait été inhumé dans un petit cimetière qui se trouve à côté, et dans lequel on montre un sarcophage qui serait celui du fondateur de la seconde race. Sur le portail de la cathédrale, qui paraît remonter au douzième siècle, les statues des paladins de Charlemagne, Roland et Olivier, attestent que l'administration du premier empereur d'Occident n'avait point laissé de mauvais souvenirs à Vérone.

Après des vicissitudes diverses, tantôt libre et tantôt sujette, aujourd'hui aux Visconti de Milan, demain à Saint-Marc de Venise, elle parvint à goûter pendant deux siècles une paix profonde sous le gouvernement des Scaliger, qui furent à Vérone ce que les Médicis étaient à Florence. Dante, à qui les Véronais ont élevé une statue pendant ces dernières années, vint se réfugier chez les Scaliger, avant d'aller mourir, toujours exilé, à Ravenne.

Des monuments de Vérone en général, nous ne voulons parler qu'au point de vue historique français. Il faudrait plusieurs volumes pour les décrire d'une manière digne d'eux, et l'on prétend que personne n'y a encore réussi. Un des plus beaux parmi ces monuments, le tombeau des Scaliger, eut une flèche emportée par un boulet français, lors du siège amené par l'insurrection d'avril 1797. Nos soldats démolirent aussi, une fois maîtres de Vérone, la colonne surmontée d'un lion ailé qui se trouvait sur le

Marché-aux-Herbes (*Piazza Erbe*). L'usage en Italie, dès l'époque romaine, fut d'indiquer par une colonne les endroits où se tenaient les marchés publics. Le lion ailé est vraisemblablement de l'époque où Vérone fut conquise par les Vénitiens; antérieurement la colonne était surmontée d'un chapiteau portant le médaillon de la Vierge (celui de la corporation des bouchers) ou d'un saint, ou l'effigie d'un animal quelconque, par exemple d'un agneau, comme on fit pour la colonne élevée sur la Piazza San Micheli [1].

Que les officiers français aient fait abattre le lion ailé, cela se comprend à la suite de l'odieuse attitude du gouvernement vénitien dans l'affaire des *Pâques véronaises*. Mais la colonne était un simple indicateur du marché, sans caractère politique offensif. On a relevé plus tard l'un et l'autre, le lion vénitien n'ayant désormais pas plus d'ailes que de griffes.

Le génie militaire voulut également, en 1797, sous prétexte de nécessités stratégiques à l'intérieur de la ville, démolir ce qui reste de la porte romaine connue sous le nom d'*Arc des lions*; mais la population protesta contre ce vandalisme inutile, et la ruine fut conservée.

C'est le 1er juin 1796, vers dix heures du matin, que l'armée française entra pour la première fois dans Vérone, venant de Lodi et poursuivant les Autrichiens dans leur mouvement de retraite vers le Tyrol. Le provéditeur Foscarini, représentant à Vérone du sénat de Venise, s'était rendu à Peschiera auprès de Bonaparte, pour le supplier d'épargner à

---

1. *Archivio storico Veronese*, XIX.

sa patrie cet affront immérité. Bonaparte lui répondit que Vérone ayant donné asile au comte de Lille (comte de Provence), il avait reçu l'ordre du Directoire de la détruire, et qu'il exécuterait cet ordre, si on lui opposait la moindre résistance; qu'il la respecterait, au contraire, qu'il permettrait même aux soldats vénitiens de garder les portes, et aux magistrats de continuer leurs fonctions, au nom du sénat, pourvu qu'il lui fût loisible de faire occuper par les Français tous les postes à sa convenance.

Foscarini, accablé par cette réponse, mais impuissant à conjurer les malheurs qui menaçaient Vérone, autrement que par une entière soumission à la loi du vainqueur, donna l'ordre aux Esclavons, qui étaient la seule force armée défendant la ville, de l'évacuer, et aux autorités ainsi qu'à la population, celui de recevoir pacifiquement les soldats français. Cette annonce glaça tous les cœurs; chacun craignit pour sa fortune, pour sa vie. Foscarini fut accusé de trahison par tout un peuple indigné, mais que faire? Rester était périlleux, partir semblait misérable; la frayeur eut le dessus, et en un clin d'œil, la route de Vérone à Venise se couvrit de voitures ou de pauvres charrettes emmenant familles, meubles et butin. Les barques amarrées sur l'Adige furent également envahies par une foule en désordre qui, n'ayant pas d'autres moyens de transport, en arrivait à se confier au plus perfide de tous les fleuves [1].

« Au moment de l'entrée des Français, la plupart des familles riches avaient fui; les convulsions du

1. Voir Botta, *Storia d'Italia*, VII.

départ avaient cessé ; un deuil cruel pesait sur les âmes, mais personne ne disait mot. L'entrée devait avoir lieu par la porte San Zeno ; c'est là qu'une foule, avant tout curieuse d'émotions, vint se poster. Les riches restés à leur poste attendaient avec anxiété dans leurs maisons ; quelques-uns se joignirent à la population pour voir cette armée dont la gloire remplissait l'Italie et le monde ; d'autres consultaient les horoscopes et n'en paraissaient pas plus rassurés. On regardait, haletants, du côté de la route de Peschiera, quand soudain retentit un coup de canon tiré du village de Sona. Bientôt se déploient sur les hauteurs les drapeaux français qu'inondent les rayons d'un soleil brûlant ; un concert infernal de tambours et de chants de triomphe fend les airs et arrive jusqu'à Vérone. Entre d'abord un peloton de cavaliers lancés en éclaireurs, puis un escadron de dragons au visage de bronze, avec casques à la romaine et la crinière. Le général Bonaparte accompagné de Masséna, de Saliceti et d'un nombreux état-major, suit avec une escorte de cinq cents cavaliers. Puis vient l'infanterie couverte de sueur et de poussière, soldats à l'allure martiale et marchant dans un ordre admirable ; enfin l'artillerie avec ses canons mèche allumée, comme au moment de combattre. Il y avait en tout douze mille hommes. Bonaparte se rend au palais présidial, où le général commandant, Salimbeni, va le complimenter. Il lui fait bon accueil et une réponse courtoise. Masséna, de son côté, visite les forts et la place. Les troupes campent sur les fortifications et sur les places publiques ; elles paraissent exténuées par la chaleur et par la fatigue de longues marches. Accompagné de Bessières, Bonaparte se rend *Piazza dei Signori*, au palais du préteur, où Foscarini et les autres notables de la ville, dans une angoisse terrible, attendent sa venue. Telle était leur frayeur, qu'à la vue de Bonaparte ils demeurèrent interdits, sans pouvoir prononcer un mot, pas même un compliment banal de circonstance.

« Toujours accompagné de Bessières et du général Salimbeni, Bonaparte visita ensuite les autres monuments de la ville et ses richesses artistiques. Il exprima surtout son admiration pour les arènes romaines. Masséna fut chargé du commandement de la place, et le gros de la division partit le 26 juillet. Dans l'intervalle, les habitants montrèrent à plusieurs reprises de l'hostilité contre les Français, à qui ils reprochaient leurs excès. Bonaparte fit fusiller le soldat Latouche qui s'était rendu coupable de pillage; mais cette satisfaction ne désarma point les mécontents [1]. »

Bonaparte avait dit à Foscarini qu'il détruirait Vérone, si elle résistait, parce qu'il avait reçu du Directoire des ordres à cet effet. D'autre part, il écrivait au Directoire : « Je n'ai point caché aux habitants que si le prétendu roi de France n'eût évacué leur ville avant mon passage du Pô, j'aurais mis le feu à une ville assez audacieuse pour se croire la capitale de l'empire français [2]. »

Il est évident que le Directoire n'avait donné aucun ordre; sa correspondance avec le général en

---

1. *Pasque Veronesi, ossia storia di Verona dal 1790 al 1822*, I.
2. *Moniteur*, 17 juillet 1796.

chef de l'armée d'Italie en fait foi. Bonaparte pourvut à ce que les nécessités de la guerre exigeaient, décidant de tout par sa propre initiative et sous sa responsabilité. Alors qu'il avait en mains une lettre du Directoire lui disant de saigner à blanc la Lombardie, parce qu'elle était destinée à servir de compensation à l'Autriche, il ne courait aucun risque à reporter sur le gouvernement l'idée de mettre le feu à Vérone.

Que s'était-il donc passé à l'égard du frère de Louis XVI ? Peu d'historiens l'ont raconté exactement, quoiqu'il s'agisse d'un fait très intéressant. Nous allons, sur des sources indiscutables, chercher à être plus complet. En 1794, le comte de Provence, sous le pseudonyme de « comte de Lille », se trouvait à Turin avec quelques courtisans, notamment d'Entraigues et le marquis d'Avaray ; il avait été accueilli avec empressement par la cour de Sardaigne, sa femme étant une des filles du roi Victor-Amédée III. Leur arrivée à Turin donna lieu à l'inscription suivante qui se lut un beau matin sur les murs de la ville : *Augusta Taurinorum, refugium peccatorum* ([1]) ! A l'approche des Français, il crut prudent de s'éloigner, et après avoir tenté inutilement de se fixer à Parme, il demanda au sénat de Venise l'autorisation de demeurer sur le territoire de la République, ce qui lui fut accordé, sous la condition qu'il ne ferait pas acte de prétendant, ni tout autre de nature à brouiller Venise avec la France. Il en prit l'engagement et vint s'installer à Vérone. Le sénat demanda alors

---

1. *Curiosita e ricerche di storia Subalp.*, I, 728.

à son représentant, dans cette ville, de le reconnaître comme Régent, au cours des conversations privées qu'il aurait avec lui, et de le traiter comme tel, mais, en public, de ne rien faire ni dire qui pût trahir ces procédés de pure courtoisie.

Ces instructions furent-elles ponctuellement suivies, on peut en douter. Toujours est-il que les difficultés que le sénat avait voulu éviter ne tardèrent pas à se produire, difficultés d'autant plus graves pour le comte de Lille, qu'aucune autre puissance ne voulait lui donner l'hospitalité. Les émigrés en assemblée plénière l'ayant, après la mort de Louis XVII, (1) proclamé roi de France, il adressa un manifeste à la nation française, mais crut se mettre à l'abri en ne le datant point de Vérone, et en ne le faisant point imprimer dans les journaux vénitiens. C'est alors que son expulsion fut demandée par la France. Le 1er mars 1796, Delacroix, ministre des relations extérieures, signifia au représentant de Venise à Paris la décision du gouvernement, en ajoutant que l'expulsion devrait avoir lieu sur-le-champ. Au sénat de Venise, il y eut 153 voix *pour* et 47 voix *contre* ; à ceux-ci qui invoquaient les principes de générosité, ceux-là répondirent que le salut de leur patrie passait avant tout.

L'expulsion, néanmoins, n'eut pas lieu immédiatement ; le sénat temporisa ; les événements pouvaient prendre telle allure qui lui permettrait de se déjuger. Le canon de Montenotte le secoua tout à coup ; la bataille fut livrée le 10 avril, et trois jours après, le 13, juste l'intervalle nécessaire pour en

---

1. 8 juin 1795.

apprendre le résultat, le marquis Carlotti, patricien véronais, allait de la part du sénat signifier à Monsieur, comte de Provence, qu'il eût à sortir immédiatement des Etats vénitiens. Monsieur répondit avec dignité : « Je partirai, mais en cédant à la force. J'exige, avant de m'éloigner, que l'on m'apporte le Livre d'Or de la République, afin d'en effacer le nom de Bourbon ; je veux aussi que le sénat me restitue l'armure dont mon aïeul Henri IV lui a fait don. »

Le podestat de Vérone, le noble vénitien Pringli, rédigea sur-le-champ une protestation qu'il fit porter à Monsieur par Carlotti. Le frère de Louis XVI l'accueillit fort mal : « J'ai répondu hier, lui dit-il, à ce que vous m'avez déclaré au nom de votre gouvernement. Vous m'apportez aujourd'hui une protestation de la part du podestat, je ne la reçois pas. J'ai dit que je partirais ; je partirai, en effet, dès que j'aurai reçu les passeports que j'ai fait chercher à Venise. Mais je persiste dans ma réponse, je me la devais, et je n'oublie pas que je suis le roi de France. » Il partit le 21 avril sous le nom de « comte de Grobois », se rendant en Suisse par Milan [1].

Il passa à Milan quelques jours après (le 25 avril) dans une voiture de poste, suivi d'un certain nombre de courtisans (*colla sua corte*), et emportant avec lui des bagages considérables. Il ne s'arrêta dans cette ville que le temps nécessaire pour changer de chevaux et surveiller ses malles. Il avait hâte de s'éloigner. On a dit qu'il se rendait à Fribourg-en-Brisgau [2].

---

1. *Il Postiglione del mondo*, avril et mai 1796.
2. *Il Corriere milanese*, 1ᵉʳ mai 1796.

Le sénat de Venise refusa d'abord péremptoirement de donner satisfaction au comte de Provence, sur les deux points indiqués dans sa protestation. Les ambassadeurs des puissances étrangères, de leur côté, s'abstinrent de l'appuyer. Seul, celui de Russie, fut autorisé par son gouvernement à intervenir, grâce au reste de sympathie que l'impératrice Catherine avait conservé pour les Bourbons. L'armure d'Henri IV fut remise entre les mains de cet ambassadeur, que Monsieur, avant de partir, avait prié de la conserver en dépôt jusqu'à des jours meilleurs.

. Le comte de Provence, en quittant Vérone, y avait laissé 200,000 livres de dettes, et ses créanciers, dès l'arrivée des Français, s'en plaignirent à ceux-ci dans le but évident de se concilier leur bienveillance, en se donnant pour des victimes intéressantes, et même pour des adversaires du frère de Louis XVI. Tel fut le cas d'un certain comte Carlotti, qui avait prêté son palais et fait de grandes dépenses pour la solennité de la proclamation de « Louis XVIII, roi de France », après la mort du jeune dauphin[1]. Lorsque le général Kilmaine habita ce palais, il trouva encore en place tous les ornements royaux, le trône, le dais, les fleurs de lys en cuivre doré, etc. L'argent coûtait si peu alors aux généraux français, que Landrieux et Kilmaine conçurent le projet, eux soldats de la République, de payer les créanciers de Louis XVIII! [2]. — Qu'on se rassure pourtant, ce ne fut qu'un projet.

1. Carlotti était propriétaire du palais Canossa. Il manifestait bien haut le regret de n'avoir pas arraché à Louis XVIII ses vêtements avant qu'il prît la fuite.
2. V. *Mémoires de Landrieux*, etc., chap. II. — Landrieux

On trouve dans la correspondance de lord Macartney avec lord Grenville des détails curieux sur « la cour de Vérone ». Après la mort de Louis XVII, l'Angleterre, sans vouloir encore reconnaître le comte de Provence comme roi de France, jugea politique d'accréditer auprès de lui à Vérone un ambassadeur *in partibus,* qui devait prendre la « direction de sa conduite », ce qui voulait dire, en bon anglais, l'accaparer au profit des desseins britanniques. Cet ambassadeur fut Macartney. — « Votre Seigneurie, lui disait Grenville dans ses instructions générales en date du 10 juillet 1795, est autorisée à faire à Sa Majesté Très-Chrétienne toutes avances d'argent pour ses besoins immédiats, jusqu'à concurrence de 100,000 livres sterling. Mais vous devrez vous efforcer de vous maintenir en deçà de cette somme, les dépenses occasionnées par les entreprises militaires étant si considérables, qu'elles laissent peu de loisir à Sa Majesté de faire pour Sa Majesté Très-Chrétienne ce que lui conseillent sa libéralité et sa générosité(1). »

Macartney arriva à Vérone le 6 août, et fut immédiatement retenu à dîner par Monsieur, qui était impatient de causer avec lui. Ses illusions ne furent pas de longue durée. Macartney insista d'abord vivement pour que le prince quittât Vérone, où la République française allait lui rendre la vie dure à cause

---

avait été secrétaire aux écuries de Monsieur et fut nommé en 1780 inspecteur des relais au service de ce prince. Ce fut lui qui suggéra à Kilmaine l'idée de payer, avec l'argent des Véronais, les dettes du roi. Etait-ce reconnaissance des bienfaits reçus ? N'était-ce pas plutôt bas calcul personnel ?

1. Dép. reproduite par M. André Lebon, l'*Angleterre et l'émigration française*, p. 305 à 329.

de son manifeste, et lui proposa de la part de Grenville d'aller habiter en Allemagne, en Espagne, à Rome, voire même à Gibraltar. Monsieur se montra intraitable; tout ce qu'il consentit à accepter — mais on n'avait garde de le lui offrir — ce fut d'aller s'installer à Cuxhaven, d'où il pourrait s'élancer en peu d'heures vers la France où il savait — du moins il le croyait — être attendu éperdûment « par les trois quarts de la population. » Macartney fit la sourde oreille. « Au sujet de sa résidence, écrit-il le 12 août à Grenville, le Roi sentit vivement les inconvénients et la malséance de rester à Vérone, quoiqu'il reconnût n'y avoir pas été molesté, et y avoir même reçu certaines marques d'attention qu'il n'aurait pas rencontrées en bien d'autres endroits[1]. »

Finalement, Monsieur proposa à Macartney d'aller vivre à Pforzeim, petite ville faisant partie du margraviat de Baden-Durlach, en Souabe; mais il fallait l'autorisation du margrave, et celui-ci la refusa. Peu après, il fit demander à la cour de Vienne la permission de s'installer à Rottenburg, mais le bailli de Crussol, qu'il avait chargé de cette mission, fut mal reçu par le premier ministre Thugut. Il fallut donc rester à Vérone. Le prince de Condé écrivit alors à Monsieur en termes énergiques, pour le décider à en sortir et à prendre le commandement de la petite armée des émigrés, donnant même à entendre que « Sa Majesté » paraissait manquer de courage. Mais Louis XVIII qui aurait bien voulu quitter Vérone pour se rendre à Cuxhaven, aimait beaucoup mieux y rester que de

---

1. Dépêche de Macartney à Grenville, 12 août 1795. Recueil précité, p. 114.

faire la guerre; il déclina donc avec empressement la proposition de Condé.

Sur le chapitre des subsides, Monsieur eut un nouveau mécompte. Le Trésor royal était alors d'une alimentation difficile. Trois Génois de marque, Durazzo, Sambone et Rolandelli, avaient prêté 335,000 livres à 5 0/0, sur la signature des princes et du duc de Condé, moyennant un dépôt de diamants appartenant tant à eux-mêmes qu'à la comtesse d'Artois, à la princesse Louise de Savoie et au duc de Bourbon. Cette somme devait être remboursée partie en 1796, partie en 1797, mais elle était encore due en 1814. Les intérêts seuls avaient été payés..... par le roi d'Espagne[1]. Negri, banquier à Gênes, prêta également 260,000 livres à 6 0/0 qui lui furent remboursées par Victor-Amédée III, en compte avec les Bourbons[2]. La comtesse de Provence avait elle-même un arriéré, peu considérable, mais criard : 15,022 livres à Bruxelles chez un sieur Davons, marchand d'étoffes, et 23,600 livres à Turin, chez divers[3].

Bref, le duc de Castries déclara à Macartney que les dettes de Monsieur ne dépassaient point 800,000 livres. Macartney se dit alors autorisé à verser 10,000 livres sterling, puis voyant le profond découragement avec lequel son offre était accueillie, il ajouta 1000 livres sterling, mais sans plus de succès. Certes, on ne refusa point l'avance, car dans la situa-

1. *Comptes officiels de l'émigration*, Manuscrit de la Bibl. nat. F. Fr. nouv. acq. n° 7738, p. 51.
2. Même manuscrit, p. 93.
3. *Ibid.*

tion pécuniaire où se trouvait la cour de Vérone, la moindre assistance, suivant la parole de Castries, était la bienvenue. Mais Monsieur s'était toujours flatté que l'Angleterre paierait les 800,000 livres, tout en le soutenant dans ses nouvelles entreprises, et maintenant il fallait en rabattre et, rien que pour subsister, tendre de nouveau la main aux prêteurs juifs d'Allemagne ou grecs de Venise [1].

« Tout ce qui environne le Roi à Vérone dénote une grande misère. La table, si importante pour les Français, est peu abondante, servie sans élégance; les domestiques sont rares, mal vêtus; même dans les appartements privés, les meubles font défaut. Il est logé à un mille et demi environ de la ville, à l'*Orto del Gazzola*, villa qu'il a louée à un gentilhomme de Vérone. La maison n'est ni belle ni grande, ni commode, mais eût-il même pu y mettre un plus haut prix, le Roi n'eût pas trouvé d'installation meilleure ni plus près de la ville. Il y a cependant un joli jardin attenant à la maison; la vue en est pour le prince une ressource considérable. Il passe une partie de son temps dans son cabinet, et depuis plusieurs mois n'a jamais franchi les grilles. A en juger par sa corpulence et la lourdeur de ses traits, il est peu capable de prendre de l'exercice.

« Les principaux hommes d'affaires de son entourage sont le maréchal de Castries, le baron de Flachslanden et l'évêque d'Arras. Les autres personnes que j'ai principalement vues autour du Roi sont le marquis de Jaucourt, le bailli de Crussol, le duc de Guiche, le duc de Duras, le comte d'Avaray, le comte

---

1. V. Macartney à Grenville, 12 août 1795.

de Cossé, l'évêque de Vence et M. de Cazalès. Tous tiennent le langage qui convient à leur situation et aux circonstances; j'ai particulièrement observé qu'en parlant des membres du gouvernement actuel de la France, le mot de *sans-culottes* n'est jamais tombé de leurs lèvres(1)... »

Malgré son dénûment, et peut-être à cause d'icelui, la cour de Vérone eut un mouvement d'initiative. Ne pouvant aller vivre à Pforzeim ni à Rottenburg, ne voulant pas plus de Rome que de Gibraltar, réfractaire par dessus tout à l'idée de coucher sur un lit de camp au quartier-général de Condé, Louis XVIII prit un parti héroïque, celui de faire sa rentrée solennelle dans ses Etats, où il se croyait désiré par la majorité de la population. Il fait donc tout d'abord régler le cérémonial depuis Vérone jusqu'à Paris et, à cet effet, il demande qu'on lui procure le livre des sacres de Louis XIV, Louis XV et Louis XVI. Son agent à Venise, d'Entraigues, lui montre une lettre qu'il vient de recevoir du comte de Vaudreuil, confident d'Artois, lettre où l'on dit « que le Roi tarde bien à partir » et même « que M. le Régent n'accepte pas la royauté(2). » Laisser douter de son courage au prince de Condé, passe encore — de son acceptation de la couronne de France, jamais!

Mais voici que surgit une difficulté non prévue par le livre des sacres. Pour la « chevauchée royale » il fallait des chevaux, et la cour de Vérone n'avait

---

1. Dépêche précitée.
2. *Correspondance intime du comte de Vaudreuil et du comte d'Artois*, II, 237.

point d' « écuries ». D'Avaray s'en ouvrit de la part du Roi à Macartney, en lui demandant de prier son gouvernement d'envoyer à Vérone et sur la route les montures nécessaires. Macartney fit la grimace, mais d'Avaray, qui ne doutait de rien, ajouta que « vu les nombreuses réquisitions faites par les différentes armées françaises, *et la corpulence, le poids du Roi, il pourrait être très difficile de se procurer sur les lieux un cheval capable de le porter.* » Macartney se borna à répondre qu'il en référerait à sa cour[1]. Il avait trop de hauteur pour s'exprimer autrement, mais aussi trop de finesse pour n'avoir pas eu un instant la pensée d'offrir à d'Avaray un éléphant pour transporter son maître.

Au surplus, la situation se dénoua d'elle-même, et de la façon la plus cruelle pour Vérone, qui apprit, sur ces entrefaites, le désastre de Quiberon dans lequel la plupart des fidèles du Roi venaient de perdre un parent ou un ami.

Dans une autre lettre à Lord Grenville, en date du 27 septembre 1795[2], Macartney donne quelques détails intimes sur la vie de Louis XVIII à Vérone. « ... L'adversité semble avoir eu sur son esprit un effet utile; elle l'a amélioré sans l'exaspérer. On le croit sincère dans sa foi; il est certainement attentif à accomplir les devoirs qu'on imagine être imposés par sa religion. Il ne manque jamais d'entendre la messe le matin, ni d'observer les fêtes de son Eglise, ne mangeant de viande ni le vendredi ni le samedi. On affirme qu'il n'a jamais montré de dispositions

---

1. Marcartney à Grenville, 13 août 1795.
2. Reproduite par M. Lebon, p. 307.

pour la galanterie pratique, et que son attachement pour madame Balbi était simplement un lien formé par une vieille amitié, sans qu'il y eût entre eux la moindre chaîne d'un genre plus électrique... Il écrit régulièrement à la Reine tous les huit jours, mais, ce qui m'a paru singulier, je n'ai jamais entendu prononcer son nom ni par lui, ni par aucune personne de son entourage. Elle est encore à Turin, bien entretenue par son père... Du roi d'Espagne il devait recevoir 1,500 livres sterling par mois, somme qui devait servir à son entretien avec une somme égale fournie par l'Empereur ; mais je crois que ni l'une ni l'autre ne sont payées ponctuellement... Tout ce qu'il peut soutirer de tous côtés ne suffit pas à ses besoins, parce qu'il a de nombreux fidèles, des personnes de haute qualité qui ne vivent que sur la petite pitance qu'il peut leur donner. Son trésor reste souvent sans un sequin. M. de Hautefort, qu'il a envoyé en Angleterre en juillet dernier, a été retardé de plusieurs jours, faute de 50 livres sterling pour payer son voyage. »

Madame Balbi, dont il est question ici, était une patricienne de Vérone. Elle fut la maîtresse de Monsieur qu'elle compromit par ses extravagances, et qui dut l'éloigner. La présence de deux évêques et d'un aumônier à la cour ne la défendait point contre les entreprises de Satan.

Macartney prolongea son ambassade près le « roi de Vérone » jusqu'au jour où celui-ci dut s'éloigner sans avoir besoin du livre des sacres. Le 22 avril 1796, il écrivait à Grenville[1] : « Le Roi a quitté la

---

Dépêche reproduite par M. Lebon, p. 188.

ville hier (jeudi 21) à 3 heures du matin. Les chevaux de la voiture qui lui était destinée devaient aller à Volarni, la première poste sur la route du Tyrol, et le duc de la Vauguyon, qui ressemble beaucoup à Sa Majesté, qui a la même corpulence, a pris place dans cette voiture avec le duc de Villequier et le comte de Cossé. Pendant ce temps, le Roi montait dans une berline légère avec le comte d'Avaray, et prenait la route qui, passant à Castel-Nuovo, conduit à Brescia, Bergame, Bellinzona et au mont Saint-Gothard, dans l'intention de traverser la Suisse pour rejoindre le prince de Condé en Brisgau. Tous ces personnages s'étaient bien enveloppés; favorisés par l'obscurité de la nuit, ils semblent avoir mené à bien ce travestissement. Votre Seigneurie devinera immédiatement que la raison pour laquelle le Roi a caché la route qu'il prenait et évité celle du Tyrol et de l'Empire, est qu'il voulait tourner les obstacles que ses créanciers ou d'autres personnes auraient pu mettre à son voyage. »

Ainsi finit, d'une façon plus que modeste, le séjour du « roi de Vérone » dans ses Etats.

Lorsque nous arrivâmes à Vérone, notre premier soin fut de demander où était la maison habitée par le frère de Louis XVI. Elle était inconnue. « Personne ne nous a jamais demandé ça, nous dit un guide — le plus ancien et le plus consulté par les voyageurs; ça ne doit pas exister. » Nous nous adressâmes alors au municipe qui n'eut pas de peine à nous renseigner. Notez qu'il vient chaque année à Vérone des centaines de touristes français, et qu'il ne s'est trouvé personne encore pour songer qu'il pouvait y avoir à visiter dans cette ville, une maison jadis habitée par un homme qui fut tout simplement le roi de France ! L'ignorance des guides en était la meilleure preuve, mais nous en eûmes ensuite la certitude de la bouche du locataire de cette maison, qui l'habite depuis dix ans.

C'est une construction modeste, dans un quartier fort retiré, autrefois *via S. Francesco*, aujourd'hui *via Campone*, en face d'une immense caserne bâtie en 1858 par les Autrichiens. Placée en contre-bas de la chaussée, elle devait être d'un accès difficile en temps de pluie. Mais l'intérieur est très spacieux et se divise en un certain nombre de pièces qui devaient convenir pour le logement d'une suite de courtisans. Aucun changement n'a été apporté dans la distribution des appartements; mêmes boiseries, mêmes dorures, mêmes fresques au-dessus des portes. Mais il n'est rien resté du mobilier. Le comte Gazola qui la louait à très bas prix, dit-on, à Monsieur, ayant perdu sa fortune dans les spéculations, le mobilier qui la garnissait fut vendu à l'encan ; la maison elle-même passa aux mains d'un sieur Romani, riche tyrolien, qui la donne à bail aujourd'hui pour 1,000 francs par an à un fabricant de bijoux.

A l'une des croisées de sa chambre à coucher, le « roi de Vérone » avait fait placer une jalousie mobile, afin de mieux voir sans être vu. La jalousie s'ouvrant par le bas, la majesté royale conservait l'incognito lorsqu'un sentiment de curiosité vulgaire appelait au dehors son attention. Lors de la vente forcée de la maison, cet appendice fut acheté par la ville moyennant 2,000 francs; il a été placé au musée ; mais on a remplacé l'original par une copie exactement conforme. Sur le côté gauche de la croisée, Monsieur, le jour où il fut proclamé roi, a peint à l'huile une couronne royale, et écrit au-dessous ces mots : LOUIS XVIII, ROI DE FRANCE.

La maison s'ouvre sur un petit jardin qui n'a subi non plus aucune modification ; on y voit une statue colossale de Neptune. Au rez-de-chaussée, dans la pièce principale, cette inscription attachée au mur par des clous à fleurs de lys :

Luigi Stanislao Saverio di Borbone, principe nell' awersa e nella prospera fortuna magnanimo, fugendo Francia regicida, riparava a questa casa dei conti Gazola, nel ottobri MDCCLXXXXIV, sotto nome di conte di Lilla. Nel Giugno MDCCLXXXXV, eletta schiera dei Franchi gentiluomini cui proclamavano Luigi XVIII, Re di Francia. Congediato dai Veneti, nè partiva a di XXI aprile MDCCLXXXXVI, cancellando dal Libro d'Oro, non dal animo dei Veronesi, l'augusto suo nome.

Les explications qui précèdent permettront aux lecteurs de traduire facilement cette inscription. Le sentiment qu'elle exprime à la fin est exact. Les Véronais ont conservé gravé dans leurs cœurs « l'auguste nom » de celui qui fut leur hôte. Dans cette ville, tout ce qui est lettré, écrit ou pense, déteste les Français. Nous ne parlons point de la masse de la population, qui paraît se désintéresser de cette vieille querelle.

Voici comment s'exprimait, il y a quelques années, un organe important qui par malheur a cessé de paraître : « La haine conçue par le général Bonaparte contre la cité de Vérone pouvait seule lui imposer la disposition du traité de Campo-Formio qui

19.

la concerne. Bonaparte ne manqua jamais une occasion d'exprimer son horreur, son antipathie pour un pays qui avait eu le tort de ne point le seconder dans sa politique tortueuse et inique. Comme général en chef, comme premier consul, comme empereur et roi d'Italie, il fit montre à tout propos des sentiments de répulsion que lui inspiraient les Véronais. Il faut dire que la population l'en payait avec usure. Sans doute, il a existé à Vérone un parti qui s'était inféodé à la France, mais il ne comptait que quelques centaines d'adhérents, les uns sincères, les autres mus uniquement par l'ambition. Le reste haïssait Bonaparte en souvenir des violences, des pillages et du massacre de 1797. Et cette haine fut si profonde, si universelle que, en 1814, on salua l'entrée des Autrichiens à Vérone comme une délivrance... erreur fatale dont nos pères ne tardèrent pas à s'apercevoir ([1]) ».

L'auteur de cet article renverse entièrement les rôles, comme on le verra au cours de ce récit. Mais les haines d'alors sont loin d'être apaisées. Aujourd'hui encore, Vérone est plus vénitienne que Venise même. Quant à Bonaparte, il devait lui être difficile d'oublier le massacre de ses soldats ; mais il a fait réparer les arènes dont la ville s'enorgueillit et, par ses ordres, des travaux considérables furent entrepris dans la vallée que baigne l'Adige au-dessous de Vérone.

Quoi qu'il en soit, le « roi de Vérone » avait quitté cette ville depuis plus d'un mois lors de l'arrivée des Français. « Masséna entra sans difficultés dans

---

1. *Archivio storico Veronese*, 1882, p. 250.

Vérone le 1er juin, avec son avant-garde, fit occuper la citadelle et garder les ponts; le reste de la division campa entre l'Adige et Peschiera, avec défense d'entrer en ville. Malgré ses ordres et la surveillance du général Ménard, Vérone ne tarda pas à être envahie par des soldats qui s'y livrèrent à mille excès. Cette conduite eût certainement soulevé la population, si Masséna n'avait fait arrêter par des patrouilles les maraudeurs encore nantis des objets volés, ordonné de battre la générale dans les camps et de faire la visite des sacs, d'arrêter et de punir les coupables. Presque tous les effets enlevés furent ainsi restitués, et cet acte de fermeté rétablit un peu de confiance (1) ».

Cependant, lorsque Masséna retourna à Vérone, le 25 septembre suivant, après la victoire de Bassano, il trouva les autorités vénitiennes fort mal disposées pour lui; sa division entra dans la ville par une pluie battante, sans qu'il eût été fait le moindre préparatif pour la recevoir. Les soldats obligés de bivouaquer à la queue des glacis, sur un terrain fangeux, éclatèrent en imprécations contre le provéditeur. Masséna savait qu'il lui suffirait d'élever un peu la voix pour le terroriser, et, en effet, à la perspective des dévastations qu'il allait amener dans Vérone, de la part d'une soldatesque furieuse de se voir traitée avec tant d'inhumanité, le provéditeur ouvrit à la troupe les casernes de la porte Vescovo (2).

Bonaparte descendit, le 1er juin, au palais du

---

1. *Mém. de Masséna*, II, 85.
2. *Ibid.*, II, 202.

comte Emilei à San Bagio, demeure très vaste, mais massive et d'une architecture douteuse. Cette maison appartient aujourd'hui à un israëlite, M. Jules Forti, banquier, qui voulut bien nous permettre de la visiter. Les appartements occupés par le général en chef n'ont point subi de changement; mais du mobilier de l'époque, il ne reste qu'une table de marbre avec de riches ornements en bronze. La chambre à coucher, avec son plafond en coupole, offre un intérêt spécial; au-dessus de la cheminée, une glace de dimensions peu ordinaires, fendue à la hauteur de 50 centimètres, et au point de naissance de la fente, une éraflure sur le cadre doré. Le propriétaire nous a raconté que Bonaparte, le soir du 1er juin, se trouvant dans cette pièce avec un valet de chambre créole que lui avait donné Joséphine, plaça la bougie ou la lampe trop près du cadre de la glace et y mit le feu sans le remarquer d'abord, mais que la glace en se fendant, ayant produit un crépitement bruyant, il crut que le « Maure » venait de tenter de l'assassiner. Il aurait alors saisi son pistolet et l'aurait déchargé sur le malheureux domestique, qui ne fut pas atteint. Dans le mur, près de l'une des croisées, on voit, en effet, un trou de projectile, et M. Forti assure, d'après les renseignements que lui ont donnés les précédents propriétaires, que ce projectile n'était autre que la balle du pistolet de Bonaparte.

Cette maison est connue aujourd'hui sous le nom de *Palazzo Mejo*. Au-dessus de la porte d'entrée, les anciens propriétaires ont fait placer l'inscription suivante :

Napoleone Buonaparte, generale della Republica francese, trionfatore a Montenotte, a Millesimo, a Dego, a Mondovi, entrato la prima volta in Verona nel 1mo giugno 1796, albergò in questo palazzo.

Les Emilei étaient puissants à Vérone, et l'un d'eux avait été tenu sur les fonts baptismaux, en 1713, par la reine d'Espagne. C'est à cette haute situation de la famille que la maison dut l'honneur de recevoir le général en chef. Mais Bonaparte se garda bien d'y retourner dans les nombreuses occasions qu'il eut de séjourner à Vérone; c'est que le frère du comte Emilei, compromis gravement dans l'affaire de l'insurrection d'avril 1797, comparut devant un conseil de guerre, fut condamné à mort et exécuté.

Masséna fut logé provisoirement au palais Luigi Franco, les colonels et officiers de marque dans les maisons Miniscalchi, Giona, Campagna dal Monte et Guerrera [1]. Les autres officiers se répandirent dans les couvents.

Masséna alla s'installer dès le lendemain dans le palais des comtes Carriola à Préelle, près Caprino, sans se douter alors que ces lieux devaient être pour lui, à quelques mois de là, le théâtre d'une victoire immortelle. Enfin, jugeant cette habitation encore insuffisante, il se transporta au bout de trois jours dans la somptueuse villa des comtes Pellegrini, à Castion sur le lac de Garde, puis, à la mi-juillet, dans la maison Marinelli, aujourd'hui Perez, près

---

1. *Archivio storico Veronese*, XVIII.

Piovvezzano (²). La famille Marinelli a conservé de Masséna une lettre en date du 16 juillet 1796, ainsi conçue :

*Il generale di divisione Masséna,
al Signore conte Marinelli.*

Texte en français :

André Masséna, général de division, commandant la 1ʳᵉ division, à Monsieur le comte Marinelli.

Veuillez bien, monsieur le comte, nous envoyer du linge de table et de lit. J'espère que vous voudrez bien nous traiter comme vous avez fait la première fois. Nous manquons de tout. Je sais que ce n'est pas votre intention ; aussi je vous en préviens, pour que vous ayez à y pourvoir.

Le général divisionnaire,
Masséna.

L'Archivio Veronese en a publié deux autres écrites en italien et que nous traduisons :

Castione, 19 Messidor, an IV, 10 juillet 1796.

Monsieur le comte, j'ai l'intention de former un camp de 12,000 hommes à Bussolongo et Campara, et j'ai reconnu que je ne saurais placer mon quartier-général mieux que dans votre maison de Piovezzano. Je vous prie donc de la faire mettre en état de me recevoir le plus tôt possible avec mon état-major, et

---

1. *Archivio storico Veronese,* XVIII.

de la fournir de linge de table et de lit, d'ustensiles de cuisine et de toutes les choses qui sont nécessaires pour l'usage intérieur. Ma présence à Piovezzano sera une garantie de plus pour les personnes et les propriétés. J'espère donc que cette considération, jointe au bon esprit des Vénitiens envers l'armée française, vous fera accepter ma prière.

Désireux de vous rencontrer, je suis avec une parfaite estime,

Le général de division.
MASSÉNA.

Piovezzano, 25 messidor, an IV.

Monsieur le comte, je dois recevoir après-demain un général et des officiers de la cavalerie napolitaine dans votre maison de Piovezzano. Je vous prie de vouloir bien venir dîner avec ces messieurs. Ayez la bonté de m'envoyer un service de table pour cinquante personnes, linge, couverts, vaisselle, etc., sauf les comestibles. Soyez sans inquiétude pour tous ces objets, j'en prends la responsabilité. Votre intendant, que j'envoie à Vérone exprès, aura d'ailleurs tout sous sa direction.

Pour le général Masséna :
Le chef de bataillon,
(Signature illisible).

Cette deuxième lettre montre la rigoureuse exactitude du manuscrit du curé de Pazzon ([1]), qui place à la date du 11 juillet l'armistice conclu avec le roi de Naples, le passage de l'Adige par la cavalerie napo-

---

1. V. le chapitre concernant Rivoli.

litaine, et le banquet de Piovezzano, qui eut lieu en réalité le 17 (25 messidor an IV).

On pourrait s'étonner de voir Masséna se mettre ainsi en frais, mais il avait reçu l'ordre de Bonaparte de donner ce dîner « pour faire parler les Napolitains sur la situation de l'armée autrichienne (¹) ». Masséna força même la consigne, car il donna « un dîner et un bal (²) ». Un bal au quartier général de Piovezzano! Il est regrettable que Masséna n'ait point, dans ses *Mémoires*, consacré deux lignes de plus à cette fête, pour dire avec quelles femmes dansèrent Napolitains et Français..... Ce furent sans doute les premières « Pâques véronaises » — les bonnes !

C'est pendant qu'il était à Piovezzano, que Masséna eut connaissance de l'enquête dirigée par Landrieux, sur l'ordre de Berthier, à propos des caisses d'argent déposées chez les curés de Casalmajor et de Carpenedolo. Il écrivit à Berthier le 1ᵉʳ septembre 1796 : « Mes soldats souffrent cruellement; les deux tiers au moins manquent d'habits, de vestes, de culottes, de chemises, et sont absolument pieds nus. Il en résulte beaucoup de maladies, et *l'impossibilité pour la division de prendre part aux opérations projetées par le général en chef*. On n'a pas pour ma division les mêmes égards que pour les autres; je vous envoie donc ma démission, non par humeur, mais en homme libre qui aime le bien. J'ai demandé depuis longtemps des farines à Vérone pour faire fonctionner mes fours, mais on continue

---

1. *Corresp. Nap. Iᵉʳ*, I, 5401.
2. *Mém. de Masséna*, II, 94.

à m'envoyer du pain, cuit à Vérone, et qui est toujours pourri quand il arrive. Les liquides arrivent également dans des futailles pourries, et avant d'être en magasin, il faut en jeter la moitié » (1).

On le voit, sa démission était précédée et suivie des motifs les plus recommandables, mais elle arrivait la veille de la bataille de Bassano, et c'est toute une division qui refusait — ou dont le chef refusait de marcher ! Que se passa-t-il dans cet instant solennel entre le général en chef et son lieutenant, personne sans doute ne saurait le dire aujourd'hui avec certitude. Mais, le lendemain, la division Masséna s'ébranlait comme les autres, ayant toujours à sa tête « l'enfant chéri de la victoire » et, quatre jours après, l'armée de Wurmser était entièrement détruite aux champs de Bassano !

Ne cherchons pas à en savoir davantage.

Une autre épreuve attendait Bonaparte ; le 13 du même mois de septembre, il recevait d'Augereau la lettre suivante : « Depuis quatre ans de campagnes toujours actives et jamais interrompues, je lutte contre les inconvénients d'un tempérament délabré. J'espérais que des palliatifs me conduiraient ainsi jusqu'au moment où la paix me permettrait de songer au repos. Les fatigues de la dernière marche ont bouleversé cette espérance, et je me trouve assailli de tant de maux à la fois, que je suis dans la nécessité de renoncer pour quelque temps à la continuation de mon service. Les hémorrhoïdes m'interdisent absolument l'usage du cheval ; des douleurs rhumatismales presque universelles et ma poitrine

---

1. *Corresp. inédite, offic. et confid. de Nap. Bonap.*, II, 17.

depuis longtemps affectée, m'ont jeté dans l'état le moins tolérable. Je vais me rendre à Brescia ou à Milan d'où, si je puis me rétablir, je reviendrai prendre mon service le plus tôt possible » (1).

L'enquête dirigée contre lui à propos du fourgon d'Alexandrie, de la vente des 160 chevaux pris sur les Autrichiens, et du pillage du joaillier de Bologne, lui avait inspiré cette démission, qui n'avait même point, comme celle de Masséna, le mérite d'être donnée avec une certaine dignité et quelque franchise.

Augereau — on le devine — n'alla ni à Brescia, ni à Milan. Il continua de commander sa division, de monter à cheval, de se faire aimer de ses soldats, et de leur donner l'exemple d'une bravoure à toute épreuve.

Les Français avaient complétement évacué Vérone le 26 juillet 1796, mais ils ne tardèrent pas à y revenir. Sur les événements qui s'y accomplirent jusqu'au traité de Campo Formio, il existe à la bibliothèque municipale de nombreux manuscrits qui n'ont jamais été publiés, malgré l'intérêt qu'ils présentent au point de vue des rapports de l'armée avec la population. Tout homme un peu lettré, à cette époque, y allait de son manuscrit, quelquefois anonyme, mais le plus souvent signé. Écrivaient-ils pour l'histoire ou pour leur propre satisfaction, c'est ce qu'on ne saurait dire, mais le peu de vérité qu'on découvre sur ces événements fameux vient de là. A côté de ceux qui, par la longueur du récit et la recherche du style ont visiblement voulu parler à la

1. *Corresp. inéd. off. et conf.*, etc., II, 32.

postérité, il en est d'autres qui semblent avoir surtout voulu faire rire. C'est le cas d'un sieur Alberti Valentino, aubergiste *aux Trois Couronnes*, mort en 1840, qui a laissé un manuscrit dont nous allons citer quelques passages :

« 1796. — 7 août. — Les Français, vainqueurs à Castiglione, arrivent à Vérone poursuivant les Autrichiens qui s'y sont réfugiés. Ils profitent de la circonstance pour mettre les églises au pillage. On dit qu'ils avaient passé une corde au cou de la statue de Saint-Nicolas de Tolentino pour la renverser, mais que le saint a tenu bon sur ses pieds.

12 août. — Un chargement de poudre fait explosion dans la rue, endommage les maisons mais ne tue personne. Une inscription commémorative est placée sur le mur du palais Bagatta, où l'explosion a causé des dégâts.

29 août. — Deux soldats mangent et boivent pour 19 sous, et ils payent. Quatre autres dînent pour 4 lires 19 sous, et décampent sans payer.

4 septembre. — Deux grenadiers boivent pour 16 sous...... et adieu, bel ami!

20 septembre. — Cinq cavaliers boivent pour 15 sous : trois sous par tête ; on voit qu'ils ne sont jamais allés dans le monde.

21 septembre. — Huit dragons mangent une dinde et boivent pour 12 lires 5 sous. Ils partent avec mille politesses, mais sans mettre la main au gousset. — *Bougres de polissons!* [1].

27 septembre. — Six dragons mangent et boivent

---

1. Les mots en italiques sont en français au milieu du texte italien.

pour 6 lires 10 sous, et partent avec leur monnaie.

11 octobre. — Cinq grenadiers mangent et boivent pour 20 lires, puis détalent comme des lièvres. Je fais série. — *Coquins!*

14 octobre. — Quatre sergents dînent pour 8 lires 11 sous, et se sauvent. — *Le ciel les précipite!*

28 octobre. — Trois autres dînent pour 9 lires 9 sous et me payent. — *Bon ami!*

3 novembre. — Trois dragons dînent pour 13 lires 7 sous, et partent en me disant qu'ils payeront..... s'ils sont gentils, oui! mais, d'avance, je le leur laisse sur la conscience.

8 novembre. — Quatre cavaliers boivent pour 4 livres 10 sous, et me payent en monnaie de politesses en s'en allant.

26 novembre. — Cinq dragons dînent pour 13 livres 13 sous, et s'en vont sans même demander combien ils doivent. Je crois qu'ils ont ri plus que moi.

8 décembre. — Cinq cavaliers se font servir à dîner pour 20 livres. Quand je parle de payer, ils jurent des *siracche* et des *sacré-nom*, me cassent une table, des chandeliers, des verres. Voilà qui m'enrichit. — Bricconi!

27 décembre. — Trois tournées de soldats, matin, midi et soir: en tout 24 lires qu'ils m'ont emportées. Belle journée: une canonnade à mitraille!

1797. — 1ᵉʳ janvier. — 38 lires hors ma poche... ils m'ont dit qu'ils venaient me souhaiter la bonne année.

12 février. — Trois soldats mangent et boivent pour 8 lires, ne payent pas, mais ne m'injurient pas non plus.

20 février. — Trois sergents et six soldats: coût

25 lires, sans compter une rixe sanglante à ma porte, mes chaises brisées et mon chat tellement effrayé qu'il est monté dans la cheminée. Je me plains au général, il m'écrit qu'on fera une enquête. Voilà un papier précieux que j'emploierai à un usage quelconque, le seul qui convienne...

1er mai. — Deux grenadiers, 2 lires 14 sous. Ils ont dit qu'ils sortaient pour faire de la monnaie. — *Singes !*

12 août. — Six sergents consomment pour 9 lires et m'en payent la moitié, en promettant de donner le reste. Certainement ils me le donneront, car si ce n'étaient pas d'honnêtes gens, ils eussent commencé par ne me rien donner du tout.

1er septembre. — Huit officiers logés dans la maison Salomoni se font servir à dîner et consomment pour 28 lires 2 sous ; ils partent sans payer, mais en me saluant en gens bien élevés.

24 décembre. — Douze hussards font une dépense de 35 lires et partent sans même me dire au revoir... Ce sont des gaillards, et je n'ai pas de sabre comme eux ! »

La bibliothèque municipale de Vérone est une des plus belles et des plus riches de l'Italie. Les Véronais en sont fiers, et l'un des membres de la junte, de service au municipe le jour où nous allâmes pour la maison jadis occupée par le comte de Provence, nous dit que cette bibliothèque pouvait rivaliser avec la bibliothèque nationale de Paris. C'était exagérer le patriotisme. Pourtant nous nous inclinâmes, désireux avant tout de ne pas froisser des gens qui mettaient un véritable empressement à nous renseigner.

Malgré tant de manuscrits, malgré tant d'ouvrages consacrés à l'histoire locale et municipale de Vérone, il n'existe à la bibliothèque aucun document qui prouve que Roméo et Juliette ont réellement vécu dans cette ville. Les études si nombreuses qu'on a publiées sur les deux héros du drame de Shakespeare, admettent en principe ce fait comme démontré, tout comme s'il s'agissait d'un dogme ou d'un axiome. Rien de plus contestable pourtant. On sait depuis longtemps que Shakespeare lui-même a pris son sujet dans un roman imprimé à Vicence vers 1520, et dont l'auteur — M. Luigi da Porto — avait habité Vérone; le titre de ce roman était : *Juliette et Roméo.*

Quoi qu'il en soit, la municipalité véronaise, jalouse de créer un élément d'attraction de plus pour les étrangers, a tenté de donner un corps à cette fiction, en faisant placer des inscriptions sur la maison qu'aurait habitée Juliette, et à la porte de l'ancien couvent où elle aurait été inhumée. La maison est située rue Cappello, n° 19; l'inscription est celle-ci :

Queste furono le case dei Capuleti, dondi usci la Giulietta per cui tanto piansero i cuori gentili, e i poeti cantarono.

XIII-XIV *secoli, era volgare.*

C'est un fait que l'existence à Vérone de deux factions ennemies : Capulets et Montéguts, et en l'absence de tout document probant, ni même sérieux, on s'est autorisé, pour placer dans cette maison le domicile du chef des Capulets, sur une sorte de de chapeau — cappello — en marbre, qui a été sculpté au-dessus de la porte cochère, non pas même à l'extérieur, sur la rue, mais au dedans, sur les jardins qui étaient alors contigus à la maison. La pauvreté de cet indice éclate suffisamment aux yeux.

La prétendue demeure de Juliette se trouve au deuxième étage : une grande chambre à deux fenêtres, l'une assez large, l'autre très étroite, toutes deux sur la rue, et une autre chambre à l'entrée. Du fameux balcon, pas la moindre trace, et la construction du mur de façade prouve qu'il n'y en eut jamais l'ombre. Ces deux pièces sont occupées aujourd'hui par la famille d'un cocher à l'*hôtel Académie;* un gros bébé est balancé dans son berceau d'osier par sa sœur, une petite fillette qui tient de l'autre main son livre de classe où elle apprend sa leçon; une layette complète d'enfant sèche sur des cordes qui traversent en diagonale les deux vastes chambres : que nous sommes loin du roman de Juliette, mais près de la vraie, de l'universelle poésie !

La maison, sans être en ruines, a l'aspect misérable ; tout au moins peut-on dire, pour employer le mot consacré, qu'elle n'est pas en bon état de réparations. Sur les jardins on a bâti, postérieurement, deux ailes et une deuxième façade formant avec la première une cour carrée où les paysans viennent, chaque jour de marché, remiser leurs voitures. Ces constructions ont encore plus mauvaise mine que l'autre. On assure que la pioche emportera bientôt tous ces débris, même les plus fameux, pour faire place à un nouveau théâtre. Mais que deviendra alors le pèlerinage du Cappello ?

Les croyants, n'en doutez pas, se rattraperont sur le « Tombeau de Juliette », autre mystification, d'après les Véronais eux-mêmes. Dans un jardin qui fut tracé il y a quatre-vingts ans sur les ruines d'un ancien couvent de femmes, et qui appartient au municipe, se trouvait une pierre de granit creusée en forme de bac, et grièvement mutilée sur deux de ses côtés. Etait-ce les débris d'un sarcophage ou de tout autre objet ayant servi au couvent ? Si sarcophage, dans quelles circonstances, à quelle époque avait eu lieu la profanation ? Car il faut qu'il y ait eu profanation pour qu'il y ait sarcophage, puisque ce bac est vide, et qu'il a été trouvé dans cet état après la suppression de la communauté. Le municipe, qui fait de l'administration et non de l'histoire, a agi pour ce tombeau comme pour la demeure de Juliette ; il a fait poser, voici sept ans environ, au dessus de la porte d'entrée du jardin, un écriteau monstre : *Tomba di Giuletta* ; en même temps, le soi-disant sarcophage était transporté du jardin dans un petit monument d'architecture gothique qui servait à la sépulture des religieuses, et que les démolisseurs avaient respecté.

Dans ce lieu vénérable, le clair-obscur aidant, et les pierres tombales que vous foulez parlant à votre âme un langage mystérieux, le doute vous envahit : si c'était bien elle! Et puis des milliers de personnes, venues là au même titre que vous, ont déposé leur carte de visite dans le sarcophage, ou l'ont clouée à la muraille, les unes par gloriole, il est vrai, d'autres pour faire une réclame commerciale, mais beaucoup aussi pour témoigner de leur culte envers la jeune fille aimée de Roméo (¹). Se peut-il qu'une simple fiction de théâtre rivalise à ce point avec les mystères de Lourdes et de Paray-le-Monial? Encore un peu et vous allez vous rendre. Mais ces pierres tombales mêmes font crouler votre édifice, car elles portent toutes une inscription, mais nulle part le nom de Juliette. Alors, où est Juliette, si elle n'est plus dans le sarcophage, et si elle n'a jamais été dans la sépulture des nonnes?

Revenons à la réalité. Catulle, Cornelius Nepos, Emilius Macer, Vitruve, Pomponius Secundus, Cassius Severus, Pline l'ancien, sont originaires de Vérone ou des environs. Cornelius Nepos, notamment, naquit à Ostiglia près Vérone (²), où la commune lui a élevé une statue il y a quelques années. Emilius Macer fut questeur à Vérone et à Brescia, comme en témoigne une inscription trouvée dans cette dernière ville (³). Pline le Jeune n'a fait qu'habiter Vérone, étant né près de Côme dans une villa qui porte encore son nom.

Jean Joconde qui fut architecte du roi de France, et dirigea la construction de plusieurs ponts sur la Seine, était également un Véronais. La *loggia* municipale, qui passe pour un modèle de goût, est de lui, ainsi que de nombreux travaux hydrauliques et stratégiques. Il a laissé un recueil précieux d'inscriptions et des éditions très soignées des œuvres de Pline l'Ancien et de Vitruve. Nous n'avons pas besoin de mentionner, parmi les plus illustres,

---

1. Nous y avons vu en vedette une carte ainsi libellée : Ch. D..., éditeur à Paris, et sa famille. — 10 septembre 1890.
2. Pline Nat. III, 18.
3. *Archivio, stor. Veron.*, I, 206.

Paolo Caliari, dit le *Veronese,* ni l'architecte Michele Sammicheli, qui eut une réputation universelle.

Le 6 juillet 1796, Bonaparte écrivait de Vérone à Joséphine :

« Je te prie de partir tout de suite pour Vérone. Je suis mort de fatigue. J'ai besoin de toi, car je crois que je vais être bien malade. Je suis au lit ». Mais il se rétablit aussitôt et alla lui-même rejoindre sa femme à Milan.

Bonaparte retourna plusieurs fois à Vérone en août et septembre suivants, alors que l'armée évoluait dans le Tyrol, prenait Trente et Ala, et remportait l'immortelle victoire de Bassano. Au plus fort de cette campagne de quinze jours, sa pensée se reportait constamment vers sa femme. — 31 août. « Toujours sans lettre de toi ! Je t'ai cependant écrit plusieurs fois. Toi à qui la nature a donné douceur, aménité et tout ce qui plaît, comment peux-tu oublier celui qui t'aime avec tant de chaleur ? Aujourd'hui, seul avec les pensées, les travaux, les écritures, les hommes et leurs fastidieux projets, je n'ai pas même un billet de toi que je puisse presser contre mon cœur. Je pars pour Vérone... Pense à moi, vis pour moi, sois souvent avec ton bien-aimé, et crois qu'il n'est pour lui qu'un seul malheur qui l'effraie, ce serait de n'être plus aimé de sa Joséphine... Mille baisers bien doux, bien tendres, bien exclusifs. » — Du 3 septembre. — « Nous sommes en pleine campagne, mon adorable amie. La troupe est gaie et bien disposée. J'espère que nous ferons de bonnes affaires, et que nous entrerons dans Trente après demain. Point de lettre de toi, cela m'inquiète vraiment. L'on m'assure cependant que tu te portes bien, et que même tu as été te promener au lac de Côme. Je ne vis pas loin de toi. Le bonheur de ma vie est auprès de ma douce Joséphine ! Écris-moi souvent, bien souvent... Nous avons eu un engagement très vif près de Vérone; le général Brune a reçu huit balles dans ses habits sans être touché. Voilà du merveilleux... » — Du 17 septembre. — « Je t'écris, mon amie, bien souvent, et toi, peu. Tu es une méchante et une laide, bien laide, autant que tu es légère. Cela est perfide, tromper un pauvre mari, un tendre amant! Doit-il perdre ses droits parce qu'il est loin, chargé de besogne, de fatigue et de peine? Sans sa Joséphine, sans l'assurance de son amour, que lui resterait-il sur la terre? Qu'y ferait-il?... Nous avons eu hier une affaire très sanglante; l'ennemi a perdu beaucoup de monde et a été complètement battu. Nous lui avons pris le faubourg de Mantoue... Adieu, adorable amie; une de ces nuits les portes s'ouvriront avec fracas, comme un jaloux, et me voilà dans tes bras. Mille baisers amoureux » ([1]).

Parmi les principaux patriciens de Vérone en 1796, on distinguait le marquis Canossa. Alors que tous ses concitoyens avaient perdu la tête à la nouvelle de l'arrivée des Français, il ramena l'ordre et le sang-froid dans les délibérations des conseils. Il fit valoir qu'aucune résistance n'étant possible, la raison imposait de se soumettre aux vainqueurs et, dit son biographe « il sauva ainsi sa patrie ». Le palais Canossa était, et est encore un des plus

---

1. *Lettres de Napoléon à Joséphine,* I, 43, 65, 68 et 74.

beaux de Vérone. Nous avons pu le visiter en l'absence du propriétaire, grâce à l'obligeance intéressée du gardien. Il est baigné d'un côté par l'Adige comme un palais du Grand-Canal à Venise. Bonaparte y descendit six fois, le 20 novembre 1796, après Arcole; le 13 août 1797 en se rendant à Passeriano pour la conclusion de la paix avec l'Autriche ; le 29 octobre suivant, retour de Passeriano, où le traité dit de Campo Formio venait d'être signé ; en mai 1805 après le couronnement à Milan ; les 27 novembre et 13 décembre 1807, époque où, à la prière de Canossa, il ordonna de grands travaux de dessèchement dans la vallée de Vérone. Napoléon se souvint de l'accueil que Canossa avait fait au général Bonaparte, et le combla de dignités tant à la cour qu'en Italie.

C'est pendant le séjour assez long que Bonaparte, alors souffrant, fit dans ce palais, après Arcole, que le peintre Gros, qui suivait partout l'armée d'Italie, fit le fameux portrait représentant Bonaparte au moment où il s'élance sur le pont d'Arcole un drapeau à la main, tableau qui fit plus, pour la légende napoléonienne, que dix victoires. Bonaparte fut enchanté du portrait, bien que son état maladif eût produit sur les traits du visage une certaine altération [1].

Lavalette, un des aides de camp du général en chef, raconte [2] que Gros ne pouvait obtenir d'audience, parce que Bonaparte était toujours occupé ou malade; il désespérait donc de mener à bonne

---

1. *Il marchese di Canossa, Cenni biografici*, Verona, 1858.
2. *Mémoires*, I, 108.

fin son tableau, lorsque Joséphine qui savait comment prendre son mari, s'avisa de le faire asseoir chaque fois sur ses genoux, et alors il accorda au peintre tout le temps qu'il demandait.

C'est aussi au camp sous Vérone, le 18 novembre 1796, que Perrot ([1]) place l'anecdote de la sentinelle endormie à qui Bonaparte, dans une ronde de nuit, enleva son fusil.

Après Arcole et probablement comme suite de sa chute de cheval, Bonaparte avait été repris du virus de la gale, que les médecins n'avaient pas su extirper. C'est dans cet état qu'il gagna la bataille de Rivoli. Les émigrés le croyaient perdu, parce qu'on le disait empoisonné, et ils firent d'avance ses funérailles en des fêtes bruyantes ([2]).

Wurmser, pour lui témoigner sa reconnaissance des égards que le vainqueur de Mantoue avait eus pour sa personne, lui fit savoir par lettre qu'on cherchait à l'empoisonner avec une certaine infusion d'herbes — *acqua tofana* — qui passe pour un toxique redoutable. Bonaparte, très superstitieux de nature, n'était pas éloigné de croire à une maladie mystérieuse, et il exerçait autour de lui la plus grande surveillance. Les Véronais, de leur côté, n'avaient pas été les derniers à se réjouir, et l'annonce que les premiers engagements à Rivoli avaient été favorables aux Autrichiens, les fit exulter. Bonaparte, débarrassé d'Alvinzy, fit arrêter les membres de la municipalité de Vérone et, le 17 janvier 1797, entra triomphalement dans la ville, monté sur un

---

1. *Itinéraire général de Napoléon.*
2. Stendhal, *Notes sur Napoléon.*

char qui portait les drapeaux pris à Rivoli, et précédé des municipalistes prisonniers, à qui il fit faire le tour de la cité à pied. Ses partisans lui firent une ovation sans précédent (¹).

Suivant une autre version qui pourrait bien être vraie, Bonaparte à Vérone souffrait d'une aggravation de la dysurie, dont il avait éprouvé les premiers symptômes au commencement de la campagne. Déjà, à plusieurs reprises, Yvan, son chirurgien, avait dû, pour calmer les crises, le plonger, à défaut de baignoire, au bivouac, dans le premier tonneau venu qu'on faisait remplir d'eau froide (²).

Cela expliquerait les lignes suivantes d'une de ses lettres au Directoire : «... Ma santé est délabrée ; je ne puis même plus monter à cheval... »

Le palais Canossa reçut d'autres hôtes illustres. Lors du Congrès de Vérone, en 1822, il fut, comme étant le plus somptueux, affecté à l'habitation de l'empereur Alexandre. Les autres souverains et membres du Congrès furent logés dans les palais ci-après : le prince vice-roi au *Giulari*, l'empereur François à l'*Erbisti*, le roi de Prusse au *Fracastoro*, Marie-Louise, duchesse de Parme qui, entre parenthèse, fit grand bruit de ses équipages, au *Peccana*, le roi de Suède à la *Torre*, le duc de Wellington au *Conati*, le roi de Naples au *Pellegrini*, le cardinal Spina au *Pompei*, sur l'Adige, le roi de Sardaigne au *Giusti*, le vicomte de Montmorency, ambassadeur de France, au *Berretta*, Châteaubriand au *Lorenzi*, et les autres Français à leur suite, au

---

1. *Storia di Verona dal 1790 al 1822*, I. 87.
2. *Mémoires du général de Ségur*, I 281.

Ridolfi, au *Marioni*, au *Gazola*, etc. Le palais épiscopal, qui est très beau et dans lequel se trouve une salle avec cent-huit portraits d'évêques de Vérone, fut naturellement respecté. (¹)

Près de Vérone est le petit village de San Michele où Masséna, le 7 janvier 1797, fut assailli par les Autrichiens et forcé de rentrer dans la ville ; mais il en ressortit aussitôt avec toutes ses forces disponibles et, après un combat acharné qui coûta de grandes pertes aux deux armées, resta maître du champ de bataille (²).

Il nous reste à parler, pour achever cette esquisse de Vérone au point de vue où nous nous sommes placé, des événements douloureux qui amenèrent entre la population et l'armée française une rupture définitive : il s'agit du massacre auquel on a donné le nom de « Pâques véronaises » parce que les faits se sont produits le lundi de Pâques 1797. Nos historiens en ont dit fort peu de chose, étant à court de renseignements ; ils ont jeté l'anathème sur Vérone parce qu'il leur fallait bien, dans ce récit écourté de crimes complexes, faire du sentiment à défaut d'histoire. D'autre part, tous les auteurs italiens sans exception, qui ont écrit sur ce même sujet, ont menti, menti effrontément, afin de laver leurs compatriotes de Vérone de l'affreuse imputation qui pèse sur leur mémoire. Suivant ces écrivains — parmi lesquels se distinguent de nos jours encore les rédacteurs de feu l'*Archivio storico Veronese* — c'est Bonaparte lui-même qui aurait été l'instiga-

---

1. *Raccolta di varie notizie riguardanti la regia citta di Verona.* — Verona 1823.
2. Botta, IX.

teur de cette insurrection, dans le but de se créer des armes contre la République de Venise, et de rendre ainsi sa chute plus facile. Nous montrerons plus loin que cette accusation ne tient pas debout.

Un exposé rapide des faits est d'abord nécessaire ; nous ajoutons qu'il est rendu facile par les manuscrits de la bibliothèque municipale. Parmi ceux-ci nous choisissons celui qui a pour titre : *Diario della Rivoluzione, 1797*, parce que, tout en n'étant pas signé, il présente une garantie particulière d'exactitude, en ce que l'auteur déclare avoir pour meilleur ami le chef de bataillon Legrand, de la division Augereau, qui séjourna assez longtemps à Vérone à partir des événements de Pâques. La partie de ce manuscrit que nous allons reproduire en représente à peu près le quart ; c'est l'acte d'accusation le plus formidable qu'on puisse dresser contre Venise et contre les Véronais. L'auteur cependant n'a point voulu aller jusqu'à reprocher à ses concitoyens d'avoir assassiné les soldats français malades dans les hôpitaux ; il a enjambé prestement cette mare de sang. Mais Botta, qui aime la République de Venise autant qu'il hait Bonaparte, Botta qui, en sa qualité de médecin militaire a été attaché au service de ces hôpitaux, raconte, comme l'ayant vu, l'effrayant spectacle qu'ils présentaient lorsque Vérone tomba enfin au pouvoir de nos généraux. Les faits sont donc constants. Cinq cents Français — chiffre officiel — ont été massacrés ; par qui, dans quelles circonstances, le manuscrit va l'établir.

« 17 *Avril*. — Lundi de Pâques. — De nombreuses patrouilles de soldats vénitiens et de paysans parcourent la ville. Les Français augmentent les leurs. On craint quelque chose. Dans l'avant-midi, un paysan tire un coup de fusil sur le fort San Felice. Il est arrêté avec deux autres. Un détachement français venant de Castelnuovo est cerné et conduit aux divers postes placés dans la campagne. Le provéditeur Giovanelli fait savoir au général Balland que le sénat de Venise a envoyé deux délégués près de Bonaparte, à propos de l'armement des paysans, et il lui demande de ne point les désarmer jusqu'à la décision du général en chef. Balland promet de respecter la neutralité; il ajoute que si les rebelles avaient osé s'approcher de Vérone, il se serait uni au gouvernement pour défendre la ville; mais il exige que les communications ne soient plus interceptées par les attroupements vénitiens, principale cause du trouble, et que ses ordonnances ne soient pas arrêtées et interrogées.—Un détachement français qui avait escorté un convoi sur la route de Peschiera, est assailli par les Vénitiens, enlevé à moitié et conduit à Vérone au milieu des insultes de ces forcenés, qui menacent de fusiller tout le monde. Le nombre des patrouilles augmente à partir de midi. Balland, qui est à son quartier général du fort San Felice, apprenant l'affaire du convoi, prévient sur-le-champ le provéditeur qu'à la moindre alerte, il fera bombarder la ville « puisqu'il n'y a pas d'autre moyen de se faire respecter. » Il l'invite, sous la même menace, à faire sortir tout de suite de la ville les paysans armés qu'on y a introduits. Le général Beaupoil se disposait à partir pour remettre la lettre au provéditeur, quand arrivent au fort des soldats français, dont quelques-uns blessés, qui annoncent qu'on les a chassés. Beaupoil ne part pas.

A la vingt-et-unième heure et demie (deux heures environ après-midi), une patrouille vénitienne injurie des soldats français qui passaient sur le pont *della Pietra*. Les Français se retournent contre le commandant de la patrouille, et le menacent à leur tour. On en vient aux mains. Peu auparavant, une première échauffourée avait eu lieu *Piazza Erbe* dans un cabaret, et plusieurs Français avaient été blessés. Les Vénitiens placés au *castello* voyant cette lutte, s'approchent des remparts et pointent leurs pièces. Les Français prennent la fuite, mais plusieurs sont tués. Alors les forts commencent à foudroyer la ville. Le massacre eut pour signal quelques coups de fusil tirés au même moment aux angles des rues principales. A partir de cet instant, le fort San Felice et le *Castelvecchio*, où sont les Français, répondent au feu ; 500 soldats, dont 200 de la légion lombarde, commandés par le chef de bataillon Ferraut, et 300 Français commandés par le général Carrère qui se trouvent sur la place d'armes, partent, au troisième coup de canon, pour le *Castelvecchio,* non sans laisser en route des morts et des blessés, parce que les Esclavons qui gardent la place d'armes tirent sur eux par derrière. Le toscin sonne bientôt à la Grande Tour, que les Français essayent inutilement d'abattre à coups de canon.

La populace, furieuse plus que jamais, sort en armes des maisons. Ceux qui se trouvent à l'église rentrent chez eux pour prendre également leurs armes. Les uns veulent se venger des maux que la guerre leur a fait souffrir, d'autres — et c'est le plus grand· nombre, — veulent simplement piller. Le

LE GÉNÉRAL KILMAINE
Commandant la cavalerie de l'armée d'Italie

peu de Français qui se trouvent dispersés dans les rues tombent sous leurs coups. Si le nombre n'en est pas plus grand, c'est que, dès le matin, ils ont été prévenus de se tenir sur leurs gardes. Le poste français qui occupait la *Porta del Vescovo* et *la Porta San Giorgio*, après avoir résisté courageusement, voyant qu'il lui est impossible de conserver ses positions, se réfugie dans les forts. Celui des portes *Neuve* et *San Zeno* se constitue prisonnier de guerre. La fureur populacière s'apaise un peu, et au carnage on substitue l'emprisonnement. — Les insurgés fouillent toutes les maisons où l'on soupçonne la présence de soldats français. Dans trois maisons, ceux-ci se défendent à outrance, mais ils n'ont pas de munitions et sont obligés de se rendre. On les conduit au palais du gouvernement, après les avoir dépouillés de leur argent, de leurs montres, etc. Les vols furent infinis dans cette journée. Les émeutiers entraient en armes dans toutes les boutiques, et faisaient main basse sur ce qui leur plaisait. Le Ghetto fut pillé de fond en comble. Vers l'*Ave Maria* (l'Angelus), on arbore sur la tour le drapeau blanc, et le feu cesse.

Trois parlementaires sont envoyés au général Balland : le comte Emilei, le marquis Carlotti et le capitaine Castelli. Les généraux Beaupoil et Mazurier et deux autres officiers se rendent au palais du gouvernement, pour examiner les conditions d'un accord. C'est une faute de leur part, car ils vont courir les plus grands risques. Ils sont insultés, conspués, on braque des fusils sur leurs têtes, on leur met les poings sous le nez, bien qu'ils soient avec les parlementaires portant un drapeau blanc.

La ville reste éclairée toute la nuit. Le nombre des prisonniers augmente à tout instant. Le palais du gouvernement ne pouvant les contenir tous, on les conduit au couvent des Minimes à *San Fermo*, où ils sont gardés à vue. Pendant cette nuit, le canon des forts San Felice et San Pietro se tait, mais le Castelvecchio assailli par les insurgés fait un feu très nourri. C'est là que se trouve le commandant de place Carrère. Le désordre en ville est horrible. Les patrouilles circulent au hasard, sans union et sans commandement. Le : *Qui va là ?* retentit à chaque nstant, et pour être sauf il faut répondre : *Vive Saint Marc !* sans quoi l'on est réputé partisan des Français et traité comme tel. Les arrestations sont nombreuses, mais quelques jours plus tard on s'aperçoit qu'il s'agit de bons Vénitiens. Les Esclavons, à qui l'on avait fait une réputation de foudres de guerre, se montrent plutôt les soldats de Mercure et de Cacus.

18 Avril. — A deux heures après minuit, les généraux français retournent près de Balland. Ils sont restés pendant six heures au milieu de gens disposés à les tuer, et qui ne leur ont pas épargné les humiliations les plus grossières. Ils ont su rester dignes devant tant d'outrages. Beaupoil a fait preuve d'un grand tact et d'une grande prudence, dans l'accomplissement d'une mission aussi délicate. Ils sont reconduits au fort par les parlementaires vénitiens, à qui Balland remet, pour le provéditeur, une lettre portant : 1º qu'il lui soit livré 6 ôtages à son choix ; 2º que les habitants soient désarmés ; 3º que les communications soient rétablies ; 4º qu'il soit fait une réparation publique des assassinats commis pendant les huit dernières journées, notamment la veille. Il exige une réponse pour six heures du matin.

A six heures, six autres parlementaires se présentent au fort pour exposer à Balland que le gouverneur est dans l'impossibilité d'accéder à ses exigences, et qu'il est indispensable de les adoucir. Ils lui remettent en même temps une lettre des Français prisonniers au palais du gouvernement, qui supplient Balland, au nom de leurs femmes prisonnières avec eux, au nom de 900 de leurs camarades, de ne point les abandonner à la fureur populaire.

Balland, touché de cette prière, décide de temporiser ([1]); il laisse donc au gouverneur le choix des ôtages, mais exige qu'ils soient pris dans l'ordre de la noblesse ou du clergé. Le feu devra cesser immédiatement. Trois heures sont données pour la remise des ôtages. Balland envoie ensuite une estafette au provéditeur pour qu'il fasse cesser les attaques contre le Castelvecchio, et ordonne au commandant français de suspendre de son côté les hostilités. A dix heures, arrivée au fort San Felice de trois nouveaux parlementaires, mais au même moment des paysans tirent sur les sentinelles du fort. Balland déclare alors aux parlementaires qu'il ne peut ajouter foi à leurs propositions. Un des parlementaires court en toute hâte vers les paysans pour leur enjoindre de ne point tirer. La mission représente de nouveau à Balland que le gouvernement ne peut souscrire à la capitulation proposée, *parce qu'il n'est plus maître du peuple.* Elle demande tout au moins un

---

1. Peut-être attendait-il les renforts qu'il avait demandés au général Victor.

répit de trois heures. Balland y consent, à la condition que les Français prisonniers seront ramenés au fort. Cette condition n'est pas exécutée. Reprise des hostilités.

Le Castelvecchio est attaqué par les nôtres toute la nuit. La municipalité fait dresser des barrières autour du fort et les appuie d'un obusier placé en face du théâtre, sur la rue qui mène à la place Bra. Elle établit un canon de 5 sur le Corso, droit aux *Saints-Apôtres*. Ces pièces, quoique maniées par des artilleurs inhabiles, font du mal aux Français, mais dans la soirée, les artilleurs sont assaillis par la 13e demi-brigade qui les emmène prisonniers au *castello*. En même temps, le San Felice lance sur la ville une cinquantaine de bombes qui heureusement n'éclatent pas. Dans cette journée du 18, le nombre de Français faits prisonniers fut considérable. Il y en a 1,000 au couvent *San Fermo*. Les femmes sont au palais du gouvernement.

Une centaine de prisonniers autrichiens enlevés par les nôtres à la garde française se joignent aux émeutiers. Il y a parmi eux huit artilleurs qui se chargent de recommencer le feu sur le Castelvecchio, remplacent les canons perdus et en peu de temps réussissent à monter une petite batterie. Beaucoup de paysans accourent à notre aide. On arme ceux qui sont désarmés, on pille les magasins français où sont les fusils et les cartouches, en un mot, on tire parti de tous les moyens de défense à portée de la main. Avant le jour, les provéditeurs extraordinaires Giovanelli et Contarini, craignant un désastre, apeurés, s'enfuient par la route de Venise, et abandonnent le gouvernement de

Vérone à la municipalité. Quelles âmes viles ! Nous avoir exposés aux horreurs de la guerre, avoir poussé le peuple au massacre, et malgré toutes les promesses faites, nous laisser ainsi sur le bord du précipice ! Voilà donc où aboutit la politique vénitienne ; voilà les valeureux champions de Saint-Marc !

19 Avril. — Ce mercredi, les artilleurs autrichiens relèvent les barricades pour protéger leurs pièces. Aux Saints-Apôtres, au Théâtre, place Bra et au jardin San Luca, sont des batteries. Mais ce bruit infernal est inutile, car les boulets n'arrivent presque jamais jusqu'aux forts. Le canon des Français cause des dégâts en ville, et les bombes qui éclatent cette fois mettent à mal beaucoup d'habitations. L'objectif principal est la place et le palais du gouverneur vénitien. Après-midi, deux grosses pièces fulminent contre le Castelvecchio. Les artilleurs autrichiens s'engagent à le démolir, ils se disent sûrs du succès. Mais il n'en est rien. La populace, fatiguée et découragée, commence à ralentir ses efforts, d'autant qu'elle ne voit pas venir les secours que Venise lui a promis, et que, tout au contraire, son représentant a pris la fuite. Les paysans à qui on ne donne ni la paye ni la nourriture promises, sont tout disposés à retourner chez eux. Les nôtres placent sur le mont Saint-Léonard un canon pour battre les forts, mais voici que les Français sortent en nombre, fondent sur les artilleurs, et après les avoir mis en une pitoyable déroute, pillent toutes les maisons du voisinage et emportent des vivres au fort pour plusieurs jours.

Carrère apprenant que Beaupoil a fait une sortie,

veut en tenter une à son tour, pour faire sa jonction, mais il est battu par les nôtres le long de l'Adige, et contraint de rentrer au fort, non sans avoir fait du butin pour s'approvisionner. Ceux qui se distinguent le plus parmi les nôtres sont les jeunes volontaires véronais; ils montrent un grand amour de la patrie, s'exposent à tous les dangers, et donnent l'exemple du plus noble courage. Le bruit se répand qu'un corps d'armée autrichien s'approche avec 10.000 Esclavons. La nuit est calme. Avant le jour, rentrée des gouverneurs fugitifs; ils ont été maltraités à Vicence. Ils promettent secours et conseils. Oh! quel secours et quels conseils? Babiole que tout cela. Assez! que Dieu leur pardonne, car les hommes et en particulier les Véronais ne leur pardonneront jamais. — Arrivée de 6 ou 8 chariots de munitions expédiés de Venise. Nous n'avons plus de vivres, mais en munitions nous avons de quoi soutenir un siège de trois ou quatre mois.

20 Avril. — Les Français enfermés dans le Castelvecchio se voyant à la veille de manquer de vivres font une sortie pour s'approvisionner; mais elle est repoussée. Ils arborent le drapeau blanc pour traiter. Le capitaine de Croates Rubi se rend alors au fort, suivi de 300 soldats. Il s'approche d'une porte qui était gardée par 8 ou 10 grenadiers sans armes, qui se voyant en présence d'une troupe aussi nombreuse, s'éloignèrent. Le canon chargé à mitraille qui défendait la porte fit feu, et sept des nôtres tombèrent morts ainsi que l'imprudent capitaine. En cela, les Français n'eurent pas tort, car ils ignoraient les intentions de cet officier, qui se faisait accompagner d'une véritable armée. Sur le soir, ils font une nouvelle sortie avec succès, s'approvisionnent abondamment, pillent, saccagent, incendient à leur guise, et hissent sur le Saint-Léonard un canon défendu par 50 de leurs hommes. A la nuit, sur la hauteur qui fait face à la porte Saint-Georges, ils font jouer leur musique, puis se mettent à agacer les nôtres en criant à gorge déployée et avec toute sorte de gestes comiques :

« Viva San Marco ! Viva San Marco ! »

22 Avril. — Le général Chabran qui commandait l'avant-garde d'un corps venant de Peschiera, s'est avancé jusqu'à la Croix-Blanche, village à un mille et demi de Vérone, et a eu un engagement avec un corps d'Esclavons et de paysans. Les nôtres allaient battre en retraite lorsqu'un jeune homme de treize à quatorze ans, voyant un canon abandonné par les Esclavons, y mit le feu ; la bombe éclate sur un chariot de munitions, le fait sauter et tue ou blesse un certain nombre de républicains. Le général Chabran fait alors retirer sa troupe à un mille en arrière de la Croix-Blanche. Peu de temps après, arrivent les généraux Balland, Chevalier, Lahoz et Fiorella. Le combat recommence, et cette fois nous sommes maltraités. Plus de 200 prisonniers et 150 morts ! Les nôtres firent des prodiges de valeur. Renfermés dans une maison, une dizaine de soldats se défendirent à outrance. Les Français ayant dirigé contre cette maison où, pour comble de malheur, se trouvait un dépôt de poudre, un de leurs obusiers, la poudre fit explosion et démolit la maison, ainsi que six autres maisons voisines, ensevelissant leurs courageux défenseurs. — On apprend que le général Victor arrive de Vicence pour investir complètement la ville. Il faut nécessairement faire la paix. Le peuple qui ne voit pas le péril, crie sous le palais du gouvernement : « Nous voulons la guerre, nous voulons la mort des Français! » Tous les discours pour le calmer sont inutiles. Le secrétaire San Fermo, le comte Giusti s'épuisent en vains efforts. Le comte Pompei, qui rapporte de San Felice un projet d'armistice, manque d'être assommé. L'armistice donne jusqu'à la vingt-deuxième heure de demain pour faire la paix. — La nuit est calme, et le peuple paraît plus froid que dans le cours de la journée.

23 Avril. — Dimanche. — Tout est tranquille. Les provéditeurs Erizzo et Giovanelli et le comte Emilei se rendent auprès de Balland pour traiter. Mais on ne s'entend pas, les conditions de Balland paraissant inadmissibles. L'armistice expiré, les hostilités recommencent. Le Castelvecchio lance des bombes sur la ville, et les nôtres abattent en partie les murs de San Felice.—Douze mille hommes de renfort sont arrivés à Balland sous les ordres de Kilmaine. Celui-ci reçoit l'ordre d'attaquer Vérone.

24 Avril. — Retour des parlementaires près de Balland, qui leur déclare que si ses conditions ne sont pas acceptées, il détruira la ville et fera passer au fil de l'épée tous les habitants. Quelques-uns des parlementaires refusent de signer, bien qu'ils aient pleins pouvoirs. Les conditions leur paraissaient trop dures, notamment la remise de seize ôtages. Erizzo conseille de fuir plutôt que de signer. Les autres parlementaires lui adressent alors de vifs reproches, en lui faisant entrevoir quel va être le sort de la ville; ils lui jettent à la face la trahison honteuse de Venise envers un peuple qui lui a toujours été dévoué, et qui vient de le prouver encore d'une si éclatante façon. Quant à eux, ils aiment mieux mourir sous les ruines de leur patrie que de l'abandonner.

Alors Erizzo signe la capitulation avec Giovanelli et Contarini. Ils remontent donc au castello San Felice avec le papier signé, mais cherchent encore à adoucir les conditions; les généraux qui étaient tous présents au fort, touchés de la pénible situation de Vérone, accordent vingt-huit heures pour la signature définitive; ils permettent la sortie libre des paysans une fois désarmés; la garnison rendrait ses armes, mais ne serait point prisonnière. Les provéditeurs Erizzo et Giovanelli, les chefs de la municipalité, l'évêque, les frères Minischalchi, le comte Emilei, Maffei, les sieurs Filiberi et Garaveta seraient de droit au nombre des ôtages; le vice-podestat Contarini resterait en fonctions. Des commissaires voulant montrer la loyauté de leurs intentions, demandent d'être retenus sur-le-champ comme ôtages, ce qui leur est accordé. Ils envoient la capitulation par un exprès. La cité se réjouit de cette paix qui la tire de tant de calamités présentes et à venir. La journée s'achève dans une sorte d'allégresse publique.

La nuit, qui parut la plus calme depuis longtemps, et où chacun se croyait sauvé, fut précisément celle où nous devions périr sous les ruines de notre cité. Oui, périr, par le fait de ces trois abominables monstres, de ces scélérats parjures, qui à cinq heures de la nuit, n'hésitant pas à sacrifier une population qui leur avait donné tant de preuves d'amitié et de fidélité, accompagnés d'un gros détachement de cavalerie croate dont ils avaient pris l'uniforme, se sauvèrent par la porte *del Vescovo* en trompant les factionnaires. Oui, le Erizzo, le Giovanelli, le Contarini, sont les trois barbares qui donnèrent au monde l'exemple du mépris de la foi jurée, après une capitulation réfléchie, signée et adoucie. Voilà les grands parjures de l'humanité, que la postérité détruira, flétrira éternellement, pour le juste châtiment de leur forfait.

25 Avril. — Jour de Saint-Marc. Les ordres de la cité se réunissent pour constituer une municipalité nouvelle, par suite de la disparition du gouvernement régulier. Quatre personnes sont choisies pour traiter avec le général Kilmaine. Ce sont : le général Nogarola, au service de l'électeur de Bavière, le comte Gherardo Pellegrini, le comte Gottardi, avocat, et le citoyen Meriggi... Les Français s'étaient approchés des remparts avec l'intention de mettre le feu aux quatre coins de la ville. A cet effet, ils avaient amené des chariots avec des torches à vent et toute sorte de combustibles, avec le dessein de massacrer tous ceux qui seraient tentés de fuir. Voilà quel était notre horrible lendemain. Les quatre délégués obtinrent que toutes ces abominations nous fussent épargnées, moyennant une contribution de guerre de 1,800,000 livres tournois.

Outre la contribution en argent, la ville de Vérone fut astreinte de fournir à ses frais : 1º du cuir pour 40,000 paires de souliers et 2,000 paires de bottes ; 2º du drap bleu ou blanc pour 12,000 paires de culottes, 12,000 vestes et 4,000 habits ; 3º de la toile pour 12,000 chemises et 12,000 paires de guêtres ; 4º 12,000 chapeaux ; 5º 12,000 paires de bas. Ces effets furent destinés à remonter la division Joubert en entier, et partie des autres divisions ([1]).

Il nous faut bien reconnaître que la générosité française pouvait seule nous sauver d'un mal que nous avions créé nous-mêmes, et qui d'ailleurs a achevé la ruine des gouverneurs vénitiens. Certes, nous n'avons pas lieu d'aimer les Français, mais la conscience veut que nous déclarions qu'en ces journées de deuil et de calamité, ils furent nos vrais libérateurs. C'est la conscience, c'est la justice qui le veulent!

Dans la matinée même, tous les prisonniers sont mis en liberté; nos factionnaires continuent de garder les portes, les vainqueurs se bornant à réintégrer leurs anciens domiciles. Les officiers retournent chez les bourgeois. La cocarde vénitienne est foulée aux pieds et remplacée par la cocarde tricolore. Quatre drapeaux blancs sont arborés sur la Tour en signe de paix. Le soir, plusieurs compagnies de grenadiers entrent par la porte San Zeno.

26 Avril. — La garnison vénitienne est désarmée, conduite au camp de la Croix-Blanche et faite prisonnière de guerre. Le soir, toutes les troupes françaises entrent dans Vérone avec leurs généraux. Les soldats, à qui l'on avait promis le pillage, réclament une part de la contribution de guerre, ce qui leur est accordé. Les patriotes véronais qui s'étaient sauvés dans les forts pour échapper à la justice vénitienne, reprennent paisiblement possession de leurs demeures. Le palais des gouverneurs est occupé par le

---

1. Arrêté du général Bonaparte, 25 avril 1796, *Correspond. inédite, off. et conf.*, III, 108.

général Andrieux (¹) et le commissaire Bouquet, chargé de recevoir la contribution de guerre.

28 Avril. — Départ de Kilmaine. Il est remplacé par Balland. Avant son départ, Kilmaine fait apposer les scellés au mont-de-piété pour empêcher le pillage, et il y place une garde.

30 Avril. — Il est fait injonction à tous les débiteurs des caisses publiques de se libérer dans les huit jours, pour aider la ville à payer la contribution de guerre de 1,800,000 livres tournois, exigée par les Français. Ceux-ci revendiquent par droit de conquête 154,000 *paoli* trouvés dans les caisses publiques ; puis ils les abandonnent à la ville pour les frais de l'occupation. Kilmaine, de retour de Vicence, promet d'alléger ces frais. La municipalité de Vicence envoie deux délégués pour fraterniser avec nous. La joie est inexprimable, on s'embrasse de toutes parts, on crie : « Vive la liberté italienne ! vive la République française ! vive l'immortel Bonaparte ! » Un grand banquet est offert aux délégués de Vicence par notre municipalité.

1ᵉʳ Mai. — Les établissements religieux sont invités à remettre leur argenterie. La ville demande un emprunt illimité aux citoyens riches ou aisés, avec intérêt à cinq pour cent. Réception fraternelle des délégués de Padoue. Banquet, vivats, etc. — Les frais de l'occupation augmentent ; ils sont de 62,000 lires par jour.

2 Mai. — Premier payement de l'impôt de guerre. Le nombre de ceux qui versent est considérable. La recette de la journée est de 400,000

---

1. Ce doit être Landrieux.

lires. — Réquisition de chemises et de draps de lit.

3 Mai. — On annonce l'arrivée d'Augereau. Sa grande renommée de soldat, et sa réputation de sévérité font impression sur les esprits.

6 Mai. — Arrivée d'Augereau et de son chef d'état-major Sherlock. Il descend au palais Marioni. La municipalité se hâte d'aller le saluer. Il lui donne quelques avis salutaires dans l'intérêt de la cité. Il déclare qu'il n'a accepté de commander le pays entre la Piave et l'Adige, que pour faire rendre justice et punir sévèrement les assassins. — Emprunt forcé pour payer la contribution de guerre. Augereau fait poursuivre les commissaires français qui ont enlevé du mont-de-piété des objets précieux et se sont enfuis. Arrestation de l'évêque et de beaucoup d'anciens nobles, à propos des faits du 17 avril.

7 Mai. — Plantation de l'arbre de la liberté au milieu d'un concours immense de curieux. Les autorités civiles en grand uniforme, des détachements des régiments, des corps de musique assistent à la cérémonie qui a lieu en grande pompe. Le cortège se forme au Dôme, où est chanté un *Te Deum*; sur la *Piazza Erbe*, il est rejoint par un char triomphal d'où l'on jette des pièces de monnaie à la foule; puis il se rend au palais habité par Augereau, qui le reçoit solennellement et accepte, en souvenir, deux drapeaux; enfin il se rend à la place Brà où l'arbre doit être érigé. Là on brise les portraits des anciens gouverneurs vénitiens qui se trouvaient au Palais public; le citoyen Schioppo brûle ses parchemins de noblesse; le citoyen Verri tire son épée et prête le premier le serment de fidélité à la France; les autres membres de la municipalité suivent son exemple. On entre ensuite au Palais national, où un banquet est préparé en l'honneur des généraux et officiers français. Au milieu de la table un arbre de la liberté. Le repas fut coupé de cris, de vivats, d'acclamations patriotiques. La soirée au théâtre était gratuite pour tous. On jouait une pièce de circonstance, la *Consulta Nera*. — Oh! quelle joie de pouvoir dire librement ce qu'on a dans le cœur, de maudire à son aise cet abominable gouvernement, sans craindre d'être espionné par des ministres infâmes! Quelle journée!

12 Mai. — Premier numéro du journal véronais : *L'ami des hommes.*

13 Mai. — Augereau mande à la municipalité de se trouver à quatre heures et demie sur la place Brà, sans lui dire pour quel motif. Toutes les troupes de la garnison y étaient, formées en carré. Les membres du gouvernement provisoire prirent place au pied de l'arbre de la liberté. Le général Augereau, à cheval, suivi de son état-major, arriva à l'heure dite. La population ne connaissait pas l'objet de ce déploiement de forces, mais elle le soupçonna, en voyant paraître, au milieu de deux compagnies de grenadiers, les paysans qui avaient pris part à l'insurrection. Un silence de mort se fit immédiatement. On voyait clairement, à deux pas, le supplice. Les habitants des villages comme ceux de la ville, croyaient que c'en était fait; on était haletant de savoir ce qui allait se passer. Le général Augereau ordonne alors à son adjudant-général Sherlock de lire un papier que lut ensuite, en italien, le président Poiana. On croyait que c'était la sentence du conseil de guerre. Mais non....

« Combien il serait pénible pour l'homme public, et combien affligeant pour l'homme de cœur, d'être sans cesse entouré du terrible cortége des peines et des supplices, de faire passer chaque jour sur toutes les têtes le glaive redoutable de la loi, d'épouvanter toujours et de ne pardonner jamais! Ah! sans doute, ceux qui ont confié à un homme un si redoutable pouvoir, n'ont pas voulu lui imposer une si douloureuse mission; ils ont bien compris que dès l'instant où il a fait respecter les grands principes de la société (1), puni comme il convient les coupables, il doit lui être permis de consulter la nature et son cœur, et de tendre aux égarés une main indulgente. Je ne viens donc pas aujourd'hui avec l'appareil menaçant de la mort, affliger ce pays tant à plaindre. Je viens rendre des fils à leurs mères, des maris à leurs femmes, des pères à leurs familles désolées, des citoyens à l'Etat. Je viens pour sécher les pleurs du repentir, et gagner des cœurs à la France. Allez, malheureux! Parmi tous vos torts celui que vous devrez le plus regretter, c'est celui de ne nous avoir pas connus suffisamment. Retournez au milieu de vos compatriotes, de vos frères; éclairez-les sur les fautes qu'ils ont commises, et dites-leur comment nous savons nous venger. Allez! Et si d'autres monstres allaient prêcher de nouveau parmi vous la fureur et le massacre, souvenez-vous des représentants de la nation française. Et si la reconnaissance ne parlait pas suffisamment à vos cœurs, oh! alors, tremblez, car le temps de la clémence serait passé pour vous! »

1. De la part d'Augereau, cette déclaration est à retenir.

Des applaudissements frénétiques éclatent après cette lecture. Les malheureux paysans, qui croyaient leur dernière heure venue, se jetèrent à genoux devant leur libérateur, lui baisèrent les pieds, et l'accompagnèrent au quartier-général avec des démonstrations infinies de leur reconnaissance.

14 Mai. — Le comte Nuvoloni va déposer ses parchemins à la municipalité, en déclarant qu'il ne veut plus désormais d'autre titre que celui de citoyen. Le comte Marioni fait de même; de plus il ordonne qu'on abatte les emblèmes de noblesse sculptés à l'extérieur de son palais [1].

15 Mai. — Augereau fait mettre le séquestre sur tous les biens que peut posséder dans l'étendue de son commandement, Alexandre Ottolini, ex-gouverneur de Bergame, pour la reconstruction du théâtre qu'il a fait incendier avant de se sauver.

16 Mai. — Le conseil de guerre condamne à mort l'ex-comte François Emilei, ex-provéditeur, l'ex-comte Verita di Santa Eufemia, originaire de Bonn (Allemagne), habitant Vérone, et le citoyen Jean-Baptiste Malenza da Santa Anastasia : le premier pour avoir entraîné dans la révolte les troupes vénitiennes et les paysans; le deuxième pour avoir commandé un corps de prisonniers autrichiens enlevés de vive force à un détachement français; le troisième pour avoir conduit personnellement des patrouilles qui se sont rendues coupables d'assassinats. A onze heures et demie du matin, ils sont extraits du fort San Felice; à midi ils sont fusillés sous les murs de la *Porta Nuova*. Malenza mourut avec un incroyable courage.

---

1. Augereau y était logé à ce moment.

21 Mai. — L'évêque est acquitté par le conseil de guerre présidé par Beaupoil, après trois audiences. La plupart des autres inculpés de qualité sont également acquittés.

23 Mai. — Vente aux enchères des marchandises existant au mont-de-piété. Les objets sur lesquels il n'a pas été avancé plus de cinquante lires sont restitués gratis, ce qui produit parmi le peuple une joie bruyante. Les deux délégués envoyés à Milan près de Bonaparte sont de retour. Ils ont obtenu la promesse que l'argenterie des églises viendrait en déduction de la contribution, ce qui avait été refusé par le général Augereau. Cependant Bonaparte n'a pas voulu s'engager par écrit. Il a annoncé son arrivée prochaine à Vérone. On l'attend avec anxiété, parce que seul il peut régler beaucoup d'affaires embarrassantes.

24 Mai. — Les délégués se présentent chez le général Augereau, qui répond qu'il a reçu aussi des ordres pour l'affaire de l'argenterie, mais qu'il en attend d'autres plus précis.

27 Mai. — Devant le silence gardé par Augereau, la municipalité renvoie les deux mêmes délégués à Bonaparte.

29 Mai. — Augereau mande devant lui les membres du conseil de guerre, et leur reproche d'avoir reçu de l'argent pour acquitter certains grands coupables. Il les menace de les faire passer en jugement le lendemain. Les membres du conseil, indignés, lui répondent qu'ils sont prêts à mourir s'il trouve dans les dossiers la preuve qu'ils aient été injustes; qu'ils ne méritent pas d'être vilipendés de cette façon, qu'ils sont d'honnêtes gens, incapables de vendre la justice qu'il a, lui, souvent vendue. C'est Beaupoil, président, qui lui fait cette réponse outrageante. Legrand, chef de bataillon, premier membre (mon meilleur ami), tint un langage non moins violent. Augereau demeura interdit.

31 Mai. — Retour des envoyés à Milan. Bonaparte accorde que l'argenterie des églises vienne en déduction de la contribution de guerre qui, dès lors, se trouve soldée.

1ᵉʳ Juin. — Augereau ordonne que les officiers s'appelleront désormais du nom de *citoyen*, et n'emploieront plus celui de *monsieur*. Cet ordre est motivé par une rixe sanglante qui eut lieu entre la divison Bernadotte et les chasseurs à cheval de la division Augereau.

6 Juin. — Aujourd'hui commence la restitution par le mont-de-piété des gages qui n'excèdent pas 50 lires. Aujourd'hui aussi comparaissent devant le conseil de guerre les trois frères Miniscalchi, le capucin Luigi Maria et divers autres.

8 Juin. — Dans la matinée on a fusillé, près la *Porta Nuova*, le capucin Luigi Maria Coloredo, et Bianchi; le premier pour avoir soulevé la population par ses discours; le deuxième pour avoir tué, le 17 avril, une femme française qui était enceinte. Le capucin meurt avec un très grand courage, et soutient jusqu'au dernier moment son compagnon d'infortune.

9 Juin. — La contribution est montée de 1,800,000 à 3,400,000 lires. L'argenterie des églises n'est toujours pas déduite, malgré deux promesses de Bonaparte. Les généraux exigent dix milles montures, et vu l'impossibilité de les satisfaire, la municipalité envoie à Bonaparte le président Salimbeni.

10 Juin. — Vente des meubles des Véronais émigrés. Augereau se rend en toute hâte à Milan.

16 Juin. — Retour d'Augereau. Il va loger au palais Canossa, tout en laissant son quartier général au palais Marioni comme plus voisin de la place d'armes.

18 Juin. — On fusille près la *Porta Nuova* un perruquier qui a tué un officier français, à qui il faisait la barbe depuis six mois; un habitant d'Anesa qui a étouffé chez lui un Français qu'il avait attiré sous prétexte de le cacher; un chef de patrouille convaincu d'assassinat. Le conseil de guerre se sépare. Beaupoil va commander à Peschiera. C'est un officier de haute distinction. Il doit être nommé sous peu général de brigade. On prétend aussi qu'il sera envoyé comme ministre en Espagne. — Augereau veut avoir, lui aussi, son Mombello [1], comme le général en chef. Il s'est installé avec son état-major dans la délicieuse maison de l'ex-noble Gazola, à un mille de Vérone.

24 Juin. — Aujourd'hui, dans la matinée, l'horloge de la Tour publique a commencé de sonner les heures à la française. Les sonneries de midi, de minuit, et du soleil couchant sont maintenues. Le mérite de ce changement revient au citoyen Polfranceschi, capitaine à la légion lombarde. Il en a fait l'objet d'une pétition qui a été lue dans la séance de la municipalité du 10 juin et qui était ainsi conçue:
« …J'entends vous parler des horloges publiques qui

---

1. Bonaparte habitait alors avec Joséphine le château de Mombello, près Milan.

sonnent toujours les heures à l'italienne... Cette combinaison cause un grand inconvénient, en laissant toujours la population dans l'incertitude de l'heure véritable, et en troublant ainsi la vie quotidienne. Pourtant c'est l'usage général de régler les heures à la française, parce qu'on en a reconnu l'utilité, comme on a apprécié en sens contraire cette invention bizarre qui prévaut encore chez nous. Et, vraiment, n'est-il pas étrange d'entendre dire treize heures, quatorze heures, quinze heures et ainsi de suite jusqu'à vingt-quatre heures, alors que n'importe quelle montre ne peut en indiquer que la moitié, de une à douze ? N'est-ce pas la meilleure preuve que la montre n'est pas en rapport avec le système, ou que le système ne l'est pas davantage avec nos horloges ? L'horloge sonne un coup et nous disons treize heures, elle en sonne sept et nous disons dix-neuf ; elle en sonne encore un et c'est toujours dix-neuf heures ; donc un et sept, treize et dix-neuf sont des nombre égaux entre eux. Voilà qui est bien autre chose que la règle de la fausse position, autre chose même que les merveilles du jeu des gobelets ! C'est l'ignorance magique, et de fait, nous devons bien convenir que, sans son pouvoir souverain, les hommes n'auraient jamais adopté une méthode si extravagante. Qu'un de nos concitoyens s'éloigne de ce territoire, il ne saura plus compter les heures et, avec raison, il protestera contre son pays. Qu'un étranger vienne parmi nous ; bientôt dégoûté par ce langage barbare des heures auquel il ne peut rien comprendre, il se demande au milieu de quelle peuplade antique il est tombé. L'uniformité des lois, des usages et même des préjugés — si toutefois il peut y avoir des préjugés dans un pays libre — lient et rattachent les nations entre elles.

« Ajoutez à cela que, résolus comme vous l'êtes, à bannir les usages mauvais et à porter au plus haut point possible notre culture intellectuelle, vous ne pouvez négliger l'objet que je soumets à vos délibérations. Qu'on ne m'oppose pas que le peuple est ennemi de la nouveauté et du changement. C'était l'excuse d'une aristocratie soupçonneuse, qui éloignait toujours le bien public, et qui craignait que l'heure française ne sonnât plus vite la chute de son pouvoir abhorré. Elle en a été pour sa courte honte, car l'heure italienne l'a sonnée enfin — si toutefois l'on peut dire encore que cette chute soit bien définitive. Que le peuple apprenne enfin à mesurer exactement la durée de sa félicité, qui sera éternelle si rien ne s'oppose à son relèvement intellectuel et moral. Je vous demande donc, citoyens municipalistes, un décret qui ordonne que les horloges des tours, des campaniles et autres édifices publics, marqueront et sonneront désormais les heures à la française, qui invite les citoyens à se conformer à cette mesure et à se renseigner entre eux ; enfin qui prescrive que ces mêmes heures devront seules figurer désormais dans les actes publics et privés. »

12 Juillet. — Publication du budget municipal. L'argenterie des églises, du poids de 1,515 livres, est admise en déduction de la contribution de guerre. Cette argenterie est transportée à Milan (pour être fondue).

14 Juillet. — Fête en l'honneur des soldats français morts depuis Montenotte. Près du bourg Saint-

Michel, du côté de la porte *del Vescovo* s'étend une vaste plaine, bien cultivée et plantée d'arbres. On y a élevé une pyramide eptagone ou à sept faces, grandiose, imposante. Un lion à chacun des angles. En haut une statue de la Liberté portant un drapeau avec cette inscription : ARMÉE D'ITALIE. — DIVISION AUGEREAU. Sur cinq des faces sont écrits les noms des officiers et soldats des cinq demi brigades, tués à l'ennemi. Sur les deux autres, les noms des officiers et soldats de la cavalerie, de l'artillerie et du génie. A des endroits réservés, les noms des généraux de division La Harpe, Dubois et Stengel, et des généraux de brigade Robert, Banel, Legrand et Vergne, des colonels Quénin, Pourailly, Bougon et Belet. A la pointe du jour, trois salves d'artillerie des forts annoncent la fête. A quatre heures et demie les troupes se mettent en marche, forment de merveilleux faisceaux de leurs armes autour de la colonne, et rentrent au camp pour venir reprendre leurs armes à dix heures et demie.

Par une attention délicate, Augereau a invité tous les corps constitués à assister à cette fête. Un officier d'état-major va prendre chacune des autorités à son siège officiel. Sur leur passage, les troupes leur rendent les honneurs, et l'officier les introduit dans l'enceinte, à la place qui leur a été assignée. Une invitation générale, imprimée, a été également adressée aux dames de Vérone, mais peu se montrèrent, soit timidité, soit fierté, soit crainte de la chaleur qui était excessive. Augereau arrive à midi. L'artillerie des forts et des remparts ne cesse de gronder. Les premières salves, isolées, sont tirées en l'honneur des généraux et des colonels, puis une salve, tirée en même temps par toute l'artillerie réunie, a pour but d'honorer tous les morts sans exception ayant apparteuu à la deuxième division. Plusieurs discours furent prononcés.

Voici quelques paroles empruntées à celui d'Augereau : « ..... C'est ici, sur les bords de l'Adige, que, toujours fidèle à nos drapeaux, la victoire a constamment couronné nos efforts ; c'est ici que l'on a vu s'évanouir l'élite des guerriers de la Germanie, l'élite de ses généraux les plus vantés ; c'est au fond de ces vallons stériles, de ces coteaux riants, parmi les bois silencieux, maintenant l'asile des amours, c'est enfin au milieu de ces monts sourcilleux que vos baïonnettes, plus persuasives que la plume de vos diplomates, ont négocié la paix du monde. Vous ne pouvez promener vos regards dans ces lieux enchantés sans rencontrer quelque objet qui vous rappelle un souvenir glorieux ; vous ne sauriez y faire un pas sans fouler la cendre d'un héros français..... Ombres généreuses, pardonnez si la nature m'a refusé l'éloquence qu'il faudrait pour vous louer dignement ; elle m'a donné un cœur capable de sentir ce que vous avez fait de grand, et une âme assez élevée pour l'imiter..... ([1]). »

A une heure et demie, manœuvres du fusil et du canon ; à deux heures et demie, distribution des drapeaux aux corps nouvellement formés dans Vérone ; à trois heures, banquet civique. Cris non interrompus de : « Vive la liberté ! vive la République française ! vive la liberté italienne ! vive Bonaparte ! vive Augereau ! » Mets exquis et vins des plus recherchés.

---

1. Bibl. nat., Lb^{u} 885, *pièce*.

La garde nationale et la musique municipale se déshonorent en pillant d'autres tables que celles qui leur sont destinées, et en se faisant servir, outre leurs propres mets, ceux d'autres invités. Augereau entonne en personne l'hymne patriotique : *Allons, enfants de la Patrie !* les officiers, les corps constitués et toute l'assistance chantent avec lui. Le spectacle est saisissant. La journée se termine par des jeux et des courses. La dernière course finie, on bat le rappel ; les soldats qui se sont dispersés un peu partout reviennent à toutes jambes et se forment en colonnes. La division rentre dans Vérone, conduite par Augereau qu'accompagnent toutes les autorités. La marche est solennelle, l'ordre admirable. Elle passe par la place d'armes où elle chante une seconde fois la *Marseillaise*, puis elle regagne ses quartiers. Le soir, grande illumination. La promenade *Porta Nuova* [1] présente un aspect féerique. Les Français disent que Paris seul a pu faire aussi bien ; Augereau se déclare très content de la fête.

18 Juillet. — Le conseil de guerre permanent, révisant la sentence d'acquittement prononcée en faveur d'Erizzo, de Giovanelli et de Contarini, les condamne à la peine de mort. Les trois condamnés se trouvent en lieu sûr, à Trieste.

13 Août. — Le général Verdier, qui a succédé à Augereau, est très mal vu de ses soldats à cause de sa sévérité, et de la diminution qu'il a apportée dans les rations. Aux manœuvres d'aujourd'hui il y a eu mutinerie. Verdier a fait arrêter un certain nombre

---

1. Aujourd'hui cours Victor-Emmanuel.

d'officiers et de soldats qui passeront devant un conseil de guerre. La situation est grave, car un Français poussé à bout est capable de commettre toute sorte d'excès contre ses propres généraux, dont il se croit l'égal.

18 Août. — L'ex-noble Gazola possédait de merveilleuses collections de tableaux, de livres et d'objets d'art. Bonaparte qui, l'année précédente était allé les voir avait dit : « Si j'étais entré en vainqueur à Vérone, je me serais emparé de toutes ces merveilles. » Dernièrement, les Français se sont présentés chez Gazola ([1]) et lui ont pris ce qu'il avait de plus beau. Gazola s'est plaint à Bonaparte qui lui répond aujourd'hui que les objets sont partis pour Paris, et qu'il lui est impossible de les faire revenir. Seulement, il indemnise Gazola en lui constituant une rente sur des biens sis près de Vérone. Mais la municipalité s'oppose à ce que les biens reçoivent cette destination.

19 Août. — Augereau est parti pour Paris où il est mandé par le Directoire ([2]). Le général Brune vient commander à Vérone.

21 Août. — Bonaparte révoque la concession faite à Gazola.

23 Août. — Le bruit court que Bonaparte arrive dans la journée. Grande émotion dans toute la ville. Mais on se défie, car ce voyage a été déjà plusieurs fois annoncé avec la même assurance, et le héros n'est pas venu. Cependant l'état-major se prépare. A

---

1. Sans doute après le départ d'Augereau, qui habitait cette maison.
2. Pour coopérer au 18 fructidor.

cinq heures, le général sort par la porte de Brescia pour aller à sa rencontre avec cinquante cavaliers. Un bataillon de volontaires l'avait précédé. La garde nationale occupait les portes des palais Emilei et Canossa — les seuls où il pût descendre. Bonaparte arrive à six heures et entre en ville, au milieu d'acclamations immenses. Il descend au palais Canossa où demeure le général Brune. (Il ne pouvait décemment réhabiter le palais Emilei, dont le propriétaire était le frère de celui qui fut fusillé). A sept heures il passe en revue la division sur la route de Vicence, accompagné de Berthier. Il fait venir à lui les grenadiers, les sous-officiers, et leur parle de la mutinerie dont se sont rendues coupables la 51e(1) et la 43e demi-brigades, en refusant d'obéir à Verdier ; il loue la valeur de la 4e et de la 40e. Il leur recommande la discipline, qui n'est pas contraire aux droits sacrés de la liberté et de l'égalité, et il menace de châtiments sévères ceux qui ne se conformeront pas à ces douces lois, données non par la tyrannie mais par la plus pure fraternité. Il ajoute qu'il a reçu les adresses de la seconde division et qu'il en est content (2).

« Les ennemis de la liberté, dit-il d'une voix forte et énergique, les émigrés et les prêtres réfractaires, le club de Clichy, les perfides royalistes, doivent être le but des vengeances républicaines. L'armée du Rhin, celle de Sambre-et-Meuse, celle du Nord et les divisions de l'intérieur ont juré de

---

1. On verra ci-dessous, chap. XIII, quelle fut l'attitude de cette demi-brigade devant Arcole.
2. Adresses pour le maintien de la constitution de l'an III, c'est-à-dire pour le coup d'Etat qui se préparait.

maintenir la constitution, et de marcher contre leurs propres frères et leurs amis, pour conserver un gouvernement libre. L'armée d'Italie est déjà connue par les preuves de valeur, de constance et d'activité qu'elle a données, comme en témoignent les batailles de Montenotte, de Castiglione, de Rivoli, de Ronco et d'Arcole, la prise de Mantoue, l'invasion de l'empire, et tant d'autres exploits qui étonneront la postérité. Je serai toujours avec vous, mes frères d'armes, j'irai au devant des plus grands périls, je ferai tout, pour que, à la honte des brigands, des royalistes, des traitres, la République conserve l'heureux gouvernement qu'elle a aujourd'hui. »

Il prononce cette harangue avec tant de feu et d'entraînement, qu'il faut y avoir assisté pour s'en rendre compte. Le général Brune répond que la division dont il a bien voulu lui confier le commandement va lui répondre par sa bouche. « Les deux demi-brigades qui avaient désobéi ont montré du repentir; elles cherchent à faire pardonner leurs torts, elles redoublent d'activité et de patriotisme, elles restent dignes de l'armée d'Italie. Les autres continuent de se comporter admirablement. Toute la division partage les sentiments de son général en chef, et jure qu'elle mourra plutôt que de laisser renverser la Constitution. Il ne vous reste plus, ô général, qu'à pardonner aux officiers, sous-officiers et soldats qui sont en prison pour avoir désobéi; ils attendent ce mot de votre bouche, non que, véritablement, ils le méritent, mais ils l'attendent de vos sentiments humains. » Bonaparte dit alors à haute voix : « Je pardonne ! je pardonne ! » Alors les soldats ne se connaissent plus de joie, et les cris de : « Vive Bonaparte libérateur de l'Italie ! Vivent la République et la Constitution de l'an III ! » montent jusqu'au ciel. Quel heureux moment, quelle douce récompense pour Bonaparte ! Et pourtant, qui le croirait ? il parut modeste, et son visage m'a convaincu qu'il l'était réellement. Il donna l'ordre de faire cesser les acclamations en son honneur et les soldats obéirent. »

Est-il rien de plus attrayant pour des Français, que ces pages laissées par un homme qui avoue son peu de sympathie pour eux, mais sait rendre hommage à la générosité, à la clémence dont ils ont fait preuve envers ses concitoyens ? Son récit de la cérémonie du pardon, celui de la fête du 14 Juillet, sont de touche maîtresse. Mais devant les assassinats commis dans les hôpitaux, il aime mieux se voiler la face que les raconter, que les avouer même. Écoutons Botta : « Beaucoup de Français furent tués aux applaudissements de la foule. Des employés militaires qui se trouvaient en grand nombre à Vérone, avec leurs femmes et leurs enfants, périrent misérablement, quoique innocents des torts que la population reprochait aux chefs de l'armée et aux soldats. Des malades furent étranglés dans leurs lits avec une cruauté lâche, des femmes en furie poursuivaient d'autres femmes épouvantées. Nous avons vu un portique encore tout dégouttant du sang français, où ces malheureux avaient été plutôt massacrés que tués. Nous avons vu des femmes que l'on tirait des puits et des égouts, le corps en lambeaux. Nous avons vu des vêtements inondés de sang que les meurtriers se montraient comme des titres de gloire. Les faits les plus horribles se passèrent à l'hôpital militaire, où la plupart des malades furent assassinés avec une extrême fureur (¹) les autres frappés, puis volés. Ni les prières, ni la faiblesse, ni l'aspect de la mort déjà proche n'adoucirent la férocité de ces misérables, qui n'avaient plus de l'homme que la figure. La fatigue, l'épuisement des émeutiers ne diminuaient en rien leurs forces, car le sang appelle le sang, et l'énergie qui leur eût manqué pour bien faire, elle débordait en eux pour accomplir cette horrible besogne. Lorsque, faute de victimes, leur folie sanglante paraissait se calmer, elle reprenait de plus belle à la vue d'un Français..... Tout ne fut cependant point barbarie dans cette épouvantable journée. Beaucoup de Véronais, et le comte Nogarola lui-même, bien qu'il fût au nombre des chefs de l'insurrection, sauvèrent la vie à des Français en les cachant chez eux. Lorsqu'il ne resta plus trace d'un Français, les insurgés en arrivèrent à à piller les maisons bourgeoises ; le Ghetto fut dévalisé de fond en comble sous prétexte que les Juifs, déjà odieux par eux-mêmes, étaient partisans des Français..... Les curés excitaient les révoltés. Un capucin, nommé Coloredo, prêcha sur la place Bra et, mêlant adroitement la question religieuse à celle de l'indépendance, enflamma au plus haut point les paysans. Les Autrichiens ont fait poser dans l'église des Capucins une pierre commémorative en l'honneur de ce prêtre..... » (²)

1. Il y avait à la date du 17 avril 1797, première journée de l'insurrection, dans les hôpitaux de Vérone, 923 blessés, fiévreux, galeux ou vénériens, plus le personnel administratif, et 23 femmes, en tout 1,100 personnes environ. *(Rapport du commissaire Bouquet* dans les *Mémoires de Landrieux*, chap. 38.) Le nombre des victimes dépassa 400.
2. *Storia d'Italia*, IV.

Donc, les insurgés ont assassiné les malades dans leurs lits, tant à domicile qu'à l'hôpital militaire, et ils avaient à leur tête les curés et la noblesse du pays ! Il sied vraiment à l'*Archivio storico Veronese*, dans le passage que nous avons cité plus haut, d'imputer à Bonaparte les massacres d'avril, comme si le général en chef avait eu quelque influence sur le capucin Coloredo, sur les comtes Nogarola, Emilei et autres patriciens véronais ! Bonaparte n'avait pas besoin, pour son plan de campagne, d'une insurrection à Vérone, puisque, à ce moment même, il signait les préliminaires de Léoben. Il n'en avait pas besoin davantage pour perdre Venise, qui était sacrifiée depuis longtemps dans l'esprit du Directoire. Enfin, l'eût-il voulue, cette insurrection, comment se fait-il qu'elle ait eu précisément à sa tête les plus hauts représentants de Venise à Vérone, les provéditeurs Giovannelli, Erizzo et Contarini ? Est-ce que ceux-ci voulaient également la chute du gouvernement des doges ?

Vérone s'attendait si bien à un châtiment terrible, que de tous côtés surgirent des adresses à Bonaparte, demandant grâce pour la cité coupable : « Je sais ce que vous lui reprochez, disait l'une d'elles, vos braves républicains tombés victimes d'une épouvantable fureur populaire, les convalescents, les malades, les femmes enceintes égorgés par ces barbares, quoique sous l'asile de la neutralité. Cette ville méritait d'être incendiée, elle doit son existence à votre générosité. Mais arrêtez le cours de vos représailles ; rendez la liberté à d'infortunés prisonniers, des pères à leurs enfants. Rappelez-vous que Vérone vous a reçu dans ses palais, qu'elle

a tout donné pour nourrir et habiller vos soldats !
L'histoire vous tiendra plus compte d'un acte de
clémence que de vingt victoires ! (1) »

« ..... Vérone a déjà assez pleuré, disait une autre
adresse. Elle qui, pendant un instant, oublia malheureusement la puissance et la valeur de tes
légions, elle reconnaît aujourd'hui ton pouvoir invincible, et se déclare coupable en face du monde
entier. L'expiation par elle déjà subie, son territoire
abandonné, ses fils morts ou frappés par ta justice,
est-ce que tout cela n'est pas suffisant pour apaiser
ton courroux ? Oui, oui, héros généreux, c'est assez
pour ton cœur, c'est assez pour ta gloire !

« ..... Pardonne, ô libérateur de l'Italie, et mets
ainsi le sceau à ton immortalité. Tu planeras ainsi
au dessus de l'univers, par tes vertus et non par
des calamités semées en ton nom. C'est là ce que
Cicéron appelle être plus grand que la grandeur
même. La postérité admirera ton génie, l'humanité
bénira ta clémence (2). »

Nous renvoyons les rédacteurs de feu l'*Archivio
storico Veronese* et leurs imitateurs italiens à la
lecture de ces deux adresses, écrites par leurs compatriotes de Vérone, témoins des événements de
Pâques 1797, et juges irrécusables en la cause.

L'insurrection étouffée, il fallait ramener le calme
dans les esprits, et la réouverture des spectacles n'y

---

1. V. Barzoni, *Orazione per Verona al generale Bonaparte*, Verona, 1797, 8º.

2. *Orazione al invitto cittadino Bonaparte, commandante in capite dell' armata francese in Italia, del cittadino* Angelo Masotti, *della citta di Verona, a favore della sua patria*. Verona, 1797.

suffisait point. Sur les conseils de Bonaparte, alors à Mombello, le général Kilmaine vit l'évêque de Vérone et obtint de ce prélat, bien que son nom fût au Livre d'or de la république, qu'il adresserait à son clergé et à ses ouailles une lettre pastorale recommandant l'obéissance aux autorités françaises. Bien lui en prit, d'ailleurs, car Bonaparte avait écrit antérieurement au Directoire : « L'évêque de Vérone a prêché la semaine sainte et le jour de Pâques, que c'était une chose méritoire et agréable à Dieu que de tuer des Français. Si je l'attrape, je le punirai exemplairement (1). » Pour remercier le prélat, Kilmaine l'invita à un dîner auquel assistaient les officiers de l'état-major et Mme Pellegrini, une amie des Français en général — et du général en particulier. On plaça sur le chemin que devait suivre l'évêque un certain nombre de gens payés qui crièrent : « Viva monsignor il Vescovo ! » Mais il ne fut pas dupe de cette popularité de rencontre. « Il dîna très bien, et me dit gaiement, en mettant son pouce dans son nez, que Machiavel était un transfuge et méritait punition, parce qu'il avait passé de Venise au camp français. Il laissa même échapper quelques sourires aux saillies extrêmement lestes de Mme Pellegrini, qui était intarissable, et qui lui parla du *Priape au serpent* qu'il avait chez lui, comme marbre antique trouvé à Lesbos (2). »

Suivant une ancienne notice (3) le palais Gazola, qu'il ne faut pas confondre avec la maison louée par

1. *Corresp. inédite off. et confid.*, etc., III, 12.
2. *Mémoires de Landrieux,* manuscrit, etc., chap. XLV.
3. *Indicazione delle fabriche, chiese e pitture di Verona,* 1827.

le même propriétaire au comte de Lille, contenait, lorqu'il fut dévalisé par les Français, une merveilleuse collection de toiles anciennes et modernes des grands maîtres, et un riche cabinet d'histoire naturelle. Gazola qui avait pendant plusieurs mois — par force, il est vrai — logé le général Augereau, fut-il indemnisé de la perte de ses collections, autrement que par les biens que Bonaparte dut lui retirer après les lui avoir donnés? Rien ne l'indique.

Lors de la première entrée des Français à Vérone, le 1er juin 1796, le mont-de-piété avait été respecté comme propriété neutre. Mais, après l'insurrection, il ne pouvait plus être question de neutralité. Non seulement l'administration s'en empara, mais quelques mois plus tard, alors que Bonaparte faisait restituer à toutes les villes de la Vénétie, même à Venise, les objets confisqués dans leurs monts-de-piété, il fit une exception relativement à celui de Vérone. Toutefois, on restitua gratis les dépôts aux personnes qui n'avaient point pris part à l'émeute.

Les dépouilles de ces établissements étaient vendues de deux façons, soit à l'encan, soit, sur expertise, aux fournisseurs de l'armée à qui il était dû de l'argent. Les dépôts du mont-de-piété de Vérone et les marchandises saisies furent délivrés à un fournisseur qui les vendit sur place.

« Délivrés » n'est peut-être pas le mot. Il existait au mont-de-piété pour 50 millions de lires de marchandises, et notamment une quantité considérable d'argenterie [1]. Le général Kilmaine institua une

1. Nous avons déjà dit (chap. III) et nous croyons devoir rappeler, pour expliquer la présence de cette valeur énorme dans un mont-de-piété, que les établissements de ce genre ne

commission à qui il fit confier les clefs de l'établissement, en attendant que Bonaparte eût pris une décision sur le sort des dépôts qu'il renfermait. Aussitôt, administrateurs et officiers d'enfoncer les portes — si elles n'étaient déjà complaisamment ouvertes — et de faire main basse sur les objets les plus précieux. « Chacun regardait comme sa propriété personnelle ce qui s'y trouvait. » Le fournisseur à qui les dépôts devaient être remis fut un des premiers à envoyer ses agents sur les lieux, non pour une prise de possession régulière, mais pour piller à son profit. Le général Kilmaine, dont la faiblesse, dans ces circonstances délicates, pourrait prêter au soupçon, s'avisa enfin de retirer les clefs à la commission et de faire apposer les scellés. Il ne restait plus rien que des dépôts n'ayant pas une valeur de plus de 100 à 200 lires! Voilà ce qui fut remis au traitant. Le trésor de l'armée ne tira rien ou presque rien du mont-de-piété, et les principaux voleurs, qui étaient des administrateurs militaires, s'enfuirent avec leur butin. Livourne était dépassé [2]!

Le pillage promis aux soldats n'ayant pas eu lieu, Bonaparte fit payer à chacun de ceux qui avaient contribué à reprendre Vérone sur l'insurrection, une gratification de 24 livres, portée ensuite à 48 livres. En fait, un certain nombre de maisons avaient

se bornaient pas à prêter sur gages, mais recevaient en dépôt à titre de gardiens, et moyennant une petite rémunération, les objets précieux que, par mesure de sûreté, les particuliers ne voulaient point conserver à domicile.

2. V. *Rapports au général Bonaparte*, par Kilmaine, Chabran, Victor, Augereau, etc., dans *Corresp. inédite, officielle et conf. de Nap. Bon.*, III, 81, 116 et suiv.

été pillées, des magasins de lingerie ; chemises et mouchoirs, furent mis à mal. Dans une maison, des officiers se firent remettre 60.000 lires sans en donner reçu. Mais le pillage n'ayant pas été autorisé, ces faits furent mis sur le compte de quelques individus comme des actes privés, des méfaits passibles de la juridiction militaire ([1]). Augereau ayant réclamé une indemnité pour les généraux et les officiers, Bonaparte lui répondit avec humeur qu'il y aurait « indécence » à indemniser pour le pillage, des officiers qui n'auraient pas eu le droit d'en profiter s'il avait eu lieu. Il ajouta, pour détruire certaines allégations d'Augereau : « Il n'y a point eu de chevaux partis de Vérone pour ma femme. Il y a encore moins eu 36,000 livres pour Berthier ([2]). »

Si Vérone ne fut point pillée par les soldats, elle le fut d'une autre façon et n'y gagna pas grand'chose. Les *Mémoires* de Landrieux révèlent à cet égard, avec pièces à l'appui, des faits que l'on jugera peut-être sévèrement — car ils sont inédits — mais qui ont besoin, pour être appréciés avec équité, d'être laissés dans le cadre de l'époque. Il est, en effet, manifeste que les soldats, en 1796, étaient plus voisins des lansquenets, — côté allemand — et de Lautrec, — côté français — que du droit des gens tel qu'il est enseigné de nos jours.

Landrieux reçut personnellement des habitants de Vérone, *à titre d'offrande*, dit-il, une somme de 150.000 livres « pour avoir empêché le pillage de la ville. » Landrieux, qui n'était qu'adjudant général,

---

1. V. *Rapport du général Kilmaine à Bonaparte*, Corresd. inédite, etc., III, 81 et 116.
2. *Corresp. Nap. Ier*, III, 44 et 68.

n'a pu avoir ce mérite à lui seul, puisqu'il y avait à ce moment devant Vérone six généraux qui lui étaient supérieurs en grade. Mais, doué d'une infatigable activité, il a pu, comme chef du service secret, être mieux renseigné que personne, et influer par là sur l'esprit des chefs de l'armée.

Sa conduite, pourtant, manqua de franchise. Invité par le général Chabran à se joindre aux troupes qui allaient prendre Vérone d'assaut le 20 avril, il refusa. Chabran fit acte d'autorité et le retint malgré sa résistance, en lui rappelant qu'il s'agissait de battre les Autrichiens bien plus que les Véronais [1].

La plupart des personnes riches habitant Vérone, s'étaient enfuies au début de l'insurrection, et n'avaient point reparu. Le général Kilmaine fit procéder dans leurs maisons à un inventaire des valeurs qu'elles y avaient laissées, et ces inventaires, dressés avec un formalisme rigoureux, semblent avoir été utiles aux absents, du moins à ceux qui consentirent à rentrer, car les meubles des autres furent vendus à l'encan. Les galeries de tableaux furent soumises à l'expertise d'un connaisseur local, un sieur Picot, en attendant l'arrivée des commissaires français, et les tableaux furent placés en dépôt, par ordre de Kilmaine, dans la somptueuse habitation de Madame Pellegrini, jusqu'à ce que Bonaparte eût statué sur la destination qui devait leur être donnée.

Le palais Bevilaqua renfermait une collection de peintures qui fut estimée 600,000 livres, des mar-

---

1. Rapport du général Chabran à Bonaparte, *Corresp. inédite off. et conf.*, etc., III, 66.

bres, des antiques et un riche médaillier, le tout dépassant un million. Le comte Bevilaqua était à ce moment en prison sous l'inculpation de complicité dans l'insurrection. Lorsque le palais fut veuf de ses richesses artistiques, la comtesse obtint l'autorisation d'y rentrer; mais loin de récriminer contre la disparition de tant de beautés, elle écrivit à Landrieux la lettre suivante : « Général, je vous remercie de la faveur que vous m'accordez de pouvoir rentrer dans ma maison avec la famille, avant le jugement des inculpations faites à mon mari, dont l'innocence me fait croire qu'il me sera bientôt rendu. Je suis *charmée* qu'il y ait eu dans la maison quelque chose en tableaux, médailles et en statues, qui *puissent être agréés par le Directoire exécutif*. — Votre très humble servante, FÉLICITÉ SCARAMPI, BEVILAQUA ([1]). »

Tableaux, médaillier et statues devaient être dirigés sur Milan où se trouvaient Berthollet et Appiani. Kilmaine était dans cette ville, et Joséphine lui demanda pour elle quelques objets. « Madame Bonaparte, écrivit-il, voudrait bien avoir ces cinq tableaux: le *Crucifiement*, de Mantegna; l'*Assomption*, du Titien; la *Vierge et Saint-Jean*, de Garofoletto; le *Martyre de Saint-Georges*, du Véronèse, et *Jésus au Tombeau*; plus les deux *Batailles* de Borgognone, la *Vénus*, du Véronese, et le *Guerrier*, de Rubens. Le citoyen Picot les mettra à part. Il en parlera aux commissaires des arts quand ils viendront, et leur remettra le tout. Ils s'arrangeront sur tout cela qui ne me regardera plus. »

---

1. Voir la lettre autographe dans les *Mémoires de Landrieux*, pièces justificatives.

Mais peu de temps après, Bonaparte ayant été mis au courant de ce manège, Kilmaine écrit : « Ne vous occupez plus des tableaux pour la dame que vous savez. Si elle les veut, elle les demandera au général en chef[1]. »

Sur ces entrefaites, le général Augereau rentré de de Paris, où il était allé porter les drapeaux de Mantoue, arrivait à Vérone pour prendre le commandement que Landrieux y exerçait par intérim. Deux jours après (30 floréal), madame Pellegrini, restée dépositaire des objets, écrivait à Kilmaine : « Vous avez été bien mal avisé, mon cher général, de ne pas faire marcher devant vous le médaillier Bevilaqua. Augereau est venu voir les statues et les tableaux ; il a trouvé tout cela très médiocre. Mon embonpoint (elle était grosse) m'a servi d'excuse pour me dispenser d'aller au devant de ce grand c..... que je n'aime pas. Il a demandé à ce pauvre petit Picot qu'il faisait trembler, ce qu'il y avait dans les commodes du médaillier, et le *cicerone* les lui a ouvertes. Augereau a ri à ses grands éclats, à la vue de ces vieilles pièces d'un sol, disait-il, qu'on avait encadrées avec tant de soin. Passe encore s'il s'en fût tenu là ; mais il a mis, malgré les cris de Picot, toutes celles en or ou en argent dans ses poches, excepté une de Rodolphe qu'il prétend ne pas être de bon or, et qu'il a donnée à son aide-de-camp. Il a fait prendre tout le reste (les pièces en cuivre argenté) par un officier qui a rempli deux mouchoirs, pour distribuer, dit-il, aux soldats, s'ils en veulent. Il a dit en sortant qu'il était l'ennemi juré de la supers-

---

1. *Mémoires de Landrieux*, etc., chap. XLIV.

tition. Ce trait de science se répand dans toute la ville. Ainsi, cher général, les caisses me restent. Voilà le sort que vient d'éprouver le travail de deux siècles. Cette pauvre Félicité (la comtesse Bevilaqua) en est au désespoir. Ce n'est pas qu'elle espérât que cette collection lui serait jamais rendue, mais elle aurait vu avec bien moins de peine qu'elle eût été placée honorablement en France, dont les savants, qui la connaissaient, auraient éternellement rendu des actions de grâces aux ancêtres de Bevilaqua, pour leurs soins et leurs énormes dépenses. Il n'y a plus de remède. Tant pis pour vous, pour le général en chef, pour la France et pour l'histoire. — Adieu. — PELLEGRINI ([1]). »

Le médaillier contenait 2,254 pièces or, argent et cuivre argenté. Ces pièces représentaient la chronologie des rois d'Egypte, de Syrie, de Perse, de Macédoine; celle des empereurs du Bas-Empire, celles des rois de France, des souverains d'Italie et des papes.

Le colonel Payen, du 15e dragons, et le chef sellier du 7e hussards furent chargés de faire le recensement de toutes les voitures bourgeoises trouvées dans les maisons des absents. Elles étaient très nombreuses, fort belles et bien conditionnées. « L'intention du général Kilmaine, écrit, le 9 floréal, Landrieux au général Beaurevoir, est d'en gratifier les généraux et colonels. Le reste sera vendu à l'encan, et le prix distribué entre les officiers inférieurs. Payen a l'ordre de vous en donner une; ainsi ne soyez pas, comme à l'ordinaire, le dernier à choisir. Tout cela doit être placé demain en front de ban-

---

1. *Mémoires de Landrieux*, etc, chap. XLIV.

dière à la place de Bra. Méfiez-vous des voitures brillantes; elles ne valent rien pour nous. J'ai choisi pour moi, ou plutôt Girard (son factotum) m'a amené un coche à huit grandes places, dont les ressorts, les essieux, les soupentes et les roues me mèneraient jusqu'en Chine avec ma famille. Kilmaine dit que c'est une rusticité de ma part. Je parie qu'il n'ira pas, lui, jusqu'à la Croix-Blanche (banlieue de Vérone) avec l'espèce de char triomphal de Fioravanti (général vénitien) et ses superbes glaces. Celle que Madame Bonaparte lui a demandée ([1]) est un très joli bijou de la maitresse de Contarini (ex-provéditeur à Vérone). Il faudra l'emballer, je crois, dans du taffetas blanc; il y a des arabesques jusque sur les jantes. Elle a coûté, dit-on, plus de 30,000 francs. Un officier de hussards la payerait cher à 300 francs, pour la donner à une danseuse. Le sellier n'est pas payé. Il la rachètera, dit-on. Je doute fort que madame Bonaparte veuille s'en servir à la promenade, quand elle l'aura vue. Auzou (un des fournisseurs de l'armée) voulut en donner 3,000 francs pour sa Billington ([2]); il faut marchander entre le sellier et lui ([3]). »

C'est surtout en argent que les Véronais fournirent aux vainqueurs la compensation du pillage que leur ville avait d'ailleurs mérité cent fois. Il est vrai qu'ils la payèrent au centuple.

---

1. On a vu plus haut qu'elle n'avait pas été livrée.
2. Chanteuse célèbre de la Scala où elle gagnait 40,000 lires ; très jolie femme, alors entretenue par Auzou, mais que le premier Consul, apres Marengo, fit venir à Paris.
3. *Mémoires de Landrieux*, ch. XLIV. — Madame Bonaparte ne pouvai donc avoir la voiture qu'en la payant.

Augereau se trouvait à Paris lors de l'insurrection d'avril, et lorsqu'il se rendit à Vérone vers le 20 mai « les lauriers étaient coupés. » Il n'en fut que plus âpre à réclamer sa part de butin. Arrivé à Vérone à quatre heures du soir, il se rend à quatre heures et demie chez Landrieux, commandant par interim, et demande « s'il y a encore quelque chose à prétendre pour lui dans le pillage. » On lui répond que le général Kilmaine a fait mettre en réserve, à cet effet, une somme de 8,000 livres pour l'indemniser de la perte de ses chevaux. Il s'emporte, prétend qu'on se moque de lui et se dispose à frapper Landrieux. Le général Kilmaine, à qui il est rendu compte de cet incident, répond de Milan : « Voyez Augereau et montrez-lui le parti qu'il peut tirer de tout cela (faisant allusion au médaillier Bevilaqua et aux objets enlevés du palais Muselli); faites en sorte que tout le monde soit content[1]. »

Landrieux se rend aussitôt chez Augereau, en ayant soin de se faire escorter par quinze hussards, et avec l'intention bien arrêtée de le faire conduire en prison si — alors que sa nomination de gouverneur de Vérone n'est pas encore arrivée — il tente de lui résister et surtout de le frapper. « Le voyant enfin devenu traitable, écrit Landrieux à Kilmaine, je lui ai montré votre lettre d'hier. Il m'a dit que tout cela s'arrangerait. Il m'a rappelé ma promesse. Je lui ai dit que j'en avais parlé à la municipalité, et qu'on était convenu à lui abandonner cinq bateaux chargés d'épiceries appartenant au gouvernement de Venise, et s'élevant à une somme colossale ; que la

---

1. *Mémoires de Landrieux*, chap. XLIX.

ville les lui achèterait; que la municipalité avait d'autant pris ce parti qu'il paraissait que Chabran avait voulu s'en emparer et les avait fait filer jusqu'à Ronco, sur l'Adige, et qu'elle aimait mieux les payer à lui, Augereau, qui allait commander le pays, qu'à Chabran qui était hors d'état de lui rendre désormais aucun service. Il est question que ces bateaux valent 600,000 lires (500,000 francs)... Dans son enthousiasme, Augereau m'a appelé son « cher ami » et m'en a promis moitié. Il tiendra parole comme je danse. Je l'en tiens quitte de tout mon cœur, mais je ne veux lui rendre sa parole que devant vous, à la première occasion. Veuillez informer de tout cela le général en chef(1). »

Bonaparte, effrayé de ces faits, se fit rendre compte du montant des contributions payées par la ville de Vérone. Le chiffre en avait été fixé à 1,800,000 livres, mais il avait été distribué 700,000 livres en gratifications aux officiers et soldats. On n'inscrivit donc en recette que 1,100,000 livres, mais la contribution fut portée à 3 millions. Les généraux avaient reçu : Balland 200,000 livres, Kilmaine 200,000, Landrieux 150,000 livres. Mais, en autorisant de ne porter en compte que 1,100,000 livres, puisqu'il n'était plus possible de procéder autrement, Bonaparte se réservait de demander où étaient en réalité passés les 700,000 livres manquants. Devant les états qui lui furent produits, il accorda, par un ordre du 19 prairial(2), une gratification de quinze jours

---

1. *Mémoires de Landrieux*, ch. XLIII et XLIX.
2. *Corresp, Nap. Ier*, III, 68. — *Mémoires de Landrieux*, chap. L.

de traitement aux généraux et officiers qui avaient pris part à la répression des *Pâques véronaises*, mais en exigeant le remboursement au payeur de tout ce qui avait pu être reçu par eux au delà de cette allocation, et en défendant à ce comptable de payer leur solde aux généraux reliquataires, jusqu'à ce qu'ils se fussent libérés. Le général Kilmaine, à qui incombait la responsabilité des abus commis en cette circonstance, déclara énergiquement qu'il ne rembourserait pas un sou ; il demanda un congé et rentra en France ([1]), accompagné de son chef d'état-major Landrieux qui, à dater de ce moment, voua au général Bonaparte une haine atroce — mais inutile — et dont ses *Mémoires* ont le tort de se souvenir ([2]).

Rappelons encore une fois que, pour apprécier sainement cette partie de l'histoire de l'occupation française à Vérone, il ne faut pas perdre de vue l'odieuse conduite du gouvernement vénitien, la trahison des Véronais, et le massacre des blessés français à l'hôpital. Bonaparte qui menaçait de brûler Vérone parce qu'elle avait donné l'hospitalité au comte de Provence, pouvait la brûler — impunément cette fois devant l'histoire — pour ses assassinats. Mais son œuvre, à ce moment, était accomplie ; les préliminaires de Léoben étaient signés, et la pensée ne lui vint pas de tirer des *Pâques véronaises* une autre vengeance, que cet acte d'accusation formidable qu'il dressa aussitôt contre Venise,

---

1. Kilmaine mourut à Paris le 15 décembre 1799.
2. Landrieux quitta l'armée et vécut aux environs de Paris d'une modique pension que lui servait le gouvernement.

encore debout. Les Véronais ne furent donc pas à plaindre; leurs personnes ont été respectées, leurs maisons aussi, et quant aux contributions, ils étaient assez riches pour en payer facilement dix fois plus.

On a vu plus haut que le général Verdier avait, par un excès de sévérité, chose assez rare d'ailleurs à l'armée d'Italie, amené deux excellentes demi-brigades à se révolter. Nous ferons plus amplement connaissance avec lui en parlant de Castiglione où, avec un héroïsme antique, il mena sa troupe à l'assaut du pic sur lequel est situé le *castello*. Ici, à Vérone, il se révèle sous un autre aspect : comme érudit et comme lettré. Nous lui connaissions déjà certain art d'écrire, par des correspondances autographes que nous avons lues dans un manuscrit de la Bibliothèque nationale, et qui laissent bien loin, comme élégance et clarté, celles de Masséna et d'Augereau. A Vérone, à l'occasion du 10 août — car l'armée célébrait encore, en 1797, l'anniversaire de cette journée fameuse — Verdier prononça devant sa division un discours que ne désavouerait point un maître d'histoire. Ses soldats, pour la plupart, ne savaient lire ni écrire, mais l'homme qui a vu la mort cent fois n'a-t-il point une sorte d'intelligence universelle ? Ainsi jugea sans doute le héros républicain, en parlant à ses glorieuses phalanges d'« Hercule », de « Déjanire » et du « Centaure ».

« Camarades, leur disait-il, nous célébrons l'anniversaire du 10 août 1792, de cette journée qui délivra notre patrie du dernier de ses tyrans. Braves amis ! Guerriers de l'armée d'Italie ! qui avez vaincu ou fait trembler tous les rois de l'Europe, vous devant qui les trônes s'abaissent, que les peuples admirent, qui faites et l'espoir et la joie des républicains ! Que l'Europe vous contemple célébrant cette immortelle journée, qui fait le désespoir des rois, qui atteste la puissance du peuple et le triomphe de la liberté.

« ..... Il vous était réservé, Guerriers, de dicter la paix au roi Sarde devant sa capitale, de vaincre ou plutôt de dévorer cinq armées autrichiennes, de rendre la liberté aux Lombards en la faisant espérer à tous les peuples, de délivrer ces belles contrées de leurs tyrans, de dédaigner d'entrer dans Rome pour aller sous les murs de Vienne forcer l'empereur à la paix, de remplir enfin une campagne de dix-huit mois d'exploits et de victoires qui suffiraient pour immortaliser vingt armées.

« ..... Serait-il donc vrai qu'au moment où les rois fléchissent devant vous, des prêtres hypocrites, des émigrés couverts de sang et de crimes, rentrés au mépris des lois dans une patrie qu'ils ont reniée, voulussent vous remettre dans les chaînes du despotisme, courber vos fronts rayonnants de gloire sous le joug d'un imbécile Louis XVIII? Non, non, jamais, plutôt la mort ([1])! »

Un fait, mieux encore que cette harangue, donnera une idée du caractère de Verdier. Le 8 août 1797, il mit à l'ordre des troupes occupant Vérone l'arrêté suivant :

Considérant que le citoyen George Giusti ([2]) persiste, malgré des admonitions successives, à

---

1. Biblioth. nat., Lb.⁴¹, 1591, *pièce*.
2. C'était le propriétaire d'un des plus beaux palais de Vérone, célèbre par ses jardins.

décrier le gouvernement populaire et égalitaire de Vérone; qu'au lieu de s'intituler simplement *citoyen*, il prend le titre de comte ; qu'il répète tous les jours à ses domestiques qu'il est issu d'une des meilleures familles de Rome... Ordonne que Giusti paiera 100 sequins (1.500 francs), qui seront employés à élever une colonne à la Liberté sur la place du Grand-Marché ; que cette sentence lui sera lue en présence de tous ses domestiques par le secrétaire de la municipalité, afin d'instruire sa famille dans les principes de liberté et d'égalité.

Le général commandant le Véronais,
VERDIER ([1]).

Vérone fut définitivement évacuée par les Français et remise à l'Autriche, le 16 janvier 1798 ([2]).

1. *Annual Register*, 1797, *State-papers*, I, p. 1340.
2. V. *Relazione sommaria della perdita della Veneta republica*. Italia, 1798.

« Le capucin meurt avec un très grand courage... » (p. 366).

Roveredo.

CHAPITRE ONZIÈME
LONATO

La défaite et la victoire. — Danger couru par Bonaparte. — Sa présence d'esprit. — Puérile mise en scène de M. Thiers. — Dénégations de Botta. — *Mémoires* de Masséna et de Marmont. — Les journaux du temps. — L'occupation de Lonato. — Le château de Gonzague. — La 32ᵉ demi-brigade devant Lonato. — Le sergent Aune à Dego, devant Lodi, devant Lonato. — « J'étais tranquille; la brave 32ᵉ était là ! ». — Le drapeau de la 32ᵉ au musée de Toulouse.

En quittant Brescia pour se rendre à Vérone, on aperçoit le bourg de Lonato sur une légère ondulation de l'immense plaine, à un niveau sensiblement moins élevé que celui de Montechiaro, qui lui fait face. Mais, à la sortie de Lonato, du côté opposé, le terrain s'affaisse considérablement; l'œil domine alors une grande partie du lac de Garde et la petite ville de Desenzano; du château de Lonato, antique propriété des Gonzagues, le panorama est d'une merveilleuse beauté.

Lonato est d'origine romaine, comme le prouvent des marbres et des bronzes trouvés dans les fouilles. En 1706 eut lieu, dans la plaine voisine, une bataille sanglante entre les Français et les Autrichiens, commandés par Eugène de Savoie. Les Français victorieux occupèrent Lonato.

Les troupes républicaines entrèrent pour la première fois dans Lonato, à la fin de juillet 1796, mais en trop petit nombre pour permettre au général Dallemagne de s'y maintenir, surtout en présence des revers que Bonaparte venait d'éprouver sur la ligne de l'Adige. La position fut donc reprise le 1er août par les Autrichiens, division Liptay; mais, le 3, les Français revinrent en force, commandés par Bonaparte, et, à la suite d'un brillant combat où le général en chef, en personne, conduisit la charge à la tête d'une demi-brigade, les Autrichiens s'enfuirent dans une inexprimable déroute.

Un des témoins de cette glorieuse affaire raconte dans les termes suivants ce qu'il a vu : « Le 3 août, l'avant-garde de la division Masséna — généraux Pijon et Rampon — rencontra l'ennemi au moulin de Lonato, sur la route de Ponte San Marco. Le général Pijon, qui la commandait, attaqua avec beaucoup d'impétuosité, mais l'ennemi était en force et bien disposé; il nous prit deux canons, des prisonniers, et le général Pijon lui-même. La 32e demi-brigade était à environ une lieue en arrière; elle reçut l'ordre de se porter au feu. A quelque distance du moulin, elle rencontra Bonaparte qui la fit arrêter ; il nous forma en colonne par peloton, la musique en tête : « Marchez ainsi, dit-il, par la grande route, droit sur Lonato ; ne tirez pas un seul coup de fusil; pénétrez dans la ville sans vous occuper des tirailleurs que l'ennemi a jetés en avant; la baïonnette seulement. Tambours, battez la charge; musiciens, une marche patriotique; et vous, soldats de la 32e, soutenez votre gloire ! »

« La colonne se met en marche, ayant à sa tête le colonel Dupuy — le blessé de Dego — et le général Rampon. Malgré les boulets et les balles, elle s'avance sur Lonato l'arme au bras, et dans un ordre parfait. Lorsque les premières files se trouvent près du moulin, à hauteur des premières maisons, l'ennemi démasque deux pièces et, à moins de soixante pas, fait une décharge à mitraille, tue 1 chef de bataillon et 22 grenadiers, et blesse un autre chef de bataillon avec 30 grenadiers. Néanmoins, la marche n'est pas retardée. Au moment où l'explosion se fait entendre, le sergent Léon Aune et ses grenadiers d'élite avaient été détachés à droite et à gauche de la route, pour tourner les pièces et s'en emparer, quand les canonniers les rechargeraient. En effet, ces artilleurs furent tués à coup de baïonnette. La colonne continua sa marche en bon ordre, culbuta l'ennemi et reprit Lonato, en faisant 1,100 prisonniers ([1]). »

Le sergent Aune s'était déjà fait connaître dans les affaires de Dego et du Pont de Lodi. A Dego, lorsque Bonaparte désespérait de déloger l'ennemi de ce village, Léon Aune prenant avec lui quatre grenadiers intrépides, se hissa sur un rocher et prit à dos les Autrichiens qui, se croyant tournés par une troupe

---

1. *Mém. mil. du lieutenant-général comte Roguet*, I.

nombreuse, lâchèrent pied. Devant Lodi, au moment où Bonaparte préparait une attaque de vive force pour pénétrer dans la ville, Aune et ses risque-tout se détachèrent silencieusement de leur compagnie, escaladèrent les remparts et, courant aux portes, les ouvrirent à leurs camarades. Bonaparte, émerveillé, les fit inscrire pour cinq sabres d'honneur. Léon Aune devint, quelques années plus tard, officier dans la garde des consuls ([1]).

Le lendemain 4 août, se produisit un fait remarquable, sur l'authenticité duquel on a beaucoup écrit pour et contre, et qu'il est intéressant d'exposer, en l'appuyant de nouvelles preuves. Voici d'abord comment il est raconté par M Thiers :

« ..... Bonaparte arrive (le 4 août) à Lonato au milieu du jour. Déjà ses ordres s'exécutaient ; une partie des troupes était en marche sur Castiglione ; les autres se portaient vers Salo et Gavardo. Il restait tout au plus 1,000 hommes à Lonato. A peine Bonaparte y est-il entré, qu'un parlementaire autrichien se présente et vient le sommer de se rendre. Le général, surpris, ne comprend pas d'abord comment il est possible qu'il se trouve en présence des Autrichiens. Cependant il se l'explique bientôt. La division coupée la veille à la bataille de Lonato et rejetée sur Salo, avait été prise en partie, mais un corps de 4,000 hommes environ avait erré toute la nuit dans les montagnes, et voyant Lonato presque abandonné, cherchait à y rentrer pour s'ouvrir une issue vers le Mincio. Bonaparte n'avait qu'un millier d'hommes à lui opposer, et surtout n'avait pas le

1. Mémoires précités, I.

temps de lui livrer un combat. Sur-le-champ, il fait monter à cheval tout ce qu'il avait d'officiers autour de lui. Il ordonne qu'on amène le parlementaire et qu'on lui débande les yeux. Celui-ci est saisi d'étonnement en voyant ce nombreux état-major. « Mal-
« heureux, lui dit Bonaparte, vous ne savez donc pas
« que vous êtes en présence du général en chef, et qu'il
« est ici avec toute son armée ? Allez dire à ceux qui
« vous envoient que je leur donne cinq minutes pour
« se rendre, ou que je les ferai passer au fil de l'épée,
« pour l'outrage qu'ils osent me faire. » Aussitôt, il fait approcher son artillerie, menaçant de faire feu sur les colonnes qui s'avancent. Le parlementaire va rapporter cette réponse, et 4,000 hommes mettent bas les armes devant 1,000. »

M. Thiers a composé ce récit sans même consulter les rapports officiels — ou sans en tenir compte — car Bonaparte écrivait, du quartier général de Vérone, le 14 août 1796, au Directoire, ce qui suit :

« ..... Je donnai des ordres (étant à Castiglione) pour toutes les colonnes de l'armée, et je me rendis en personne à Lonato pour voir ce que je pourrais en tirer de troupes. Mais quelle ne fut pas ma surprise, en entrant dans la ville, de voir un officier ennemi qui parlementait et sommait le commandant de Lonato de se rendre, sous le prétexte qu'il était investi de tous les côtés ! En fait, des vedettes de cavalerie indiquaient que plusieurs colonnes s'avançaient sur nos grand'gardes, et que, déjà, la route de Brescia à Lonato était interceptée au pont San Marco. Je réfléchis alors que ce ne pouvait être que la division qui, la veille, avait été poursuivie dans la déroute de Lonato, et qui, après avoir erré, cherchait maintenant à forcer le passage. Mon embarras était grand, car je n'avais à Lonato que 1,200 hommes. Je fais venir le parlementaire, je fais tomber le bandeau qu'il avait sur les yeux, et je lui dis que si son général avait l'ardent désir de me faire prisonnier, il n'avait qu'à s'avancer; qu'il devait bien savoir que j'étais à Lonato, puisque tout le monde savait que mon armée y était réunie, et que je rendrais les officiers de son état-major personnellement responsables de l'injure qui m'était faite; que si, dans huit minutes, la division ne s'était pas rendue, je ne ferais de quartier à personne. — L'officier ne pouvait en croire ses yeux de me voir à Lonato. Quelque temps après, la division rendit ses armes; elle comptait 4,000 hommes, 50 cavaliers et 2 pièces de canon. Elle venait de Gavardo et cherchait une sortie pour se mettre en sûreté. Ne l'ayant pas trouvée le matin du côté de Salo (tombé la veille en notre pouvoir), elle la cherchait maintenant du côté de Lonato [1]... »

Berthier, dans son rapport sur l'affaire de Lonato (*Moniteur*, 15 août 1796), complète en ces termes la lettre de Bonaparte : « ..... Il leur donna huit minutes pour se décider. Le parlementaire partit en rendre compte. Pendant ce temps, tout se dispose pour l'attaque. Le chef de la colonne demande à être entendu, il propose de capituler. — « Non, répond « Bonaparte, vous êtes coupés, vous êtes prisonniers « de guerre. » — Ils demandent de nouveau à se consulter; Bonaparte donne l'ordre de faire avancer les grenadiers, l'artillerie légère, et d'attaquer. Il quitte

---

1. *Moniteur*, 26 août 1796.

le général ennemi qui aussitôt s'écrie : « Nous nous « rendons ! »

On voit de suite les différences. Bonaparte et Berthier exposent simplement les faits, et ces faits, dans leur simplicité même, tiennent du merveilleux. M. Thiers, en voulant grandir son héros, n'aboutit qu'à le rapetisser; car Mangin, mais non César, eût songé à faire « monter à cheval tous ses officiers, » et à convertir un champ de bataille en estrade de foire. D'ailleurs, Bonaparte n'était pas à Lonato avant le parlementaire; il n'y est entré qu'après, escorté de 500 cavaliers; il avait donc avec lui son état-major. En second lieu, ce n'est pas Bonaparte personnellement qui a été sommé de se rendre, mais le commandant de place. Enfin, M. Thiers prête à Bonaparte des paroles vides de sens. « Être en présence du général en chef » n'est pas une injure pour lui, même quand il est « entouré de son armée ». — Il eût été si simple et si instructif de reproduire les récits officiels !

Voici maintenant Botta qui va pécher par l'excès contraire. Sans nier absolument le fait de Lonato en lui-même, cet écrivain croit pouvoir le révoquer en doute pour les motifs qu'on va lire : «... Alors, dit-il, s'il faut en croire Bonaparte et tous ses historiens, arriva un événement extraordinaire. Persuadé qu'il trouverait les siens à Lonato, le général républicain s'y rendait escorté seulement par douze cents hommes ; mais, au lieu de ses soldats, il y rencontra un corps de quatre mille Autrichiens, infanterie et cavalerie, soutenu par une bonne artillerie. Le péril était imminent pour Bonaparte; déjà le commandant autrichien le faisait sommer de se rendre, mais réfléchissant que, dans un événement aussi imprévu, l'audace devait suppléer à la force, il regarda tranquillement le messager autrichien et lui dit qu'il admirait, en vérité, la présomption et la hardiesse de celui qui l'invitait à se rendre, lui, Bonaparte, vainqueur, au milieu de son quartier-général et entouré de son armée entière : « Partez, ajouta-t-il, et faites « savoir de ma part à votre général que s'il ne se livre « pas sur-le-champ, désarmé, entre mes mains, il « payera de sa vie cet excès de témérité. » — En repassant dans son esprit les événements des jours précédents, Bonaparte s'était aperçu, disent les historiens, que ce corps autrichien était celui qui avait été chassé de Desenzano, et qui ayant trouvé le défilé de Salo occupé par Guieu, marchait alors à l'aventure, en s'efforçant de rejoindre le gros de l'armée impériale. Ils veulent encore, ces historiens, que les Autrichiens, épouvantés, aient déposé les armes et se soient rendus à discrétion. Cette action, que l'on embellit encore en la racontant, devient croyable si l'on considère l'audace française et surtout celle de Bonaparte; certes, il était capable de ce trait et de bien d'autres encore ; mais quelque grande que l'on veuille supposer la bonhomie autrichienne, elle ne saurait l'être assez pour descendre à l'extrême simplicité que lui prêterait le récit de Bonaparte, et le fait devient alors inadmissible. Il est cependant affirmé par tant d'écrivains recommandables, que nous serions nous-même disposé à y ajouter foi, si nous n'étions encore obligé d'en douter, en considérant qu'il n'en est resté aucun souvenir à Lonato, qu'on n'a jamais dit, qu'on n'a jamais su quel était le général commandant la division faite prisonnière ; il

LE FELD-MARÉCHAL WURMSER
Généralissime de l'armée autrichienne d'Italie

suffisait cependant de le nommer pour lever toutes les incertitudes. Enfin, nous en doutons, en réfléchissant que les Autrichiens, dans les nombreux engagements qui venaient d'avoir lieu, bien loin de montrer de la simplicité ou de la faiblesse, avaient au contraire fait preuve d'une sagacité profonde et d'une haute valeur; que la colonne sortie de Desenzano, après la bataille de Lonato, obéissait au général Ocskay et au prince de Reuss, deux guerriers incapables de se laisser intimider ou tromper au premier abord, deux hommes d'une réputation telle qu'ils valaient bien la peine d'être nommés si, dans cet événement extraordinaire, ils avaient orné, vaincus et désarmés, le triomphe de Bonaparte. Il y a donc erreur, ou dans le fait de la reddition des Autrichiens, ou dans les circonstances rapportées comme exactes par les historiens. »

On le voit, le démenti est net; mais Botta qui s'appuyant évidemment sur le témoignage du colonel Graham ([1]), laisse trop apercevoir sa haine contre Bonaparte, n'a garde du moins de le diminuer. Marmont, qui écrivait dix ans après Botta, fait connaître le nom du commandant de la division autrichienne : c'était le colonel Knorr. En sa qualité d'aide-de-camp du général en chef, Marmont accompagnait Bonaparte à Lonato et, dans ses *Mémoires*, il ne retranche pas un mot des rapports officiels concernant cette affaire; eh bien! on peut se fier à son impartialité toutes les fois que, s'agissant de la gloire de l'homme qui fit sa fortune, il ne trouve pas matière à récriminer. Au reste,

---

1. *Histoire des campagnes d'Italie*, etc., I, 261.

Marmont fait remarquer avec raison combien la destinée fut ce jour-là clémente à la République, en faisant que Bonaparte arrivât précisément à Lonato au moment où le parlementaire sommait la place de se rendre. Sans cette heureuse coïncidence, Lonato était repris par les Autrichiens sans coup férir, et la grande victoire de Castiglione, qu'allait éclairer le soleil du lendemain, se changeait probablement en désastre.

Botta affirme aussi qu'on n'avait point de son temps gardé à Lonato le souvenir de cette merveilleuse aventure, et qu'importe ? La population civile, en dehors des faits de guerre où elle est directement visée, ne s'intéresse pas d'habitude aux événements qui se produisent au jour le jour entre les belligérants. Au lendemain d'une effroyable déroute, quatre mille prisonniers de plus ou de moins entre les mains du vainqueur, étaient chose indifférente pour les spectateurs. Mais la preuve que, malgré tout, on en eut connaissance à Lonato, nous la trouvons dans la nouvelle suivante que publiait la *Gazzetta di Firenze*, du 13 août 1796, et que nous avons relevée sur ce journal, à la Bibliothèque nationale de Florence [1] :

« Extrait des gazettes de Bologne et de Venise..... Le 3, autre bataille à Lonato et à Montechiaro. Le 4, divers engagements du côté de Salo, où les généraux Dallemagne et Guieu sont délivrés. Un corps de quatre mille Autrichiens descend des montagnes et

---

1. Il y a en Italie deux « Bibliothèques nationales » : celle de Rome, depuis que le siège du gouvernement y est établi, et celle de Florence que l'on n'a pas voulu débaptiser, lorsque cette ville cessa d'être capitale.

enveloppe les Français qui se trouvaient à Lonato, sommant le commandant de se rendre et de capituler (*sic*). Le général Bonaparte, qui arrive à ce moment, avec un détachement de cavalerie, apprenant ce qui se passe, adresse des paroles très vives au parlementaire, et intime à la colonne ennemie de se rendre, en la menaçant, si elle refuse, de faire fusiller tous les soldats. Ils demandèrent quelques heures de répit, mais le général ne leur accorda que trois minutes. En conséquence, ils se rendirent sans tirer un coup de fusil, avec armes, bagages et canons. »

Le premier rapport officiel sur l'affaire de Lonato parut au *Moniteur* du 15 août ; or, ce numéro ne pouvait parvenir en Italie avant le 21 du même mois ; il faut donc conclure de la publicité qu'elle a reçue dès le 13 août dans la *Gazette de Florence* — qui déclare elle-même reproduire des articles parus antérieurement à Bologne et à Venise — que la reddition des Autrichiens a été connue en son temps à Lonato, bien qu'elle ait pu y être oubliée vingt ans plus tard, lorsque Botta entreprit d'écrire son *Histoire d'Italie*. Ce n'est ni Bonaparte, ni Berthier qui ont renseigné les gazettes de Bologne et de Venise ; et si Bonaparte avait voulu, comme paraît l'insinuer Botta, en imposer à l'opinion publique, aurait-il pris pour confidents les journaux mêmes de la contrée, et les personnes qui étaient le mieux placées pour mettre à néant ses inventions ?

Masséna ([1]), de même que Marmont, confirme les relations officielles. « Knorr, dit Masséna, agit ainsi non à la débandade, mais en vertu d'un conseil

---

1. *Mémoires*, II. 149.

de guerre réuni à Gavardo. Il existe même un détail peu connu : c'est que, à peine Bonaparte eut congédié le parlementaire, piquant des deux, il le dépassa et se rendit seul au milieu de la colonne ennemie, lui faire mettre bas les armes ([1]). »

Enfin, on lit dans la *Correspondance de Napoléon*, à la date du 4 août 1796, une note de Berthier au provéditeur de Brescia, informant ce dernier qu'une colonne autrichienne, forte de quatre mille hommes, vient de mettre bas les armes, qu'elle est dirigée sur Milan et passera à Brescia le lendemain 5, où il sera nécessaire que le provéditeur tienne prêtes quatre mille rations de pain.

Un bataillon de la 32e faisait le service du quartier-général à Lonato, lorsque se produisit l'incident du parlementaire, et Bonaparte avait dit : « J'étais tranquille ; la brave 32e était là ! » Six mois plus tard, Dupuy se trouvant à Milan, où Bonaparte l'avait envoyé pour commander la place, mais en réalité pour lui permettre de soigner la blessure qu'il avait reçue à Arcole, demanda au général en chef l'autorisation de faire imprimer sur le drapeau de sa demi-brigade, ces mots : « J'étais tranquille ; la brave 32e était là ! » — ce qui lui fut accordé. Ce drapeau est aujourd'hui au musée de Toulouse — où nous l'avons vu — après être resté pendant plus de cinquante ans entre les mains d'un sieur Deville, ami et correspondant de Dupuy. Le drapeau est en soie très fine ; il porte

---

1. Ce fait est confirmé par le rapport du conseil d'administration de la 11e demi-brigade, qui avait un bataillon à Lonato. Le rapport ajoute que ce bataillon demanda immédiatement la charge et s'ébranla en chantant la *Marseillaise* (*Hist. régim. et divis. de l'armée Italie*, p. 53 et 241).

quelques déchirures; l'inscription historique est intacte ; la hampe n'existe plus.

Quant à l'identité de cette glorieuse relique, quant aux circonstances qui ont pu permettre au colonel Dupuy d'en disposer en faveur de son ami, voici ce que nous croyons. Après que Dupuy eut obtenu de Bonaparte l'autorisation que nous avons dite, d'autres demi-brigades réclamèrent la même faveur, et pour satisfaire tout le monde, il fut décidé qu'il serait distribué, à l'occasion du 14 juillet 1797, des drapeaux neufs à toutes les demi-brigades, et que l'on imprimerait, sur ces drapeaux, soit des paroles comme celles prononcées à propos de la 32e, soit, à défaut, les noms des batailles auxquelles le régiment avait pris part. Ces dispositions résultent de la correspondance même de Bonaparte. — Voici maintenant l'hypothèse. Lors de la substitution des drapeaux neufs aux anciens, il ne fut donné aucun ordre pour recueillir ces derniers; aucun officier ne fut chargé de les porter à Paris, et les chefs des demi-brigades ont pu les conserver. De plus, il est fort possible que le drapeau de la 32e soit celui que le bataillon de Toulouse avait porté avec lui à l'armée d'Italie, et dans cette conjecture, Dupuy pouvait, jusqu'à un certain point, se croire autorisé à le retenir. Dans tous les cas, son identité n'est point contestable.

Dupuy, devenu général (¹), mourut assassiné, le 11 novembre 1800, au Caire, dont il avait le commandement. Un arrêté des consuls ordonna qu'il lui serait

---

1. Nommé général en février 1797, alors qu'il commandait à Milan, Dupuy avait refusé afin de rester à la tête de sa chère 32e. Il fut nommé de nouveau pendant l'expédition d'Egypte.

élevé, ainsi qu'aux « braves de la 32ᵉ demi-brigade, » un monument dans sa ville natale de Toulouse. La première pierre en fut posée sur l'Esplanade, puis abandonnée, et ce fut seulement en 1842 que la municipalité érigea une colonne commémorative, avec le bronze qu'elle avait commandé, quinze ans auparavant, pour élever aussi une colonne au duc d'Angoulême : *Habent sua fata... columnæ !* Sur l'une des faces du piédestal, le médaillon de Dupuy, sur les trois autres faces, les inscriptions suivantes :

— A Dupuy, et aux braves de la 32ᵉ demi-brigade, morts au champ d'honneur !

— Armée d'Italie. — Combat de Lonato : « J'étais tranquille ; la 32ᵉ demi-brigade était là ! »

— Armée d'Orient. — Soumission du Caire.—« J'ai perdu un de mes amis, et la France un de ses plus généreux défenseurs ([1]). »

Sur les livres de la mairie de Lonato et aux archives, nous avons remarqué une correspondance très active entre la municipalité et le sénat de Venise, d'une part, puis entre cette même municipalité et les généraux français, notamment Guillaume, Masséna et Victor. Lonato appartenant à la république de Saint-Marc, l'autorité locale rendait compte, jour par jour, au sénat des mouvements des deux armées, et des faits de guerre dont elle pouvait avoir connaissance. A la date du 31 juillet 1796, lorsque le général Dallemagne prend possession de Lonato, le municipe écrit à Venise : « Les Français sont arrivés ici aujourd'hui ; ils paraissent exténués par les mar-

---

1. Paroles que prononça Bonaparte en apprenant la mort de Dupuy.

ches accablantes que leur fait faire le général Bonaparte. Ils ont immédiatement exigé des vivres et des fourrages. La population si dévouée de Lonato manifeste l'espoir que le feld-maréchal Wurmser va frapper un grand coup et nous délivrer de leur présence. » Le même jour, Venise faisait parvenir au municipe 4,000 ducats, à titre d'indemnité pour les passages de troupes tant autrichiennes que françaises.

La correspondance de l'autorité municipale avec les généraux porte presque exclusivement sur les affaires de logement des troupes et les réquisitions. Masséna, avant de quitter Lonato, invite les habitants de Desenzano à préparer des fourrages pour le moment où la cavalerie traversera ce bourg; les habitants refusent en prétendant que c'est à la ville de Lonato de subvenir à la nourriture des chevaux. Masséna envoie aussitôt un aide de camp menacer du pillage le bourg récalcitrant qui, faut-il le dire? donna tout ce qu'on lui demandait.

Une autre fois, il s'agit d'un dragon qui, dans une auberge, avait passé son sabre au travers du corps d'un habitant de Lonato. Là-dessus, grand émoi parmi la population, qui crie justice et demande le châtiment du meurtrier. Le général Victor, homme peu facile à émouvoir, fait faire une enquête, et répond au municipe que le dragon et sa victime étaient ivres, que le Français avait été provoqué dans son patriotisme républicain (étant ivre!) et que, par conséquent, il n'y avait pas lieu de sévir.

Bonaparte, après la victoire du 3 août, se fit conduire au château des Gonzagues pour examiner le terrain. Une délégation de la municipalité l'accomcompagnait. Il se fit ensuite servir à dîner ainsi qu'à ses aides-de-camp, aux frais de la ville, dans une vaste salle de la mairie où se tiennent aujourd'hui les séances du conseil municipal, et que décorait déjà à cette époque une grande toile représentant l'exécution d'un vœu contracté par la ville, lors de la terrible peste du seizième siècle. Bonaparte coucha dans une petite maison sise à 2 kilomètres de Lonato, à mi-colline, en face de Desenzano, et qui appartenait à la riche famille des Zambelli. Une inscription qui existe encore, mais qui a été détachée du mur — on ne sait pourquoi — rappelle que Bonaparte a passé une nuit dans cette habitation.

« ..... Vous êtes coupés, vous êtes prisonniers de guerre..... »
(p. 400).

Hauteurs de Castiglione.

CHAPITRE DOUZIÈME

CASTIGLIONE

Le centenaire de saint Louis de Gonzague. — Un Italien reconnaissant. — Positions escarpées. — L'institutrice et la leçon d'histoire. — Le recteur de Saint-Louis. — Les morts de 1796. — Ceux de 1859. — Bonaparte à Castiglione. — Sa lettre au commissaire Garreau. — Il veut battre en retraite. — Opposition d'Augereau. — Conflit entre Bonaparte et ses généraux. — Le grand conseil de guerre de Montechiaro. — Récit inexact et invraisemblable de M. Thiers. — Les faits racontés par Masséna. — Bonaparte va bouder à Brescia. — Brillante journée du 3 août à Castiglione. — Le « champ de malheur ». — Bonaparte embrasse Augereau de joie. — Sa lettre quand il fut premier Consul. — La maison historique. — Bataille du 5 août. — Lâcheté du général Despinoy. — Sa disgrâce. — Le général Valette.— Le monument commémoratif.

Nous arrivons à Castiglione le 5 août 1891, jour anniversaire de la grande bataille qui valut à Augereau le titre de *duc de Castiglione*. La ville est plus

animée que de coutume, car on y célèbre le trois-
centième anniversaire de la naissance de saint
Louis de Gonzague (1591); il est venu un certain
nombre de pèlerins de toutes les parties de l'Italie,
qui ne trouvant pas de place dans les hôtels — au
nombre de deux seulement — errent dans les rues à
la recherche d'un gîte quelconque.

Plus d'un doit regretter déjà d'avoir fait une si
longue route pour coucher à la belle étoile. Nous
descendons *al Albergo della Gatta*, sorte de maison
de ferme au centre de Castiglione, où l'on parle un
patois que les Italiens eux-mêmes ne comprennent
qu'après réflexion. Deux pèlerins italiens, le mari et
la femme — des bourgeois — sont en train d'y prendre leur repas, dont le menu ne paraît guère les sé-
duire. La femme parle français avec facilité. Ils ont
dû, nous dit-elle, se rabattre sur cette métairie faute
de place ailleurs, et ils se disposent à retourner chez
eux ou à pousser jusqu'à Venise, leur culte pour le
saint étant déjà épuisé. Le fermier — un homme de
cinquante ans environ — apprenant l'arrivée d'un
« Francese » dans son auberge, vient à nous, et nous
dit qu'il s'est battu à Solférino, et qu'il a conservé un
grand amour pour la France : « *uno grand'amore
per la Francia.* » « L'Italie lui doit tout » ajouta-t-il,
et quelque chose comme une larme passa sur ses
yeux...

On compte environ cinq mille habitants à Castiglione. La ville et son territoire faisaient autrefois
partie du duché de Mantoue, et appartenaient par
conséquent aux Gonzagues. Ceux-ci y firent construire, comme dans toutes les villes relevant de
leurs fiefs, un château-fort dont il ne reste que des

ruines. Nous avons d'ailleurs inutilement cherché à nous procurer une histoire de Castiglione ; il n'en existe point, ce qui est exceptionnel, toutes les villes de l'Italie, ou presque toutes, ayant au moins une histoire municipale. Le passé de Castiglione est décrit dans les nombreuses publications concernant le duché de Mantoue, lesquelles atteignent plus de cent volumes, et ont le tort de s'arrêter à la fin du dix-septième siècle. Tout ce que nous y avons vu, c'est que Castiglione était un rendez-vous de chasse pour les ducs de Mantoue ; que saint Louis de Gonzague y naquit dans le même *Castello* que ses aïeux et l'un de ses frères souillèrent d'assassinats ; enfin, qu'après le départ du dernier duc de Mantoue (branche française des Nevers), Castiglione perdit toute importance et vit démolir son *Castello*, comme on démolissait celui de Lonato et, aux environs de Mantoue, les constructions royales des Gonzagues.

Des auteurs italiens prétendent que l'origine première du *Castello* remonte au général romain Stilicon, qui aurait établi un camp sur le plateau et fait construire un mur d'enceinte. Le nom même de Castiglione ne serait, suivant ces auteurs, que la fusion des deux mots : *Castellum, Stilico*, ce qui à première vue paraît vraisemblable. Malheureusement, il existe en Italie sept ou huit localités portant également le nom de Castiglione, et qui n'ont pas été fondées ni même visitées par le général Stilicon.

La ville est bâtie sur un plateau à quatre-vingts mètres d'altitude au-dessus du niveau de la plaine, faisant face d'un côté à Montechiaro, autre bourg distant de dix kilomètres, et de l'autre côté à Solférino. On y accède par Lonato en deux heures de voiture. C'est un point stratégique de grande importance, car la ville est flanquée à droite et à gauche de roches de forme pyramidale qui font autant d'avancées redoutables. Sur le plateau, comme dans la plaine, le sol est couvert de vignes de plein rapport; il n'est pas un pouce carré de terre végétale qui n'ait été utilisé par la culture. La plaine, dans le triangle compris entre Castiglione, Montechiaro et Lonato, a l'aspect fertile. C'était encore, en 1796, suivant la tradition locale, une lande inculte servant de champ de manœuvres pour la cavalerie autrichienne : point de fermes, pas une *cascina*; des chemins défoncés, le type en un mot des solitudes que le gouvernement de Vienne savait si bien créer, et qu'il appelait « fiefs impériaux. » Quant à la ville même, elle est restée ce qu'elle était en 1796: maisons rustiques pour la plupart, rues étroites et tortueuses, mal pavées, ou non pavées du tout, boutiques moyen-âge, etc. Comme dans la plupart des villes d'Italie, il y a une église pour mille habitants environ. Vu de la plaine, à Lonato, Castiglione s'élève comme une forteresse imposante, un nid d'aigle imprenable.

Dans cette ville de cinq mille habitants, il nous fut impossible de trouver une seule personne ayant recueilli quelques traditions sur les deux batailles livrées à Castiglione en 1796. On nous montre seulement à mi-côte un vaste espace de terrain sur lequel on avait relevé un grand nombre de cadavres, et qui s'appelle encore aujourd'hui « le champ de malheur, » parce qu'il en fut comme stérilisé pendant longtemps. Un fait d'armes que nous raconterons tout à l'heure paraît expliquer cette tradition. Enfin, quelqu'un nous indique M. le recteur de

Saint-Louis comme un homme très instruit, et en situation de nous fournir quelques indications. Il était absent de l'externat, et nous fûmes reçu par une jeune institutrice qui, entendant notre accent et surtout notre mauvais italien, dit tout de suite : « Je parle français, monsieur, et serais très heureuse de l'entendre parler. Qu'y a-t-il pour votre service ?

— Je désire savoir s'il reste quelque souvenir : inscription, monument, etc., concernant la bataille du 5 août 1796, et je prends la liberté de m'adresser à M. le recteur, qui passe pour un savant.

— Monseigneur est absent, mais il ne tardera pas à rentrer. Veuillez vous asseoir et, en attendant qu'il revienne, je vais vous montrer un livre qui vous intéressera peut-être...

En un clin d'œil elle apporte un fascicule. « C'est notre Botta, dit-elle, le connaissez-vous ?

— Non ! (afin de ne point interrompre son plaisir).

— Eh bien ! c'est notre grand historien, à nous autres Italiens, quelque chose de semblable à votre M. Thiers.

— Vous lisez donc les historiens militaires ? Car on m'a dit que Botta n'est pas autre chose.

— C'est une erreur. Tenez, voici l'endroit où il raconte les deux batailles de Castiglione. Voulez-vous me permettre de lire en traduisant ?

— Je vous en serai, au contraire, reconnaissant. »

Elle se met donc à lire en français trois ou quatre pages du texte italien de Botta. Au fond, elle rayonnait de saisir au vol un *exercice*, de profiter d'une occasion qui peut-être ne se représenterait plus. Sa traduction, quoique faite en courant, était très correcte ; la propriété des termes seule l'embarrassait. Arrivée à un passage où Botta raconte que Masséna et Augereau réussirent à opérer la jonction de leurs troupes, elle s'arrête : « *Union des troupes*, non, ce n'est pas cela ; *réunion*... non plus ; je cherche, mais je ne trouve pas l'expression qui convient...

— Il y a bien « jonction » mais (pour l'éprouver) cela ne vaut guère mieux.

— Si, si, *jonction*, voilà bien le mot propre.

— Dans quel établissement avez-vous étudié pour connaître aussi bien, à votre âge, une langue étrangère ?

— Mais... on enseigne le français dans toutes les écoles.

— Un Génois qui revenait de Lyon où il était allé pour le concours de tir, et que j'ai rencontré en route, m'a dit la même chose. Seulement, il s'exprimait en français moins bien que vous.

— C'est qu'il n'avait point persévéré. »

En entendant cette jeune fille discuter la propriété des termes dans une langue qui n'est pas la sienne et sur un sujet spécial, étranger à une femme, même à une institutrice, nous faisions cette réflexion que l'enseignement des langues vivantes, en France, est inférieur même à celui de l'Italie. D'autre part, voici une jeune personne qui connaît Botta — historien militaire surtout — beaucoup mieux que la plupart des maîtresses et même des maîtres, en France, ne savent l'histoire générale de leur pays. Et elle sait si bien son Botta, qu'en une seconde elle a pu mettre le doigt sur le chapitre traitant de Castiglione. Cette expérience faite *in animâ nobili* en dit plus long que tous les rapports officiels.

M. le recteur étant rentré sur ces entrefaites, nous lui fûmes présenté par l'institutrice, qui lui dit le motif de notre visite. Son accueil fut d'abord un peu froid ; il parut mécontent de la jeune fille, parce qu'elle avait, en son absence, pris langue avec un étranger. Elle rougit jusqu'aux oreilles, mais lui, en homme d'esprit, se remit bien vite de son alerte et, avec la meilleure grâce du monde, il nous dit en excellent français : « Je ne pourrai vous donner qu'une demi-heure, à cause du pèlerinage qui m'oblige tous les soirs à chanter un salut, mais cela suffira largement. » C'est un homme de cinquante-huit à soixante ans; il portait à son chapeau un cordon vert, insigne du « monsignorat » italien. Sur le chemin qui mène au Dôme, il nous dit : « J'ai servi la France en 1859, comme aumônier à l'armée d'Italie, et j'ai même été fait chevalier de la légion d'honneur. Seulement, je n'en porte pas le ruban. Dans notre pays, où il y a beaucoup de gens décorés, vous ne verrez pas un seul insigne. C'est dans nos mœurs. Il y a autant et peut-être plus de vanité chez nous que partout ailleurs, mais si l'on veut faire rire de soi, on n'a qu'à exhiber une décoration. Vous ne rencontrerez même pas un seul officier porteur des emblèmes d'un ordre de chevalerie quelconque. Chez nous, les militaires ne sont décorés qu'en temps de guerre, et, depuis 1870, pas un ne l'a été. »

Nous arrivons au Dôme, superbe église dont la construction remonte à cent cinquante ans et qui, par son air de fraîcheur, semble bâtie d'hier. Elle est située sur un tertre d'où le regard embrasse le champ de bataille de 1796.

— « Pourriez-vous me dire, monsieur le recteur,

ce qu'on a fait des morts après les sanglantes affaires des 3 et 5 août 1796 ? Je sais que Bonaparte donna l'ordre aux municipalités d'enterrer les cadavres, en menaçant même d'une exécution militaire celles qui ne se seraient point acquittées de ce devoir dans les vingt-quatre heures ; mais y a-t-il eu incinération ou inhumation, et en quel endroit ?

— Les cadavres recueillis à Castiglione sont ici sous nos pieds. Ce tertre, qui supporte le Dôme, est un rocher au milieu duquel se trouve une cavité de quinze mètres de profondeur. On y descendait autrefois par un regard sur lequel nous marchons en ce moment. Les cadavres appartenant aux deux armées furent placés dans cette cavité, puis on ferma le regard en le dissimulant sous une épaisse couche de terre, et une autre de gravier. — Voici maintenant le cimetière.... ce quadrilatère aux murailles blanches que vous voyez à cinq cents mètres dans la plaine. C'est là que reposent deux cents Français qui, blessés à Solférino, furent évacués sur l'ambulance de Castiglione. Ils étaient au moins sept cents ; ils furent installés dans les bâtiments publics et dans les églises ; beaucoup de particuliers s'en firent envoyer à domicile pour les soigner eux-mêmes. Je puis vous assurer que la population tout entière s'est bien conduite, et qu'ils n'ont manqué de rien. Le général Auger, apporté également ici, mourut au bout de huit jours. Il a été comme eux inhumé dans ce cimetière. Sur les tombes de ces braves gens, on a élevé de modestes monuments, mais ils ne portent qu'un petit nombre de noms. »

La demi-heure était déjà loin. Nous prîmes congé de cet homme bienveillant et hospitalier, en nous disant *in petto* que l'étranger qui se présenterait, en France, chez un prêtre ou un « monsignor » sans lettre de recommandation, comme l'auteur de ces lignes s'est présenté devant M. le recteur de Saint-Louis, serait éconduit poliment.... et encore !

En quittant M. le recteur, nous descendîmes dans la plaine pour nous rendre au cimetière. Il ne reste plus trace des tombes des sous-officiers et soldats. Inhumés au fur et à mesure des décès et non dans un lieu spécial, ils ont subi la loi commune ; leurs tombes ont été occupées par d'autres, il y a environ dix ans. Elles étaient donc restées inviolées pendant plus de vingt ans.

Quant aux officiers, voici les épitaphes que nous avons relevées :

1

Ici repose Charles Auger, général de division, né à La Charité-sur-Loire, le 29 juillet 1809, mort à Castiglione le 30 juin 1859, commandant l'artillerie du 2e corps de l'armée d'Italie, frappé mortellement à la bataille de Solférino le 24 juin 1859.

2

Broutta, colonel au 43e de ligne, blessé à Solférino le 24 juin 1859, mort à Castiglione.

3

Ici a reposé le comte de Moré de Pontgibaud, chef de bataillon au 3e régiment des grenadiers de la garde, blessé à Solférino le 24 juin 1859, mort à Castiglione le 1er juillet 1859.

4

H. Vallet, lieutenant-colonel au 91e de ligne, blessé à Solférino le 24 juin 1859, mort à Castiglione.

5

Lanté, capitaine au 3ᵉ voltigeurs de la garde impériale, blessé à Solférino, mort à Castiglione le 23 juillet 1859.

6

Ici repose Camille Chaptaignier de Lagrance, capitaine au 12ᵉ régiment d'artillerie, blessé à Solférino, mort le 22 juillet 1859.

7

Ici repose Gustave-Louis-Marie Lorcal, capitaine au 37ᵉ de ligne, chevalier de la Légion d'honneur, né à Belle-Ile-en-Mer (France), glorieusement atteint le 24 juin 1859 à la bataille de Solférino, et mort de sa blessure le 28 juin à Castiglione, à l'âge de 38 ans, muni des sacrements de l'église.
Souvenez-vous de lui dans vos prières !

Bonaparte avait eu son quartier-général à Castiglione, près de deux semaines avant les grandes affaires des 3 et 5 août. C'est ainsi qu'il écrivait de cette ville, le 26 juillet, à Garreau, commissaire du gouvernement près l'armée d'Italie, une lettre que nous croyons devoir reproduire, à cause de son importance.

« La réquisition que vous avez faite, citoyen commissaire, au général Vaubois (à Livourne), est contraire à l'instruction que m'a donnée le gouvernement. Je vous prie de vous restreindre désormais dans les bornes des fonctions qui vous sont prescrites par le règlement du Directoire exécutif, sans quoi je me trouverais obligé de défendre, à l'ordre de l'armée, d'obtempérer à vos réquisitions. Nous ne sommes tous que par la loi : celui qui veut commander et usurper des fonctions qu'elle ne lui accorde pas, n'est pas républicain.

« Quand vous étiez représentant du peuple, vous aviez des pouvoirs illimités, tout le monde se faisait un devoir de vous obéir. Aujourdui vous êtes commissaire du gouvernement, investi d'un très grand caractère, mais une instruction positive a réglé vos fonctions. Tenez-vous-y. Je sais bien que vous répéterez le propos, que « je ferai comme Dumouriez. » Il est clair qu'un général qui a la prétention de commander l'armée que le gouvernement lui a confiée, et de donner des ordres sans un arrêté des commissaires, ne peut être qu'un conspirateur [1]. »

Les ennemis de Bonaparte, en Italie, lui ont reproché, non de s'être enrichi — ils s'en défendent ! — mais d'avoir accepté des cadeaux. Ceux qui furent ses amis, en France, Talma en tête [2] l'en accusent formellement. Il faut pourtant reconnaître qu'un général en chef a besoin de se sentir bien fort, pour écrire une pareille lettre au représentant de son gouvernement. Et ce ne fut pas la seule ! Après Arcole, le 19 novembre, il lui mande : « L'armée est sans souliers, sans prêt, sans habits; nos blessés sont sur le carreau. Tout cela provient du défaut d'argent, et cela quand nous avons 4 millions à Livourne, et des marchandises à Tortone et à Milan. Mais il n'y a ni ordre ni ensemble dans la partie

---

1. *Corresp. Nap. Ier*, I, 606. — Dans une autre lettre adressée le 1er novembre au général Sérurier, il dit :

« ... Lorsque les commissaires vous envoient un arrêté de réquisition, renvoyez-le leur en disant que vous ne connaissez d'ordres que ceux du quartier-général. » (*Corresp. inéd., off., et confid.*, etc., II, 109.)

2. *Mémoires de Talma*, I.

des contributions dont vous êtes spécialement chargé... (¹) ». — C'est ainsi que Carnot « organisait la victoire. »

A ce moment, des contrebandiers vénitiens infestaient Castiglione et ses environs et, sous prétexte de vendre du tabac, abordaient les soldats isolés et les assassinaient. Mantoue étant encore assiégée, Bonaparte avait fait de Goïto la capitale provisoire du Mantouan ; il donna le commandement du pays à l'adjudant général Landrieux qui, blessé d'un coup de pistolet à la cuisse près de Rivoli, ne pouvait faire campagne. Il n'était pas resté un seul habitant à Goïto ; tout le monde avait fui en territoire vénitien, sur les conseils des prétendus contrebandiers qui répandaient partout le bruit que les Français, à défaut de viande, mangeaient les petits enfants. Le Mantouan n'était plus qu'une vaste solitude.

C'était précisément l'époque des vers à soie, et ces insectes, abandonnés par leurs propriétaires, menaçaient le pays d'une infection générale. Bonaparte envoya alors sur les lieux un bataillon composé de Gascons et de Languedociens qui, au fait de l'éducation des vers à soie, se répandirent dans les villages abandonnés et soignèrent ce qui restait. Les cocons furent vendus à Gênes, et le produit de la vente distribué aux hommes du bataillon. Les troupes manquant d'eau-de-vie au milieu des grandes chaleurs de juillet, Bonaparte fit amener à Goïto une quantité considérable de vins, et installa quarante-cinq appareils de distillation à Gazzaldo, avec lesquels on put continuer les distributions ordinaires aux soldats.

1. *Corresp. Nap. Ier*, II, 154.

Enfin, l'état de siège fut proclamé à Castiglione; un hussard fut placé dans la demeure de chaque conseiller municipal pour le garder à vue. On ne conserva en fonctions que le maire. Les pillards civils étaient fusillés sans jugement (1).

D'autre part, Bonaparte ne toléra point d'avantage les excès des siens. Le capitaine Borée qu'il avait nommé commandant de place à Castiglione ayant été l'objet de plaintes fort graves de la part des habitants, il le fit arrêter et traduire devant une commission militaire, en chargeant le général Kilmaine de faire une enquête sérieuse (2). En même temps, il écrivait à Berthier :

« Je vous recommande de mettre un terme aux perpétuelles réquisitions qui désolent les pays conquis, sans presque aucun profit pour la République. Concertez-vous avec le commissaire ordonnateur Aubernon pour qu'un tas de fripons, sous prétexte de l'approvisionnement de l'armée, ne dépouillent pas les villages à leur profit (3). »

Les « fripons » ici sont les agents des fournisseurs attitrés de l'armée qui, avec la complicité trop facile de certains chefs, ruinaient à plate couture les populations. Comme sanction à sa lettre, Bonaparte prescrivit de constituer sur le champ à Castiglione et dans le reste du Mantouan, des commissions de surveillance pour les réquisitions (4).

Puis, cette âme de bronze va se fondre au fluide de l'amour. « Depuis que je t'ai quittée, écrit-il de

1. *Mémoires de Landrieux*, chap. v.
2. *Corresp. inédite, off. et confid. de Nap. Bonap.*, II, 104.
3. *Ibid.*, II, 40.
4. *Ibid.*

Castiglione à Joséphine, le 17 juillet, j'ai toujours été triste. Mon bonheur est d'être près de toi. Sans cesse je repasse dans ma mémoire tes baisers, tes larmes, ton adorable jalousie ; et les charmes de l'incomparable Joséphine allument sans cesse une flamme vive et brûlante dans mon cœur et dans mes sens. Quand, libre de toute inquiétude, de toute affaire, pourrai-je passer tous mes instants près de toi, n'avoir qu'à t'aimer, et ne penser qu'au bonheur de te le dire et de te le prouver ?

« Je t'enverrai ton cheval, mais j'espère que tu pourras bientôt me rejoindre. Je croyais t'aimer, il y a quelques jours, mais depuis que je t'ai vue, je sens que je t'aime mille fois plus encore. Je t'en prie, laisse-moi voir quelques-uns de tes défauts. Sois moins belle, moins gracieuse, moins tendre, moins bonne surtout. Mais, surtout, ne sois jamais jalouse, ne pleure jamais ; tes larmes m'ôtent la raison, brûlent mon sang.

« Repose-toi bien, rétablis vite ta santé. Viens me rejoindre et, au moins, qu'avant de mourir, nous puissions dire : Nous fûmes tant de jours heureux !

Million de baisers, même à Fortuné ([1]), malgré sa méchanceté. » ([2])

La bataille de Castiglione fut une étape décisive dans les succès de l'armée française. Il ne servirait à rien de la raconter, mais il importe à l'histoire que la vérité soit rétablie sur un fait considérable que M. Thiers a, de parti pris et toujours dans le

---

1. C'était le petit chien de Madame Bonaparte.
2. *Lettres de Napoléon à Joséphine*, I, 46.

même but, transformé, dénaturé. Ce fait, le voici.

A la date du 30 juillet, la ligne de l'armée était percée en trois endroits : à Rivoli, où Masséna venait d'essuyer un grave échec [1] ; à Salo où le général Guieu se trouvait cerné ; à Brescia, dont les Impériaux venaient de s'emparer. La situation semblait perdue ; l'heure de la défaite paraissait avoir sonné pour les vainqueurs de Lodi.

« Soit qu'il fût saisi par l'énormité du péril, raconte M. Thiers, soit que prêt à prendre une détermination téméraire, il voulût partager la responsabilité avec ses généraux, Bonaparte leur demanda leur avis pour la première fois [2].

« Tous opinèrent pour la retraite. Augereau seul, dont ces journées furent les plus belles de sa vie, insista fortement pour tenter la fortune des armes.... Bonaparte congédia ses généraux sans exprimer son avis, mais son plan était arrêté. Quoique la ligne de l'Adige fût forcée et que celle du Mincio et du lac de Garde fût tournée, le terrain était si heureux, qu'il présentait encore des ressources à un homme de génie résolu [3] ».

Cette mise en scène baroque, loin d'ajouter à la gloire du héros, ferait douter de son intelligence. M. Thiers a évidemment voulu présenter à la posté-

---

1. « Je n'ai jamais vu les Autrichiens se battre avec tant de rage ; ils étaient tous ivres d'eau-de-vie. Les nôtres, quoique le ventre vide, se sont battus avec un courage surprenant... » (Masséna à Bonaparte, 29 juillet. *Correspond. inédite, off. et conf.*, etc., I, 413.)

2. Bonaparte les avait déjà consultés avant de se résoudre à tenter le passage du pont de Lodi. (V. Cusani, *Storia di Milano*, IV.)

3. *Hist. de la Rév.*, VIII, p. 398.

rité un Bonaparte plus puissant que le destin, et jouant avec un lendemain terrible comme s'il en eût possédé le secret. Il n'en était rien, heureusement pour la France et pour Bonaparte lui-même. Sa « résolution » s'il en avait une à ce moment, c'était, comme il l'a écrit lui-même au Directoire et dit à Joséphine, de battre en retraite derrière l'Adda, de passer l'hiver à Gênes et de recommencer la guerre au printemps de 1797. Or, il fit absolument le contraire, et deux jours après, pour ainsi dire à la même heure, il mettait en déroute les Autrichiens à Salo, à Lonato et à Castiglione ! Mais, laissons Masséna, qui était apparemment mieux informé que M. Thiers, et surtout moins partial, raconter ce dramatique épisode, l'un des plus émouvants assurément de toute la campagne :

« Lorsque, le 30 juillet, Bonaparte apprit que le général Masséna avait été obligé d'abandonner Rivoli, il fit battre en retraite la division Augereau sur Roverbella. Lui-même arriva vers neuf heures du soir dans cette ville, et descendit dans la maison occupée par Augereau. Dévoré d'inquiétude, il parlait de se retirer derrière le Pô, mais Augereau lui représenta que rien n'était désespéré, en employant bien les ressources dont on pouvait disposer, en opposant l'audace au danger, et sans s'arrêter à l'infériorité du nombre, dont on devait prendre peu de souci avec nos troupes. Il fallait donc rallier immédiatement l'armée et retenir les lâches en faisant un exemple. — Bonaparte ne paraissant pas ébranlé, Augereau continua : « Tu me dis que l'ennemi s'est emparé de Brescia et de Ponte San Marco ; eh bien ! je vais partir ce soir pour Brescia, je l'en chasserai et rétablirai les communications entre Milan et Vérone. » Le ton de confiance avec lequel furent prononcées ces dernières paroles mit fin à l'irrésolution du général en chef, qui dit à Berthier : « Dans ce cas, il faut lever le siège de Mantoue. »

Le 1er août, Augereau reprend Brescia; les communications se trouvant ainsi rétablies, Bonaparte y arriva une heure après. Malgré ce succès, il conservait des inquiétudes et convoqua un conseil où plusieurs généraux opinèrent pour la retraite derrière le Pô; mais Augereau combattit de nouveau fortement cet avis, disant qu'il fallait faire face partout, et que, si l'on était vaincu, il serait toujours temps de se replier. Despinoy, combattant les conclusions d'Augereau, demanda comment on appuierait la droite de l'armée : « Avec des baïonnettes » répliqua vivement Augereau. Sur les deux heures du matin, Bonaparte l'invita à se rendre près de lui. — « Eh bien ! lui dit Augereau, qu'avez-vous décidé ? — Après de mûres réflexions, j'ai pris mon parti, et je pense comme vous qu'il faut marcher à l'ennemi, et l'attaquer partout où nous le trouverons. »

En conséquence, Augereau quitta Brescia où il fut remplacé par le général Despinoy, et alla prendre position à Montechiaro. Vers quatre heures du soir, Bonaparte y arriva et réunit dans une grange tous les généraux présents. Là, le rapport de Landrieux (chef d'état-major de Kilmaine) lui apprit que l'ennemi avait passé le Mincio, et que le général Valette avait évacué Castiglione (qu'il avait l'ordre formel de défendre). — « Qu'est-ce que cette manière de servir ? dit-il au chef d'état-major de Kilmaine; je vous avais ordonné de défendre le passage à outrance, vous deviez y périr !... » Landrieux, pour toute réponse, présenta l'ordre de Verdier (chef d'état-major d'Augereau) à Kilmaine, qui le transmit à Augereau en lui disant : « Connaissez-vous cela ? — Sans doute, répondit celui-ci. » (Augereau avait donné l'ordre à Valette de se replier sur Montechiaro.) Une altercation s'engagea alors entre Augereau et Bonaparte, dont la colère ne connut plus de bornes quand il en vint à l'évacuation de Castiglione ; il menaça Landrieux de le faire fusiller, et prononça sur-le-champ la suspension de Valette. S'adressant ensuite aux généraux : « Voyons, dit-il, que faut-il faire ? Je suis d'avis de nous retrancher ici, d'y attendre des nouvelles de Rivoli, et d'achever le ralliement de l'armée. L'ennemi n'a pas osé franchir le Mincio, la division qui s'est jetée sur Brescia s'est retirée après avoir fait quelques prisonniers ; nous pouvons rester ici quelques jours ; Sérurier nous y rejoindra demain, après quoi nous irons établir notre ligne sur l'Adda et nous reprendrons l'offensive. » Mais Augereau l'interrompant vivement : « Que faire sur l'Adda ?... guéable partout ! Il faut battre cette division en face de nous, avant qu'elle puisse donner la main à celle qui a dépassé Masséna ; et, d'ailleurs, nous serons attaqués demain. Les Autrichiens sont à une heure d'ici au nombre de 20,000 ; mais ce n'est point ce qui m'inquiète ; je voudrais vous voir plus tranquille ; je suis l'ami de votre gloire ; il faut combattre ici, et je réponds de la victoire. Au reste — ajouta-t-il avec le sourire malin qui lui était particulier — si nous avons encore le dessous, c'est que je serai mort. »

Cette sortie burlesque égaya les assistants, mais ne

LE GÉNÉRAL AUGEREAU
Commandant de la 2ᵉ division de l'armée d'Italie

dérida point Bonaparte, qui reprit : « Je ne suis pas de cet avis, et je préfère aller sur Pizzighettone et Lodi. » Tous les généraux opinant dans le sens d'Augereau, Bonaparte fit un geste d'impatience et dit : « Je ne m'en mêle plus et je me retire. — Et qui donc commandera, répliqua Augereau, si vous partez ? — Ce sera vous ! » et il partit vers Brescia. — Augereau reprit avec bonhomie : « Le commandement ne m'appartient ni par ancienneté, ni par mérite ; ce n'est pas moi qu'il fallait nommer; n'est-il pas vrai, Kilmaine ? » — Celui-ci dont l'attitude froide contrastait avec la pétulance d'Augereau, lui répondit : « Eh bien! commandez, Augereau. — Vous m'aiderez donc ? — Oui, allez toujours. — Alors, s'écrie Augereau, nous allons f.... une rude danse aux Autrichiens, demain au point du jour. » Et sans se faire prier davantage, Augereau accepta toute la responsabilité, et employa le reste de la soirée à arrêter ses dispositions ([1]). »

De cette scène grandiose — quoiqu'elle se passât dans une humble grange de Montechiaro — M. Thiers n'a voulu tirer que les trois ou quatre lignes dédaigneuses que nous avons citées. Un Bonaparte hésitant, consultant, décidé à battre en retraite, allons donc! Ce Bonaparte-là est pourtant le seul vrai, dans cette circonstance du moins, et, tel qu'il est — disons-le tout de suite, il intéresse plus vivement l'histoire que l'autre. Celui-ci est un fat, celui-là un homme ayant le sens des hautes responsabilités qui pèsent sur sa gloire naissante. Après avoir, malgré l'avis de ses généraux, enlevé comme la foudre le

1. *Mémoires de Masséna*, tome II, pages 135, 139 et suiv.

passage du pont de Lodi, il hésite maintenant, quoique fort de leur unanimité, à livrer rien au hasard. Compatriote de Machiavel, il a d'ailleurs tout prévu. Il sait que son compagnon d'armes Augereau est plus sympathique que lui au Directoire ; qu'il est vantard et ne manquera point, si l'armée bat en retraite, de faire savoir à Paris qu'il s'y est opposé de toutes ses forces. Et alors il abandonne le commandement, pour l'attaque du lendemain, à Augereau, se ménageant ainsi le droit, en cas d'insuccès, d'écrire au gouvernement que, malgré son opinion personnelle, les chefs de l'armée ont décidé, sur l'avis d'Augereau, une attaque générale, et qu'il n'a pas cru devoir s'y opposer..... Que nous sommes loin de la bluette historique de M. Thiers !

L'observateur placé sur l'un des pics qui dominent Castiglione voit, au pied du versant qui regarde Montechiaro et Brescia, la plaine où eut lieu, le lendemain du conseil de guerre — 3 août — le premier combat dit de Castiglione, et, sur le versant opposé, les nombreuses positions qui furent l'échiquier de la grande bataille du 5. Bonaparte était allé prendre le commandement des troupes qui devaient réoccuper Lonato, en même temps que celles d'Augereau feraient un suprême effort pour reprendre Castiglione. Dans les vieilles murailles du *castello* des Gonzagues, les Autrichiens s'étaient retranchés en nombre et semblaient défier le dieu de la guerre en personne. Les Français oseraient-ils escalader, sous un feu plongeant d'artillerie et de mousqueterie, ces escarpements à peu près inaccessibles, même dans les circonstances ordinaires ? — Ils l'osèrent, et l'adjudant général Verdier, suivi par les grenadiers,

« race invincible, » dit Botta, entra dans le *castello*. Mais la ville tenait encore et les Impériaux faisaient pour la défendre des prodiges de valeur. Augereau, qui a promis d'être victorieux s'il n'était mort, se met à la tête de la réserve, fond sur le pont-levis avant que les Autrichiens aient eu le temps de fermer la porte, entre dans la ville et la nettoie en quelques instants. Castiglione était donc repris, mais la journée n'était point finie.

Au bas de la colline sur laquelle s'élève Montechiaro, passe un torrent — la Fossa Seriola — qui était alors à sec. Augereau voyant qu'une attaque de cavalerie va se produire de ce côté, fait embusquer infanterie et artillerie derrière les saules du torrent, et simule un mouvement de retraite. Une épaisse colonne de cavalerie autrichienne s'élance au galop sur les fuyards, lorsque, arrivée à cinquante pas des saules, l'artillerie française la reçoit par une épouvantable décharge de mitraille; les grenadiers se démasquent à leur tour, et le carnage devient horrible. Les 4e, 5e et 17e demi-brigades et le 22e régiment de chasseurs qui prirent part à cette affaire décisive, eurent seulement quelques hommes hors de combat. La victoire était complète. Bonaparte, arrivé dans la matinée du lendemain, 4, à Castiglione, embrassa Augereau avec effusion, en disant : « J'ai reconnu dans le conseil d'hier mes veritables amis! » Il voulut visiter le champ de bataille, parut frappé de l'énorme perte de l'ennemi, examina les positions occupées et ordonna de faire reposer les troupes [1].

---

1. *Mémoires de Masséna*, etc., II, 145 et suiv.

Le *champ de malheur* qu'on nous a montré est voisin du lieu où, suivant Masséna, se serait produite cette sanglante surprise. Est-ce de là que lui est venue sa notoriété macabre ? Ou bien de quelque sépulture gigantesque creusée en cet endroit ?

La politique créa plus tard une équivoque entre Bonaparte et Augereau, équivoque accrue et même aigrie par l'intarissable faconde de ce dernier; mais ni le premier Consul, ni l'empereur Napoléon n'oublia le héros de Castiglione. Dans la journée du 18 brumaire, au moment où l'affaire paraissait devoir mal tourner, Augereau, d'un ton gouailleur, dit à Bonaparte : « Vous voilà dans une jolie position ! » — « Augereau, lui dit le futur dictateur, souviens-toi d'Arcole; nous avons vaincu alors des difficultés bien plus grandes; dans ton intérêt, tais-toi, car tu ignores comment les choses vont se passer. »

Quelques mois après il lui écrivait : « Je vous ai nommé au poste important de commandant en chef de l'armée française en Batavie. Montrez, dans tous les actes que votre commandement vous donnera lieu de faire, que vous êtes au-dessus de ces misérables divisions de tribune dont le contre-coup a été malheureusement, depuis dix ans, le déchirement de la France. La gloire de la République est le fruit du sang de nos camarades ; nous n'appartenons à aucune coterie qu'à celle de la nation entière. Comptez que je n'oublierai jamais la belle journée de Castiglione ([1]). »

A l'occasion du premier voyage qu'il fit à Paris en février 1797, pour remettre au Directoire les dra-

---

1. *Corresp. Nap. I*ʳ, VI, 69.

peaux pris à Mantoue, Augereau parla beaucoup de l'Italie et de Bonaparte dans les salons où il fut reçu. Attiré chez un personnage dont il se croyait sûr, mais qui avait caché un tiers chez lui pour entendre les fanfaronnades du général républicain, il lâcha bride à sa loquacité habituelle. C'était lui, Augereau, qui avait gagné toutes les batailles, conçu le plan de campagne et réparé les fautes de Bonaparte. Ce disant, il montrait ses doigts couverts de brillants du plus haut prix, ne dédaignant point d'allier ainsi l'*odor della feminita* à l'intransigeance farouche du jacobin [1].

Ses paroles ayant été publiées par des agents de Louis XVIII, Bonaparte ne fit qu'en rire. Mais vingt ans plus tard, lorsque le colosse gisait à terre, et qu'un duc de Castiglione, princièrement payé et doté, était entré depuis dix ans déjà dans la peau de l'ancien maître d'armes Augereau, ce duc entreprit, lui aussi, d'écrire ses *Mémoires*. Il commença par l'exposé de la bataille de Castiglione, le rédigea sur du papier marqué à l'effigie impériale — papier fidèle et pieux, resté entre ses mains comme une robe de Déjanire. Il n'alla pas plus loin que ce premier chapitre, soit que la mort qui l'atteignit dès 1816 [2] l'ait arrêté en chemin, soit qu'il ait lui-même compris qu'il n'avait pas autre chose à dire. Sa « bataille de Castiglione » écrite en août 1814, ne fut publiée qu'en 1834, près de vingt ans après sa mort [3]. Nous lui avons préféré le récit de Masséna, plus froid et nécessairement plus impartial.

1. *Manuscrit de la Bibliothèque Saint-Ambroise, à Milan.*
2. Il mourut d'une hydropisie de poitrine.
3. *Les Mémoires de Tous,* tome II.

Mais nous croyons devoir reproduire ces quelques lignes de l'*avant-propos* où le duc de Castiglione fait de lui-même un portrait impérissable :

« ..... Ainsi, d'une seule division, dépendit en ce jour la gloire de nos armes, et peut-être leur salut et la paix de la France. J'aurai souvent l'occasion de faire connaître, dans la suite de cet ouvrage, que la plus noble rivalité ne cessait de s'élever parmi tous les corps; que tant de victoires qui tenaient du prodige étaient alternativement dues à l'intrépidité, à la présence d'esprit du moment, à la supériorité d'intelligence avec laquelle les généraux qui les commandaient, exécutaient les ordres du général en chef, qui, sans doute, étaient bien la pensée de l'armée, mais dont les innombrables erreurs, presque au moment où elles étaient commises, étaient réparées tantôt par son propre génie, tantôt par celui de ses compagnons d'armes, de ces hommes non moins extraordinaires que lui, peut-être, et auxquels les services rendus et une expérience déjà consommée eussent assuré, dès lors, une renommée qui n'eût pas été inférieure à celle de Bonaparte ([1])..... »

Après Fructidor, Augereau qui avait participé à ce coup d'État([2]), posa sa candidature au Directoire, mais ne réunit dans les Conseils qu'un nombre de voix ridicule. — Était-ce la faute de Bonaparte?

Furieux de se voir écarté d'un état politique qu'il se vantait d'avoir été seul à créer — comme il avait été seul à gagner toutes les batailles en Italie — il

---

1. *Les Mémoires de Tous*, II, p. 151.
2. On sait qu'il arrêta personnellement Pichegru dans la salle des Cinq-Cents.

menaça le Directoire de faire contre lui un nouveau Fructidor, et pour l'éloigner décemment, le Directoire le nomma général en chef de l'armée d'Allemagne [1]. — Était-ce davantage la faute de Bonaparte ?

L'adjudant général Verdier, qui monta à l'assaut du *castello* de Castiglione, était un des plus braves soldats de l'armée d'Italie, où on le vit toujours le premier au poste le plus périlleux. Bonaparte, qui le tenait en grande estime, le fit nommer général de brigade; plus tard, il le désigna pour faire partie de l'expédition d'Egypte, et nous avons lu aux *Archives municipales* de Toulouse, ville natale de Verdier, une lettre de Kléber lui annonçant, après la bataille d'Héliopolis, que le Directoire lui a décrété un sabre d'honneur pour son glorieux fait d'armes au Bogan de Damiette. En même temps, Kléber remit au général Verdier le sabre d'honneur que Bonaparte lui avait offert avant de quitter l'Egypte, et qui était celui donné à Bonaparte lui-même par le Directoire, après la campagne d'Italie. Ce sabre, de toute beauté, est exposé au musée de Toulouse.

Le général Verdier avait épousé en Italie une femme de qualité, propriétaire d'un fief aux environs de Piombino; pour l'emmener en Egypte, il la fit déguiser en officier de cavalerie et se l'attacha comme aide de camp. Un tableau signé Desmarets, élève de David, et qui est accroché dans une des salles du Capitole, à Toulouse, représente « un grenadier français devenu aveugle et oublié dans le désert qui sé-

---

1. Thibaudeau, *Mémoires sur la Convention nationale et le Directoire*, II, p. 317.

pare l'Egypte de la Syrie » sauvé par madame Verdier en amazone. On ajoute, mais ceci sous réserve, car les *Mémoires de la duchesse d'Abrantès*, si bien informés de ce qui se fit en Egypte, où était alors Junot, n'en disent rien, — on ajoute que le brillant aide de camp de Verdier était quelquefois de service, en la même qualité, près du général Bonaparte.

En revenant d'Egypte, le général Verdier fut appelé à commander à Livourne. L'extrait suivant d'une lettre qu'il écrivait à un de ses amis, un sieur Quiclet, bijoutier à Paris, montre qu'il ne savait point rester inactif : «... Me trouvant à Livourne et ayant quelques fonds à pouvoir hasarder aux caprices de la mer, j'ai armé, il y a tout à l'heure deux mois, un corsaire que j'ai envoyé croiser entre la Corse et la Barbarie, où il m'a fait trois prises, qui évaluées ensemble peuvent rendre une somme de quarante à cinquante mille francs, si elles ne sont pas mangées par les frais d'une longue attente du jugement qu'en doit porter le conseil des prises établi à Paris. Ordinairement, ces jugements sont longs à être rendus lorsqu'ils ne sont sollicités par personne, mais aussi ils le sont très vite, lorsqu'ils sont poursuivis par quelqu'un de présent..... Si vous n'êtes pas versé dans ces questions, je vous prie d'en charger un homme d'affaires. Il y a de ces gens à Paris qui le font pour peu de chose... Avant de clore ma lettre, on m'annonce qu'une quatrième prise entre dans le port [1]. »

A cette lettre sont joints les procès-verbaux de

---

1. Manuscrit Bibl. nat, F.FR., n° 11, 277.

prise; les navires capturés étaient de nationalité anglaise et chargés pour Cagliari.

Le général Verdier ne fut mêlé à aucune des affaires d'argent qui ont marqué le séjour des Français en Italie; sa femme, on l'a vu, possédait quelque bien. Les fonds qu'il « hasardait aux caprices de la mer » avaient donc une origine pure, et le bénéfice qu'il cherchait se trouvait rehaussé par le service rendu à la République. Verdier était dans tous les cas plus excusable que le général Daguenet, alors à Milan, qui patronnait une entreprise de contrebande au préjudice de la République cisalpine. Des observations lui furent adressées d'abord par le gouvernement cisalpin, puis par le gouvernement français, mais il n'en tint aucun compte et continua, à la barbe des Italiens qui lui payaient sa solde, de faire de son mieux pour attirer à lui une partie de leurs recettes ([1]).

Bonaparte passa à Castiglione la nuit du 4 au 5 août et coucha dans une maison assez confortable — la seule de ce genre peut-être qui fût alors à Castiglione — sur la façade de laquelle on peut lire l'inscription suivante :

In questa casa, il generale Napoleone Bonaparte

---

1. Melzi d'Eril, *Memorie e documenti*, I.
Le général Verdier ne laissa qu'une fille, née en Egypte en 1800, et qui épousa en 1820 M. Maillet, avocat à Mâcon. Deux filles — seuls enfants issus de ce mariage — sont mortes encore jeunes. Verdier mourut en 1839 chez son gendre, laissant un mobilier évalué 11,000 francs et un passif de 13,000. Mme Maillet-Verdier fit, en 1842, don à la ville de Toulouse de divers objets ayant appartenu à son père, et notamment du sabre d'honneur dont nous indiquons ci-dessus la filiation trois fois glorieuse, et de deux tableaux représentant, l'un le fait d'armes de Damiette, l'autre le sauvetage du grenadier par sa mère. Elle mit pour

tenne dimora, e medito la battaglia che da Castiglione ha nome, il 5 agosto 1796.

« Le général Napoléon Bonaparte eut son domicile dans cette maison, et y médita la bataille à laquelle Castiglione a donné son nom, le 5 août 1796. »

Il n'y a point d'autre souvenir que cette inscription. La maison, depuis un siècle, a changé plusieurs fois de propriétaire, et il n'est venu à l'idée de personne d'y conserver un meuble, un objet quelconque rappelant le séjour du héros. Il a même été impossible au possesseur actuel de nous indiquer la chambre où coucha Bonaparte. « Il est probable, dîmes-nous à sa fille, une femme de trente ans, d'un extérieur distingué et sachant quelques mots de français, que cette maison avait déjà, en 1796, l'élégance et les dimensions qu'elle a aujourd'hui. — « Oh! quand il y a le *campo militare* (grandes manœuvres), le municipe envoie des soldats dans toutes les maisons. Le municipe d'alors aura sans doute donné à Napoléon un billet de logement pour cette maison-ci. » — Nous ne pûmes retenir un sourire; elle s'en aperçut et se montra froissée. Nous lui faisons ici toutes nos excuses.

Castiglione était repris, mais il fallait le conserver et, par un coup de foudre, rejeter entièrement et dé-

condition que la ville élèverait un petit monument au héros républicain, et le conseil municipal délibéra que le nom de Verdier serait donné à une place ou à une rue de Toulouse. *Cette disposition n'a jamais été exécutée.* Nous dirons de plus qu'il n'entrait certainement pas dans les vues de la fille du général Verdier, que les deux tableaux fussent exposés ailleurs qu'au Musée, où est le sabre d'honneur. Or, ces deux toiles, médiocres peut-être au point de vue de l'art, mais précieuses par leur origine, sont aujourd'hui dans le bureau d'un employé supérieur de la mairie, au Capitole !

finitivement les Autrichiens hors de l'Italie. Tel fut l'objet de la bataille du 5. Bonaparte avait repris le commandement. Il ne boudait plus Augereau, que l'affaire du 3 venait d'immortaliser. Vingt ans plus tard, quoiqu'il eût à reprocher à ce dernier de l'avoir abandonné pendant la campagne de France, il disait encore, sur son rocher de Sainte-Hélène : « A Castiglione, Augereau s'est très bien conduit, » faisant allusion à l'attitude de son lieutenant dans les discussions du conseil de guerre, et à l'héroïsme incomparable avec lequel il avait conduit, le 3, ses troupes à l'assaut de Castiglione. Nous ne décrirons point la bataille du 5 ; disons seulement que celle de Solférino, du 24 juin 1859, fut livrée sur les mêmes positions. Bonaparte avait préparé d'une façon si habile la concentration de ses forces que, dès les premières heures, la situation devint intenable pour les Autrichiens. Le maréchal Wurmser, qui avait remplacé Beaulieu, fut sur le point d'être fait prisonnier par la division Sérurier, qui arrivait à marche forcée sur ses talons.

« Avec la rapidité ordinaire de son coup d'œil, Bonaparte jugea le moment venu de lancer les divisions Masséna et Augereau. Ces combinaisons allaient amener les conséquences les plus désastreuses pour l'armée autrichienne. Tous les généraux conjurent Wurmser de donner l'ordre de la retraite, et lui représentent, mais vainement, que la gauche est tournée, que la droite va l'être dans un instant par Despinoy en marche de Brescia ; qu'il est sur le point d'être coupé des ponts du Mincio et refoulé dans l'angle formé par cette rivière et le lac de Garde ; l'inflexible vieillard résiste à leurs instances, et rejette longtemps toute proposition de retraite. Il ne cède enfin qu'aux représentations chaleureuses du colonel Graham, commissaire anglais au quartier général, qui lui peint les dangers du moindre retard. Le mouvement de retraite commence donc à s'exécuter avec assez d'ordre. Mais les 4e et 5e demi-brigades arrivaient en ce moment de Brescia sous les ordres de l'adjudant général Leclerc, et enlevaient de vive force le château de Solférino et les hauteurs voisines. La retraite se changea alors en déroute (1). »

Le lendemain, à Castiglione, devant tous les généraux venus pour le complimenter, Bonaparte dit au général Despinoy : « Général, votre commandement de la Lombardie m'avait bien fait connaître votre peu de probité et votre amour pour l'argent, mais j'ignorais que vous fussiez un lâche. Quittez l'armée, et ne paraissez plus devant moi (2). » Nous retrouverons Despinoy en parlant de Milan ; qu'il nous suffise, à Castiglione, de dire que, suivant Masséna (3), Despinoy avait mérité ce châtiment. En effet, au moment où il se trouvait à Desenzano — 30 juillet — il recevait l'ordre de marcher incontinent sur Salo au secours du général Guieu, cerné dans cette ville. Bien loin d'obéir, Despinoy cherche à entraîner le général Sauret à faire comme lui, c'est-à-dire à battre en retraite ; mais Sauret courut vers Salo et eût délivré Guieu sans l'inqualifiable désertion de Despinoy. Bonaparte, en apprenant cette grave nouvelle, entra dans une fureur terrible ; seulement, il venait

---

1. *Mémoires de Masséna,* II, p. 151 et suiv.
2. Marmont, *Mémoires,* I, 244.
3. *Mémoires,* II, 137.

de suspendre le général Valette, il crut devoir remettre à quelques jours l'exécution du général Despinoy. Ni Marmont, ni Masséna ne disent ce que devint ensuite Despinoy, mais un ordre inséré dans la *Correspondance de Napoléon Ier* ([1]), fait connaître qu'il fut envoyé de Castiglione à Alexandrie, en qualité de commandant de place.

En 1814, il fut un de premiers à faire adhésion aux Bourbons, et il obtint le commandement de la division militaire de Paris. Chargé d'instruire l'affaire des quatre sergents de La Rochelle, il leur promit la vie sauve s'ils consentaient à avouer. Ils avouèrent... on sait le reste.

La modération que Bonaparte mit dans le traitement infligé au général Despinoy, il n'en fit guère preuve envers le malheureux Valette, et cela pour des raisons qui ne sont indiquées nulle part, mais devaient être bien fortes, la pénurie où il était de généraux ne lui permettant pas de briser à tort et à travers ceux qui lui restaient. Masséna, on l'a vu, prétend que Valette était autorisé par Augereau à abandonner Castiglione; Augereau, dans l'écrit que nous citons plus haut, prétend au contraire qu'il traita Valette de « lâche », ce qui expliquerait la sévérité de Bonaparte. Retiré à Brescia, Valette écrivit au général en chef, le 8 août, six jours après sa destitution :

« Otez-moi la vie, mon général, ou rendez-moi l'honneur ; je ne mérite pas de le perdre, Je suis accablé de douleur. Ne recevant point de réponse consolante de votre part, je joins ici les motifs qui m'ont

---

1. Tome II, p. 411.

déterminé à la retraite, que j'avais été loin de calculer déshonorante. Voyez-y, je vous prie, l'exacte vérité, et il vous sera aisé de vous en convaincre encore par ma demi-brigade.

« Si vous avez besoin de connaître ma conduite militaire, morale et politique, depuis quatre ans que je suis général, rien ne me sera si aisé, non seulement par les chefs sous les ordres de qui j'ai servi, mais encore par les troupes qui ont été sous mes ordres, et vous en avez beaucoup dans votre armée. Si vous voulez même remonter plus loin, depuis trente-et-un ans que je sers, je le pourrai encore.

« Daignez prendre en considération ma malheureuse position. Je compte sur votre justice. — Salut et fraternité ([1]). »

Bonaparte adressa cette lettre au Directoire en y joignant des appréciations qui sont restées confidentielles, mais dont le résultat fut un arrêté du gouvernement, en date du 15 août, qui ordonnait de traduire le général Valette devant un conseil de guerre ([2]).

Les succès obtenus par Wurmser à la fin de juillet à Rivoli, Salo et Lonato, avaient rempli d'espérance la cour de Vienne, si peu habituée depuis longtemps à recevoir de ses généraux des bulletins de victoire. A la date du 11 août, l'empereur qui ne connaissait que ces avantages et la levée du siège de Mantoue, envoyait au maréchal des croix de tous ses ordres pour « ses braves troupes » et il lui disait dans sa lettre : « Je connais trop mon brave et valeu-

---

1. *Corresp. inéd., off. et confid.*, etc., I, 464.
2. *Ibid.*, I, 452.

reux Wurmser, pour n'être pas sûr que de votre côté vous ne donnerez point de relâche à l'ennemi, et que vous poursuivrez la victoire avec toute l'activité propre à vous faire obtenir de nouveaux lauriers (¹). »

Le 10 août, Wurmser qui s'est retiré précipitamment à Ala (Tyrol), informe son souverain des désastres de Lonato et de Castiglione. « J'ai proposé au général français, dit-il, d'échanger les prisonniers faits fraîchement, à quoi il a consenti. Les officiers prisonniers tiennent les propos les plus insolents du monde, disant que nous avions beau faire, qu'ils entreront dans le Tyrol par devant et par derrière... C'est un faible secours que les Condés (²) !... »

Il y avait donc dans l'armée autrichienne qui venait d'être défaite, des Français émigrés. Ce n'étaient point, à en juger par le témoignage de Wurmser, des Achilles...

Le 19 août, l'empereur répond aux lettres de son « brave et valeureux » maréchal, mais sa dépêche, hélas ! n'est plus qu'un tissu de récriminations aussi aigres en la forme qu'au fond. Wurmser lui a avoué que les troupes avaient manqué de fermeté : « Pourquoi ne pas me dire, riposte le souverain, ce que vous comptez faire pour qu'elles n'en manquent plus ? Vous ne dites rien, enfin, des mesures que vous comptez prendre pour conserver Mantoue... » Et pour que Wurmser ne se méprenne point sur les sentiments qui l'animent, il l'informe que le général Lauer est chargé d'examiner la position de Mantoue, qu'il ne s'en rapportera qu'aux avis de Lauer et que

---

1. Von Vivenot, *Thugut, Clerfayt und Wurmser, original documente*, p. 479.
2. *Ibid.*, p. 477.

Lauer correspondra directement avec lui, en passant par-dessus la tête du maréchal...

« Il me reste, continue l'empereur, à vous témoigner mon étonnement de l'importance que, dans votre lettre, vous avez paru attribuer à quelques propos de je ne sais quels généraux ou officiers français, sur les prétendues facilités que nous trouverions à faire la paix, et sur les pouvoirs illimités dont Buonaparte serait muni. Les rapports que l'on vous a faits à ce sujet me donnent, à mon sensible déplaisir, motif de croire qu'il y en a parmi mes officiers employés à l'armée d'Italie, qui au lieu de s'en tenir franchement à leurs devoirs militaires, bien faits pour remplir toute leur attention, se livrent à des spéculations vicieuses, à un commerce dangereux avec les officiers français, toujours prêts à tendre des pièges à leur crédulité, et à fomenter par des insinuations insidieuses cette manie des raisonnements politiques et ce penchant à l'inquiétude, si nuisible à l'esprit de discipline et de subordination, et qui malheureusement semble faire du progrès dans mes armées. Je me flatte que vous prendrez les mesures les plus efficaces pour obvier à de pareils abus, en empêchant même autant que possible toute fréquentation avec les officiers français [1]. »

Ce n'est pas tout. Par une autre lettre du même jour, l'empereur informe le maréchal qu'il lui envoie le baron de Vincent, son aide de camp, pour rédiger, de concert avec lui et le général Lauer, un rapport sur les mouvements stratégiques à exécuter en vue

---

1. Von Vivenot, p. 480 et suiv.

de reprendre l'offensive. Il ordonne à Wurmser de se conformer sans retard aux indications que lui donnera le général Lauer. « Je vous recommande, dit-il en terminant, l'accomplissement ponctuel de mon ordre, dont je vous rends responsable envers moi et envers la monarchie (1). »

Rien de plus justifié assurément que les affres du César deux semaines après Castiglione, et deux semaines aussi avant Bassano, où son armée allait être complètement détruite. Mais pour ce maréchal de l'empire, ce vieillard septuagénaire, quel calvaire !

Une proclamation inédite de Bonaparte présente toujours un intérêt de curiosité ; nous reproduisons à ce titre celle qu'il adressa le lendemain de Castiglione, 6 août, à son armée, et qui n'a été insérée dans aucun document italien ni français — pas même dans la *Correspondance de Napoléon Ier*:

« Soldats !

Vous avez conquis l'Italie une seconde fois. En cinq jours vous avez gagné deux batailles rangées et vaincu dans cinq combats de moindre importance. Vous avez fait cinq mille prisonniers, pris trois généraux, quatre-vingts pièces de canon et six drapeaux. Ces fiers Autrichiens, qui triomphaient l'an dernier sur le Rhin, (2) sont maintenant dans vos

---

1. Von Vivenot, p. 485.
2. Allusion aux troupes que Wurmser avait amenées de l'armée du Rhin.

chaînes ou fuient devant vous. Vous avez foudroyé les principaux ennemis de la République. De si prodigieux exploits doivent bannir de vos âmes toute hésitation, en vous donnant le sentiment de ce que vous pouvez. Ils vous montrent que vous ne devez jamais compter vos ennemis, quelque nombreux qu'ils soient. Les vainqueurs de Lodi, de Lonato et de Castiglione n'ont qu'à les attaquer pour les mettre en poussière. Vous avez renouvelé Platée et Marathon, et comme les héroïques phalanges de la Grêce, les brigades de l'armée d'Italie seront immortelles.

Soldats ! votre général en chef est content de vous, et l'hommage qu'il rend à votre bravoure ne fait que devancer ceux du monde entier et de la postérité. Soyez toujours impétueux dans les combats et vigilants à vos postes. La mort ne s'attaque point aux vaillants ; marchez résolûment à elle, et vous la verrez aussitôt se dérober pour entrer dans les rangs ennemis et les moissonner. Elle frappe les lâches, mais le héros ne succombe que lorsque son heure est venue [1]. »

La *Gazzetta di Genova* du 30 juin 1859 publiait une note ainsi conçue : « Après la bataille de Castiglione, en 1796, on érigea, sur le lieu où elle avait été livrée, une colonne portant les noms des officiers tués à l'ennemi. En 1818, les Autrichiens la renversèrent, mais les morceaux en furent conservés par la commune de Montechiaro. Napoléon III ayant porté son quartier-général dans cette ville la veille de la bataille de Solférino, le municipe lui fit hommage de ces glorieux souvenirs, et Napoléon III ordonna que

---

1. *Annual Register*, 1796, *State-papers*, p. 249.

le monument fût rétabli à l'endroit même où il avait existé. » — Ce qui n'eut pas lieu.

Le monument avait la forme d'un obélisque et s'élevait sur une des hauteurs de Castiglione. Le 19 mars 1816, à l'occasion d'un voyage que fit dans le pays l'empereur François, le podestat de Castiglione fit déblayer les fondations pour retrouver les médailles que les Français avaient déposées dans la première pierre, et les offrit à son souverain, qui déclara les accepter pour le musée de Vienne. La remise de ces médailles à l'empereur donna lieu à une grande solennité.

« J'ai reconnu dans le conseil d'hier mes véritables amis... »
(p. 435).

Le pont d'Arcole en 1796.

CHAPITRE TREIZIÈME

ARCOLE

Infériorité numérique de l'armée française. — Le traître Willot.
— Incurie de Carnot. — Découragement des soldats. — Bonaparte essaie de relever les cœurs. — Ses appels désespérés
au Directoire. — Il voit tout en noir. — Lettre de Hoche. —
Le village et le pont d'Arcole. — Les marécages. — Gardanne
à Belfiore di Porcile. — L'épisode du drapeau d'Arcole d'après
Botta et Marmont. — Superbe dévouement de Lannes. —
Les 4e et 51e demi-brigades refusent de marcher. — Noble
conduite de la 32e. — Bonaparte précipité avec son cheval
dans un bourbier profond. — Comment il fut sauvé.
— L'aide de camp Muiron et sa famille. — Le tableau
du pont d'Arcole. — Une lettre brûlante à Joséphine. —
Premières gratifications en argent. — Les trompettes d'Hercule. — Monument commémoratif de la bataille. — Les inscriptions. — Au municipe. — Loi qui vote un drapeau à
Bonaparte et à Augereau. — Singulière méprise de M. Thiers.
— Remise du drapeau à Augereau par le Directoire. — Bonaparte fait hommage du sien à Lannes. — Sa belle lettre à ce
dernier.

Pour donner une idée de l'importance du succès d'Arcole, il ne suffit point de raconter, avec plus ou moins de lucidité, le va-et-vient des régiments ; il faut surtout faire connaître sous quelles impressions, dans quel état d'esprit, ils se sont battus. Eh bien ! le découragement avait envahi les plus braves. L'armée n'ignorait point que les Autrichiens recevaient journellement des troupes fraîches, tandis que le Directoire continuait de s'abandonner à son parti pris de la laisser livrée à elle-même. C'est ainsi que Carnot s'entendait à « organiser la victoire ! » Un certain général Willot, qui commandait à Marseille, et que nous retrouverons trois ans plus tard au camp de l'archiduc Charles, occupé à embaucher les soldats de Masséna, paraît avoir été chargé par le Directoire, ou par les royalistes, de retenir en chemin les troupes destinées à l'armée d'Italie. Lorsque le ministre de la guerre lui annonçait un renfort de 6.000 hommes, par exemple, Bonaparte en voyait arriver le quart ou même moins ; le surplus restait à la discrétion de Willot [1].

« Le général Willot a notre confiance, » lui écrivait le Directoire le 1er août 1796 [2]. Il avait tout au moins celle de Carnot, avec qui nous le verrons, en Suisse, après le 18 fructidor.

« Bonaparte, dit un contemporain, eut à se soutenir contre la haine d'un homme puissant qui, élevé à l'une des premières dignités de la République, portait au fond de son cœur le désir de sa destruction, alors que sa place et son serment lui faisaient

---

1. *Corresp. Nap. Ier*, II, 135 et suiv.
2. *Corresp. inédite, off. et conf. de Nap. Bonap.*, I, 405.

un devoir de la défendre, même au péril de sa vie. Bonaparte eût été sacrifié sans son dévouement dans les journées d'Arcole, et l'on peut dire sans crainte que le jour de la retraite de ce général, si elle eût eu lieu, eût été un jour de malheurs pour la France (1). »

Huit jours avant Arcole (7 novembre), deux régiments avaient lâché pied au combat de la Piétra, près de Rivoli. Bonaparte, qui sent approcher l'heure des mêlées décisives, fait mettre à l'ordre de l'armée la proclamation suivante :

A la division Vaubois !

« Soldats, je ne suis pas content de vous ! Vous n'avez montré ni discipline, ni constance, ni bravoure ; aucune position n'a pu vous rallier ; vous vous êtes abandonnés à une terreur panique ; vous vous êtes laissé chasser de positions où une poignée de braves devait arrêter une armée. Soldats de la 39e et de la 85e, vous n'êtes pas des soldats français. Général, chef d'état major, faites écrire sur les drapeaux : « Ils ne sont plus de l'armée d'Italie ! »

Cette proclamation arracha des larmes aux vieux soldats : « Mettez-nous à l'avant-garde, dirent-ils, et vous verrez si la 39e et la 85e sont de l'armée d'Italie. » C'était tout ce qu'il voulait (2).

Quatre jours après, il adresse une proclamation à l'armée entière :

« Soldats, la liberté de l'Italie, le bonheur de la

---

1. *Campagnes des Français en Italie*, par Desjardins. Paris, an VI, tome III, p. 149.
2. *Mém. mil. de Roguet*, I.

France reposent dans votre courage... Les généraux feront leur devoir, ils vont fondre sur l'ennemi. Tantôt il vous mèneront en avant, tantôt ils se mettront dans une retraite simulée ; ils n'oublieront rien pour rendre éclatante votre victoire. Mais lorsque le tambour du combat aura battu, et qu'il faudra marcher droit à l'ennemi, la baïonnette en avant, et dans ce morne silence qui est le garant de la victoire, Soldats ! songez à être dignes de vous. Je ne vous dis que deux mots, ils suffisent à des Français : « l'Italie ! Mantoue ! » La paix de l'Europe, le bonheur de vos parents seront le résultat de votre courage. Faisons encore une fois ce que nous avons fait si souvent, et l'Europe ne nous contestera pas le titre de la nation la plus brave et la plus puissante du monde ([1]). »

En même temps il prescrivit aux soldats de mettre du laurier à leurs chapeaux, voulant, pour ainsi dire, les enchaîner au devoir de vaincre.

Les événements se précipitent ; les Autrichiens prennent leurs positions de combat. Le 13, il écrit au Directoire : « Je fais mon devoir, l'armée fera le sien. Mon âme est déchirée, mais ma conscience est en repos. Des secours ! Des secours ! *mais il ne faut pas s'en faire un jeu;* il faut non de l'effectif, mais du présent sous les armes... Je désespère d'empêcher le déblocus de Mantoue. Si ce malheur arrive, nous serons bientôt derrière l'Adda, et plus loin, s'il n'arrive pas de troupes. Les blessés sont l'élite de l'armée ; tous nos officiers supérieurs, tous nos généraux d'élite sont hors de combat ; tout ce que

---

1. *Corresp. Nap. Ier*, II, 136.

vous m'envoyez est si inepte et n'a pas la confiance du soldat! Les héros de Millesimo, de Lodi, de Castiglione, de Bassano, sont morts pour la patrie ou sont à l'hôpital. Il ne reste plus aux corps que leur réputation et leur orgueil. Joubert, Lannes, Lanusse, Victor, Murat, Chabot, Dupuy, Rampon, Pijon, Chabran, Saint-Hilaire, sont blessés. Nous sommes abandonnés au fond de l'Italie. Ce qui reste de braves voit la mort infaillible, au milieu de chances si continuelles, avec des forces si minces. Peut-être l'heure du brave Augereau, de l'intrépide Masséna, de Berthier, la mienne, est prête à sonner. Alors, alors, que deviendront ces braves gens (1) ? »

Il est tellement affecté de la situation que lui crée le Directoire, qu'il renvoie le fidèle Collot et le charge de porter, à Milan, un billet à Joséphine, où il avoue que tout est perdu ; qu'il n'a plus d'espoir ; que partout l'ennemi montre une force triple de la sienne ; qu'il ne lui reste que son courage ; que probablement il va perdre l'Adige ; qu'ensuite il disputera le Mincio, et que, cette dernière position perdue, *s'il existe encore,* il ira la rejoindre à Gênes, où il lui conseille de se retirer. Joséphine, en faisant ce récit à M. de Ségur, sous le Consulat, ajoutait : « J'ai voulu quand même rester à Milan et continuer ma vie habituelle, allant au théâtre la mort dans l'âme, faisant bonne contenance en dépit des dispositions menaçantes des Milanais. Pendant trois nuits, ces Italiens vinrent, à plusieurs reprises, jusqu'auprès de mon lit me réveiller en sursaut, sous prétexte de me demander des nouvelles, mais

---

1. *Corresp. Nap. Ier*, II, 135 à 139.

évidemment dans l'attente de mon départ, pour s'en assurer, et ne point retarder d'un moment leur révolte (¹). »

Par la même occasion, il fait remettre par le payeur général, à la municipalité de Milan, 200,000 livres pour empêcher les meneurs de tirer parti de la gravité de la situation (²).

Après la victoire, cette mélancolie subsiste, mais Bonaparte, sans le vouloir, va se charger de l'expliquer. Un neveu du général Clarke, nommé Elliot, avait été tué aux côtés du général en chef. Celui-ci écrit le 19 novembre à Clarke : « Votre neveu Elliot a été tué sur le champ de bataille. Il est mort sans souffrance... Quel est l'homme raisonnable qui n'envierait pas une telle mort? Quel est celui qui, dans les vicissitudes de la vie, ne s'abonnerait pas pour sortir de cette manière d'un monde si souvent méprisable? Quel est celui d'entre nous qui n'a pas regretté cent fois de ne pas s'être ainsi soustrait aux effets puissants de *la calomnie, de l'envie et de toutes les passions haineuses*, qui semblent diriger presque exclusivement la conduite des hommes (³)? »

Heureusement, ces « passions haineuses » étaient percées à jour. Le général Hoche, par exemple, écrivait au ministre de la police : « Des hommes qui, cachés ou ignorés pendant les premières années de la République, n'y pensent aujourd'hui que pour trouver les moyens de la détruire, répandent depuis

---

1. *Mémoires du lieutenant-général comte de Ségur*, I, 292.
2. *Compte du payeur général*, Archives nationales, série AF III, n° 498.
3. *Corresp. Nap. I*ᵉʳ, II, 152.

quelque temps les bruits les plus injurieux aux armées, et les accusations les plus absurdes contre un des officiers généraux qui les commandent... Pourquoi donc Bonaparte se trouve-t-il l'objet de la fureur de ces *messieurs?* Ah! brave jeune homme, quel est le militaire républicain qui ne brûle du désir de t'imiter? Courage, Courage, Bonaparte! conduis à Naples, à Vienne, nos armées victorieuses; réponds à tes ennemis personnels en humiliant les rois, en donnant à nos armes un lustre nouveau; laisse-nous le soin de ta gloire et compte sur notre reconnaissance..... On a poussé l'absurdité jusqu'au point de me faire aller en Italie pour arrêter l'homme que j'estime et dont le gouvernement a le plus à se louer. On peut assurer qu'au temps où nous sommes, peu d'officiers généraux se chargeraient de remplir les fonctions d'un gendarme ([1]).... »

Le Directoire aimait mieux, au fond, perdre l'Italie et l'armée française, que d'avoir à compter avec la popularité de Bonaparte. C'est ainsi que, de nos jours, il ne manque point de gens pourvus, qui souscriraient à l'abandon de la Champagne et de la Franche-Comté, plutôt que de se trouver en présence d'un général victorieux, qui nous rendrait l'Alsace et la Lorraine.

Entre Vérone et Vicence, à quatre kilomètres de la station de San-Bonifaccio, sur la droite d'une route superbe qui se dessine en serpentin sur la vallée immense, se trouve un petit bourg des plus rustiques comptant — officiellement — 3,000 habi-

---

1. Lettre reproduite par Desjardins, *Campagnes des Français en Italie,* tome IV, p. 177.

tants, mais n'ayant pas en agglomération plus du quart de ce nombre. Le reste est dispersé dans les fermes, les *cascina*, métairies et autres habitations agricoles. Les maisons sont anciennes et d'un aspect assez pauvre, les rues pavées de cahots et de quelques pierres de l'âge de ce nom. Une mairie de construction récente, proprette, et une brasserie qui l'avoisine, semblent un bouquet de fleurs des champs jeté sur une guenille. La rue centrale nous conduit à un cours d'eau torrentueux, sur lequel est établi un pont en bois très étroit; ce cours d'eau est l'Alpone, cette passerelle est le célèbre pont d'Arcole.

Le pont mesure vingt-cinq mètres en longueur et quatre au plus en largeur. Les deux piles et les culées, en pierre dure, sont les mêmes qui existaient déjà en 1796, sauf qu'elles ont été réparées à plusieurs reprises. Quant au tablier en bois, il a été remis à neuf une fois, mais sur le modèle de l'ancien. Le torrent était alors endigué comme il l'est aujourd'hui, afin d'atténuer les inondations causées par la fonte des neiges sur les sommets alpins, et qui rendaient le sol de la vallée impropre à toute culture. Depuis longtemps déjà ces terrains ont été transformés en prairies, en champs de maïs et de froment; une route un peu étroite, mais bien entretenue, s'étend en ligne droite de l'entrée du pont jusqu'à l'extrémité opposée de la plaine; les prés sont plantés d'arbres; le paysage est partout riant, plantureux et fécond. Mais les choses étaient loin d'être aussi avancées en 1796, car, soit insuffisance de la digue, soit abondance extraordinaire des eaux, la vallée demeurait à l'état de terre glaise, et le cours de l'Alpone, sur une largeur de plus de quatre kilomètres de ce côté, était bordé de marécages profonds et inaccessibles. Or, l'Alpone sert de limite au village d'Arcole, lequel était occupé par les Autrichiens, de sorte que les Français n'avaient pour se développer sur la rive opposée qu'une étroite digue, le chemin qui est devenu route, et les rares espaces de terrain qui n'étaient pas mouvants ou défoncés.

Le champ de bataille d'Arcole peut être figuré assez exactement par un T ; la barre horizontale représente la digue de l'Alpone jusqu'au village de Ronco à droite, et la barre verticale, le chemin partant du pont d'Arcole pour traverser les marécages. Le 15 novembre au matin, les troupes de Masséna se développaient au bout de ce chemin, et celles d'Augereau tant sur l'autre partie du chemin que sur la digue, de Ronco à Arcole, La route mène, dix kilomètres plus loin, aux collines de Caldiero, qui furent, non seulement en 1796, mais dans les années suivantes, le théâtre de sanglants combats entre Français et Autrichiens. C'est maintenant un lieu très fréquenté pour ses eaux minérales, mais que visitent aussi les curieux qui veulent aller voir dans ses environs, à Villanova, l'ancien château de Soave, des Scaliger de Vérone.

A droite et à quatre kilomètres du pont, est le bourg de Ronco, où Bonaparte eut son quartier-général pendant les trois mortelles journées que dura la bataille. Il descendit dans une maison appartenant au domaine ; c'est là que, le soir du 15 novembre, il alla se faire sécher après l'accident funeste qui lui était arrivé dans le marécage, et que nous raconterons tout à l'heure.

« Je suis ici depuis deux jours, écrivait-il à sa femme, mal couché, mal nourri... Dès l'instant que cette affaire sera terminée, je serai dans tes bras (¹)... » C'est aussi à Ronco, le 17 novembre, que les Autrichiens effectuèrent leur premier mouvement de recul, bientôt suivi de leur déroute totale.

Le colonel Dupuy, dans une de ses lettres à l'ami Deville, raconte qu'il a marché avec deux bataillons de la 32ᵉ (division Masséna) contre l'ennemi, qu'il lui avait déjà pris son artillerie, mais que ses hommes harassés, ne se voyant pas soutenus, avaient plié devant le nombre, et qu'il avait reçu, quant à lui, en les ralliant, une balle à la tête. « Ce n'est pas grave, ajoutait-il ; j'ai seulement le crâne percé (²). »

Sur ces entrefaites, Berthier arriva porteur d'un ordre de Bonaparte ; il était enjoint à Masséna de battre en retraite. « Il y a là, répondit Masséna, un bataillon de la 32ᵉ qui n'a pas donné de la journée. Avec ces gens-là on peut tout entreprendre (³). » Ce bataillon reçut l'ordre de se porter vers Ronco. A ce moment, tout semblait perdu ; le pont même de Ronco allait être pris par l'ennemi qui arrivait en force. Tout à coup, le bataillon de la 32ᵉ que Bonaparte avait fait embusquer, se découvre, sème le désordre et la terreur dans les rangs autrichiens, qui se débandent et se dispersent, entraînant dans leur déroute les colonnes qui suivent : Arcole est évacué (⁴) !

---

1. *Lettres de Napoléon à Joséphine*, I, 72.
2. Archives municipales de Toulouse.
3. *Mémoires de Roguet*, I.
4. *Mémoires du général de Ségur*, I, 303. — Colonel Graham, *Hist. des campagnes*, etc., I, 279.

A gauche du pont, entre Caldiero et San Bonifaccio, Belfiore di Porcile, où l'aile gauche de l'armée, commandée par Masséna, fut sauvée d'un désastre certain par l'héroïque bravoure du général Gardanne, surnommé le *Géant*. Certains auteurs (v. notamment M. Amato-Amati, *Corographia e Geografia d'Italia*, v° Belfiore) avaient attribué cette action d'éclat à Masséna lui-même, mais ce dernier ([1]) en reporte l'honneur à Gardanne. Le fait est que, pendant la bataille qui se livrait devant Arcole, les troupes de Masséna accablées par le nombre à Belfiore di Porcile, avaient lâché pied et fuyaient; qu'elles furent ramenées au feu par le général Gardanne qui, mettant son chapeau au bout de son épée, se plaça à la tête des soldats et chassa la division autrichienne au moment où, déjà, elle criait *victoire*. Trois fois, Gardanne commanda : *ventre à terre*, pour laisser passer les décharges de mitraille, trois fois il lança ses grenadiers en avant, jusqu'à ce qu'ils fussent parvenus sur les pièces ennemies, dont ils s'emparèrent.

La bataille d'Arcole, commencée le 15 novembre, reprit le 16 et ne se termina que le 17. D'après M. Thiers, Arcole serait tombé dès le 15 au pouvoir du général Guieu, à qui Bonaparte avait donné l'ordre de franchir l'Adige à distance, afin d'éviter de passer l'Alpone sous les yeux de l'ennemi. S'il en eût été ainsi, pourquoi les cruels combats des 16 et 17 ? Oui, en effet, le général Guieu prit possession d'Arcole dès le 15, mais il en fut délogé deux heures après par des forces supérieures accourues

---

1. *Mémoires*, II, 243.

de Caldiero, ce que M. Thiers oublie de dire, laissant par là son lecteur dans l'étonnement de cette lutte acharnée, pour la conquête d'un point stratégique qui semble déjà conquis.

Voici comment Botta raconte l'épisode du drapeau d'Arcole :

« Dans la journée du 15 novembre, Augereau voyant les grenadiers plier, Lannes, Verdier, Bon, Vergne blessés, saisit un drapeau, le place au milieu du pont et appelle à lui ses soldats. Les blessés eux-mêmes, à sa voix, reviennent à la charge, laissant couler leur sang. Mais telle est la tempête de fer, qu'Augereau lui-même reconnaît qu'il faut céder. L'étoile de la France allait pâlir. Bonaparte crie alors à haute voix : « N'êtes-vous plus les soldats de Lodi ? Où donc est votre courage ? » L'effet de ces paroles fut merveilleux ; les troupes reviennent se placer autour de lui, malgré la pluie de tonnerres. Il descend de cheval et, un drapeau à la main, les conduit à l'entrée du pont. Les grenadiers, race de géants, furent admirables comme toujours. On oubliait déjà la mort de tant de compagnons d'armes, on ne voyait plus le danger, on faisait à Bonaparte un rempart humain, Lannes lui-même, déjà atteint de deux graves blessures [1] qui l'empêchaient de se tenir sur ses jambes, se fait hisser sur un cheval et va se placer à côté de Bonaparte, très étonné de le voir. Il était couché, mais apprenant le danger qu'allait courir son chef, il voulait en avoir sa part.

« Déjà cette phalange redoutable s'avançait sur

---

1. Au combat de Governolo.

le pont même, quand le feu des Autrichiens plongeant de trois côtés à la fois, la contraignit à son tour de reculer. Lannes était une troisième fois blessé, un aide de camp de Bonaparte était tué. Bientôt, les Autrichiens débouchant en force chassent les Français dans les marécages. Bonaparte était remonté à cheval, à la prière de ses soldats, mais le cheval effrayé de l'horrible fracas de l'artillerie, s'abattit dans le marais et jeta par terre son cavalier. Les Autrichiens, acharnés à poursuivre l'armée, ne firent pas attention à cet incident isolé, et dépassèrent le point où Bonaparte, enlisé dans la boue, avait peine à se retrouver. L'arrivée des grenadiers du général Belliard força les Autrichiens à se replier sur Arcole, et Bonaparte qui dut son salut dans cette circonstance à un soldat originaire de Venise, engagé depuis peu de temps dans l'armée française, put remonter sur son coursier et regagner son quartier général à Ronco. L'armée le voyant sain et sauf, après le danger qu'il venait de courir, le salua avec des transports d'allégresse. »

Le récit de Botta est conforme au rapport que Bonaparte adressa au Directoire, et à une lettre personnelle pour Carnot qui accompagnait ce rapport. Dans cette lettre, le général en chef disait aussi : « Je vous assure qu'il ne fallait pas moins que tant de courage pour vaincre, car l'ennemi était nombreux, acharné, généraux en tête. Le combat fut horrible ; je n'en ai pas encore vu d'aussi sanglant [1]. » Ce fut un combat à mort [2].

---

1. *Il Corriere milanese*, 5 décembre 1796.
2. Colonel Graham, *Hist. des campagnes*, etc., I, 280.

« Nos troupes, dit Marmont ([1]), se battaient mal et semblaient avoir perdu toute leur énergie. » La victoire d'Arcole fut donc avant tout l'œuvre des chefs, la récompense de leur indomptable énergie, et de cette prodigalité sublime avec laquelle ils jetèrent leurs existences dans la mêlée sanglante. Parmi les soldats, un grand nombre restèrent dignes de leur passé, mais d'autres, en grand nombre aussi, refusèrent de marcher après un premier effort accompli, et assistèrent, impassibles, à la mort de tant de braves dont ils s'étaient montrés jusqu'à ce jour les glorieux émules. C'est dans cet état d'âme des héros de Lodi, de Castiglione et de Bassano, que réside pour nous, lecteurs superficiels, mais sensibles, le principal intérêt d'un tableau de la bataille d'Arcole. Précisément, une publication semi-officielle ([2]) va nous fournir sur ce point des indications précieuses : c'est un recueil des rapports qui furent dressés après la campagne, par les chefs des demi-brigades, sur les affaires auxquelles celles-ci avaient été mêlées. Il s'en faut de beaucoup que ces rapports y soient au complet; ceux mêmes que l'on a publiés sont plus ou moins explicites sur les choses que nous aurions justement le plus d'intérêt à connaître. Les quelques notes qui suivent suffiront pourtant à édifier le lecteur.

4ᵉ demi-brigade de bataille. — « Elle arriva le 14 à Ronco, passa l'Adige le 15 et s'avança sur Arcole. Elle trouva la 5ᵉ légère déjà décomposée par la fusil-

---

1. *Mémoires*, I, 242.
2. *Histoire régimentaire et divisionnaire de l'armée d'Italie*, in-8ᵉ, Paris, 1842.

lade, et blottie sur le flanc droit de la chaussée. Elle prit sa place, fut décomposée comme elle, vit successivement accabler tout ce qui se présenta. Le général en chef accourut ranimer l'attaque, mais la troupe était rebutée, éperdue; il chercha vainement à lui rendre son audace; vainement il lui rappela l'intrépidité dont elle avait si souvent fait preuve, et lui peignit l'humiliation de son attitude présente. Sa voix, pour la première fois sans puissance, n'éveillait ni enthousiasme, ni souvenirs; il se saisit d'un drapeau, Augereau en prend un autre, et tous deux s'avancent à travers les éclats de la mitraille. L'exemple est aussi stérile que les paroles; tout reste immobile et la journée s'achève dans cette horrible position.

« Il n'y eut dans toute la demi-brigade qu'un homme pour protester : le grenadier Cambret, qui s'était déjà distingué à l'attaque de Saint-Georges, et ne se montra pas moins intrépide à celle d'Arcole. Pendant que la troupe était tapie derrière la jetée, il ne put supporter une situation si humble; il poussa en avant et ne fit halte que lorsqu'il fut à demi-portée de l'ennemi. Il mit alors un genou en terre, ouvrit le feu et, s'interrompant parfois : « Vous le voyez, criait-il à ses camarades, on ne me tue pas, avancez donc ou passez-moi des cartouches. » — Personne ne lui en apporta. Se relevant alors pour aller en chercher lui-même, il fut tué roide.

« A la nuit l'armée se replia sur Ronco. Chargée le lendemain 16 de la garde du pont ([1]), la 4ᵉ franchit l'Adige le 17 sous la conduite d'Augereau, et ap-

---

1. De Ronco s'entend et non d'Arcole.

puyant à droite elle traversa un canal (¹) qui dégorgeait dans le fleuve. Le passage était défendu par une batterie ; elle ne l'effectua pas sans pertes, mais elle était lancée ; elle joignit une colonne ennemie qui venait de repousser la 51ᵉ, et la jeta dans Arcole. Ce village était rempli de troupes que couvrait une suite de murs, de fossés. Elle éprouva une résistance qu'elle fut longtemps à vaincre. Trois fois, elle enleva la position et la perdit trois fois. Elle recueillit ses forces et réussit enfin à rompre les colonnes qui l'arrêtaient. Un parti nombreux, poussé dans un château, essayait encore de prolonger la lutte; elle lui signifia que s'il ne se rendait sur l'heure, les flammes en feraient justice, et il mit bas les armes (²). »

Le *château* dont parle ce récit était alors la demeure du syndic, ou maire, du village d'Arcole. C'est une construction assez vaste, qui a été convertie depuis longtemps en métairie. On voit encore dans les murs le trou d'un boulet français. Des paysans qui habitent cette maison étaient, à notre arrivée, en train de faire la sieste dans les greniers, et, malgré nous, une servante voulut les réveiller. Nous fûmes ainsi importun à tout le monde, même au chien.

51ᵉ demi-brigade de bataille. — « Un pont avait été jeté sur l'Adige, à Ronco. Le 2ᵉ bataillon de la 51ᵉ alla se placer bien en avant sur la route, où le reste de la division (Augereau) ne tarda pas à le

---

1. L'Alpone.
2. Rapp. du Cons. d'adm. de la 4ᵉ de bataille, inséré dans l'*Histoire régimentaire et divisionnaire de l'armée d'Italie*, p. 117 et suiv.

LE GÉNÉRAL DE BRIGADE LANNES

rejoindre. Le général Bon fut remplacé à la 51ᵉ par l'intrépide général Lannes qui, à peine guéri d'une précèdente blessure, en reçut trois nouvelles en se précipitant au milieu des ennemis. On avait tenté vainement de pénétrer dans Arcole. Le 1ᵉʳ et le 3ᵉ bataillon de la 51ᵉ prirent la tête de la colonne. Déjà les grenadiers touchaient au pont ; mais Lannes fut atteint d'une balle ; un grand nombre de volontaires furent tués, un plus grand nombre couverts de blessures. Ce qui restait du 2ᵉ bataillon se replia sur le revers de la chaussée, où il se mêla aux débris de la division. Les tirailleurs ennemis avaient vue sur ce revers, ils y semaient le ravage, et cependant la multitude qui y avait cherché refuge restait insensible à toute représentation. Son énergie était éteinte. Elle n'avait la force ni de se reformer, ni de reprendre l'attaque. Les officiers s'efforcèrent en vain de lui donner l'exemple ; presque tous furent tués ou blessés en essayant de l'entraîner. Le capitaine Rhonet perdit la vie en se jetant sur le pont. Le brave Simonet, saisissant le drapeau d'une main et tirant son sabre de l'autre, tomba sous les coups de l'ennemi sans pouvoir enlever sa troupe. Le chef de brigade Laffons, un vieux, un respectable militaire, fut lui-même blessé en cherchant à vaincre une irrésolution inaccoutumée. Le 51ᵉ était stupéfaite, étonnée de l'audace que montraient ses chefs, mais restait immobile.

« Le lendemain, 16, les trois bataillons de la 51ᵉ passèrent le canal au-dessus de son embouchure sur l'Adige. Le sous-lieutenant Ramon était en tête avec les grenadiers du 3ᵉ bataillon. Il se jeta à l'eau sans souci du courant ni du feu que faisait l'ennemi, et atteignit la rive opposée. Il fut suivi de quelques grenadiers, de l'adjudant général Vial, d'une foule d'officiers et du tambour Pierrot qui, passé la caisse sur sa tête, battit aussitôt la charge. La troupe refusa de les suivre ([1])... »

Les prévisions de Bonaparte, les craintes qu'il exprimait dans ses lettres au Directoire, recevaient donc la terrible sanction des faits. A force « de se faire un jeu » de promettre des renforts qu'il n'envoyait et ne voulait pas envoyer, ce gouvernement hypocrite semblait toucher à son but : la suppression de Bonaparte par la destruction de l'armée d'Italie. Que serait-il arrivé si les officiers n'avaient pas, en se substituant en masse à leurs phalanges découragées, formé à Bonaparte comme une seconde armée? si Lannes, Augereau, Masséna et tant d'autres héros obscurs, dédaignant, comme les officiers autrichiens, de mouiller leurs bottes au passage d'un torrent, avaient, en compagnie de leurs soldats, battu la semelle sur le revers de la chaussée? Et tous ces dévouements, tous ces héroïsmes n'étaient pas seulement le fruit de l'inspiration du moment. Deux jours avant la bataille, Bonaparte, dans sa proclamation à l'armée, avait dit : « Les généraux feront leur devoir, » paroles qui, dans sa bouche, eussent été pour eux une mortelle offense si, précisément, elles n'eussent signifié que ce « devoir » serait l'abnégation suprême. Et, ce jour là, en effet, tous les chefs de l'armée firent entre eux un pacte avec la mort.

1. Rapp. du Cons. d'adm. de la 51ᵉ demi-brigade de bataille, inséré dans l'*Histoire régimentaire et divisionnaire de l'armée d'Italie*, p. 141 et suiv.

Pendant qu'il laissait ainsi écraser les légions de la République, faute de renforts, que faisait donc Carnot? Des poésies? — Non, ses vers datent de Magdebourg. Des pièces de théâtre? — Pas davantage, celles qu'il a écrites sont contemporaines de l'empire. Des mathématiques, alors? — Vous n'y êtes pas. Un livre des plus graves va nous le dire : Carnot était en train de correspondre personnellement avec Pichegru ([1])!

La 32e demi-brigade nous consolera de tant de défaillances. Il existe deux rapports concernant sa coopération à la bataille d'Arcole : l'un inséré dans l'*Histoire régimentaire et divisionnaire de l'armée d'Italie;* l'autre, publié à part sous la signature du chef de brigade Darmagnac, compatriote de Dupuy, et son successeur dans le commandement de cette troupe incomparable; c'est à ce dernier document que nous aurons recours.

« La droite (Augereau) n'avait pu réussir à emporter Arcole. La chaussée qui mène à ce village était depuis trois jours le théâtre du combat le plus sanglant. Le 17 au matin, l'ennemi prenait le dessus et menaçait d'arriver au pont de Ronco; alors Bonaparte retire de la gauche (Masséna) la 32e et, l'ayant portée sur la droite, la place en embuscade au milieu d'un bois entre l'Adige et la chaussée. Déjà, l'ennemi nous avait dépassés, quand tout à coup nous sortons de notre embuscade, et marchant droit à la chaussée, nous allons déboucher au milieu des Autrichiens. Tout ce qui se trouve coupé met bas les armes, le

---

1. André Lebon, L'*Angleterre et l'émigration française,* p. 205. — Cet ouvrage est précédé d'une *Introduction,* par M. Albert Sorel.

reste tourne le dos. La chaussée ne peut les contenir ; ils rencontrent dans leur fuite un canal qui la traverse et dont le pont n'est pas assez large ; plusieurs se jettent dans cette eau profonde et s'y noient ; les autres se rallient, mais leur résistance est vaine. Nous forçons le passage, culbutons une seconde fois l'ennemi, et le suivons jusqu'au pont d'Arcole que nous passons pêle-mêle avec lui...

« La 32ᵉ se réunit devant Arcole. Nous croyions la journée terminée, mais, à l'entrée de la nuit, une alerte nous force à reprendre les armes. L'ennemi se présente en force à la tête du village ; la nuit devenait obscure, la lueur seule des coups de fusil nous fit distinguer les casques des Autrichiens. On s'approchait sans se voir, on se fusillait à bout portant. Nous parvînmes, non sans peine, à repousser cette attaque après 2 heures d'un combat nocturne. Nous perdîmes 82 morts et 195 blessés [1].

Nous trouvons dans les *Mémoires de Masséna* [2], quelques lignes qui complètent ces récits. « Obligé de se frayer un passage à travers un épais et profond bourbier, le général en chef, à qui on venait, quelques instants auparavant, d'amener un cheval, s'enfonça dans la vase avec lui. Louis Bonaparte, son frère et son aide-de-camp [3], parvint à atteindre une de ses mains, mais le poids du corps du général allait l'entraîner lui-même, lorsque Marmont

---

1. *Une campagne de la 32ᵉ demi-brigade de ligne*, Mémoire fourni par le Conseil d'administration, p. 20 et 21. — Bib. nat. Lh⁴¹ 114.

2. II, 244.

3. Augereau et Joubert avaient aussi chacun, parmi leurs aides-de-camp, un de leurs frères.

et deux sous-officiers qui se trouvaient à portée coururent à son aide, et retirèrent le général en chef de l'abîme où il allait s'engloutir. »

La fosse où s'enlisa Bonaparte était un canal plein d'eau, jadis creusé au pied de la digue pour fournir les terres nécessaires à la construction de celle-ci. C'est un aide-de-camp du général Danmartin, nommé Faure de Giers, qui donna son cheval à Bonaparte pour retourner à Ronco, changer d'habits et se sécher.

Les deux sous-officiers qui aidèrent Louis Bonaparte à sauver son frère reçurent, après la prise de Mantoue, une pension de 250 francs chacun, payable sur le fonds du Mantouan [1].

Tel était l'acharnement des Autrichiens que, dans la soirée du 17, après avoir été battus sur tous les points, ils revinrent, comme nous l'avons dit, pour s'emparer d'Arcole par surprise. Masséna était à ce moment sur le pont, occupé à donner ses ordres. N'ayant point de tambour sous la main, il saisit une caisse, bat la générale avec le pommeau de son épée, rallie ses hommes et charge l'adjudant général Belliard de mettre en fuite l'ennemi [2].

L'aide de camp de Bonaparte qui fut tué à ses côtés à Arcole, s'appelait Muiron. Son corps ne fut point retrouvé; on supposa que Muiron, frappé d'une balle, était tombé dans l'Alpone. Bonaparte donna son nom à l'une des frégates trouvées dans le port de Venise, et ce fut précisément la *Muiron* qui le ramena d'Égypte.

1. *Mém. mil. de Roguet*, I.
2. *Mémoires du lieutenant général comte Belliard*, I, 12,

Aussitôt après l'affaire d'Arcole, Bonaparte écrivit à la veuve de son aide-de-camp :

« Muiron est mort à mes côtés sur le champ de bataille d'Arcole. Vous avez perdu un mari qui vous était cher, et moi, un ami auquel j'étais depuis longtemps attaché. Mais la patrie perd plus que nous deux en cet officier, distingué autant par ses talents que par son rare courage. Si je puis vous être bon à quelque chose, à vous ou à votre enfant, je vous prie de compter entièrement sur moi ([1]). »

La veuve de Muiron était alors enceinte de huit mois; elle demanda à Bonaparte un secours en argent, et la radiation de sa mère et de son frère de la liste des émigrés. Muiron était fils d'un ancien fermier général qui avait été ruiné. Les deux familles ne pouvaient rien pour la veuve et l'enfant. Bonaparte envoya de l'argent et obtint du Directoire la radiation demandée ([2]).

Dans son testament daté de Sainte-Hélène, Napoléon dit : « Je lègue cent mille francs aux enfants de mon ancien aide-de-camp Muiron, qui fut tué à Arcole en me couvrant de son corps. »

Revenons à la question des drapeaux. D'après *il Corriere milanese*, du 29 novembre 1796, Bonaparte aurait dit à ses soldats, en saisissant le drapeau : « Eh quoi! n'êtes-vous plus les mêmes qui avez franchi les rochers du Piémont, traversé le Pô et l'Adda ? Voici le chemin qui mène à la gloire, sur lequel tant de fois vous vous êtes élancés. Bonaparte vous précède, suivez-moi. Ou vaincre ou mourir ! »

---

1. *Corresp. Nap. I*ᵉʳ, II, 153.
2. *Ibid.*, II, 266.

Aucun tableau n'a été discuté autant que celui où le peintre Gros représenta Bonaparte s'élançant sur le pont d'Arcole un drapeau à la main. D'autre part, il n'est pas non plus une action d'éclat qui ait été davantage rapetissée par les envieux. On a vu plus haut en quel style incomparable Botta, qui suivait l'armée, Botta qui haïssait Bonaparte, s'est exprimé à ce propos et sur lui et sur Augereau.

Marmont prétend ([1]), à la vérité, que l'affaire du drapeau d'Arcole est « une fable; » que le général Augereau n'était point à la tête du pont, mais sur la digue de l'Alpone; enfin, que Bonaparte était à deux cents pas du pont, et qu'il fut empêché d'avancer par un colonel qui le saisit à bras le corps, en lui disant que, s'il venait à être tué, tout serait perdu. Cependant Bonaparte écrivit au Directoire : «..... Augereau empoignant un drapeau le porta jusqu'à l'extrémité du pont. « Lâches, criait-il à ses troupes, craignez-vous donc tant la mort ([2])? » Or, le témoignage de Bonaparte relativement à son lieutenant Augereau, qu'il n'aimait pas au fond, est plus admissible que celui de Marmont. En ce qui concerne Bonaparte lui-même, Berthier ([3]) dit qu'il se trouvait « à trente pas du pont. »

Mais, qu'importe? Si Bonaparte et Augereau sont restés loin du pont, c'est parce que les soldats ont refusé ou se sont sentis empêchés de les suivre. En quoi cela diminue-t-il la gloire de l'un ou de l'autre? Pourquoi Marmont, si ardent à critiquer l'homme

---

1. *Mémoires*, 1, 237.
2. *Monit.*, 2 décembre 1796. — *Corresp. Nap. Ier*, II, 147.
3. *Monit.*, 3 décembre 1796.

qui fut son bienfaiteur, n'a-il point, lui aussi, pris un drapeau et cherché à entraîner les grenadiers ?

Il était arrivé la veille au soir au quartier-général de Ronco, revenant de Paris où Bonaparte l'avait envoyé porter les drapeaux de Castiglione. Frais et dispos, tout fier d'une mission qui avait mis le comble à son orgueil, c'était lui, plutôt que Muiron, qui devait de son corps « couvrir » Bonaparte; c'était lui, plutôt que Lannes, deux fois blessé, qui devait monter à cheval à ses côtés.

Derrière Arcole, à six kilomètres, se trouve le village de San Gregorio, où Bonaparte coucha le 17 novembre, sur ses nouveaux lauriers. La maison où il s'établit porte cette inscription laconique :

Napoleone dopo la vittoria di Arcole quî pernotto.
Napoléon a couché ici après la victoire d'Arcole.

De San Gregorio, Bonaparte se rendit à Vérone, d'où il écrivit à Joséphine, qui était alors à Milan, la lettre suivante :

« Vérone le 29 (brumaire sans doute, 20 novembre à midi).

Enfin, mon adorable Joséphine, je renais; la mort n'est plus devant mes yeux, et la gloire et l'honneur sont encore dans mon cœur. L'ennemi est battu à Arcole. Demain, nous réparons la sottise de Vaubois, qui a abandonné Rivoli. Mantoue, dans huit jours, sera à nous, et je pourrai bientôt, dans tes bras, te donner mille preuves de l'ardent amour de ton mari. Dès l'instant que je le pourrai, je me rendrai à Milan. Je suis un peu fatigué. J'ai reçu une lettre d'Eugène et d'Hortense. Ces enfants sont charmants. Comme toute ma maison est un peu dispersée, du moment que tout m'aura rejoint, je te les enverrai (¹).—Nous avons fait 5,000 prisonniers et tué au moins 6,000 hommes aux ennemis. — Adieu, mon adorable Joséphine, pense à moi souvent. Si tu cessais d'aimer ton Achille, ou si ton cœur se refroidissait pour lui, tu serais bien affreuse, bien injuste ; mais je suis sûr que tu seras toujours mon amante, comme je serai toujours ton tendre ami. La mort, elle seule, pourra rompre l'union que l'amour, la sympathie et le sentiment ont formée. Donne-moi des nouvelles du petit ventre (²). Mille et mille baisers tendres et amoureux. — BONAPARTE. »

La partie de cette lettre qui a trait à la victoire d'Arcole fut lue publiquement à la Scala, dans la soirée du 22 novembre. Bourrienne (³) en donne d'ailleurs le texte intégral. Bonaparte, en l'écrivant, était encore sous l'impression de l'accident du marécage ; mais il se faisait illusion sur sa fatigue, et il dut se reposer longtemps à Vérone avant de retourner à Milan.

Défaits à Arcole, les Autrichiens se précipitèrent vers leur ligne habituelle de retraite, c'est-à-dire du côté du Tyrol, où Masséna et Augereau reçurent l'ordre de les poursuivre l'épée dans les reins. Les Tyroliens s'étant insurgés contre les Français, et Bonaparte ayant menacé de les traiter en rebelles, le général Alvinzy qui, en l'absence de Wurmser,

---

1. Il s'agit de sa mère et de ses sœurs qui allèrent le rejoindre à Milan au commencement de 1797.
2. Joséphine se croyait enceinte.
3. *Mémoires*, II, 310.

enfermé dans Mantoue, commandait les Impériaux, l'informa qu'il ferait pendre tous les officiers français faits prisonniers à Arcole, si l'on touchait à la tête d'un seul insurgé. Bonaparte répondit qu'à la première violence exercée contre ses officiers, il ferait pendre le propre neveu d'Alvinzy, qui se trouvait parmi les prisonniers d'Arcole. Le général autrichien n'insista pas (¹).

Dans la compagnie des guides se trouvait un officier nègre, du nom d'Hercule, ayant le grade de lieutenant, que Bonaparte, au combat du 15, chargea d'un audacieux coup de main. Hercule prit avec lui vingt-cinq trompettes des guides et fit, avec grand retentissement de cuivre, une démonstration sur le flanc de l'ennemi qui, se croyant enveloppé par une nombreuse cavalerie, lâcha pied, donnant le signal de la retraite. Bonaparte fit Hercule capitaine, et donna une gratification de 72 livres à chacun des vingt-cinq guides dont il était accompagné. C'était la première fois que le général en chef offrait de l'argent aux soldats — pour qui il fut toujours le bienvenu. Cependant lorsque, le mont Saint-Bernard franchi, il proposa une gratification de 1,200 francs aux soldats qui avaient transporté les canons, elle fut refusée à l'unanimité (²).

De l'immortelle bataille d'Arcole, il ne reste sur les lieux mêmes, à part le pont que nous avons décrit et le monument dont nous allons parler, d'autres souvenirs qu'un biscaïen ramassé dans le village, et

---

1. *Il Corriere milanese*, 15 décembre 1796.
2. *Corresp. Nap. I*ᵉʳ, II, 248. — *Cahiers du capitaine Coignet*, p. 215.

des trous de projectiles dans le mur d'une maison faisant face aux positions occupées par les Français. Le monument est placé à trente pas de l'entrée du pont, c'est-à-dire à l'endroit même jusqu'où Bonaparte, d'après le rapport de Berthier, s'est avancé avec sa phalange de héros. L'inauguration eut lieu le 7 décembre 1810. Il se composait d'une pyramide quadrangulaire reposant sur un soubassement en marbre rouge de Vérone, élevé sur trois gradins, il mesurait 11m50 en hauteur, de la base à la pointe, et 1m50 en largeur au soubassement. Celui-ci était entouré de colonnettes en marbre reliées par une chaîne. Sur deux des bas-reliefs — tous quatre en marbre blanc — les armes de l'empire et des emblèmes guerriers; sur les deux autres, les inscriptions que voici :

Côté nord.

Napoleoni, gallici exercitus, duci, quod heic Victoriam hostibus ereptam, sibi nunquàm in posterùm defecturam, asservit, ad nova fata ac veteris gloriæ spem Italia revocata. — Decembri mense MDCCCX.

A Napoléon, général en chef de l'armée française, en souvenir de ce qu'il a, dans ce lieu, enchaîné pour toujours comme une esclave, la victoire arrachée des mains de l'ennemi, l'Italie qui marche à de nouveaux destins avec l'espoir de reconquérir son antique splendeur. — Décembre 1810.

Côté sud.

Napoleo ancipitem triduo Martem indignatus, arrepto fixoque in ponte vexillo, animos suis redintegravit, Austriacos frustra obnitentes fudit, æternum his locis nomen dedit, XV, Calend. dec. ann. MDCCLXXXXVI.

Napoléon, indigné de douter pendant trois jours de la victoire, saisit un drapeau, le fixe sur le pont, et relève le courage des siens ; les Autrichiens résistent vainement ; il les chasse devant lui et donne à ce lieu un nom impérissable, le 15 des Calendes de décembre 1796.

Dès leur rentrée à Vérone en 1814, les Autrichiens détachèrent ces bas-reliefs dont les inscriptions offusquaient leur amour-propre, et les jetèrent dans l'Alpone (1), mais en laissant debout, par une exception incompréhensible, le monument lui-même. Nous n'avons pu reproduire ces inscriptions que d'après le projet officiel de 1807, dressé par un architecte de l'Etat italien et qui, imprimé et gravé en un certain nombre d'exemplaires, a été conservé aux archives municipales d'Arcole. Cependant, une autre publication savante (2) dit qu'il existait une troisième inscription ainsi conçue :

> *Auxiliis è cuncta Germania submissis ad Arcolem decertatum, exardente prœlio, Napoleo vexillum è manu signiferi arreptum, cunctantibus militibus, extollens, pontem ingenti vi tormentorum propugnatum, ausu Laudensi renovato, firmus tenet, sauciata, concisa, capta VII millia.*

Mais cette inscription aurait fait double emploi avec la deuxième. Sa forme prolixe ne permet pas non plus de la considérer comme vraisemblable. Enfin — raison péremptoire — elle n'aurait pas tenu dans le cadre étroit du bas-relief.

Le secrétaire du municipe d'Arcole, qui a bien voulu nous communiquer le projet primitif du monument, mit aussi une extrême bonne grâce à nous

---

1. *Archivio storico Veronese*, I, 69.
2. *Archivio Veneto*, 1877, I,.

renseigner. La deuxième inscription fut rétablie aux frais de la commune en 1877, et la première doit l'être prochainement. Au moment où nous visitions la pyramide — août 1891 — les ouvriers mettaient la dernière main à des réparations urgentes, nécessitées par les débordements qui avaient ensablé jusqu'aux gradins. On a bâti du côté menacé — vers l'Alpone — un petit mur de soutènement, et rétabli la chaîne qui entourait le monument. Ces réparations étaient évaluées à 2,000 francs que l'Etat a pris à sa charge, vu l'impossibilité pour le petit budget du bourg d'Arcole, de les payer. Le secrétaire du municipe nous a montré la lettre écrite, le 13 août 1889, par l'administration locale, au préfet de Vérone, dans le but d'obtenir cette subvention, et nous y lisons :

« ..... Le monument a été élevé en souvenir et en l'honneur du grand Napoléon qui, sur le sol de ce village, a fait connaître au monde son courage militaire dans les combats des 15, 16 et 17 novembre contre les Autrichiens. » Le monument lui-même, d'après le projet de 1807, a dû couter une vingtaine de mille francs.

Une chose nous a frappé en entrant au municipe d'Arcole ; c'est, dans le cabinet du maire, cette inscription en italien et en caractères énormes : LA LOI EST ÉGALE POUR TOUS. — Cette devise qu'on n'oserait certainement point afficher avec tant d'apparat, si elle devait être méconnue en pratique, n'est point de naissance italienne. N'est-ce pas le plus beau monument que l'armée française ait laissé derrière elle à Arcole ?

M. le secrétaire du municipe paraissait s'intéresser vivement aux choses qui se passent en France, et il était persuadé que les Français en veulent aux Italiens, à leur unité nationale, à leur commerce. Nous essayâmes — sans y réussir peut-être — de le tirer de son erreur. « Alors, s'écrie-t-il, pourquoi nous faire tout ce mal avec les tarifs de douanes ? — C'est votre Crispi qui l'a voulu. — Oh ! (levant les bras au ciel) Crispi, Crispi, ça été une calamité pour l'Italie ! »

M. Thiers, dans la préface du douzième volume de son *Histoire du Consulat et de l'Empire*, dit que pour faire un historien, l'intelligence suffit. On avait cru jusqu'à lui qu'il faut aussi un peu d'exactitude. Une loi votée par le Conseil des Cinq-cents, le 25 janvier 1797, et par le Conseil des Anciens le lendemain, accorde aux généraux Bonaparte et Augereau « comme gage de la récompense nationale, les drapeaux qu'ils ont plantés dans les rangs ennemis à Arcole », et ordonne, en outre, que ces drapeaux seront, par les soins du Directoire, remplacés auprès des bataillons. C'est l'adjudant général Belliard qui avait été chargé de reporter au bataillon de grenadiers le plus voisin, le drapeau qui lui avait été emprunté par Bonaparte [1].

La « récompense nationale » parut-elle à M. Thiers insuffisante pour le héros de son poème, qui d'ailleurs ne la réclama jamais, ou bien n'a-t-il pas lu cette loi ? Le fait est que, pour terminer son récit de la bataille d'Arcole, M. Thiers écrit qu'une loi votée par les Conseils attribue aux généraux Bonaparte et Augereau *les drapeaux pris sur l'ennemi*, et il ajoute

---

1. *Mémoires du lieutenant-général comte Belliard*, I, 12.

que c'est pour leurs familles un immortel honneur.

Qu'un historien cite une loi et la commente sans l'avoir lue, passe encore ; mais que cet historien, doublé d'un homme d'Etat, amplifie jusqu'à la rhétorique un texte qui est à la fois inexact et contraire au sens commun, cela « ne passe » plus, fut-on le « petit caporal » — fut-on même M. Thiers ! Voyez-vous Bonaparte et Augereau faisant transporter à leur domicile les trente drapeaux pris par leurs soldats sur les Autrichiens ? Mais le partage, M. Thiers, le partage ? quel nombre pour Bonaparte, quel pour Augereau ?....

Il saute aux yeux que la toute-puisssançe du législateur ne va pas jusqu'à aliéner aux profit de deux généraux, si glorieux qu'ils puissent être, des objets qui sont entrés non-seulement dans le domaine de l'Etat, mais encore et surtout dans le patrimoine de la gloire nationale. Et pour s'apercevoir qu'il écrivait une énormité, M. Thiers n'avait pas besoin de connaître la teneur même de la disposition votée par les Conseils : le plus vulgaire bon sens suffisait. Au surplus, la loi ne fut même exécutée que très imparfaitement. Les deux bataillons refusèrent de se séparer de leurs drapeaux, et le Directoire dut faire confectionner exprès ceux destinés à Bonaparte et à Augereau, comme on va le voir par les notes authentiques qui suivent.

Augereau ayant obtenu un congé pour « affaires de famille, » Bonaparte en profita pour le charger de remettre au Directoire les soixante drapeaux qui avaient été pris sur les Autrichiens à la suite de la capitulation de Mantoue. Augereau partit pour Paris en février 1797, et fut reçu en audience solennelle dans la cour du Luxembourg, convertie en salle des séances, à cause de l'énorme affluence du public. Le Directoire saisit cette occasion pour lui faire la remise officielle du drapeau qui lui avait été voté. « L'assistance, dit le *Moniteur* du 2 mars 1797, était impatiente d'entendre le général Augereau. En le voyant, l'imagination retraçait à chacun des spectateurs toutes les batailles où il s'était illustré. A ses côtés étaient son père, vieux militaire, en qui l'air martial semble encore, malgré ses cheveux blancs, respirer l'air des combats, et son frère, compagnon de ses travaux, comme son aide-de-camp. Près de lui on distinguait aussi, avec un vif intérêt, un frère du général en chef Bonaparte, âgé de douze ans ([1]). Chacun s'étudiait à reconnaître sur sa figure les traits du conquérant de l'Italie. Le président du Directoire dit au général Augereau : « ..... O Paris, berceau de la Révolution, que de charmes ce spectacle doit avoir pour toi, puisque tu peux t'enorgueillir d'avoir vu naître ([2]) dans tes murs un des guerriers qui ont le plus illustré les armes républicaines, aux Pyrénées et aux Alpes ! »

Les soixante drapeaux de Mantoue étaient portés par soixante vétérans. La foule qui n'avait pu entrer dans l'enceinte de la salle inondait les jardins, et, pour satisfaire sa curiosité, le cortège des drapeaux s'y promena pendant quelque temps, au milieu d'acclamations enthousiastes. Le président remit ensuite au général Augereau un drapeau tricolore, symbole de celui qu'il avait planté sur le pont d'Arcole.

1. Jérôme Bonaparte.
2. Augereau est né à Paris, rue Mouffetard.

Pendant le séjour d'Augereau à Paris, le Directoire pour qui l'art de gouverner consistait à varier « les ficelles, » se servit de lui pour faire adopter un projet de loi qui astreignait les électeurs à prêter, comme les fonctionnaires, le serment de *haine à la royauté*. Ce projet était très attaqué. Augereau se rendit en grand uniforme avec ses aides-de-camp aux Cinq-Cents, et J. Debry qui était dans le secret parla des « défenseurs de la Patrie » et de la manière dont ils avaient rempli leur serment à Fleurus, Lodi, Arcole, etc. L'assemblée comprit qu'elle était mystifiée, mais elle vota le projet ([1]).

Quant aux drapeaux pris sur les Autrichiens à Arcole, ils furent portés à Paris par Lemarois, aide-de-camp de Bonaparte, qui en fit la remise au Directoire le 30 décembre 1796, en présence du corps diplomatique. Le président adressa un très long discours à l'envoyé du général en chef ainsi qu'aux soldats qui portaient les étendards, vantant au plus haut point les qualités guerrières de l'armée d'Italie, mais passant sous silence le nom même de celui qui l'avait conduite à la victoire.

Le 6 février 1798, à son arrivée de Radstadt, Bonaparte reçut du ministre de la Guerre, accompagnés simplement d'une vulgaire lettre d'envoi, le drapeau qui lui avait été voté par les Conseils, et un sabre d'honneur. Il écrivit aussitôt au général Lannes : « Le Corps législatif me donne un drapeau en mémoire de la bataille d'Arcole. Il a voulu honorer l'armée d'Italie dans son général. Il fut un instant, aux champs d'Arcole, où la victoire incer-

---

1. Thibaudeau, *Mémoires sur la Convention nationale et le Directoire*, II, p. 153 et 154.

taine eut besoin de l'audace des chefs. Plein de sang et couvert de trois blessures, vous quittâtes l'ambulance, résolu de mourir ou de vaincre. Je vous vis constamment, dans cette journée, au premier rang des braves. C'est vous également qui, le premier à la tête de la colonne infernale, arrivâtes à Dego, passâtes le Pô et l'Adda. C'est à vous à être le dépositaire de cet honorable drapeau, qui couvre de gloire les grenadiers que vous avez constamment commandés » (1).

Et, maintenant, que reste-t-il de l'étrange récit de M. Thiers ?

La victoire d'Arcole jeta les Autrichiens hors de la Lombardie, dont elle mettait les clefs aux mains de Bonaparte; mais la guerre était loin d'être finie. Le lecteur a pu discerner, en effet, la tactique du conseil aulique autrichien, laquelle consistait à ne jamais engager à fond l'armée d'Italie, afin de pouvoir la reconstituer sans cesse au moyen de simples renforts. L'empereur comptait ainsi épuiser à la longue les forces insuffisantes de Bonaparte, à qui le Directoire refusait tout secours en hommes, alors qu'il lui prenait le plus clair de ses ressources en argent. L'extrême richesse du pays permettait à l'armée d'Italie de se passer des assignats du Directoire, ni plus ni moins dépréciés que lui (2), mais l'infériorité flagrante des effectifs constituait un péril de la plus haute gravité. Si Bonaparte, contrairement à l'attente de ses ennemis de France et du dehors, réussit à le conjurer, ce fut en formant un

1. *Corresp. Nap. Ier*, III, 639.
2. Les assignats valaient alors 1 pour 100 en monnaie d'or ou d'argent.

faisceau de ses troupes décimées, toutes les fois qu'il s'agit de porter ou de soutenir un coup décisif.

Pour arriver à ce résultat, sans lequel il eût dû poser les armes dès le début même de la campagne, il fit faire à ses soldats des marches au-dessus de toutes forces humaines, et qui excitèrent chez les populations témoins de tant d'abnégation et de silencieux héroïsme une admiration sans mélange. Mais ses soldats — eux — jamais ne firent entendre une plainte. Les généraux, à la vérité, criaient à qui le plus fort quand leurs hommes manquaient de chaussures, ce qui arrivait souvent, mais il n'existe pas une lettre, dans leur volumineuse correspondance, pour dire que leurs va-nus-pieds refusent de marcher!

Soldats de la 32ᵉ après Arcole.

INDEX ALPHABÉTIQUE

Nota: Les noms des localités sont en *italique*.

A

Abatucci, 180.
Abrantès (duchesse d'), 440.
Acqui, 5, 39, 62, 63.
Agnès du Maine, 167.
Agnès de Poitiers, 36.
Aix-la Chapelle, 93.
Aix-les-Bains, 2, 88.
Ala, 338, 347.
Alaric, 302.
Alba, 54, 55, 62, 67, 68.
Albani (comtesse), 223.
Albenga, 8, 9, 12.
Albitte, 3, 10, 13.
Aldini, 274.
Alexandre (empereur de Russie), 342.
Alexandre Dumas, VII.
Alexandrie, 5, 54, 62.
Almeric, 257.
Alphonse Ier, 281.
Alvinzy, 181, 226, 341, 479, 480.
Amato-Amati, 463.
Ambrosio, 222.
Ancône, 195, 261, 291.
Anelli, 232.
Annibal, 209.
Antomarchi, 94.
Appiani, 385.
Arcole, 128, 227, 340, 453 et s.
Arena, 237.
Argenteau, 20, 37, 38, 45 à 48, 224.

Arioste (l'), 281.
Arnauld de Brescia, 172.
Arquata, 215.
Artois (comte d'), 316.
Artois (comtesse d'), 314.
Ascoly, 291.
Asti, 57.
Athènes, 196.
Attila, 166, 302.
Aubernon, 425.
Aubry, 8.
Auger, 421.
Augereau, 9, 10, 21, 38, 40, 42, 63, 64, 67, 110, 114, 115, 123, 124, 135, 140 et s., 177, 180, 201, 260, 294 à 297, 329, 361 et s., 372, 427 et s., 464, 467, 472, 484.
Augereau (père du général), 486.
Augereau (aide-de-camp de son frère), 486.
Augsbourg, 196, 203.
Aune, 397, 398.
Auzou, 387.
Avaray (d'), 308, 315, 317, 319.
Avignon, 257.
Azara (d'), 264, 285.

B

Baciocchi, 273.
Baille, 13.
Balbi, 81, 121.
Balbi (Mme), 318.

Balland, 345 et s., 390.
Banel, 21, 40.
Baraguey d'Hilliers, 124.
Barras, 9, 11, 13, 16, 125, 136, 238.
Barthélemy, 270.
Bartolini, 98.
Bassano, 265, 329, 338, 449.
Battaglia, 182 à 184.
Bayard, 196.
Bayle. 13.
Baylen, 13.
Béatrix (archiduchesse). 198.
Beatrix di Tende, 167.
Beauharnais (Eug. de), v, 281, 478.
Beauharnais (Hortense de), 273, 478.
Beaulieu, 19, 39, 45, 47, 55, 57, 72 à 75, 108, 109, 112, 116, 135, 181, 210, 224, 225, 443.
Beaumont, 111, 112.
Beaupoil, 345 et s., 349, 350, 353, 365.
Beaurevoir, 387.
Beauvais, 13.
Beccaria (astron.), 53.
Beccaria, 163.
Beccatini, xii.
Beffroy, 13.
Béguin, 13.
Belet, 370.
Belfiore di Porcile, 463.
Belgiojoso, 41.
Belleville, 241, 242, 252.
Belliard, 465, 484.
Bellinzona, 319.
Bene, 67.
Beretta (de), 116, 117.
Bergame, 191, 198 et s.
Bergonzi, 79.
Bernadotte, 122, 123.
Berne, 89, 203.
Berraut, 115.
Berthier, 19, 20, 23, 47 à 49, 55, 70, 74, 110, 111, 129, 180, 190, 201, 221, 328, 374, 408, 425, 481.
Berthollet, 164, 264, 385.
Bessières, 307.

Beuil, 59.
Bevilaqua (comte), 384, 385.
Bevilaqua (comtesse), 384, 386.
Beyrand, 21, 295.
Bianchi, 366.
Bicoque, 49.
Billington, 388.
Binasco, 118, 155, 167, 168.
Bocchetta, 39.
Boëce, 150.
Boisset, 13.
Bologne, 11, 15, 90, 91, 255 et s., 407.
Bombelles (de), 99, 100, 102.
Bon, 464, 471.
Bonafous, 68.
Bonaparte (général en chef), *passim.*
Bonaparte (Elisa), 272.
Bonaparte (Jérôme), 486.
Bonaparte (Louis), 9, 90, 176, 475.
Bonaparte (Napoléon-Louis), 261.
Bonaparte (Lucien), 90.
Bononia, 256.
Borée, 425.
Borghetto (Lodi), 114.
Borghetto (Mincio), 209 et s.
Borgoforte, 63.
Borgognone, 385.
Botta, 33, 38, 41, 45, 50, 70, 108, 252, 376, 401.
Bougon, 370.
Bouquet, 360.
Bourbon (duc de), 314.
Bourrienne, 479.
Bra, 55, 63.
Bréart, 13.
Brennus, 302.
Brescia, 129, 172 et s., 427.
Brocoletti, 194.
Brosses (Ch. de), 34.
Broutta, 421.
Brune, 339, 373 à 375.
Brutus, 192.
Buffon, 150.
Bussolengo, 326.

C

Cacault, 285.
Cagliari, 441.
Cagnoli, 195.
Caire (le), 409, 410.
Cairo, 10, 36, 44, 62.
Caldiero, 461 à 464.
Calvin, 281.
Cambret, 467.
Campagna del Monte, 325.
Campara, 326.
Campo Formio, 19, 131.
Canossa, 339, 340.
Canova, 102.
Cantu, 31, 32, 34, 50, 70.
Capelletti, 294, 295.
Capoue, 209.
Caprara, 259, 267, 268, 272.
Caprino, 335.
Caracalla, 2.
Carloman, 227.
Carlotti, 310, 311, 349.
Carmagnola, 55.
Carnot (Lazare), 4, 12, 19, 22, 25, 27, 36, 37, 83, 125, 127, 128, 136, 208, 236 à 240, 264 à 266, 424, 454, 465, 473.
Caroline (de Naples), 89.
Carpenedolo, 64, 65, 328.
Carra-Saint-Cyr, VIII.
Carrare, 215, 216.
Carrère, 350, 353.
Carriola, 335,
Carru, 61, 62.
Casabianca, 180.
Casal, 75.
Casalmajor, 64, 65, 179, 328.
Cassano, 280.
Cassanyes, 13.
Cassius Severus, 337.
Castelli, 349.
Castelnuovo, 216, 222, 319.
Castiglione, 128, 174, 178, 179, 413 et s.
Castion, 325.
Castries (de), 314, 315.
Catherine (impér.), 59, 311.
Caton, 192.
Catulle, 231 et s., 337.
Caudebec, 82.

Causse, 42.
Cavaignac (Mlle de), 100.
Cazalès (de), 316.
Ceracchi, 236, 237.
Cervoni, 7, 20, 37, 111.
Cesare Ercolano, 138.
Cesena, 261.
Ceva, 40, 48 à 50.
Chabot, 457.
Chabran, 190, 355, 384, 390, 457.
Chambéry, 49.
Chambon, 13.
Changarnier, 226.
Chaptaignier de Lagrance, 422.
Charbonnier, 13.
Charlemagne, 137, 231, 256, 303.
Charles VI, 48.
Charles-Quint, 137, 256.
Charles (archiduc), 66, 70, 181, 454.
Chasseloup-Laubat, 233.
Châteaubriand, 95, 102, 342.
Châtillon, 7.
Chauvet, 23.
Cherasco, 25, 54, 55, 57, 58, 62, 63, 75.
Chevalier, 190, 222, 355.
Chiaramonte, 295.
Christophe-Colomb, 137.
Clarelli, 261.
Clarke, 16, 22, 23, 173, 458.
Clément VII, 256.
Clément VIII, 281.
Cneius Pompeius Strabon, 106.
Codogno, 72, 73, 75, 77, 78, 116.
Colli, 12, 48, 49, 55.
Colloredo (comtesse), 94, 96.
Collot, 457.
Coloredo, 377, 378.
Colorno, 88, 102.
Côme, 337, 339.
Condé (prince de), 313, 314, 319, 447.
Coni, 54, 56, 62.
Constantinople, 197.
Contarini, 352, 357, 358, 372, 378.
Copergnanico, 129.

Corbeil, 82.
Cornelius Nepos, 337.
Corrège, 79.
Corsini, 239, 247.
Cossa Magdalena, 79.
Cossé (de), 316, 319.
Cosseria, 40 à 42.
Costa de Beauregard, 54.
Crema, 111, 116, 203, 222.
Cremone, 175.
Créqui, 34.
Crevalcuore, 260.
Crispi, 484.
Crussol (de), 313, 315.
Cugnietti, 64.
Cusani, 112.
Cuxhaven, 313.

D

Daguenet, 441.
Dallemagne, 21, 50, 110, 111, 396, 406, 410.
Damiette, 439.
Danmartin, 495.
Dante, 303.
Darmagnac, 473.
David (général), 21.
David (peintre), 439.
Davons, 314.
Daubermesnil, 27.
Debry, 487.
Dego, 5, 37, 42 à 45, 50, 62. 397, 488.
Delacroix, 309.
Delbril, 13.
Delcher, 13.
Desenzano, 226 et s., 402, 411, 444.
Désiré, 137.
Desmarets, 439.
Despinassy, 13.
Despinoy, 56, 157, 172, 180, 429, 443 à 445.
Desvernois, 78.
Deville, 6, 408, 462.
Dommartin, 20.
Donati Francesco, 129.
Dubois, 189.
Dubois-Crancé, 8.
Dufresse, 123.

Dufresse (Mme), 123.
Dujard, 20, 116.
Dumerbion, 8, 10, 36.
Dupas, 110, 111.
Duphot, 84.
Dupont, 12.
Duport, 13.
Dupuy, 4, 5, 6, 397, 408 à 410, 457, 462.
Duras (de), 315.
Durazzo, 314.

E

Elitrovius, 302.
Elliot, 458.
Emilei, 324, 325, 349, 356, 357, 364.
Emilius-Macer, 337.
Entraigues (d'), 308.
Erizzo, 356 à 358, 372, 378.
Espagne (roi d'), 175, 314, 318.
Espagne (reine d'), 325.
Este, 280.
Este (Anne d'), 281.

F

Faenza, 271, 292.
Falconieri, 34.
Falloux (de), 100.
Farnèse, 82, 83.
Faure de Giers, 475.
Faypoult, 29, 175, 176.
Faypoult (Mme), 175.
Felsina, 255 et s.
Fenini, 157.
Ferdinand (archiduc), 77, 198.
Ferdinand III, 178, 239, 253.
Ferrandi, 117.
Ferrare, 11, 196, 261, 268, 269, 280 et suiv.
Ferraut 346.
Filiberi, 357.
Finale, 4.
Fioravanti, 388.
Fiorella, 223, 224, 355.
Flachat, 154, 269.
Flachslanden, 315.
Flack, 175.
Florence, 2, 30, 87, 90, 94.

Flory, 291.
Fombio, 72 à 75.
Fontainebleau, 87.
Fontana, 112.
Forli, 138, 261.
Forti, 324.
Foscarini, 304 à 307.
Fossano, 54.
Fouché, 13.
Fra Paolo Sarpi, 197.
Frabosa, 67.
François Ier (de Valois), 135, 137, 138, 196, 256.
François Ier (d'Autriche), 182, 318, 447, 448, 542.
Frédéric Barberousse, 106.
Fréron, 13.
Fribourg en Brisgau, 310.

G

Galdi, 221.
Galles (princesse de), 89.
Galliéra, 7.
Garaveta, 357.
Gardanne, 211, 463.
Garnier, 21, 180.
Garofoletto, 385.
Garreau, 15, 16, 23, 239, 242, 246, 249, 250, 422.
Gasparin, 13.
Gaston de Foix, 196.
Gatta, 118.
Gauthier, 49, 180.
Gavardo, 398, 400, 408.
Gavazzi, 203.
Gazan, 191, 192.
Gazola, 320, 373, 381.
Gazzaldo, 424.
Gênes, 7, 25, 29, 32, 45, 61, 84, 160, 161, 176, 215, 221, 241, 424.
Gérard, 388,
Gérard Dow, 57,
Gibraltar, 313, 316.
Giona, 325.
Giovanelli, 345, 352, 356, 372, 378.
Giovanetti, 259.
Girola, 39.
Giusti, 356, 393, 394.
Gnudi, 267.

Goïto, 210, 213, 424.
Gonzague, 411, 414.
Gorrin, 49.
Gottardi, 358.
Gourgaud, 93.
Graham, 19, 109, 225, 405.
Grégoire, 13.
Grenville, 312 et suiv.
Gros, 340.
Grosbois, 93.
Guastalla, 87.
Guerrera, 325.
Guiche (de), 315.
Guieu, 21, 50, 402, 406, 427, 444, 463.
Guillaume (général), 230, 410.
Guillaume d'Aquitaine, 36.
Guillaume Ier, 239.
Guillaume-Tell, 192, 205.
Guise (François de), 281

H

Haller, 22, 23.
Haquin, 143.
Hautecombe, 88.
Hautefort (de), 318.
Héliopolis, 430.
Hénin, 232.
Henri IV, 82, 83, 310.
Hercule, 480.
Hercule Ier, 281.
Hercule II, 280.
Hercule III, 282.
Hérode, 186.
Hoche, 458.
Homère, xvi.
Hugo, 23.
Humbert Ier, 69, 70, 166.

I

Imola, 261.
Imola (évêque d'), 294.

J

Jagot, 13.
Jammes, 197.
Jaucourt, 315.
Jean-Antonio, 68.

Jeanne (de Naples), 256, 257.
Joconde, 337.
Jomini, 38.
Joseph II, 116, 166.
Joséphine (Madame Bonaparte), 7, 44, 83, 124, 125, 174, 175, 177, 199, 238, 270, 272, 273, 337, 338, 341, 385, 387, 426, 457, 462, 478.
Joubert, 20, 40, 457.
Jules II, 256, 265.
Junot, 8, 9, 125, 229, 440.

K

Kellermann, 127, 128.
Kellermann fils, 174.
Kilmaine, 21, 66, 111, 124, 127, 128, 190, 203, 311, 358, 360, 380 et suiv., 390, 391, 429, 430, 433.
Kléber, 439.
Knorr, 405, 407.

L

Lacépède, 150.
Lacombe Saint-Michel, 43, 232.
Lacour, 28.
Lacuée, 12.
Laffons, 471.
La Greca, 285.
La Harpe, 20, 38, 72 à 76, 189.
Lahoz, 355.
Landrieux, 22, 39, 160, 161, 190, 191, 221, 223, 311, 360, 383, 387, 390, 391, 424, 430.
Lanfrey, xiv.
Lanté, 421.
Lanusse, 43, 457.
Laréveillère-Lépeaux, 249.
La Rochelle, 445.
Las Cases, 91.
Lassalle, 24, 177.
Lannes, 42, 43, 72, 167, 168, 215, 219, 272, 457, 464, 465, 471, 472, 478, 487, 488.
Latouche, 307.
Latrille, 150, 191.
Lauer, 447, 448.
Laus Pompeia, 106.

Lausanne, xii.
Lauterburn, 89.
Lautrec, 138.
Lavalette, 340.
Lazzari, 50.
Le Beau, 197.
Leclerc, 22, 211, 444.
Legrand (chef de bataill.), 344.
Legrand (général), 370.
Legros, 269.
Lejeune, 13.
Lemarois, 487.
Leoben, 69. 221.
Léon X, 256.
Léon XII, 292.
Lequêne, 269.
Leucherre, 220.
Lhermitte, 222.
Lhommière, 13.
Lille (comte de), 305, 308 et s.
Liptay, 20, 74, 75, 116, 230, 396.
Livourne, 84, 90, 127, 173, 235 et s. 423.
Loano, 10.
Lodi, 22. 81, 97, 106 à 132, 397, 433.
Lonato, 84, 197, 226, 395 et s. 446.
Longwood, 90.
Lorcal, 422.
Lorette, 237.
Louis d'Anjou, 256, 257.
Louis XII, 106, 196, 280, 281.
Louis XIV, 316.
Louis XV, 316.
Louis XVI, 316.
Louis XVII, 309, 312.
Louis XVIII, 80, 393, 437.
Lucia Marliani, 32.
Lucques, 84, 90, 216.
Lucrèce, 30.
Lucrèce Borgia, 280.
Lugo, 265, 291, 293 et s.
Luigi Franco, 325.
Luigi da Porto, 334.
Lusignan (de), 20, 177.

M

Macartney, 312 et s.
Machiavel, 434.

Macquart, 21, 180.
Maffei, 357.
Maffeo Vegio, 108.
Magdebourg, 473.
Magenta (prof.), 138.
Maignet, 13.
Maillet, 441.
Malenza, 364.
Mallet du Pan, 126.
Manfredini, 239.
Mantegna, 385.
Mantoue, 11, 77, 143, 158, 164, 209. 264, 280, 284, 414, 429, 424, 446, 456, 478.
Marathon, 450.
Marcellin Pellet, 179, 181, 236, 238 à 241, 246, 248 à 250.
Marengo, VIII, IX, 280.
Marguerite, 6.
Maria Eletta, 186.
Marie-Louise, 80, 87 à 103, 342.
Mariette, 13.
Marinelli, 325, 326.
Marioni, 464.
Marius, 302.
Marmont, 7 à 9, 33, 56, 58, 76, 78, 114, 115, 208, 213, 405, 466.
Marseille, 454.
Martinengo, 222.
Maschini, 114.
Massa, 2, 215, 216, 291.
Masséna, 9, 10, 19, 20, 38, 43, 44, 55, 63, 66, 76, 109, 111, 114, 124, 172, 180, 212, 213, 230, 306, 320 et s., 392, 396, 407, 411, 427, 428, 430, 443, 454, 461, 472, 475.
Matérat, 160.
Mattei, 201, 265, 285, 286.
Maury (abbé), 265.
Mayenne (duc de), 83.
Mazurier, 349.
Mazzuchetti, 65, 66.
Meaux, 82.
Médicis, 303.
Melcalm, 20, 108, 113, 135.
Melegnano, 165.
Melzi d'Eril, XII.
Ménard, 20, 77, 78, 124, 321.

Meriggi, 358.
Mestre, 123.
Metternich, 89, 93 à 95, 100.
Meunier, 180.
Meynier, 20, 110.
Michel-Ange, 271.
Milan, 11, 15, 22, 30 à 32, 47, 62, 63, 77, 96, 172, 175, 176, 179, 209, 223, 408. 428, 457.
Milani, 77.
Millesimo, 11, 40, 41, 49.
Miniscalchi, 325, 357.
Minola, VI.
Miollis, 200.
Miot de Mélito, 24, 173.
Moceniqo, 222.
Modane, 2.
Modène, 91.
Modène (duc de), 80, 216.
Moïse, 186.
Moltedo, 13.
Mombello, 185.
Mondovi, 19, 49, 50, 53, 67, 69, 135.
Mongardini, 294.
Monge, 164, 264.
Montebello, VII, VIII, 134.
Montechiaro, 395, 415, 429, 450.
Monte-Legino, 35 et s.
Montenotte, 7, 10, 11, 49, 50.
Montenuovo (Guillaume), 96, 97.
Montenuovo (Alberta), 96, 97.
Montesquiou (de), 50.
Montferrat, 41.
Montmorency (de), 342.
Montpensier (de), 267.
Morando, 223.
Moré de Pontgibaud, 421.
Moulin, 12.
Mozanica, 111.
Muiron, 9, 475.
Muiron (veuve), 476.
Murat, 9, 22, 54, 56, 58, 117, 177, 179, 190, 199, 211, 213, 252, 457.
Muselli, 389.

N

Naples, 9, 32, 127, 183, 221.
Naples (roi de), 342.
Napoléon III, 196, 450.
Négri, 314.
Neipperg, 88 à 91, 93 à 97, 101.
Nemours (Jacques de), 281.
Néron, 2.
Nevers (les), 415.
Nice, 3, 7, 14, 22, 24, 28, 59.
Nicolini, 222.
Nogarola, 358, 377.
Nuvoloni, 364.

O

Obizzo II, 281.
Ocskay, 405.
Odon, 36.
Œstermann, 59.
Offenburg, 224.
Olivier, 303.
Ollivier (Emile), 197.
Olympie, 102.
Ombriano, 128 à 131.
Oneille, 60.
Ordener, 110.
Orléans, 88.
Orioli, 261.
Orombello, 167.
Ossuna, 31.
Ostiglia, 337.
Otti Manara, 232.
Ottolini, 204, 205, 364.

P

Padoue, 229, 360.
Pappazuolo, 204.
Parme, 79, 81 à 84, 87, 89, 90, 94, 96.
Parme (duc de), 80, 82.
Pascal, 159.
Passeriano, 233.
Patavium, 281.
Paul III, 266.
Pavie, 47, 61, 76, 118, 133 à 169.
Payen, 387.

Pazzon, 327.
Pedagiera, 50.
Pellegrini, 325, 358.
Pellegrini (madame), 223, 380, 384, 386.
Pelletier, 21.
Pépin, 302, 303.
Pepoli, 257, 259, 267.
Perez, 325.
Permon, 291.
Perrot, 341.
Perugia, 261.
Peschiera, 159, 178, 183, 230 et s. 304.
Petitjean, 13.
Pétrarque, 134.
Pétrucci, 65.
Pforzeim, 313, 316.
Phidias, 196.
Philippe II, 82, 83.
Pichegru, 473.
Picot, 385.
Pie VI, 84, 97, 116, 265.
Pie VII, 3, 4, 292.
Pierrot, 472.
Pignatelli, 282.
Pignotti, 239.
Pijon, 20, 396, 457.
Pilastrello, 129, 167, 168.
Piombino, 439.
Piovezzano, 326, 328.
Pise, 2, 252.
Pistrucci, 259.
Piuma, 46
Pizzighettone, 63, 138, 433.
Placide (impér.), 197.
Plaisance, 72, 74, 76, 77, 79, 81, 82, 87, 95, 179.
Platée, 450.
Pline (l'ancien), 337.
Pline le Jeune, 337.
Poiana, 362.
Polfranceschi, 367.
Pomme, 13.
Pompei, 166.
Pompéi, 356.
Pomponius secundus, 337.
Ponte San Marco, 397, 428.
Porro, 223.
Portugal (roi de), 80.
Poultier, 13.

Pourailly, 296.
Pozzi, 144.
Pozzi (madame), 145, 146.
Préelle, 335.
Pringli, 310.
Prost, 13.
Provence (comte de), 84.
Provera, 20, 40, 42.
Prusse (roi de), 342.

Q

Quénin, 370.
Quentin, 40.
Quiberon, 317.
Quiclet, 440.
Quirini, 197.

R

Rabut, 293.
Radstadt, 487.
Ramon, 471.
Rampon, 37 à 39, 396, 397, 457.
Ravenne, 269, 271, 291, 303.
Reggio, 282.
Reichstadt (duc de), 89, 90, 96, 98, 99, 101.
Renée de France, 280.
Reuss (prince de), 405.
Rey, 191, 194, 195.
Rhonet, 471.
Richelieu (duc de), 91.
Ricord, 13.
Rimini, 261, 271.
Ritter, 13, 14.
Rivarola, 39.
Rivoli, 124, 341, 427, 446, 478.
Robert, 370.
Robespierre, aîné, 8.
Robespierre, jeune, 8, 13, 22.
Rodolphe, 386.
Rognoni, 168.
Roguet, 39, 44, 45.
Roland, 303.
Rolandelli, 314.
Rolandis, 259.
Romani, 320.
Romano, 222.
Rome, 82, 127.

Roméo et Juliette, 334 et s.
Ronco, 461, 462, 466, 478.
Rosa Vincenzo, 139, 158.
Rossini, 95.
Rottenburg, 313, 316.
Roubeau, 13.
Rouen, 82.
Rouen (Cardinal de), 196.
Roverbella, 242, 248.
Rubens, 385.
Rubi, 354.
Rusca, 115, 129, 141, 142, 216.

S

Sahuguet, 180.
Saint-Hilaire, 457.
Saint-Jean-Népomucène, 112 113.
Saint-Michel, 49.
Saint-Romans, 125.
Sainte-Hélène, 94.
Salfi, 191.
Saliceti, 13, 15, 22, 27, 58, 67, 81, 108, 109, 117, 118, 129, 160, 161, 228, 239, 242, 246, 249, 250, 261, 267, 285, 296, 306.
Salimbeni, 306, 307.
Salmatoris, 55.
Salo, 229, 378, 402, 427, 428 444, 446.
Sambone, 314.
Samsoni, 4.
San-Angiolo, 111.
San-Bonifaccio, 459.
San-Colombano, 111.
San-Fermo, 356.
San-Giorgio, 467.
San-Giuseppe, 86.
San-Gregorio, 478.
San-Martino, 226.
San-Michele, 343.
San-Perole, 159.
San-Vitale, 84, 87, 96, 97.
San Zeno, 227, 303.
Sassello, 46.
Sauret, 180, 444.
Savoie (Eugène de), 396.
Savoie (Louise de), 314, 318.
Savoldi, 197.

Savone, 4, 5, 11, 38.
Scaletta, 63.
Scaliger, 303, 461.
Scherer, 10, 11, 87.
Schioppo, 361.
Schœnnbrunn, 91, 98.
Schubirz, 74.
Schwartzemberg, 100.
Sebottendorf, 111.
Ségur (de), 44, 177, 285, 457.
Serbelloni, 199.
Sermione, 237, 280 et s.
Sérurier, 12, 21, 50, 178, 180, 430.
Servières, 13.
Sèvres, 113.
Sforza (Galéas-Maria), 32.
Shakespeare, 334.
Sherlock, 361, 362.
Sienne, 291.
Simonet, 471.
Soave, 461.
Solferino, 197, 414, 420, 444.
Sona, 306.
Soncino, 129.
Spadaletto, 185.
Spallanzani, 161.
Spannocchi, 239.
Spigno, 46.
Spina, 342.
Spinola, 215, 216.
Stengel, 21, 58, 181, 189.
Stengel (Mme), 58.
Suède (roi de), 342.
Suétone, 106.
Suze, 41.

T

Taine, xiv.
Talleyrand, 89.
Talma, 423.
Tende, 59.
Terracine, 282.
Tezzo, 198.
Theodoric, 302.
Thiers, 9, 41, 74, 75, 112, 114, 115, 127, 139, 159, 398, 401, 463, 484.
Thugut, 313.
Tibère, 195.

Titien, 385.
Topino-Lebrun, 237.
Torri, 227.
Tortone, 62, 63, 69, 124, 161, 215, 423.
Toulon, 8, 22.
Toulouse, 4 à 6, 408, 409, 439.
Tour (de la), 55 à 57.
Tours, 231.
Trente, 176, 214, 338.
Trieste, 372.
Trivulce, 106.
Turin, 1, 84, 221.
Turreau, 13, 14.

U

Udine, 301.
Uggery (Mme), 223.
Urbain VI, 257.

V

Vado, 4.
Valence, 56, 73.
Valence (France), 87.
Valentine d'Orléans, 48.
Valentino (Alberti), 331.
Valette, 430, 445, 446.
Valleggio, 212 à 214.
Vallet, 421.
Vaubois, 180, 239 à 241, 245, 422, 455, 478.
Vaudemont (de), 31.
Vaudreuil (de), 316.
Vauguyon (de la), 319.
Vence (de), 316.
Venise, 29, 34, 84, 172, 181 et s., 221, 308, 407, 411.
Verdier, 260, 372, 374, 392 et s., 434, 439 à 441, 464.
Verdier (Mme), 439, 440.
Vergne, 464.
Verita, 364.
Vérone, 65, 66, 95, 124, 299 et s.
Vérone (évêque de), 380.
Véronèse (le), 338, 385.
Verri, 361.
Verseil, 68.
Vespasien, 195.

Vevert, 223, 224.
Vial, 199.
Vicence, 354, 360.
Vico, 49, 50.
Victor, 21, 355, 410, 457.
Victor-Amédée III, 84, 126, 308, 314, 342.
Victor-Emmanuel, 103.
Vienne, 47, 88, 90, 94, 96, 98, 99, 221.
Vignolle, 20.
Villanova, 461.
Villequier (de), 321.
Vincent, 257, 259 et s.
Vincent (de), 448.
Virgile, 233.
Visconti, Jean-Galeas, 48, 165.
Visconti, Filippo-Maria, 167.
Viterbe, 261.
Vitruve, 337.
Voghera, 62, 69.
Volarni, 319.
Volta, 162.

Voltri, 7, 37.

W

Waterloo, 89.
Wellington, 342.
Wercklein, 98.
Willot, 454.
Wurmser, 20, 47, 66, 178, 181, 208, 224 à 226, 265, 329, 341, 411, 443, 446, 447, 449, 479.
Wuskassovich, 42, 43, 45.

Y

Yvan, 342.

Z

Zambelli, 412.
Zamboni, 259, 262.
Zergatti, 78.
Zevi, 41.
Zurich, XII.

29.

TABLE DES MATIÈRES

Introduction IV

CHAPITRE PREMIER
DE PARIS A MONTENOTTE

Sensations de voyage. — La Savoie. — La Corniche. — Savone et la prison de Pie VII.— Voltri.— La veillée des armes.— Remise solennelle du drapeau voté par la Convention pour l'armée d'Italie. — Les généraux de Bonaparte.— Son arrivée à Savone. — Des prières publiques ont lieu dans toute l'Italie. — Premières appréciations des journaux italiens sur Bonaparte. — L'émigré Moulin. — Effectif et composition de l'armée. — Avis de Miot de Melito sur la campagne. — La caisse de l'armée sans un sou. — Bonaparte fait un emprunt à des particuliers. — Les commissaires du Directoire — L'administration de l'armée. — Le pillage organisé, non la victoire. — Mœurs italiennes à l'époque de Bonaparte. — Cavaliers-servants. — Les nouvelles Lucrèces.................... 1

CHAPITRE DEUXIÈME
MONTENOTTE

Serment du colonel Rampon à Monte-Legino. — Accident de voiture du général Beaulieu. — Millesimo. — Capitulation de l'armée piémontaise. — La sanglante surprise de Dego. — Masséna et Briséis. — Ivresse générale. — Le récit d'un capucin. — Les « braves » de M. Thiers. — Lannes entre dans l'histoire. — Beaulieu fait arrêter le général d'Argenteau. — Sa lettre au conseil aulique. — La terre française de

Ceva. — Lettre de Berthier sur la bravoure des soldats piémontais. — Victoire de Mondovi. — Les 24,000 lires de l'évêque. — Le premier arbre de la liberté planté à Mondovi. — Convention de Cherasco. — Un dîner d'armistice. — Abaissement de la royauté sarde. — Lettre indignée de l'empereur d'Autriche. — Les Français acclamés. — Adresse du peuple d'Alba à Bonaparte. — Premières contributions de guerre. — Les monts-de-piété. — L'argenterie des églises. — La jeune fille d'Oneille. — Les 160 chevaux d'Augereau. — Les cachettes de Masséna. — Les troupes reçoivent pour la première fois un peu d'argent. — Le roi Humbert à Mondovi, le 23 août 1891. — Sa harangue aux régiments assemblés. — Comment un roi interprète l'histoire 35

CHAPITRE TROISIÈME

PLAISANCE

Le passage du Pô. — Le général La Harpe tué par ses soldats à Codogno. — Amitié que lui vouait Bonaparte. — Son éloge par Botta. — Les caisses d'argenterie de l'archiduc Ferdinand. — Convention entre Bonaparte et le duc de Parme. — Le *Saint-Jérôme*, du Corrège. — Pie VI à Parme. — Vingt ans après. — Châteaubriand et Marie-Louise. — Mariage morganatique de la femme de Napoléon avec Neipperg. — Les enfants hors mariage. — En quels termes Marie-Louise annonce officiellement la mort de l'Empereur. — Plaisanterie de Metternich à ce sujet. — Le deuil officiel. — Lettres de Marie-Louise sur la mort de Napoléon. — Sa douleur à la mort de Neipperg. — Elle se remarie avec Bombelles. — Le comte de Falloux à Parme. — Marie-Louise ne se souvient de rien. — Elle bat monnaie avec la toilette d'argent que lui a donnée la Ville de Paris. — Le duc de Reichstadt refuse de livrer à sa mère, pour le même usage, le berceau qu'il a reçu de la Ville de Paris. — Bienfaits du règne de Marie-Louise à Parme 71

CHAPITRE QUATRIÈME

LODI

Son origine gauloise. — Richesse de son territoire. — Malgré l'avis de ses généraux, Bonaparte ordonne de franchir l'Adda à Lodi. — Formation d'une colonne infernale. — La harangue. — Bonaparte protégé contre un boulet par la statue de saint Jean-Népomucène. — Récit puéril de M. Thiers. — Le manuscrit d'un contemporain sur l'affaire de Lodi. — Le monument commémoratif. — La soupe des soldats d'Augereau à Borghetto, mangée par les habitants. — Dîner offert par l'évêque de Lodi à Bonaparte. — Malice de ce dernier. — Les lettres interceptées, et le capucin Murat. — Les objets précieux des églises saisis par le commissaire français. — Vains efforts de l'évêque pour les racheter en donnant ce qu'il possède. — Mésaventure arrivée à Saliceti. — Les femmes de Lodi. — La population se rallie à la cause française. — Expulsion des femmes des officiers et de toutes autres à la suite de l'armée. — Elles sont accusées d'exciter les soldats au pillage. — Cruelle répression contre les délinquantes. — Le curé d'Ombriano et son manuscrit. — Sac d'un presbytère. — Siège d'une église. — L'heure italienne et l'heure française... 105

CHAPITRE CINQUIÈME
PAVIE

Le pont du Tessin. — Excès commis par les Autrichiens. — L'Université et Charlemagne. — Souvenirs de François Ier. — Arrivée de la division Augereau. — Aspect misérable des officiers et soldats. — Manuscrit d'un conservateur au Musée, témoin des événements. — Autre manuscrit. — Les tribulations d'une actrice. — La signature d'Augereau protestée. — Les républicains de Pavie plantent un arbre de la liberté. — Insurrection des paysans. — Il s'enferment dans Pavie. — L'archevêque de Milan et l'évêque de Pavie prêchent vainement la paix. — La répression. — Le pillage pour dix-huit heures. — Scènes émouvantes. — Un dîner de dragons chez l'auteur de l'un des manuscrits. — Un receveur qui jette l'argent par la fenêtre. — Après le pillage. — La concorde rétablie entre soldats et habitants. — Français et Pavésiennes. — La municipalité mise en accusation. — Les ôtages. — Le mont-de-piété. — Singulière théorie de M. Thiers sur la spoliation des monts-de-piété. — Monge et Berthollet au jardin botanique de Pavie. — La Chartreuse. — L'insurrection des paysans à Binasco. — Cruelle répression. — Larmes de Bonaparte devant l'incendie de Binasco.. 133

CHAPITRE SIXIÈME
BRESCIA

Entrevue de Bonaparte avec Miot de Melito. — Ce que pense Bonaparte des commissaires du Directoire. — Les Français acclamés. — Soins de Bonaparte pour les blessés. — Ordinaire des soldats. — Joséphine à Brescia. — Aventure de Louis Bonaparte avec une comtesse. — Piège tendu à Bonaparte et à sa femme. — Le général autrichien de Lusignan insulte les malades français. — Est fait prisonnier. — Brescia se révolte contre Venise. — L'arbre de la Liberté. — Fête en l'honneur de l'armée française. — Hymnes et lauriers — Le gouvernement provisoire. — Un provéditeur pusillanime. — Loyauté politique des Brescianais. — Le théâtre républicain. — La garnison réclame des spectacles à ballets. — Discorde de ce chef entre les autorités. — Les inconséquences d'un commandant de place. — Le cardinal Quirini et l'Académie française. — Dévouement des femmes de Brescia pour les blessés de Solférino. — Bergame. — La cassette de Marie-Antoinette. — Le clergé bergamasque. — L'insurrection. — Les compagnies officielles d'assassins. — Le droit d'asile. — Officines de fausses nouvelles. — Bureau pour l'embauchage des prisonniers autrichiens. — Arlequin et Guillaume Tell.. 171

CHAPITRE SEPTIÈME

BORGHETTO

En quittant Capoue. — Joyeuse route. — Les projets de Bonaparte. — L'armée se dirige vers Borghetto, alors que Beaulieu se prépare à lui disputer le passage à Goïto. — Le général Gardanne dans le Mincio. — Belle conduite du chef de brigade Leclerc. — Le quartier-général sur le point d'être enlevé. — Grave péril couru par Bonaparte. — Création des guides. — Un colonel de hussards dans du foin. — La canicule. — Révolte dans les fiefs impériaux. — Répression impitoyable. — Les cent chevaux de luxe du Directoire. — Les millions envoyés au Trésor à Paris. — La police secrète de l'armée. — Desenzano et le lac de Garde. — L'escadre du lac. — Les signaux. — Brillant fait d'armes de Junot. — Le guet-apens vénitien. — Le général Guillaume à Peschiera. — La villa de Catulle à Sermione. — Fête littéraire et militaire sur les ruines de la villa.................. 207

CHAPITRE HUITIÈME

LIVOURNE

L'expédition de Livourne. — Un livre récent sur cet épisode. — Mémoire de Ceracchi conseillant à Carnot d'ordonner une triple expédition contre Livourne, Lorette et Rome. — Les deux cent cinquante millions du trésor de Lorette. — Bonaparte refuse de marcher sur Lorette. — Instructions du Directoire relatives à Livourne. — La ville est occupée par la division Vaubois. — La chasse aux marchandises anglaises. — Le consul Belleville. — Dilapidations commises par Saliceti, commissaire du Gouvernement. — Ses arrêtés sont désavoués par le Directoire. — Le commerce livournais terrorisé par Saliceti. — Protestations du consul et de Bonaparte. — Deuxième désaveu du Directoire. — Les marchandises napolitaines soustraites par Saliceti aux effets du séquestre. — Troisième désaveu. — Vente frauduleuse des marchandises confisquées. — Autres dilapidations et concussions. — Témoignage de Botta. — M. Marcellin Pellet, historien.. 235

CHAPITRE NEUVIÈME

BOLOGNE

Les Gaulois. — La reine Jeanne. — Le sénat de Bologne à Bonaparte. — Le cardinal légat se déclare ami des Français. — Il est fait prisonnier de guerre. — Entrée magnifique des troupes d'Augereau. — La *Marseillaise* et le *Ça ira*. — Histoire d'un joaillier. — Cérémonie grandiose du serment de fidélité à la France. — Les Pepoli. — Les Caprara.— L'armistice avec Rome. — Habiletés pontificales. — La vérité sur la spoliation des musées italiens. — La contribution de guerre. — Chanvres et soies. — L'argenterie des églises. — Le Mont-de-Piété. — Les vols. — Joséphine à Bologne. — Acceptation solennelle de la Constitution dans l'église San Petronio. — Le *Veni Creator* et le *Te Deum* chantés par les électeurs.— Fêtes républicaines. — La chaîne des mouchoirs — Un banquet de femmes patriotes servi par la milice en armes. — Le théâtre anti-papal. — La presse républicaine. — Fidélité des Bolonais à la France. — Ferrare. — La maison d'Este. — Le légat prisonnier de guerre. — Le serment. — Loyauté des Ferrarais. — L'archevêque Mattei arrêté comme ôtage. — Lettre que lui écrit Bonaparte pour l'engager à retourner dans son diocèse. — Les juifs s'emparent du pouvoir. — Le théâtre anti-juif. — La chanson anti-juive. — Désordres causés par les juifs au théâtre. — Juifs terrassés devant l'autel dans la cathédrale. — Lugo. — Refus de payement de la contribution de guerre. — L'émeute.— Têtes portées au bout des piques. — Le général *Buonapace*. — L'évêque d'Imola. — Point de soumission. — Défense héroïque des émeutiers. — Arrivée d'Augereau. — Maisons incendiées. — Habitants passés au fil de l'épée. — Le pillage. — Le Ghetto. — Proclamation d'Augereau................ 255

CHAPITRE DIXIÈME
VÉRONE

Ses monuments. — Ses palais. — Bonaparte menace d'incendier la ville. — Frayeurs de la population. — Entrée des Français racontée par un témoin. — Excès commis par les soldats. — Le *roi de Vérone.* — Son expulsion. — Dignité de son attitude. — L'armure d'Henri IV. — Le comte de Grobois. — Ambassade de Macartney à Vérone. — Louis XVIII ne veut ni quitter cette ville pour habiter l'Espagne, ni aller rejoindre l'armée de Condé. — Ses dettes personnelles. — Embarras profonds du trésor royal. — Subsides anglais. — La « maîtresse du roi. » — Tableau de la cour de Vérone. — Projet de rentrée solennelle en France. — Point de cheval assez fort pour porter le Roi. — Livre des Sacres. — La Reine oubliée dans les préparatifs. — Revers. — Le Roi s'évade de Vérone. — Son habitation. — Dettes qu'il laissa dans cette ville. — Bonaparte au palais Emilei. — La glace cassée. — Il fait feu sur son domestique nègre. — Les Émilei. — Villégiature de Masséna. — Deux lettres autographes. — Dîner et bal au camp de Masséna. — Masséna et Augereau offrent leur démission à Bonaparte. — Manuscrit d'un aubergiste qui a fait malgré lui crédit aux soldats. — La bibliothèque de Vérone. — La maison des Capulets. — Le prétendu tombeau de Juliette. — Bonaparte au palais Canossa. — Lettres à sa femme. — Est malade de la gale. — Le peintre Gros. — Sur les genoux de Joséphine. — Les palais de Vérone et les souverains de l'Europe au Congrès. — Un manuscrit palpitant. — Les événements de Vérone pendant l'occupation française. — Les *Pâques Véronaises.* — Le massacre dans les hôpitaux. — Détails émouvants sur l'insurrection. — La main du prêtre. — Les Français réfugiés dans les forts. — Ils reprennent Vérone. — Trahison des magistrats vénitiens. — Les représailles. — Point de pillage. — Les dépôts les plus précieux du mont-de-piété enlevés par des agents français. — Augereau au palais Marioni. — L'arbre de la Liberté. — Premier journal libre. — Les insurgés en prison. — Solennité grandiose du pardon devant les troupes assemblées. — Les insurgés aux genoux d'Augereau et lui baisant les pieds. — Les chefs de l'émeute fusillés. — L'évêque acquitté. — Augereau casse le jugement. — Un capucin qui a prêché l'assassinat des Français, fusillé. — Adresses de deux Véronais à Bonaparte pour implorer sa clémence en faveur de leur patrie coupable. — L'heure française est substituée à l'heure italienne.— Grande fête militaire à l'occasion du 14 juillet 1797. — Discours d'Augereau. — Au banquet, les gardes nationaux et les musiciens de Vérone mangent la part des autres invités. — Mutinerie contre le général Verdier. — Entrée triomphale de Bonaparte. — Sa harangue aux soldats à propos du coup d'Etat de fructidor. — Un évêque qui aime à rire. — Le médaillier Bevilaqua. — Partage de voitures. — Les bateaux d'épiceries d'Augereau. — Le quart d'heure de Rabelais. — Fête du 10 août. — Discours du général Verdier. — Le comte Giusti et Verdier. — Évacuation définitive de Vérone par les troupes françaises.............. 291

CHAPITRE ONZIÈME

LONATO

La défaite et la victoire. — Danger couru par Bonaparte. — Sa présence d'esprit. — Puérile mise en scène de M. Thiers. — Dénégations de Botta. — *Mémoires* de Masséna et de Marmont. — Les journaux du temps. — L'occupation de Lonato. — Le château de Gonzague. — La 32ᵉ demi-brigade devant Lonato. — Le sergent Aune à Dego, devant Lodi, devant Lonato. — « J'étais tranquille ; la brave 32ᵉ était là ! ». — Le drapeau de la 32ᵉ au musée de Toulouse 395

CHAPITRE DOUZIÈME

CASTIGLIONE

Le centenaire de saint Louis de Gonzague. — Un Italien reconnaissant. — Positions escarpées. — L'institutrice et la leçon d'histoire. — Le recteur de Saint-Louis. — Les morts de 1796. — Ceux de 1859. — Bonaparte à Castiglione. — Sa lettre au commissaire Garreau. — Il veut battre en retraite. — Opposition d'Augereau. — Conflit entre Bonaparte et ses généraux. — Le grand conseil de guerre de Montechiaro. — Récit inexact et invraisemblable de M. Thiers. — Les faits racontés par Masséna. — Bonaparte va bouder à Brescia. — Brillante journée du 3 août à Castiglione. — Le « champ de malheur ». — Bonaparte embrasse Augereau de joie. — Sa lettre quand il fut premier Consul. — La maison historique. — Bataille du 5 août. — Lâcheté du général Despinoy. — Sa disgrâce. — Le général Valette. — Le monument commémoratif 413

CHAPITRE TREIZIÈME

ARCOLE

Infériorité numérique de l'armée française. — Le traître Willot. — Incurie de Carnot. — Découragement des soldats. — Bonaparte essaie de relever les cœurs. — Ses appels désespérés au Directoire. — Il voit tout en noir. — Lettre de Hoche. — Le village et le pont d'Arcole. — Les marécages. — Gardanne à Belfiore di Porcile. — L'épisode du drapeau d'Arcole d'après Botta et Marmont. — Superbe dévouement de Lannes. — Les 4ᵉ et 51ᵉ demi-brigades refusent de marcher. — Noble conduite de la 32ᵉ. — Bonaparte précipité avec son cheval dans un bourbier profond. — Comment il fut sauvé. — L'aide de camp Muiron et sa famille. — Le tableau du pont d'Arcole. — Une lettre brûlante à Joséphine. — Premières gratifications en argent. — Les trompettes d'Hercule. — Monument commémoratif de la bataille. — Les inscriptions. — Au municipe. — Loi qui vote un drapeau à Bonaparte et à Augereau. — Singulière méprise de M. Thiers. — Remise du drapeau à Augereau par le Directoire. — Bonaparte fait hommage du sien à Lannes. — Sa belle lettre à ce dernier 453

Index alphabétique 491

IMP. CH. LÉPICE, 10, RUE DES CÔTES, MAISONS-LAFFITTE.

A LA MÊME LIBRAIRIE

NAPOLÉON BONAPARTE

ŒUVRES LITTÉRAIRES

Publiées par Tancrède MARTEL

4 volumes in-18 jésus. . . . . . . **14 *francs***

Le livre de M. Martel est plein d'admiration, d'enthousiasme et de vérité... Il met dans un format maniable le suc même de la correspondance et c'est excellent.

Lettres et Arts, mai-juillet 1888.

Napoléon Ier fut réellement un grand écrivain, historien à la manière de César et Xénophon, portraitiste comme Saint-Simon, orateur comme Périclès, pamphlétaire et satyriste comme Swift, journaliste même aux premières heures de sa vie politique...
Parmi les publications de ce temps, celle-ci marquera certainement comme une des plus curieuses.

Gaulois, 27 juillet 1888.

Bonaparte s'y montre écrivain de génie. Le fragment sur l'histoire de Corse est un des plus beaux mouvements de notre langue, l'expression d'une âme, déjà effrénée, mais encore pure... Aucun de ces textes n'est inédit, mais on ne les avait pas encore tous réunis en un recueil et il n'est certainement pas, dans la génération actuelle, dix personnes qui les aient lus.

Justice, 26 novembre 1887.

A LA MÊME LIBRAIRIE

Envoi franco au reçu du prix (mandat ou timbres-poste)

GÉNÉRAL DE RICARD
Ancien aide-de-camp du roi Jérôme

AUTOUR DES BONAPARTE

FRAGMENTS DE MÉMOIRES

Publiés par L.-Xavier de Ricard.

Un volume in-18 jésus. . . . . 3 fr. 50

Les dépositions des témoins du second empire se multiplient. Parmi les confidences qui peuvent nous édifier sur le régime du 2 décembre et sur les hommes qui l'ont servi ou applaudi, les *Mémoires* du général de Ricard trancheront curieusement par le ton et le caractère. Ce n'est pas de l'apologie : c'est encore moins du dénigrement. Le général est un bonapartiste convaincu, mais exigeant. Il y a là un état d'esprit particulier qui donne à ces *Mémoires* — composés de monographies sur les membres de la famille impériale et de notes prises au jour le jour — l'intérêt d'un témoignage sincère.

Le Temps.

Depuis la publication des *Mémoires de Mme de Rémusat*, rien d'aussi intéressant et d'aussi pris sur le vif n'avait paru sur cette famille retentissante des Bonaparte, qui est sortie de la politique pour entrer dans l'histoire.

L'Echo de Paris.

On ne s'ennuie vraiment pas avec le général de Ricard, et, après avoir fermé le livre, en revoyant toutes ces eaux-fortes, burinées d'après nature, on se redit le mot de je ne sais plus quel philosophe : « Il n'y a pas de grand homme pour son valet de chambre », ni pour son aide de camp, peut-on ajouter.

C'est la déposition, brutale parfois, sincère toujours, d'un témoin que nous avons là.

L'Évènement.

A LA MÊME LIBRAIRIE

Envoi franco au reçu du prix (mandat ou timbres-poste)

ORIGINES DE LA REVANCHE PRUSSIENNE

LA REINE
LOUISE DE PRUSSE

PAR

BONNAL DE GANGES

Ex-conservateur des Archives du Dépôt de la Guerre.

Un volume in-18 jésus. . . . . 3 fr. 50

Son auteur, M. Bonnal de Ganges, qui a dû quitter en 1883 son poste de conservateur des archives du dépôt de la guerre auquel l'avait appelé Gambetta, a recherché les origines de la revanche prussienne. Il a donc étudié les causes de la guerre célèbre de 1806 en étudiant le rôle spécial et si terriblement personnel que joua la reine Louise.
Mémorial Diplomatique.

M. Bonnal de Ganges a recherché les causes de la guerre célèbre de 1806 en étudiant le rôle spécial et si terriblement personnel que joua la reine Louise. La préface est une lettre au prince de Bismarck jugeant la politique du chancelier; ce n'est pas le côté le moins piquant de cette publication vive et animée.
L'Indépendance Belge.

EN VENTE A LA MÊME LIBRAIRIE

GEORGE BASTARD

ARMÉE DE CHALONS

I. **Sanglants Combats**
II. **Un jour de Bataille**
III. **Charges héroïques**
IV. **Défense de Bazeilles**
} ouvrage complet.

Quatre volumes ornés de dessins, de cartes et de plans

Chaque volume se vend séparément

ENVOI FRANCO AU REÇU DE **3** FR. **50** TIMBRES OU MANDAT

Intérêt de roman, fièvre de patriotisme, il y a de tout cela.
Le Figaro.

Ce livre est bien vu, vivement conduit, il est tout entier empreint d'un sentiment très juste de patriotisme. Le détail est piquant, l'épisode amusant et les incidents fourmillent.
Le Gaulois.

On trouvera à côté de tout ce qui a été écrit sur ce sujet un grand intérêt au récit de cette journée : la précision, la variété des détails et des anecdotes dont l'auteur a su le parsemer.
Le Matin.

Si M. G. Bastard trouve et suscite des imitateurs, l'historien futur n'aura plus qu'à dégager la leçon qui ressort de tant d'incidents minutieusement décrits, sans qu'il risque d'encourir jamais le reproche d'inexactitude. M. G. Bastard est un écrivain doublé d'un apôtre qui

s'est épris d'une généreuse affection pour cette malheureuse armée de Châlons tant calomniée.
La République française.

Voilà un livre qui sent la poudre !
L'Illustration.

C'est l'histoire des combats par l'histoire des combattants. C'est très intéressant comme effet et d'un procédé qui n'est pas vulgaire. On conçoit quel intérêt cette forme d'exposition donne au livre et combien cela le rend vivant.
La Revue Bleue.

Rien de plus réconfortant, rien qui vous mette plus de rage au cœur et aussi vous donne plus d'espérance que cette lecture attachante et sombre.
La France.

Depuis plusieurs années un écrivain militaire consciencieux, M. G. Bastard, s'est attaché à retracer la minutieuse histoire de l'armée de Châlons. Il interroge les uns et les autres ; il ne s'en rapporte pas toujours aux pièces officielles ; il n'hésite pas à faire un voyage qui lui permet une conversation avec un survivant de ces combats ; il recueille les souvenirs des paysans ; bref, il se livre à une enquête poussée à fond qui est fort émouvante par la saveur de vérité des détails, par la notion exacte des plus petits épisodes.
Le XIXe Siècle.

Sans phrases, par le simple énoncé des faits, par la rigoureuse exactitude du détail technique, par le minutieux exposé du mouvement des troupes, aussi bien que par le tableau de l'ensemble des opérations militaires, M. G. Bastard a composé une suite d'ouvrages qui, réunis, formeront ce que l'on peut appeler le livre d'or de l'armée française en 1870.
La Patrie.

A LA MÊME LIBRAIRIE

BARON A. DU CASSE

SOUVENIRS D'UN AIDE DE CAMP
DU ROI JÉROME

Un volume in-18 jésus : 3 fr. 50

C'est sans doute un aimable vieillard que le baron du Casse, mais qu'il a de terribles souvenirs ! Il les conte dans un volume qui mérite par sa verdeur et la franchise du texte de prendre place à côté de ceux de M. Viel-Castel. C'est plus honnête et ce n'est pas moins drôle.
Paris, 21 octobre 1890.

Écrit avec verve, ce volume fait revivre avec agrément et sans méchanceté un coin de ce monde impérial où le laisser aller des aventuriers se mêlait si singulièrement avec la morgue des parvenus et l'étiquette obligée des cours.
Revue historique, janvier 1890.

Les lecteurs que n'effaroucheront pas les mots crus du prince Napoléon trouveront en ce livre ample matière à papotages sous le manteau. Tudieu ! il n'est pas bon d'avoir pour aide de camp un chef d'escadron bavard et qui écrit.
Art et Critique, 22 novembre 1890.

Ces souvenirs sont piquants, bourrés d'anecdotes et semés d'indiscrétions où, sans sortir de la réserve qui convient, l'auteur dit assez vertement leur fait à quelques-uns de ceux qu'il a pu voir de près.
Livre, 10 novembre 1890.

Ils sont amusants ces souvenirs. Le baron du Casse a la mémoire plus longue que tendre.
Liberté, 25 octobre 1890.

A LA MÊME LIBRAIRIE

Envoi franco au reçu du prix (mandat ou timbres-poste)

Baron DU CASSE

LES DESSOUS
DU
COUP D'ÉTAT DE 1851

Un volume in-18 jésus . . . . . . **3 fr. 50**

Les dessous du Coup d'Etat de 1851, du baron du Casse, c'est une page vraie, amusante, pleine de détails et d'intérêt qui fait connaître, avec la plus grande impartialité, sans réticence, sans parti pris de louer ou de blâmer, ce curieux épisode de notre histoire moderne, le coup d'Etat de 1851.

Le rôle de l'armée, le jeu du président et de chacun des membres de sa famille, y sont mis au jour et en lumière, de la manière la plus irréfutable.

Bref ce livre est ce qui a paru de plus authentique, de plus complet sur la journée de décembre 1851.

L'Armée territoriale.

Ce livre est rempli d'anecdotes vraies, curieuses, sur les préparatifs du Coup d'Etat, sur le choix des chefs militaires et civils, sur la lutte, sur la captivité des représentants arrêtés.

Le volume, qui est terminé par des pièces justificatives importantes, par les rapports des généraux sur la bataille, peut être consulté avec fruit par tous ceux qui veulent se faire une idée exacte de cette page de notre histoire moderne.

Revue du Cercle militaire.

A LA MÊME LIBRAIRIE

Envoi franco au reçu du prix (mandat ou timbres-poste)

CHARLES DUVAL

SOUVENIRS MILITAIRES
ET FINANCIERS

Un volume in-18 jésus . . . . . **3 fr. 50**

Les souvenirs militaires sont fort intéressants. Ils retracent les aventures extraordinaires d'un soldat qui s'est battu bravement en Afrique, en Crimée, en Italie, en Cochinchine, au Tonkin, au Mexique, et a joué en Extrême-Orient un rôle aussi curieux que peu commun... Il résulte des documents cités dans cette auto-biographie que M. Duval a rendu de sérieux services tant en Extrême-Orient qu'au Mexique et qu'il fut, à certains titres, un précurseur de ceux qui conquirent le Tonkin.
Le Polybiblion.

La première partie est peut-être la plus curieuse parce que, au sujet du Tonkin, on y trouve des révélations absolument nouvelles pour le public, qui ne connaît aucun des dessous du début de l'affaire du Tonkin, dans laquelle M. Charles Duval a été mêlé d'une façon active... Dans la seconde partie, celle qui certainement tient le plus à cœur à M. Duval, celui-ci veut prouver qu'il a été la victime de l'ignorance des liquidateurs et, en somme, son livre est un plaidoyer *pro domo suâ* qui semblerait devoir n'intéresser personne. Cependant, je répète, ces *Souvenirs* sont fort curieux et montrent que bien souvent la vie d'un homme rentre dans le domaine du roman. *Revue des livres nouveaux.*

Intéressant comme un roman, cet ouvrage.
Le Spectateur militaire.

Ce livre, infiniment curieux et de verte allure, touche à toutes les questions politiques et a, d'un bout à l'autre, le ton du pamphlet. *Le Livre moderne.*

A LA MÊME LIBRAIRIE

Envoi franco au reçu du prix (mandat ou timbres-poste)

JEAN LOMBARD

UN VOLONTAIRE DE 1792

PSYCHOLOGIE RÉVOLUTIONNAIRE ET MILITAIRE

Un volume in-18 jésus. . . . **3 fr. 50.**

C'est la biographie du général François Mireur, étudiant en médecine à Montpellier, et enrôlé volontaire aux bataillons de l'Hérault. Ce fut lui qui chanta le premier à Marseille, le « Chant de guerre », de Rouget-de-Lisle. En cinq ans, combattant en Belgique, en Hollande, en Allemagne, en Italie, il conquit son grade de général et fut tué, à vingt-huit ans, à Damanhour, en Égypte. Son nom est gravé sur l'Arc de Triomphe.

En écrivant cette vie courte et ardente, Jean Lombard a tenté un essai de « psychologie historique », analysé sous le fracas de l'époque, les sentiments d'un jeune homme très vibrant, très sensitif, comme on dit maintenant, mêlé aux épisodes héroïques de la Révolution. C'est une reconstitution du milieu autant qu'une analyse individuelle.

Le Figaro. PH. GILLE.

Ce qui fait le charme de cette étude historique si passionnante, ce n'est pas tant le récit des hauts faits du hardi volontaire, qui conquit tous ses grades à la pointe de l'épée, et dont la modestie était telle qu'il refusa deux fois le généralat, mais de pouvoir pénétrer, grâce à une volumineuse correspondance intime, le caractère, l'âme de cet intrépide soldat républicain.

A l'heure où la coalition de la triple alliance nous menace, des livres de ce genre sont ceux qu'on doit recommander, car ils donnent de nobles exemples d'abnégation et de sacrifice; ils nous rappellent l'énergie, la patriotique ardeur des aïeux, vertus que nous aurons à développer au jour prochain de l'épreuve suprême.

La Paix. CH. VILLENNES.

A LA MÊME LIBRAIRIE

Envoi franco au reçu du prix (mandat ou timbres-poste)

EUGÈNE BONTOUX

L'UNION GÉNÉRALE

SA VIE, SA MORT, SON PROGRAMME

Un vol. in-18 jésus. . . . . . 3 fr. 50

M. Bontoux s'est proposé de dégager les responsabilités. Il s'indigne avec quelque raison qu'on ait voulu les faire peser toutes sur lui. Il explique cette injustice par le désir qu'on avait de le faire disparaître avant tout, lui, le seul homme à redouter, l'homme audacieux qui, le premier depuis longtemps, osant se dégager de la tutelle du monde officiel de la finance, avait eu des idées personnelles et avait tenté de les appliquer sans le concours des capitaux de la haute banque.

Ce livre si plein de modération est, dans sa forme apaisée, le plus sanglant pamphlet qu'on ait encore écrit sur les mœurs de la troisième République.

Samedi-Revue.

Les amateurs de scandale seront désillusionnés à la lecture de ce livre.

Gil Blas.

Dans ce livre, la principale victime financière de la République proteste contre l'iniquité qui l'a accablée.

Le Gaulois.

Ce livre est très curieux et ceux qui ne connaissent pas les dessous des querelles entre financiers apprendront de quelle façon on emploie leur argent.

Le Moniteur de la Semaine.

Envoi franco au reçu du prix, mandat ou...

GEORGE BASTARD

ARMÉE DE CHALONS

- I. — **Sanglants combats**
- II. — **Un jour de bataille**
- III. — **Charges héroïques**
- IV. — **Défense de Bazeilles**

Quatre volumes ornés de dessins, de cartes et de plans formant l'ouvrage

ADOPTÉ PAR LES MINISTÈRES DE LA GUERRE ET DE L'INSTRUCTION PUBLIQUE
ET LES BIBLIOTHÈQUES DE LA VILLE DE PARIS

Chaque volume se vend séparément 3 fr.

SOUS PRESSE

MÉMOIRES

DE L'ADJUDANT GÉNÉRAL

JEAN LANDRIEU

CHEF D'ÉTAT MAJOR DE LA CAVALERIE DE L'ARMÉE D'ITALIE
CHARGÉ DU BUREAU SECRET

(1795-1797)

AVEC UNE INTRODUCTION BIOGRAPHIQUE

PAR Mme GRABILIER

3 forts volumes in-8° à 7 fr. 50 le volume

Paris. — Imprimerie de G. Baltenat et Cⁱᵉ, 7, rue Baillif.